YOGA – A ARTE DA INTEGRAÇÃO

Revisado pela Nova Ortografia

YOGA – A ARTE DA INTEGRAÇÃO

(COMENTÁRIO SOBRE OS *YOGA-SŪTRAS* DE PATAÑJALI)

ROHIT MEHTA

EDITORA TEOSÓFICA
Brasília-DF

Título do original em Inglês
Yoga *the Art of Integration*

Edições em inglês, 1975, 1982, 1990

Edição em português
Editora Teosófica
1ª Edição 1995
2ª Edição 2012
3ª Edição 2020

EDITORA TEOSÓFICA,
SIG - Quadra 6 - Nº 1235
70.610-460 - Brasília-DF - Brasil
Tel.: (61) 3322-7843
editorateosofica@editorateosofica.com.br
www.editorateosofica.com.br

M498 Mehta, Rohit, 1908-1995

Yoga, a arte da integração / Rohit Mehta
tradução: Marly Winckler, 3ª. Ed., Brasília:
Editora Teosófica, 2020
Tradução de: Yoga, the art of integration

ISBN: 85-85961-63-5

1. Filosofia Oriental 2. *Yoga*
II. Título

CDD 180

Capa
Silvio Ferigatto
Composição/Diagramação
Reginaldo Mesquita
Equipe de Revisão
Jane Dullius,
Regina Vitória Ruzzante,
Ricardo Lindermann e
Zeneida Cereja da Silva

SUMÁRIO

PRIMEIRA SEÇÃO

O ESTADO DE *YOGA* OU *SAMĀDHI PĀDA* 7

CAPÍTULO

I. A Natureza Adquirida 9

II. Os Centros do Hábito 23

III. A Inércia da Mente 31

IV. A Natureza da Distração 41

V. A Investigação Profunda 49

VI. A Memória Purificada 57

VII. O Pensamento-semente 69

SEGUNDA SEÇÃO

OS INSTRUMENTOS DO *YOGA* OU *SĀDHANA PĀDA* 77

VIII. A Preparação Preliminar 79

IX. A Base de Funcionamento do *Karma* 87

X. O Observador e o Observado 93

XI. O Grande Voto 103

XII. O Indivíduo Autossuficiente 117

XIII. A Reta Orientação 127

XIV. O Estável e todavia Relaxado 135

XV. A Revitalização do Cérebro 143

XVI. A Reeducação dos Sentidos 153

TERCEIRA SEÇÃO

AS AQUISIÇÕES DO *YOGA* OU *VIBHITI PĀDA* 165

XVII. Distração sem Perturbação 167

XVIII. A Totalidade da Atenção 179

XIX. O Estado de Comunhão 189

XX. O Problema da Comunicação 199

XXI. A Transformação da Mente 205

XXII. A Percepção Extrassensorial 217

XXIII. O Desenvolvimento Psíquico 231

XXIV. O *Insight* Intuitivo 239

XXV. A Ação da Mente sobre a Matéria 247

XXVI. O Fenômeno Sujeito-objeto 259

QUARTA SEÇÃO

A REALIZAÇÃO DO *YOGA* OU KAIVALYA *PĀDA* 269

XXVII. A Mutação da Mente 271

XXVIII. Uma Abordagem Fragmentada 281

XXIX. O Processo de Associação Psicológica 287

XXX. Os Intervalos de Não percebimento 297

XXXI. O Momento Atemporal 305

PRIMEIRA SEÇÃO

O ESTADO DE *YOGA* OU *SAMĀDHI PĀDA*

CAPÍTULO I

A NATUREZA ADQUIRIDA

A necessidade básica da civilização moderna é a integração do homem em todos os níveis de sua existência. O homem está hoje fragmentado em seu interior, e esta desintegração reflete-se na desorganização no nível externo ou social. O problema da integração é essencialmente psicológico. Portanto, é natural que em tempos recentes o estudo da psicologia humana tenha assumido uma posição de grande importância nos assuntos dos homens. No decorrer dos últimos cem anos, a ciência e a tecnologia foram em grande medida bem-sucedidas ao tratar com os problemas físicos e econômicos. Foi este sucesso da ciência e da tecnologia que expôs o homem moderno ao impacto inexorável de um emaranhado psicológico não resolvido, visível na vida tanto do indivíduo quanto da coletividade. Nesta era, embora as ciências físicas e biológicas tenham progredido enormemente, a psicologia tem ficado para trás, de modo que o instrumento subjetivo do homem é totalmente inadequado para tratar com eficácia os fenômenos em rápido movimento das condições objetivas. Uma cuidadosa investigação dos campos de pesquisa e estudo da psicologia moderna convenceria qualquer um de que a psicologia moderna parece estar se movendo apenas na periferia, desatenta ao próprio âmago da essência[1] psicológica do homem. Todos os seus esforços estão concentrados no estudo do comportamento do homem sem investigar a essência do homem. Está bastante claro que, sem compreender a "essência" do homem, todos os esforços para se compreender seu "comportamento" serão frustrados em si mesmos.

Pode-se perguntar com acerto: a essência do homem não está refletida em seu comportamento? Onde mais pode-se ir para entender a essência a não ser aos campos do comportamento? Mas a questão é: pode uma mera análise do comportamento do homem, por mais abrangente que seja, revelar sua essência? A essência do homem é um produto sintético que se alcança unindo as diferentes partes do comportamento? Pode a decomposição dos constituintes do comportamento e a

---

[1] No original em inglês: *being* (N.E.)

síntese das características relevantes encontradas no processo de análise levar-nos a compreender a essência do homem?

A essência do homem não é algo inerte; é palpitante de vida e, portanto, intensamente dinâmica. É óbvio que a vida não pode ser compreendida pelo somatório de suas partes. A essência do homem é uma "totalidade" que é mais do que a soma de suas partes. Não importa o quão apertada seja tecida a rede de análise, este "mais", inevitavelmente, lhe escapará. Ela também não pode ser capturada pela síntese, pois esta é apenas uma certa disposição das peças que foram cuidadosamente analisadas. Uma análise dos padrões comportamentais, tanto individuais quanto sociais, é necessária, não somente isso, imperativa, mas não terá valor algum se não percebermos as limitações da análise e da síntese. Sem dúvida, a essência do homem reflete-se nos padrões comportamentais, todavia, o reflexo não é idêntico à substância. Especular sobre a substância com base no reflexo é o mesmo que tentar entender uma pessoa olhando sua fotografia.

É verdade que através de um processo de análise com referência nos padrões comportamentais pode-se reunir muita informação quanto ao funcionamento das atividades da existência. Fatos assim reunidos são muito úteis e significativos. Porém, reunidos os fatos, é preciso olhar corretamente para eles. É este "olhar" que tem importância fundamental, e com o qual a psicologia moderna não se preocupou seriamente. Tendo reunido os fatos dos padrões comportamentais através de intricada análise, a psicologia moderna olhou para estes fatos com normas e modelos de interpretação. Ela não apenas aperfeiçoou seus processos de análise dos padrões comportamentais, mas também desenvolveu um intricado sistema e técnica de interpretação. E, assim, ela olha para os fatos reunidos por seu processo analítico através deste mecanismo de interpretação. Nisto reside o esforço da psicologia moderna para compreender algo que é dinâmico – com uma abordagem que é estática. As normas e os modelos de interpretação, por mais científicos que sejam, baseiam-se em conhecimento empírico do passado. Mas aquilo que é vivo existe no presente; na verdade, a qualidade de algo estar vivo pode ser experimentada apenas no presente. Assim, a qualidade de estar vivo de um ser humano pode ser percebida apenas no presente momento. Os fatos do comportamento estão no presente, mas, se olharmos para eles através de lentes do passado, como poderemos compreender o que estes fatos indicam e transmitem? Assim, é preciso trazer para os fatos dos padrões comportamentais uma percepção que seja livre das normas de interpretação, pois somente deste modo podemos saber o que indicam estes fatos. Ao compreender o que indicam os fatos, podemos compreender a natureza da essência. Nessas indicações residem as intimações da essência do Homem.

Todos sabemos que a psicologia moderna desenvolveu uma complexa técnica de interpretação e que, sem essa estrutura de interpretação, os fatos reunidos por meio da análise pareceriam totalmente sem sentido. Porém, se a interpretação por si só dá sentido aos fatos, não é possível que, até mesmo enquanto os reúne, esta mente interpretativa, enraizada nas normas e nos modelos de conhecimento empírico, tenda a projetar a si mesma? Se reconhecermos esta possibilidade, temos de admitir que os fatos reunidos por uma mente como esta não são absolutamente fatos. Uma mente interpretativa é sempre seletiva em todas as suas operações, quer na reunião dos fatos quer ao olhar para eles. Uma mente comprometida com este processo de seletividade obviamente não é livre. É uma mente acorrentada a certas conclusões representadas por suas normas e modelos de interpretação. Ela chega aos assim chamados fatos através de um processo seletivo e olha para eles através de outro processo seletivo. Os físicos reconhecem a possibilidade da seletividade da mente para chegar aos fatos dos fenômenos físicos. No nível destes fenômenos, tal seletividade pode não ter muita importância, e isso está evidenciado pela prontidão com que os cientistas revisam suas suposições, que são mantidas provisoriamente.

Entretanto, isso não acontece dessa forma, quando entramos no campo da pesquisa psicológica, pois, neste ponto, dois fatores adicionais precisam ser observados. Primeiramente, o campo de pesquisa em si é muito fluido, manifestando um fluxo de intensa rapidez. Portanto, não é possível tratar os problemas que surgem deste fluxo com uma abordagem estática. Qualquer abordagem seletiva, baseada como é em normas e modelos de interpretação, é indubitavelmente estática. Além disso, há um segundo fator que precisa ser considerado quando entramos no campo psicológico da percepção. É nosso envolvimento mental e emocional no próprio objeto de percepção. Este envolvimento coloca-se no caminho de uma percepção clara e não deformada dos homens e das coisas. Devido a este envolvimento, o processo seletivo é ainda mais intensificado e, assim, qualquer percepção interpretativa, baseada como é em um processo seletivo, impede-nos de ver os homens e as coisas como de fato são. Se a percepção é imperfeita, então qualquer ação que emana de tal percepção está fadada a ser errônea. Para a reta percepção é imperativo uma completa eliminação do fator subjetivo de interpretação e seleção. Enquanto houver uma projeção subjetiva no ato da percepção, não haverá a reunião de fatos verdadeiros, nem um olhar para os fatos sem interpretação. A eliminação do fator subjetivo é absolutamente essencial quando tratamos com fenômenos psicológicos dos relacionamentos humanos e as atividades concernentes a estes relacionamentos. Contudo, a psicologia moderna não se preocupou seriamente com todos estes importantes aspectos da percepção. Na reta percepção o importante não é uma mudança na escala de observação – importante é a eliminação do próprio observador. Este junta-se ao quadro de observação como um intérprete e avaliador. A eliminação do observador implica um ato de observação sem interpretação e avaliação.

Mas, talvez surja uma questão: é possível observar alguma coisa sem haver interpretação e avaliação? E a interpretação e a avaliação não são necessárias para qualquer tipo de ação? Como pode alguém agir sem escolha e julgamento? Uma ação que não surge da experiência da reta percepção não tem absolutamente validade. Tal ação pode ser descrita apenas como uma reação. A reta percepção deve preceder à reta ação, e aquela é possível apenas quando todas as interpretações e seleções conceituais tiverem cessado. Assim, a menos que a psicologia moderna se preocupe com o problema da reta percepção, suas conclusões têm muito pouca validade. É óbvio que tais conclusões não podem levar alguém à senda da integração. Está claro que a reta percepção precisa ser completamente objetiva. Tal objetividade é possível apenas quando a projeção subjetiva da interpretação e da avaliação tenham cessado. A psicologia moderna é completamente estranha à ideia de uma percepção sem aquele que percebe, de uma observação sem um observador. E, no entanto, este é o ponto crucial de todo problema psicológico da integração interior do homem. A psicologia moderna conhece a profundidade apenas em termos de análise contínua. É uma abordagem de dissecar cada vez mais extensamente o objeto de percepção. Nesse caso, não está dissecando o objeto em si, apenas o que é considerado como sendo o objeto; em outras palavras, aquilo que observa como um objeto através das lentes da interpretação, seleção e avaliação. Seu diagnóstico não é do objeto nem da pessoa, mas do objeto e da pessoa vistos através de sua escala de observação, e esta escala denota sua interpretação, avaliação e seleção. Não é de admirar-se que através de tal análise não seja possível encontrar um caminho para o âmago da pessoa, pois, neste caso, o objeto de estudo não é a pessoa, mas a pessoa vista de um determinado ângulo de interpretação e avaliação. A abordagem da psiquiatria e psicoterapia modernas pode, na melhor das hipóteses, proporcionar um paliativo para a vida psicológica do homem, mas jamais pode ocasionar uma transformação fundamental no reino psicológico do indivíduo humano. Pode, na melhor das hipóteses, retardar o crescimento da enfermidade, mas jamais trazer ao homem uma experiência de verdadeira saúde. Saúde naturalmente não é apenas ausência de enfermidade – é algo positivo. Esta natureza positiva da saúde não se encontra ao longo do caminho da psicoterapia e psiquiatria modernas. Para isso, elas precisam explorar todo o problema da reta percepção – não no sentido de atributos morais, porém no sentido de uma percepção completamente objetiva da qual aquele que percebe tenha sido eliminado. Mas a questão ainda surge: isso é possível? Uma resposta encontra-se na psicologia do *Yoga*, pois, é somente aí que o problema daquele que percebe e de quem é percebido é discutido sem qualquer ambiguidade. É aí que descobrimos a maneira de eliminar aquele que percebe de modo que a reta percepção possa ocorrer. A psicologia da análise e da síntese colocou-nos frente a frente com muitos impasses. Estes podem ser ultrapassados somente com a chave concedida ao homem pela psicologia do *Yoga*.

Se o homem quiser libertar-se do estresse e da tensão da vida moderna, se quiser resolver o incessante conflito da contradição interna, deve acrescentar à psicologia da análise e da síntese uma nova dimensão de entendimento – e esta pode ser encontrada no caminho indicado pela psicologia do *Yoga*. Em parte alguma encontramos os princípios e a prática da psicologia do *Yoga* expostos com tal precisão e exatidão quanto nos *Yoga-Sūtras* de Patañjali. Estes *sūtras* são um guia infalível no novo campo da psicologia que o *Yoga* revela ao olhar atento do homem. Com eles, o homem torna-se capaz de ser independente ao tratar com seus problemas psicológicos simples ou complexos. Não há necessidade de ir a lugar algum para resolver suas enfermidades psicológicas, nem mesmo a um psiquiatra ou psicoterapeuta. Cada homem pode curar a si mesmo – este é o princípio fundamental da psicologia do *Yoga*. Por meio desta, sente-se capaz de libertar-se tanto dos psicólogos profissionais quanto do guru espiritual. O *Yoga* indica ao homem que ele pode ser uma luz para si mesmo. Enquanto a parapsicologia moderna e a percepção extrassensorial chamam nossa atenção para as novas fronteiras da mente, a psicologia do *Yoga* convida-nos a novas dimensões de vida, onde a mente não é absolutamente limitada por fronteiras. Nos *Yoga-Sūtra*s de Patañjali encontramos um exame muito abrangente da psicologia do *Yoga*, feito de tal modo que combina uma abordagem estritamente científica com o *insight* profundo e penetrante da filosofia.

Todo o assunto do *Yoga* é apresentado na forma de *sūtras*, contendo afirmações profundas expressas em uma linguagem que emprega um número mínimo de palavras – na verdade, é tão mínimo que nem mesmo uma sílaba pode ser removida. Tal economia de palavras para expor um tema de tão profunda importância, com tamanha clareza de expressão, como na literatura *sūtra*, não se encontra em parte alguma.

Patañjali inicia seu tratado sobre *Yoga* de uma maneira tradicional. O primeiro *sūtra* é:

atha yogānuśāsanam

1. Agora começa uma discussão sobre o *Yoga*.

A palavra sânscrita *atha* é muito significativa. Os *Brahmā-Sūtras* e os *Narada-Bhakti sūtras* também iniciam com esta palavra. *Atha* denota situação auspiciosa, ou melhor, apropriada. Ao utilizar esta palavra, Patañjali diz que agora é oportuno começar uma discussão sobre *Yoga*. Esta conveniência sugere que o estudante, tendo sido devidamente preparado, poderia estar habilitado para compreender a discussão que se segue. Em parte alguma está dito o que é esta preparação prévia, mas pode-se supor que um estado de inquirição – não mera curiosidade ou intromissão – é certamente a preparação do estudante que confere uma condição apropriada para a discussão de um tema tão profundo como o *Yoga*. Um dos significados da palavra sânscrita *anuśāsana* é persuasão. De fato, o *sūtra* acima indica que o instrutor não tem a intenção de dar instruções através da afirmação da lei, mas deseja seguir o método persuasivo do debate ao tratar com o tema do *Yoga*. Após este *sūtra* de abertura, Patañjali imerge diretamente na temática, afirmando:

yogaḥ cittavṛtti nirodhaḥ

2. *Yoga* é a dissolução de todos os centros de reação da mente.

Este é um dos mais famosos *sūtras* de Patañjali e fornece a diretriz de todo o tratado sobre *Yoga*. Aqui Patañjali oferece uma definição muito clara sobre o assunto. De acordo com ele, *Yoga* é um estado de mente completamente livre de todas as tendências reativas. A mente neste contexto deve ser considerada não apenas como um instrumento de um processo de pensamento, mas como um campo onde o pensamento e a emoção funcionam juntos. Por meio de suas atividades emotivas e de pensamento, constrói certas tendências, as quais são descritas no *sūtra* acima como *vṛttis*. Essas tendências são os sulcos da mente nos quais o fluxo de pensamento-emoção inevitavelmente flui e poderiam ser, com maior propriedade, chamadas de hábitos da mente. Sabe-se que estes hábitos são os centros de reação formados na mente. Através da formação destes hábitos a mente e suas atividades exibem características de impulsos reativos. Até mesmo um exame casual das atividades da mente convenceria qualquer um de que nossos pensamentos são nossas reações a impactos que colidem com nossa consciência. Quando dizemos que estamos pensando, na verdade, estamos envolvidos em um processo de reação. Com o passar do tempo, esses centros de reação tornam-se mais e mais fortes. Forma-se dentro da mente uma cadeia de reações. Estas tendências reativas tornam-se nossos hábitos. Acostumamo-nos tanto com elas que começamos a considerar o hábito nossa segunda natureza. Na verdade, a segunda natureza transforma-se em nossa única natureza, pois somos alheios a qualquer condição da mente que seja livre de centros reativos. É óbvio que esta segunda natureza é nossa natureza adquirida – contraída através de repetidas reações no decorrer do tempo, não importando o padrão dessas reações. Patañjali diz que o *Yoga* consiste em dissolver esses centros de reação. Devemos lembrar que *Yoga* não significa o desenvolvimento de novos hábitos em oposição aos antigos. Requer a dissolução do próprio centro do hábito. Uma mente na qual não há centro de reação ou hábito é, realmente, uma mente livre. O *Yoga* é, portanto, o estado de uma mente completamente livre – não uma mente livre de certos assim chamados maus hábitos. Qualquer hábito, mau ou bom, condiciona a mente. Se o *Yoga* liberta a mente de todos os centros de hábito, então, certamente, indica um estado em que a consciência é pura e inocente, sem vestígio algum de condicionamento. Não é só uma mente não corrompida, isenta de todas as tendências corruptivas de reação, é, também, uma mente incorruptível. Se uma mente é livre de certos hábitos, ela pode, então, ser não corrompida por algum tempo, mas, se os centros do hábito ainda existem, tal mente não corrompida tornar-se-á, logo, corrompida. Ter uma mente incorruptível é sugerir que não há centro de reação ou hábito presente na mesma. Uma mente assim está estabelecida no *Yoga*. Sem centro de hábito, está sempre nova. Quando todas as tendências de uma natureza adquirida são negadas, a mente retorna ao seu estado original de inocência. Realizar um encontro com este estado original é, na verdade, o objetivo e propósito do *Yoga*. Patañjali torna isso bastante claro no próximo *sūtra* onde diz:

tadā draṣṭuḥ svarūpe 'vasthānam

3. Neste estado, o vidente está estabelecido em sua própria natureza original.

Assim, o *Yoga* é uma jornada da natureza adquirida para a natureza original da consciência. Através de todos os *Yoga-Sūtras,* Patañjali utiliza o termo “vidente” para o indivíduo humano. Desde que o *Yoga* é fundamentalmente uma reta percepção dos homens e das coisas, o termo “vidente” é o mais apropriado. Se o vidente pudesse ver as coisas de maneira correta, então ele se tornaria natural e espontaneamente um executor da reta ação.

O homem desenvolve em sua jornada através do tempo uma natureza adquirida que é construída a partir de suas resistências e indulgências, suas aceitações e rejeições, seus embates e persistências. Estas são suas reações, tanto positivas quanto negativas. São seus mecanismos de defesa que ele desenvolve ao encontrar os desafios da vida. Esses mecanismos suprem-no com um modelo através do qual o homem mede os impactos da vida. Esse modelo contém tanto as normas de medição quanto as normas de ação para lidar com tais desafios da vida. Assim, ele se identifica com o modelo; na verdade, é incapaz de visualizar a vida sem esse modelo. Patañjali diz que ao se dissolver o próprio centro de reação ou hábito, vem à tona a natureza original do homem. E o *Yoga* é este modo de vida onde o homem está estabelecido em sua natureza original e é, portanto, capaz de funcionar a partir daí na esfera completa do relacionamento humano. Estabelecido em *svarūpa*, seja o que for que fizer está de acordo com *svadharma.* Isso demonstra claramente que *Yoga* não é uma fuga da ação; ao contrário, capacita o homem a descobrir o ponto de partida correto da ação. Quando o vidente vê sua natureza verdadeira e original, suas ações têm uma qualidade de singularidade, pois a ação emana dele e não de sua natureza adquirida. Sabemos que a natureza original é aquela que existia anteriormente a todas as modificações com as quais foi revestida posteriormente. Libertar a mente não apenas de todas as modificações mas do próprio centro que pode dar origem a futuras modificações é, realmente, o objetivo e propósito do *Yoga*. Patañjali enfatizou este ponto no próximo *sūtra*, no qual afirma:

vṛitti-sārūpyam itaratra

4. Com os centros de reação não dissolvidos, o vidente permanece identificado com as tendências adquiridas da mente.

Aqui nossa atenção é direcionada ao requisito essencial para aquele que deseja trilhar a senda do *Yoga*. De acordo com este *sūtra*, a dissolução dos centros de reação é um pré-requisito para chegar à experiência do *Yoga*. A manutenção da natureza adquirida e a experiência do *Yoga* não podem ocorrer juntas. Em outras palavras, a natureza adquirida constitui a maior barreira na senda do *Yoga*. Agir a partir da base de nossa natureza adquirida é estar identificado com as modificações de nossa mente. Neste caso, a pessoa considera a si mesma como a própria modificação. Assim, a modificação torna-se sua própria natureza. Isso é o que é conhecido como a segunda natureza de alguém, na qual nem mesmo se admite a possibilidade de qualquer outra natureza. Por esta razão, aquilo que é habitual é considerado pelo indivíduo como natural e, assim, há uma completa identificação com essa natureza adquirida. O *sūtra* acima se refere a isso. Apenas quando a natureza adquirida é dissolvida, podemos nos estabelecer em nossa verdadeira natureza. Como se faz isto? Patañjali apresenta nos *sūtras* subsequentes o *modus operandi* de dissolução da natureza adquirida. Mas, antes disso, é preciso entender o processo pelo qual as modificações da mente ocorrem, pois, a menos que se conheça como as modificações surgem, não podemos encontrar a maneira de dissolvê-las. E assim, Patañjali diz:

vṛttayaḥ pañcatayyaḥ kliṣṭākliṣṭāḥ

5. Os centros de reação são os causadores da dor ou do prazer; eles podem ser agrupados de uma maneira quíntupla.

Todas as reações da mente estão enraizadas no princípio do prazer. Evitar a dor é também parte do mesmo princípio. Prazer e dor são inseparáveis – onde há prazer, com certeza a dor está emboscada em algum lugar nas circunvizinhanças. A própria formação da natureza adquirida está enraizada no princípio do prazer. E, assim, parece que enquanto a natureza adquirida persistir, devemos permanecer presos ao funcionamento do prazer e da dor. Alcançar uma experiência além dos pares destes opostos é buscar o caminho para a dissolução da natureza adquirida ou dos centros de reação que operam na mente. A alegria da vida não pode ser encontrada nem no perseguir-se o prazer nem no evitar-se a dor. Mas as modificações da mente impelem-nos tanto a perseguir o prazer quanto a evitar a dor. Pode-se perguntar: há um caminho onde não se busque o prazer e nem se evite a dor? Se existir, qual é? Como é possível realizar isso enquanto permanecerem os fatores motivadores das modificações? As modificações surgem dos centros de reação. Como estes centros podem ser dissolvidos? Para isso é preciso entender como eles surgem e o que os sustenta; é necessário investigar a fonte de onde emergem. Esta ampla investigação, que conduz o estudante diretamente à fonte destas modificações, poderia indicar uma maneira de dissolvê-la completamente. A questão é: como é possível investigar a fonte das modificações da mente? Patañjali faz uma referência clara no *sūtra* acima com relação a esta investigação. Ele diz que há cinco regiões de atividade mental onde a fonte das modificações pode ser encontrada. Em outras palavras, as modificações ou centros de reação podem ser agrupados de cinco maneiras. Este agrupamento quíntuplo nada mais é que as cinco principais regiões de operações mentais. No *sūtra* seguinte, Patañjali explica quais são estas cinco regiões, cujo conhecimento permite direcionar a investigação para a própria fonte de onde surgem estas modificações. O sexto *sūtra* nos diz:

pramāṇa-viparyaya-vikalpa-nidrāsmṛtayaḥ

6. As tendências de reação são formadas pela razão, irracionalidade, fantasia, sono e memória.

Estas cinco regiões de atividade mental cobrem toda a extensão das operações da mente tanto nos níveis conscientes quanto subconscientes. O problema das modificações ou reações não pode ser entendido completamente apenas na observação da atividade mental consciente. É necessário compreender as intimações do subconsciente e até mesmo do inconsciente. Afinal, a mente é una e não pode ser dividida em compartimentos estanques do consciente, subconsciente e inconsciente. Estas divisões vertem umas nas outras; portanto, há uma interação constante entre elas. Assim, para um claro entendimento dos impulsos reativos da mente é essencial que se compreenda a atividade da mente total. A região quíntupla sobre a qual refere-se Patañjali no *sūtra* acima cobre a totalidade da mente. Mas o que são estas regiões? De que forma a mente funciona lá? E de que modo os vários centros de reação são formados na região da mente? Patañjali apresenta estas questões nos próximos cinco *sūtras*, cada um deles tratando de um dos aspectos da região quíntupla da mente. E assim nos diz:

pratyakṣānumānāgamāḥ pramāṇāni

7. A razão tem suas raízes na cognição sensorial, na inferência e no testemunho de autoridade reconhecida.

Neste pequeno *sūtra*, Patañjali sintetizou todo o escopo do pensamento lógico. Está claro que o pensamento racional é governado pelas leis da lógica. A razão move-se ao longo do caminho indicado pela lógica. Mas quais são as linhas mestras do pensamento lógico? Patañjali diz que são a cognição sensorial, a inferência e a autoridade reconhecida. O *sūtra* acima utiliza a palavra *pratyakṣa,* mas não no sentido da experiência direta da qual falam os místicos. Significa cognição sensorial. A menos que haja um dado sensorial coletado pelo próprio investigador, o pensamento racional não encontra ponto de partida. Este é o ponto crucial do pensamento e raciocínio científico. Após ter coletado os dados sensoriais, inicia-se o processo do pensamento, e o que dá ímpeto a tal pensamento é a inferência. O conhecimento de inferência é um conhecimento comparativo que se alcança classificando as semelhanças e dessemelhanças. Todo pensamento lógico é comparativo, porque se baseia em um movimento entre dois pontos opostos. Infere-se sobre algo quando se vê semelhanças ou diferenças. E a visão disso é possível quando a mente se move entre dois opostos. Mas Patañjali diz que o pensamento racional não se baseia apenas em cognição sensorial e inferência, mas também na autoridade reconhecida. Antes de tudo, seja o que for que o pensamento lógico encontrar, para ter validade, deve ser corroborado por alguma autoridade reconhecida, que pode ser uma escritura, ou um especialista, ou nossa própria experiência passada. A autoridade de nossa própria experiência passada é a autoridade mais determinante, pois é ela que examina as injunções das escrituras, as leis da ciência, bem como as opiniões do especialista. Este é o verdadeiro *āgama* em todo pensamento lógico.

Todo nosso conhecimento, ao qual chegamos por meio do pensamento racional, é "inferencial". Até mesmo o conhecimento científico é um conhecimento "inferencial". Embora o material para a inferência seja fornecido pelos sentidos, suas linhas mestras nos são dadas pela autoridade ou testemunho. Assim, nosso conhecimento "inferencial" é amparado, por um lado, pelos dados sensoriais e, por outro, pela autoridade ou testemunho. A palavra sânscrita utilizada para testemunho ou autoridade neste *sūtra* é *āgama.* O verdadeiro significado desta palavra é "chegada", e, portanto, *āgama* representa a chegada da mente. A chegada da mente é sua conclusão. As conclusões da mente são nossa autoridade mais elevada – aquela que nos dá ou não validade a uma inferência. Sendo este o caso, em todo pensamento lógico ou racional, nossa mente se move de conclusão em conclusão. Uma conclusão é um centro formado na mente e, com a formação do centro, ocorre uma modificação que direciona a corrente do pensamento ao longo desse caminho. Nosso processo de pensamento de fato move-se de conclusão em conclusão, e este é o porquê de nunca podermos conhecer algo inteiramente novo através desse processo. Todo nosso pensamento move-se em torno de um círculo, cujo centro é a conclusão ou *āgama*. Assim, o pensamento lógico é apenas estrutural, e mantendo o conteúdo do centro intacto. Através do pensamento racional pode-se ocasionar uma mudança estrutural no padrão da conclusão, mas não se pode descobrir algo inteiramente novo. O pensamento lógico pode conhecer apenas uma modificação do antigo. Dessa forma, o pensamento racional, que é pensamento "inferencial", funciona dentro dos limites da cognição sensorial, por um lado, e *āgama* ou o testemunho da conclusão, por outro. Seu movimento obviamente não é o movimento de uma mente livre. É isso que o torna fator gerador de tendências reativas na mente. A função da razão é construir uma estrutura perfeitamente simétrica de pensamento, mas ela não pode mudar o conteúdo da mente. Para o mesmo conteúdo ela pode construir novas estruturas e com isso termina a função da razão. Todavia é o conteúdo que constitui o centro da reação. É por isso que no problema de *vṛttis*, ou as tendências reativas, Patañjali colocou a razão em primeiro lugar. Da razão ele passa para a irracionalidade, declarando-a também como um dos centros modificadores da consciência. Diz ele:

viparyayo mithyājñānamatad-rūpapratiṣṭham

8. Quando os fatos são cobertos com as superimposições da mente, o funcionamento da irracionalidade é visto.

Quando a percepção de algo não tem semelhança com a coisa que de fato é, fica-se sob a influência da irracionalidade ou *viparyaya*. Esta palavra significa realmente algo que é contrário. Neste contexto, é contrária à *pramāṇa*. Assim, é contrária à razão e, portanto, pode ser definida como irracionalidade. O *sūtra* acima diz que, quando se vê alguma coisa completamente diferente daquilo que de fato é, então, a irracionalidade está em funcionamento, significando a visão daquilo que superimpôs. Confundir o projetado com o verdadeiro é uma condição desprovida de razão. Certamente tal atividade surge dos centros de reação formados na mente. Dessa forma, Patañjali descreve isso como outra região da atividade mental onde as tendências reativas encontram sustentação. Se tanto a razão quanto a irracionalidade são causas de modificações e também os fatores sustentadores destas modificações, o que se pode fazer? Há alguma outra coisa além da razão e da irracionalidade? Sendo assim, o que é? É o terceiro Caminho, que deve ser descoberto no momento de *Yoga*. Para isso devemos nos voltar à última parte da seção.

Considerar aquilo que é projetado como sendo o verdadeiro é cair em ilusão ou *māyā*. É um caso de confundir o reflexo com a realidade, a sombra com a substância. Na ilusão ou *māyā*, não se sugere que a substância não existe, nem significa que a sombra inexiste. A confusão de um pelo outro constitui a base da ilusão. No pensamento racional, é o princípio da seletividade que funciona – uma seletividade em termos de *āgama* ou conclusão. Mas, na irracionalidade, é o princípio da projeção que funciona, que considera a superimposição como o verdadeiro. Tanto a razão quanto a irracionalidade surgem das tendências reativas e estas, através de seu funcionamento, sustentam os centros de modificação. Há, todavia, uma terceira categoria de atividade mental à qual Patañjali se refere no próximo *sūtra* que diz:

śabda-jñānānupātī vastu-śūnyo vikalpaḥ

9. A fantasia é a imagem evocada pelo estímulo de palavras sem qualquer realidade por trás de si.

A atividade de *vikalpa* ou fantasia pertence à categoria onde o verdadeiro inexiste. No *sūtra* acima, a frase utilizada é *vastu-śūnya*, significando ausência de qualquer realidade. Mas, então, qual é a base da atividade mental? É a estimulação de uma imagem mental, que surge como resultado de escutar-se uma palavra. Pode-se escutar a palavra "vaca" e, dessa forma, haver a formação imediata da imagem de uma vaca. Quando esta imagem, que é inteiramente produto da mente, é tomada como realidade, está-se cultivando uma atividade mental chamada fantasia. Ora, a fantasia e a imaginação não são idênticas. Na imaginação, a mente leva adiante sua atividade de construção de imagens baseada em fatos. Aqui a mente está expandindo a extensão dos fatos. Mas, na fantasia, há uma completa inexistência de fatos. Em outras palavras, uma estrutura mental sem qualquer fundamentação nos fatos é considerada como fantasia. Pode-se perguntar: onde se encontra a fonte desta fantasia? Certamente, nas camadas subconscientes da mente. Quando a mente busca a realização de algum impulso subconsciente, expressa-se uma atividade mental que pode ser chamada de fantasia. Assim suas tendências reativas jazem no nível subliminar e não no nível da mente consciente. A atividade seletiva de *pramāṇa* e a atividade de projeção de *viparyaya* são obviamente expressões da mente consciente. Porém, quando a mente está ocupada na atividade de construção de imagem sem qualquer fundamento factual, é impelida pelos centros de reação que residem nas camadas subconscientes da consciência. Algumas vezes, tais centros possuem uma força mais propulsora do que aquelas que funcionam no nível consciente. Esta atividade é provocada por uma palavra, expressa ou não expressa. Pode ser uma mera verbalização não articulada ou o resultado de uma palavra articulada. Esta articulação pode ser feita pela própria pessoa ou por outra pessoa. Precisamos lembrar que a fantasia é uma forma de atividade mental provocada por verbalização. Com este *sūtra,* Patañjali indicou a existência de centros reativos no nível subconsciente. Ele fala mais dos centros subconscientes nos *sūtras* subsequentes. No décimo *sūtra* diz:

abhāva-pratyayālambanā vṛttir nidrā

10. A atividade da mente que é desprovida de significado e conteúdo é semelhante à condição de sono.

Aqui sono não deve ser entendido no sentido físico usual, mas como uma condição de consciência. Nos três estados acima, discutidos nos *sūtras* sete, oito e nove, podemos ver pelo menos uma atividade significativa onde as camadas conscientes e subconscientes da mente são vistas buscando algum objetivo para a realização de seus ímpetos. Todavia, quando a mente simplesmente divaga, sem qualquer significado ou conteúdo, a consciência está em uma condição de sono ou estupor. O estado destituído de conteúdo foi descrito no *sūtra* anterior como *abhāva-pratyaya.* A palavra *pratyaya* denota conteúdo, e *abhāva* indica uma condição completamente desprovida de conteúdo ou significado. Pode ser comparado a um divagar da mente. Divagar obviamente não tem objetivo ou significado. Mas, então, o que impele esta divagação? Evidentemente deve ser algo que jaz profundamente na consciência, seja no nível subconsciente ou inconsciente. A divagação é com certeza um movimento reativo em resposta a algo que reside nas profundezas de nossa consciência. A fim de compreender o problema dos *vṛttis*, ou das tendências reativas que causam modificações, devemos perceber muito claramente a natureza da divagação, pois tal investigação pode revelar centros ocultos de reação.

Mas isso não é tudo. A investigação sobre os centros de reação e suas fontes conduz-nos além, para um funcionamento da mente que talvez seja mais poderoso do que qualquer um que tivermos considerado até aqui. É a esse tema que Patañjali se refere no décimo primeiro *sūtra* da primeira seção:

anubhūtaviṣayāsaṃpramoṣaḥ smṛtiḥ

11. Uma tentativa de dar continuidade a uma experiência, mesmo depois que o acontecimento tenha passado, é Memória.

Sem explorar todo o campo da memória, não é possível entender plenamente o problema das tendências reativas ou *vṛttis*. Mas o que é memória e como ela funciona? De acordo com o *sūtra* acima, memória não é apenas a lembrança de um acontecimento que tenha passado. Tal lembrança é apenas a memória de um fato – o fato de um acontecimento que passou. Não é a memória factual que produz tendências reativas na mente. Patañjali refere-se aqui à memória psicológica, a qual descreve de uma maneira muito apropriada: memória é não se permitir abandonar uma experiência.

Em outras palavras, dar continuidade a uma experiência, mesmo após o acontecimento pertencente a esta experiência ter passado, é memória. Por que fazemos isso? Naturalmente porque, apesar de o acontecimento ter passado, a experiência pertencente a ele permaneceu psicologicamente incompleta. Em tal estado, há, naturalmente, um desejo ou anelo de repetir-se a mesma experiência ou uma similar. Este anelo deixado na região da memória psicológica é um dos centros mais poderosos de tendências reativas. Nenhum outro fator é mais poderoso em produzir *vṛttis* na consciência do que a memória psicológica. O homem reage constantemente aos impactos externos da vida a partir deste centro de anelo, e este nasce no campo da lacuna psicológica experimentada com referência a um acontecimento. Na verdade, este anseio colore todas as outras regiões da atividade mental. Quer seja a seleção da mente racional ou a projeção da irracionalidade, quer seja a construção de imagem fantasiosa ou um divagar sem sentido, há por trás de tudo isso esta ânsia nascida da tentativa de agarrar-se a uma experiência, mesmo após o acontecimento ter passado. A mente não deseja despojar-se do acontecimento, pois em torno desse acontecimento que cronologicamente passou, ela constrói uma estupenda estrutura de anelo psicológico. Se o evento que passou cronologicamente fosse também psicologicamente completado, então não seria formada uma tendência reativa de memória. É por causa do abismo criado entre a completitude cronológica e a lacuna psicológica que os impulsos das tendências reativas centradas em torno da memória vem à existência. E esses são os fatores mais potentes de modificação que colocam em movimento inúmeros *vṛttis* de uma natureza extremamente poderosa.

Assim, Patañjali descreveu-nos a fonte e os fatores motivadores dos *vṛttis* ou tendências reativas nestes cinco *sūtras*. A menos que haja um completo cessar das tendências reativas, ou seja, uma dissolução do próprio centro de modificação, não se pode chegar à experiência do *Yoga*. E sem a experiência do *Yoga* não se pode conhecer o que é integração interior. Sem a dissolução do próprio centro das tendências reativas, que são forças procriadoras dos hábitos da mente, a Reta Percepção não pode chegar ao homem. E sem Reta Percepção, como pode haver Reta Ação?

Mas a questão é: como dissolver o próprio centro das tendências reativas? Como chegar a um completo cessar dos *vṛttis*? Como deixar a mente pura e inocente, livre de todas as modificações? Patañjali apresenta nos *sūtras* subsequentes da primeira seção essas questões práticas do *Yoga*.

CAPÍTULO II

OS CENTROS DO HÁBITO

O tema fundamental dos *Yoga-Sūtras* de Patañjali focaliza-se em torno da ideia dos *vṛttis* ou tendências reativas e sua cessação. É preciso lembrar que esta investigação sobre o problema dos *vṛttis* não objetiva inibir o surgimento de pensamentos na mente, pois tal inibição significaria tornar a mente totalmente adormecida, senão morta. Não é o surgimento de pensamentos que constitui um problema no campo do *Yoga*. Dar continuidade ao pensamento é o principal obstáculo na senda do *Yoga*. E os *vṛttis* são essencialmente continuidade de pensamento, pois como poderiam ser formados sulcos e tendências na consciência a não ser através do processo da continuidade? Na verdade, a continuidade de pensamento e as tendências da mente são idênticas, porque, no momento em que ocorre a continuidade de pensamento, nasce na mente uma tendência reativa. Apenas quando a mente oferece um hábitat ao pensamento é que os interesses adquiridos do pensamento começam a se estabelecer. E os interesses adquiridos do pensamento são, na verdade, os *vṛttis*. Quando o pensamento estabelece sua esfera de influência na mente, então nasce *vṛitti*. Se os pensamentos viessem e fossem sem formar qualquer centro permanente na mente, não haveria absolutamente dificuldade. Tal mente sempre permaneceria livre e não comprometida. Em tal mente os centros do hábito não seriam criados. Portanto, o problema não é parar o despertar do pensamento, mas, antes, impedir que uma continuidade seja dada aos pensamentos que possam vir e ir no campo da consciência humana.

No último capítulo vimos como *vṛitti,* ou a continuidade dos pensamentos, nasce no curso das atividades mentais, centrando-se em torno da razão, irracionalidade, fantasia, sono e memória. Essas cinco regiões da consciência são a fonte de todos os *vṛttis*. É nesse ponto que a continuidade é conferida ao pensamento. A questão fundamental portanto é: como prevenir esta continuidade com referência ao pensamento-emoção? Os pensamentos-emoções podem acalmar-se natural e espontaneamente após completarem suas funções? É a extensão de uma experiência, mesmo após o acontecimento ter passado, que causa estresse e tensão em nossa vida psicológica. Os *vṛttis* são, na verdade, os produtos dessa extensão. Se não quisermos estender uma experiência, então, certamente se faz necessário que este completamento psicológico seja sincronizado com seu completamento cronológico. Se nos movemos na vida com cada experiência psicologicamente completa, a consciência permanece não modificada e, portanto, sempre nova e vital. Experimentar tal estado de consciência é chegar ao êxtase do *Yoga*. Como podemos chegar a esse estado?

A primeira seção dos *Yoga-Sūtras* de Patañjali é chamada *Samādhi Pāda*. Nesta seção o autor oferece-nos uma descrição abrangente do *Yoga*. Tendo formulado em primeiro lugar o problema dos *vṛttis*, ele nos dá uma indicação de como tal problema pode ser abordado e o que aconteceria quando fosse resolvido. Em uma ampla investigação, ele descreve o *Yoga* para todos entenderem. Ele, por assim dizer, nos oferece um mapa de um novo país ao qual aspiramos ir. Estudar um país através de um mapa é completamente diferente de realmente percorrê-lo. Contudo, consultar um mapa é de grande valia antes de empreender a viagem em si. Um mapa é uma descrição bidimensional de uma realidade tridimensional. Ele nos mostra o esboço geral do país. Mas o estudo do mapa, conquanto detalhado possa ser, não pode dar ao estudante as alegrias da descoberta do país. O mapa pode apontar a direção na qual mover-se, porém não pode mostrar o que o viajante descobrirá enquanto estiver se movendo naquela direção. A primeira seção dos *Yoga-Sūtras* de Patañjali serve como um mapa para o viajante que deseja empreender uma viagem à região do *Yoga*. E, como um bom mapa, fornece-nos vários detalhes indicando a natureza da região. Na segunda seção, bem como na terceira, Patañjali ocupa-se com a própria viagem na nova Terra. O mapa de um novo país é como o dedo apontando o caminho – é isso o que faz a primeira seção. A segunda e a terceira seção ocupam-se com o equipamento e as aventuras da viagem. Mas, antes disso, é preciso estar familiarizado com o mapa do novo país, que possui um grande número de marcos importantes. E a quarta seção? A quarta seção contém a colheita da viagem.

No primeiro capítulo discutimos a natureza geral dos *vṛttis*, o que são e de onde surgem. Em outras palavras, vimos onde os *vṛttis* ganham sustentação e como seu fluxo de continuidade é aumentado. A corrente de continuidade reúne mais e mais correnteza à medida que a mente funciona nas cinco regiões de sua atividade. A próxima questão é: como pode este fluxo de continuidade ser detido de modo que os pensamentos venham e partam sem criar qualquer *vṛttis* na consciência? Uma indicação geral com relação à cessação dos *vṛttis* ou tendências reativas é dada no seguinte *sūtra*:

abhyāsa-vairāgyābhyāṃ tan nirodhaḥ

12. A dissolução dos centros reativos da mente é alcançada pela prática e pelo desapaixonamento.

A fórmula da prática e do desapaixonamento aparece reiteradamente na disciplina espiritual dos hindus. Nós encontramos no *Bhagavad Gītā* e também nos *Upaniṣads*. É uma fórmula revolucionária de grande significação. Contudo, quando a examinamos, muitas vezes um ponto é esquecido, qual seja, a coexistência da prática e do desapaixonamento. Eles devem estar juntos, ao mesmo tempo, e não um após o outro. Usualmente ao compreendermos esta fórmula introduzimos um intervalo de tempo entre os dois, o que os despoja de todo sentido e significação. É necessário compreender que a prática e o desapaixonamento são duas abordagens contraditórias – uma denota esforço enquanto a outra significa não esforço. Enquanto na prática coloca-se esforço, no desapaixonamento, obviamente, cessa o esforço. Como podem ambos existir juntos quando são contraditórios? E, contudo, o segredo da libertação da mente de todos os *vṛttis* jaz em sua coexistência. Sua coexistência denota um estado de relaxamento no meio da tensão, de inação no meio da ação, de silêncio no meio do barulho. A experiência da prática e do desapaixonamento com um intervalo de tempo é conhecida da maioria das pessoas. Significa levar adiante nossas atividades na vida enquanto houver energia física e mental. Quando esta energia é completamente esgotada, de modo a não sermos mais capazes de empreender qualquer esforço, voltamo-nos para *vairāgya* ou desapaixonamento. Quando não resta mais paixão, então há desapaixonamento. Tal desapaixonamento não tem valor algum; precisa ocorrer durante a Paixão.

Mas o que são a prática e o desapaixonamento – *abhyāsa e vairāgya*? É sobre isso que Patañjali fala nos quatro *sūtras* subsequentes. A respeito de *abhyāsa*, ou prática, Patañjali diz:

tatra sthitau yatno 'bhyāsaḥ

13. Prática denota um esforço com o propósito de se estar firmemente estabelecido em um estado livre de todas as tendências reativas.

Assim, prática é um esforço na direção de nosso estabelecimento em um estado do *Yoga* livre de todos os *vṛttis* ou tendências reativas da mente. É uma atividade com propósito, que se move em uma direção particular. Patañjali diz, nos termos deste *sūtra,* que é preciso fazer um tremendo esforço para se ter uma experiência espiritual como o *Yoga*. À parte do esforço ser um movimento bem-direcionado, possui certas outras características sobre as quais Patañjali fala no próximo *sūtra*:

sa tu dīrgha-kāla-nairantarya-
satkārāsevito dṛḍha-bhūmiḥ

14. A prática deve ser prolongada, ininterrupta e plena de ardor ou entusiasmo.

A prática demanda um esforço prolongado, que se estende por um longo período. Não se pode esperar resultados rápidos nesse caminho. Não há *Yoga* instantâneo. O *Yoga* requer um esforço contínuo durante vários anos. Além disso, este esforço deve ser ininterrupto. Um esforço espasmódico nunca pode levar uma pessoa a parte alguma. Esforçar-se por certo tempo e então se retirar em hibernação a fim de descansar sobre os louros não tem validade alguma se somos realmente sérios em nossa viagem para o Campo do *Yoga*. Mas, há algo mais sobre este esforço com relação ao qual Patañjali fala. Ele diz que deve ser pleno de veemência ou entusiasmo. A expressão sânscrita utilizada aqui é *satkār-āsevita*. O esforço deve ter uma qualidade de disposição. O *Yoga* não é uma senda de pesar; é na verdade um caminho de alegria. Se o esforço é prolongado e ininterrupto e, entretanto, falta-lhe a qualidade da alegria, então dificilmente tem algum valor. O esforço deve conter um elemento de paixão, pois não se pode ir até a porta da Realidade como um esqueleto, completamente oprimido. A jornada na senda requer grande energia. A palavra *satkār* neste *sūtra* denota tal energia que é comparável a um sentimento de paixão sobre aquilo que se está empreendendo. Sem esta paixão, o esforço prolongado e ininterrupto parecerá exaustivo. Logo ficaremos cansados do esforço, como é o caso de muitos aspirantes à senda do *Yoga*. Quando esta paixão ou disposição não existem, as outras duas condições, do esforço – ser prolongado e ininterrupto – não podem ser cumpridas. Mas podemos manter esta qualidade de paixão e disposição durante um esforço árduo, prolongado e ininterrupto? Normalmente nosso esforço torna-se mecânico e monótono. Quando isso ocorre, a alegria do esforço desaparece. Continuamos com isso ou porque fizemos um compromisso ou porque formamos um hábito. Qualquer esforço feito por dever ou por hábito é totalmente frustrante. A questão é: como manter o esforço livre de se tornar um hábito e também livre de uma sensação de se estar cumprindo com o dever ou respondendo a um compromisso ou obrigação? Normalmente nosso esforço espiritual emana do hábito ou do dever e, a um esforço que emana de ambos, falta a qualidade da paixão ou da disposição. A questão é: como evitar estas motivações? É neste contexto que o desapaixonamento ou *vairāgya* parece essencial para que um esforço seja prolongado e ininterrupto e, ao mesmo tempo, pleno de alegria e paixão. Sem desapaixonamento existindo juntamente com a prática, o esforço torna-se cansativo e, portanto, frustrante. Mas, então, devemos perguntar o que é este *vairāgya*. Patañjali diz no próximo *sūtra*:

dṛṣṭānuśravika-viṣaya-vitṛṣṇasya
vaśīkārasaṃjñā vairāgyam

15. O desapaixonamento é uma condição livre de todos os motivos, sejam aqueles que surgem de um desejo por alguma coisa que tenha sido experimentada ou por algo que ainda não foi experimentado.

O desapaixonamento é uma condição livre de todos os motivos. Enfatizando este fato ainda mais, Patañjali diz que não pode haver o intuito de repetir alguma coisa que se experimentou, nem o de alcançar algo sobre o qual apenas ouvimos, mas não vimos realmente. É o motivo que introduz um sentimento de cansaço em qualquer esforço. Tanto o dever quanto o hábito surgem do funcionamento do motivo. No dever encontra-se o intuito de alcançar algo que não se viu mas apenas se ouviu falar a respeito. No hábito encontra-se o intuito de fazer uma e outra vez aquilo que se está acostumado. Enquanto qualquer um destes fatores motivadores atuarem, o esforço deve se tornar mecânico e monótono, desprovido da qualidade da paixão e da disposição. Dissemos anteriormente que *abhyāsa* ou prática é um movimento em uma direção particular, é um movimento bem-direcionado. É possível mover-se em uma direção particular e, contudo, não ter motivo algum naquele movimento? A direção não envolve um motivo? Um movimento sem direção seria somente um impulso. Mas um movimento com uma direção certamente tem um motivo por trás de si. Entretanto, se a presença do motivo torna nosso esforço mecânico, portanto, desprovido de paixão, como podemos ter direção e não contaminar este movimento com qualquer intuito? É possível isso?

No *sūtra* acima, Patañjali sugere que *vairāgya* não pode ser definido; pode apenas ser indicado. E sua indicação é um estado livre de todos os motivos. Por que *vairāgya* não pode ser definido? Porque uma definição sempre estabelece um limite àquilo que se define. Mas *vairāgya* com limite não é absolutamente *vairāgya* – quando definido, significaria o desapaixonamento em relação a alguma coisa. Como pode isso ser chamado de desapaixonamento? Significaria que estamos desapegados de algo, mas este desapego envolveria um apego a algo mais. No *sūtra* acima Patañjali apresenta isso bem claro, e este é o motivo pelo qual ele diz que o desapaixonamento pode apenas ser indicado. Para tornar este ponto ainda mais claro, ele diz que *vairāgya* é uma condição na qual não há motivo para repetição do passado nem para antecipação do futuro. Assim, não tem raízes nem no passado, nem no futuro. É um estado de viver no presente – não tanto o presente cronológico quanto o psicológico.

É verdade que *abhyāsa* é um movimento com um senso de direção. Mas direção, no sentido psicológico, não pode ser estática como o é uma direção geográfica. Na esfera psicológica, a direção é intensamente dinâmica. Tal direção não está projetada no futuro, pois isso a tornaria estática. É uma direção que precisa ser descoberta constantemente no presente. Viver no presente não é deixar-se levar pela corrente do tempo. O presente é atemporal. Não é uma passagem do passado para o futuro. Se assim fosse, ouviríamos nele os ecos do passado e do futuro. Viver no presente é descobrir nossa direção de momento a momento. O dinamismo da vida impede a existência de uma direção estática. *Abhyāsa* é um movimento bem-direcionado e *vairāgya* é aquele estado dinâmico de viver no presente, onde a direção é descoberta a cada momento. E assim, quando estes dois coexistem, há movimento de vida, no qual se manifesta o notável fenômeno da descontinuidade em meio à continuidade. *Vairāgya* é um estado de descontinuidade psicológica mesmo que *abhyāsa* seja um fenômeno de continuidade. É no desapaixonamento que o esforço envolvido na prática descobre seu propósito de momento a momento. Mas é possível chegarmos a esta experiência de coexistência da prática e do desapaixonamento, dois estados de mente diametralmente opostos? Se for possível, como chegamos a esta experiência? Patañjali discute esse tema no próximo *sūtra*:

tat paraṃ puruṣa-khyāter guṇavaitṛṣṇyam

16. No desapaixonamento, devido ao estado de percebimento, há um completo desapego das atividades dos três atributos ou *guṇas*.

O caminho para a coexistência da prática e do desapaixonamento sugerido por Patañjali é o percebimento do pensador e dos movimentos de seu pensamento. O pensador e os pensamentos não são duas entidades diferentes. O pensamento que está buscando continuidade é o pensador. Todas as atividades do pensador têm o objetivo de dar continuidade ao pensamento. O pensador existe apenas por esta continuidade. E, portanto, estar ciente do pensador é o mesmo que estar ciente da continuidade do pensamento. Esta continuidade do pensamento ocorre através das atividades dos três *guṇas* ou atributos. Assim, no funcionamento dos *guṇas,* vemos a atividade do pensador. Elas são os atributos funcionais da vida. Se permitirmos que funcionem sem impor qualquer continuidade a suas funções específicas, nenhum problema psicológico é criado.

É quando o pensador interfere em seu funcionamento que a corrente da vida fica obstruída. Essa interferência do pensador constitui uma negação do desapaixonamento. É significativo observar que Patañjali neste *sūtra* não utiliza a palavra "vidente" para o ser humano; ele o descreve como *puruṣa*. Ora, *puruṣa* é o ser humano, e a qualidade distintiva deste é sua mente e o processo de pensamento. Este é o motivo pelo qual *puruṣa* neste contexto deve ser entendido como mente humana. O *sūtra* diz que, conscientes da mente e de suas atividades, chegamos a um estado de real *vairāgya*, significando, obviamente, que a mente não interfere na ação dos *guṇas*. Deixá-los agir sem intervenção da mente é a forma mais elevada de desapego. No funcionamento normal dos três *guṇas* – *tamas, rajas* e *sattva* – o que se manifesta são as características da estabilidade, mobilidade e harmonia respectivamente. Essas características são necessárias para a promoção da vida. Mas, quando a mente interfere com a atividade dos *guṇas*, então, ocorrem distorções, de forma que a estabilidade torna-se estagnação, a mobilidade, torna-se atividade inquieta e a harmonia é transformada em autossatisfação. Essas distorções – não os *guṇas* em si – criam na consciência do homem vários fatores condicionantes. Quando se permite que os *guṇas* funcionem sem a interferência da mente, pode-se observar a coexistência da prática e do desapaixonamento, da ação e da inação. Assim, é possível a reta percepção das coisas, que se torna o correto ponto de partida da ação. O verdadeiro *vairāgya* é chamado de transcendência dos três *guṇas*, mas isso não significa que eles cessem de agir. Se assim acontecesse, a vida cessaria de existir. Transcender os três *guṇas* é alcançar um estado onde a mente não interfere no funcionamento normal deles de forma a permitir-se o funcionamento de *tamas, rajas* e *sattva* em suas respectivas esferas, sem interferência do pensamento. Desapegar a mente da ação dos *guṇas* é o que é descrito como *vairāgya*. A fim de realizar este desapego, é preciso tornar-se cônscio das atividades da mente com referência a estes *guṇas*. Neste percebimento, surge o desapaixonamento sobre o qual Patañjali fala no *sūtra* acima. As tendências reativas nascem quando, nas esferas de funcionamento dos *guṇas*, a mente estabelece seus próprios centros. É assim que a estabilidade transforma-se em estagnação, a mobilidade em inquietação e o repouso ou harmonia em farisaísmo.

Estar cônscio destes centros de pensamento formados nas esferas de funcionamento dos *guṇas* não apenas é o caminho para a coexistência da prática e do desapaixonamento, mas também um caminho para a dissolução daqueles próprios centros que são os procriadores dos *vṛttis*. Dissolver estes centros formados na região dos *guṇas* é o verdadeiro propósito do *Yoga*. Nos *sūtras* subsequentes da primeira seção, Patañjali oferece-nos um meio de compreender a dissolução destes centros na forma do triplo *samādhi* ou o que se pode chamar de tríplice natureza da experiência espiritual.

CAPÍTULO III

A INÉRCIA DA MENTE

No *Māṇḍūkya Upaniṣad,* o qual contém os princípios básicos da psicologia hindu, há uma clara exposição dos diferentes estados de consciência conhecidos como *jāgrat* ou desperto, *svapna* ou sonho e *suṣupti* ou sono profundo. Somente após *suṣupti,* chega-se ao estado transcendental que pode ser comparado com *samādhi* ou Iluminação Espiritual. Esses três estados têm a ver essencialmente com a atividade dos três *guṇas*. Vimos no último capítulo que não é o funcionamento normal dos *guṇas* que cria os fatores condicionantes, mas é a sua ação distorcida que dá origem a condições que deformam a consciência do homem. Discutimos também como as distorções na atividade dos *guṇas* ocorrem devido à intervenção do processo do pensamento.

Nada há de errado no funcionamento normal e natural dos *guṇas*. Na verdade, é através deste que a vida pode manifestar-se. *Tamas, rajas* e *sattva* são necessários para a emergência e a continuidade da vida. Apenas quando se interfere no fluxo natural dos *guṇas* é que surgem os problemas psicossomáticos. Esta interferência é feita pela mente, tendo como objetivo seu próprio preenchimento psicológico, criando assim vórtices no fluxo, de outro modo, suave e tranquilo dos *guṇas.* O *Bhagavad Gītā* refere-se aos *guṇas* que atuam entre os *guṇas.* O *Gītā* expõe que quando isso ocorre, não surgem os problemas de apego. O *Yoga* objetiva liberar a corrente da vida presa nos vórtices dos *guṇas*. Estes vórtices são os centros formados pela mente na esfera de ação dos *guṇas* e, portanto, obviamente são centros psicológicos. Precisam ser destruídos um por um se o homem quiser chegar à experiência integradora do *Yoga*. Os centros são principalmente tríplices – um na região de cada um dos *guṇas*. Naturalmente, pode haver qualquer número de ramificações destes centros principais. Mas, se os centros principais são dissolvidos, então suas ramificações consequentes automaticamente desaparecem. Patañjali, a partir do décimo-sétimo *sūtra* da primeira seção, ocupa-se com a dissolução destes centros principais na esfera dos *guṇas*. Ele discute este problema com referência à natureza tríplice do *samādhi* ou da experiência espiritual. Esta natureza tríplice tem muito a ver com os três estados de consciência mencionados no início deste capítulo. *Jāgrat* ou o estado desperto é aquela condição onde as distorções de *tamas* são removidas. Analogamente, *svapna* e *suṣupti*, os estados do sonho e do sono profundo, referem-se à dissolução das distorções nas esferas de *rajas* e *sattva*. Os três centros da mente que criam vórtices na corrente dos *guṇas* estão localizados em *tamas*, *rajas* e *sattva*, de onde devem ser removidos, permitindo aos *guṇas* agirem entre os *guṇas*. Patañjali nos diz no *sūtra* dezessete que:

vitarka-vicārānandāsmitānugamāt
saṃprajñātaḥ

17. Pensamento dialético, mentalização ativa, abundância de interesses e individualidade distintiva são os fatores constituintes de *saṃprajñāta samādhi* ou experiência com o pensamento-hábito atuando como um centro.

Quando a atividade de *tamas* é distorcida, a estabilidade degenera em estagnação e indolência. O corpo e a mente se tornam lerdos. O completo embotamento subjuga o funcionamento da mente. O aspirante espiritual deve estar atento a isso; de outro modo será enredado pelos *vṛttis* que surgem desta condição. O *Rāja Yoga* de Patañjali requer que a mente exercite sua influência sobre a matéria e não o contrário. Portanto, é a mente que deve ser despertada da condição de estupor e embotamento. Uma mente ativa tem sua individualidade distintiva ou *asmitā*. As mentes da maioria de nós são amorfas, sem qualquer forma definida, por causa da indolência e da estagnação na qual estão enredadas. Mas como despertar a mente? Com certeza, através de seu interesse intenso por tudo que existe ao seu redor. É nossa experiência comum que uma mente entorpecida dificilmente se interessa por alguma coisa, e esta falta de interesse torna-a ainda mais lerda. Logo, para ativar a mente é necessário que nos interessemos por algo, não importa o que seja. Assim, Patañjali diz que antes que a mente possa atingir sua individualidade distintiva, que é a chegada da mente a sua plena estatura e, portanto, à capacidade de manejar várias situações, precisa descobrir suas áreas de interesse. Ela precisa ser capaz de ter muito interesse em alguma coisa. Isso é chamado por Patañjali de *ānanda* da mente. Quando a área de interesse é descoberta, a mente pode iniciar sua mentalização ativa sobre ela, ou seja, pode começar a aplicar sua faculdade de pensamento sobre ela. Patañjali indica isso pela simples palavra *vicāra*. Está bem claro que o pensamento não pode iniciar-se a menos que se esteja interessado no objeto sobre o qual se pensará. Quando o interesse existe, algum tipo de pensamento simples e rudimentar pode facilmente começar. Todavia, é apenas o começo, pois este pensamento simples deve passar para o dialético ou *vitarka*. O pensamento dialético é o pensamento lógico onde os opostos pertencentes ao objeto de pensamento são claramente definidos e percebidos. Precisamos nos lembrar de que os três estágios da atividade mental, quais sejam, o pensamento dialético, a mentalização ativa e a abundância de interesse, levam ao desenvolvimento de *asmitā* ou individualidade distintiva da mente.

É verdade que o *Yoga* é um movimento além das fronteiras da mente, mas é inútil falar em "além da mente" a menos ou até que tenhamos desenvolvido a mente até suas últimas possibilidades. Podemos entender as limitações da mente apenas quando tivermos explorado suas possibilidades. *Saṃprajñāta samādhi* é de fato a exploração dessas possibilidades. É uma condição onde a mente se torna tremendamente ativa. Porém, precisamos compreender que explorar as possibilidades da mente é ver seus movimentos com referência a um centro a partir do qual ela funciona. A mente em *tamas* atua de seu centro de pensamento-hábito – este é o vórtice criado na atividade de *tamas*. É o que faz a estabilidade degenerar em estagnação. Assim, antes que este centro de pensamento-hábito seja dissolvido, é preciso criar uma atividade nova dentro do campo do pensamento-hábito, de forma que a mente possa ser despertada de seu estado de embotamento e lerdeza. A ativação da mente dentro dos limites do pensamento-hábito é de fato o propósito de *saṃprajñāta samādhi* – uma experiência espiritual na qual o pensamento-hábito age como um centro. Tentar romper o centro imediatamente, com a mente imersa em embotamento seria uma tarefa impossível. Este é o motivo pelo qual deveria haver primeiro o despertar da mente dentro do campo do pensamento-hábito. Pode ser feito primeiro através do despertar do interesse da mente para algo e, então, começando um processo de pensamento elementar em torno dele, de modo que possa emergir um pensamento dialético claro que confira à mente uma individualidade distintiva ou *asmitā*.

Patañjali ofereceu aqui um maneira bastante prática para a ativação da mente. É muito simples e, contudo, tremendamente eficaz. De uma mente entorpecida para uma mente dialeticamente ativa – este é o caminho sugerido no *saṃprajñāta samādhi*, o que deve ser feito passo a passo, sem ambiguidade no processo.

Mas o homem deve mover-se além, de modo que o vórtice do pensamento-hábito seja rompido, tornando a atividade dos *guṇas* suave e tranquila. *Tamas* não pode mais permanecer um fator estagnante; deve se tornar um fator estabilizador da vida. Contudo, para isso, o centro do pensamento-hábito estabelecido pela mente precisa ser dissolvido. É a isso que Patañjali se refere no próximo *sūtra*:

virāma-pratyayābhyāsa-pūrvaḥ
saṃskāra-śeṣo 'nyaḥ

18. Quando a consciência retém apenas impressões dos fatos sem suas associações psicológicas, então atinge-se *asaṃprajñāta samādhi* ou uma experiência sem qualquer centro de pensamento-hábito.

Patañjali fala aqui da memória retentiva em oposição à memória psicológica. É a memória retentiva que dá estabilidade à vida, e sem ela a vida seria totalmente instável – na verdade, seria impossível existir sem ela. A memória associativa é que distorce o fator estabilizante da vida. Patañjali diz no *sūtra* acima que quando a consciência retém apenas as impressões dos fatos sem suas associações psicológicas, somos levados à experiência de *asaṃprajñāta samādhi*. Deve-se observar que a memória associativa move-se sob a compulsão do pensamento-hábito. Todas as associações do pensamento são impelidas pelo hábito. Na mente ativada estas associações são mais intensificadas. Se quisermos nos libertar das distorções de *tamas*, precisamos destruir este centro associativo de pensamento-hábito. *Asaṃprajñāta samādhi* leva-nos à *Jāgrat*, ou o estado desperto. Chega-se a este apenas quando se está livre das compulsões dos processos associativos do hábito. Neste *sūtra* Patañjali utiliza a palavra *virāma-pratyaya* que é muito significativa. *Pratyaya* é o conteúdo da mente e seu *virāma* significa sua cessação. A cessação do conteúdo pode ocorrer apenas quando o processo associativo do hábito é rompido. Mas a eliminação da memória associativa não cria uma condição de amnésia ou perda de memória. Para que não surjam mal-entendidos, diz Patañjali, ocorre *saṃskāra-śeṣa*, significando retenção de impressões. Em outras palavras, embora a memória associativa aquiete-se, há um claro funcionamento da memória factual. E, certamente, é esta memória factual o fator de estabilidade em nossa vida. Embora a mente fique estagnada através da memória associativa ou psicológica, ela manifesta grande estabilidade em sua atividade devido à memória factual ou retentiva. Pode-se observar que, embora em *saṃprajñāta samādhi* haja um esforço para estimular o processo associativo, em *asaṃprajñāta samādhi* cessa a memória associativa.

Na primeira seção, Patañjali não se ocupa com os métodos de alcançar isso. Ele se atém a esse problema na segunda e na terceira seção. Aqui, apenas nos dá uma indicação dos vários aspectos da vida sob o ponto de vista do *Yoga*. Como estabelecer-se na memória retentiva e, ainda assim, ser completamente livre das distorções de memória psicológica ou associativa, será tratado quando forem abordados os instrumentos do *Yoga*

Podemos perguntar: a mente não se torna totalmente passiva ao mover-se de um lado para outro apenas com a memória retentiva? Ela não se torna incolor ao se despojar da contraparte psicológica da memória? Patañjali não é desatento a este fato e, portanto, apresenta-o no próximo *sūtra*:

bhava-pratyayo videha-prakṛtilayānām

19. A mediunidade, seja natural ou causada por fatores materiais ou físicos, não deve ser confundida com *samādhi* ou experiência espiritual.

Patañjali fez aqui uma distinção entre o psíquico e o espiritual. É verdade que a memória associativa parece conferir à vida um certo colorido. Mas não é a cor natural das coisas ou acontecimentos. É uma cor projetada pelo centro do pensamento-hábito. Como qualquer coisa projetada pelo hábito é embotada e viciada, e falta-lhe o frescor da novidade, o colorido da memória associativa possui algo de viciado em si mesmo. Todavia se a memória associativa desaparece, surge o colorido natural e novo dos homens e das coisas. Na última parte desta seção, Patañjali oferece a ilustração de uma joia transparente que se funde com a cor da superfície sobre a qual foi colocada. Quando a memória associativa é silenciada, a consciência torna-se como uma joia transparente à qual nunca falta cor, em virtude de sua fusão com o colorido da superfície sobre a qual descansa. Esta transparência da consciência é ocasionada quando o centro do pensamento-hábito é dissolvido e apenas a memória retentiva atua. Esta é a condição de *asaṃprajñāta samādhi* sem centro de pensamento-hábito.

Mas há um grande perigo em considerar esta transparência da consciência como idêntica à passividade de consciência. Elas além de não serem idênticas, são polos à parte. A consciência transparente é negativa, mas não passiva. Este é o motivo pelo qual Patañjali fala primeiro da ativação da mente e, então, de tornar a mente livre de toda memória associativa. Na mente negativa, a memória associativa aquieta-se no momento de sua grande ativação. Em uma mente ativa, há uma associação consciente estimulada pelo despertar do interesse, pela mentalização ativa e pelo pensamento dialético. Em tal mente ativa, quando a memória associativa aquieta-se, há vigilância sem atividade, o que a torna negativa. Não há semelhança com a condição passiva da mente. Uma mente passiva está aberta para as tendências mediúnicas. Neste *sūtra*, Patañjali fala de *videhas* e de *prakritilayas* que externamente parecem estar estabelecidas na experiência espiritual, mas, de fato, são apenas mediúnicas. Não ocorreram por meio da ativação da mente, a preparação que precede *saṃprajñāta samādhi*. Este conduz a mente de uma condição passiva para uma condição ativa. Em *asaṃprajñāta samādhi*, a mente é conduzida a um estado de pura vigilância – alerta não relativamente a uma atividade particular. Tal mente alerta não corre o perigo de ser mediúnica. Uma mente passiva está sempre exposta às tendências mediúnicas, porque é impressionável, todavia não é sensitiva. Os *videhas* e os *prakritilayas* exibem apenas tendências psíquicas. Patañjali nos diz que essas tendências mediúnicas não deveriam ser confundidas com a verdadeira experiência espiritual. Tais tendências podem ser herdadas por nascimento ou estimuladas por certos fatores externos. A marca que distingue o espiritual do psíquico é que enquanto o primeiro nasce no campo de uma mente negativa, o outro é o produto de uma mente passiva. Mas poder-se-ia perguntar: como distinguir uma pessoa que tenha tido uma experiência de natureza realmente espiritual? É isso que Patañjali considera no próximo *sūtra*:

śraddhā-vīrya-smṛti-samādhi-prajñā-
pūrvaka itareṣām

20. A experiência espiritual de natureza verdadeira surge quando a consciência está impregnada de fé, energia, reminiscência e inteligência.

Patañjali diz que o homem espiritual é um homem de inteligência – não de mero intelecto. A palavra utilizada para inteligência nesse *sūtra* é *samādhi-prajña*. Não é mera inteligência, porém uma inteligência iluminada. Dessa forma o homem espiritual é um Ser Iluminado. Patañjali também forneceu as características do Ser Iluminado. É um homem de reminiscência, de energia e de fé. Neste caso, um homem de reminiscência, manifestamente, quer dizer aquele que possui reta memória, ou seja, que possui uma clara memória dos fatos, não uma memória repleta de associações psicológicas. Por mais estranho que possa parecer, a reta memória libera nossa energia, que de outro modo permanece bloqueada no emaranhado das associações psicológicas. A memória psicológica consome muito da energia do homem, pois centra-se em torno de um anelo. É sustentada por um desejo não preenchido que busca realização. Este esforço insano pela realização consome a energia do homem, e aquele que na rede da memória psicológica se envolver ficará cansado e exausto. É esta energia que, liberada através da reta memória, permite ao homem espiritual alcançar a experiência da fé. Um homem inteligente é inspirado pela fé, enquanto um não inteligente é destituído da mesma. Fé certamente não é crença cega. É uma resposta sensível às intimações do desconhecido. Não tem relevância com relação ao conhecido. Ela desperta somente quando o sussurro do desconhecido é ouvido. Esse sussurro pode ser ouvido apenas quando a mente está em completo silêncio – não um silêncio superficial, mas profundo. Porém, o silêncio exige tremenda energia. Assim, o homem espiritual, enraizado na reta memória e possuindo uma energia imensa, é inspirado pela fé. Tal homem é descrito com acerto nesse *sūtra* como um homem de inteligência iluminada. Com relação à experiência espiritual dessa natureza, Patañjali diz no próximo *sūtra*:

tīvra-saṃvegānām āsannaḥ

21. Tal experiência espiritual acontece com aquele que está ardente com intensidade.

Estar ardente com intensidade é estar pleno de paixão; neste caso, a palavra paixão não é utilizada no sentido comum, mas no sentido em que a paixão de Cristo é referida. O homem espiritual é, de fato, um homem de paixão, semelhante ao que o *Taittirīya Upaniṣad* chama de *alukśa.* Devemos ir à porta da Realidade com intensidade de pensamento-emoção, pois se assemelha ao amante encontrando o bem-amado. Patañjali emprega a palavra *tīvra-saṃvega* no sentido de uma grande intensidade de impulso. Patañjali então prossegue:

mṛdu madhyādhi-mātratvāt
tato 'pi viśeṣaḥ

22. É a natureza da intensidade que determina o padrão para que os meios empregados sejam suaves, médios ou fortes.

Patañjali apresenta-nos uma clara indicação do motivo pelo qual não somos capazes de nos mover rapidamente na direção que gostaríamos de ir. Ele afirma que é a intensidade que determina a natureza dos meios empregados. Frequentemente mudamos os meios, afinamos o instrumento, mas nada funciona, porque não há intensidade de pensamento-emoção por trás disso. Patañjali diz que quando há primeiro o despertar da intensidade, o resto segue-se automaticamente. Se não há intensidade, nosso movimento será lento ou suave. Todavia, se estamos ardentes com intensidade, podemos empregar meios que confiram grande velocidade a nosso movimento. A busca espiritual sem intensidade de pensamento-sentimento causa enorme exaustão. Em uma busca assim, muitas vezes nos queixamos das dificuldades e dos obstáculos. Contudo, quando há intensidade, sua própria corrente fará desaparecer todos os obstáculos e dificuldades. Vimos no *sūtra* anterior que esta intensidade ou energia surge quando há reta memória. É a memória psicológica que traz estagnação à estabilidade de *tamas*. Não é possível empreender a estupenda jornada para a região do Espírito se não tivermos intensidade, não uma intensidade estimulada por fatores externos, mas aquela que brota do interior. O entusiasmo que precisa de um estímulo externo, ou mesmo de um estímulo de nossa própria memória, não será útil, pois terá vida curta e precisará de repetidas doses de estímulo externo. A intensidade deve surgir como resultado da reta percepção, que é uma percepção não viciada pelo toque desvitalizante da memória psicológica ou associativa. Tal intensidade leva-nos a um súbito despertar, e a verdadeira jornada espiritual pode ser empreendida apenas neste momento de súbito despertar. Patañjali refere-se a esse tema no próximo *sūtra*:

īśvara-praṇidhānād vā

23. A verdadeira espiritualidade é caracterizada por um súbito voltar-se para a direção de Deus ou para a Realidade Última.

A ideia de um súbito despertar é encontrada em todas as abordagens místicas. É encontrada no Zen Budismo, assim como no *Bhagavad-Gītā*, onde no verso trinta e um do Nono Discurso, o Senhor fala de uma súbita transformação espiritual do homem. Pode-se dizer: onde está a questão da subitaneidade neste *sūtra*? Torna-se claro se explorarmos o significado da palavra *vā* utilizada neste *sūtra*. A palavra significa "ou", mas qual é o significado aqui? Isso deve ser visto no contexto dos dois *sūtras* anteriores. Patañjali vem discutindo a questão da intensidade e como esta determina seus próprios instrumentos de ação. Estes instrumentos, segundo ele, podem ser suaves, médios ou fortes. Depois disso, o *sūtra* acima é introduzido pela palavra "ou". Naturalmente Patañjali quer dizer que existem instrumentos suaves, médios e fortes, ou que há um instrumento ainda mais eficaz. Sua eficácia reside no fato de que é ainda mais intenso do que os instrumentos anteriores, representando assim um meio mais rápido do que o mais rápido, e mais forte do que o mais forte. Denomina-se *īśvara-praṇidhāna*. Um instrumento mais rápido do que o mais rápido certamente indica um instrumento que causa uma transformação instantânea, que age com uma extraordinária subitaneidade. Há duas palavras neste *sūtra* que precisam ser entendidas corretamente. Uma delas é *praṇidhāna* e a outra, *īśvara*. Ora, *praṇidhāna* realmente significa "atender a" ou "voltar-se para"; assim, *īśvara-praṇidhāna* significa voltar-se para Deus. Mas Deus não é citado *nestes sūtras* em qualquer sentido antropomórfico, nem no sentido de uma deidade pessoal. Isso ficará claro quando examinarmos os *sūtras* subsequentes. Quando se refere à intensidade do anelo e ao emprego dos meios apropriados, Patañjali diz que há uma intensidade que pode ser descrita apenas por um súbito voltar-se para Deus. Não pode haver qualquer ação mais intensa e repentina do que esta. Isso significa voltar-se para uma nova direção no curso de nossa busca espiritual. Deus, neste contexto, é a Realidade Última ou o Princípio Último da Vida. Isso torna-se evidente a partir do que Patañjali diz no próximo *sūtra:*

kleśa-karma-vipākāśa yair aparāmṛṣṭaḥ
puruṣa-viśeṣa īśvaraḥ

24. Deus é aquele Princípio distintivo que permanece intocado pelas aflições da vida, pelos frutos da ação, ou por qualquer motivação.

A palavra utilizada neste *sūtra* é *puruṣa-viśesa*. Obviamente se refere ao Ser Transcendental, diferenciado do Imanente. O Transcendental está acima do Tempo e do Espaço e não pertence ao mundo da relatividade. É por isso que Ele permanece não afetado por coisa alguma. É o Ser sem atributos que pode permanecer assim, não afetado, pois a entidade com atributos seria, pela própria natureza de sua existência, afetada por tudo que pertence ao mundo relativo. O Ser Supremo, Deus; ao qual Patañjali se refere neste e no outro *sūtra*, é, claramente, o Princípio Transcendental da Vida. No próximo *sūtra*, Patañjali diz:

tatra niratiśayaṃ sarvajña-bījam

25. O Princípio Último representa a qualidade insuperável de Onisciência.

O *sūtra* refere-se ao Princípio Último como *sarvajña-bījam*. No *Bhagavad Gītā*, Sri Krishna descreve a si mesmo como a eterna semente de todos os seres. Patañjali diz que *Īśvara*, ou o Ser Último, é a própria semente da onisciência. A semente contém toda a manifestação e, assim, o Ser Supremo contém tudo o que tiver que se manifestar. Descrito como a própria semente da onisciência, Ele contém tudo o que foi, é e será. É claro que o *Iśvara* dos *Yoga-Sūtras* não é uma deidade pessoal, muito menos uma entidade antropomórfica. Patañjali fala do Ser Supremo, aquele que contém toda a manifestação e que está acima de todas as limitações de Tempo e Espaço. Isso torna-se ainda mais claro no próximo *sūtra* onde Patañjali diz:

sa pūrveṣāmapi guruḥ kālenānavacchedāt

26. É o antigo dos antigos, pois, Ele realmente é Atemporal.

Portanto, *īśvara-praṇidhāna* é o voltar-se para aquele Princípio atemporal que é antigo entre os antigos, pois não tem início nem fim. O súbito voltar-se para o Ser Atemporal é, de fato, o instrumento de transformação instantânea. A intensidade do anelo espiritual deve ser testada por este critério de súbito voltar-se para uma direção diferente. Nossas assim chamadas intensidade e seriedade em nosso empenho espiritual são destinadas apenas para uma continuidade modificada. Nessas não há movimento dimensional. Representam uma extensão do mesmo plano de dimensão no qual o indivíduo vive, move-se e tem sua existência. Ao introduzir a palavra *īśvara-praṇidhāna*, Patañjali diz que o empenho espiritual verdadeiramente intenso é aquele em que há movimento não de extensão, mas de expansão. Voltar-se ao Ser Supremo é um ato de expansão. Um movimento de extensão está fadado a ser gradual, enquanto que um de expansão deve ser súbito. Um salto nunca pode ser gradual, pois um salto não é caminhar rapidamente. Por mais rapidamente que se possa caminhar, ainda não é um salto. Um salto é súbito e instantâneo. Após haver explicado sobre o funcionamento da intensidade no campo da extensão, Patañjali refere-se à intensidade na dimensão da expansão e é isso o que realmente significa *īśvara-praṇidhāna* – o voltar-se para uma direção totalmente nova. O ato de voltar-se está no mundo relativo, mas aquele para o qual nos voltamos é o Ser Transcendental. Como podemos, permanecendo no mundo imanente, voltar-nos para o Ser Transcendental? É possível isso? Patañjali nos diz no próximo *sūtra*:

tasya vācakaḥ praṇavaḥ

27. No campo do Tempo, Ele é simbolizado por *Om* ou *Praṇava*.

As escrituras cristãs afirmam: "No início era o Verbo." As escrituras hindus se referem à manifestação como sendo o alento do Supremo. No crescimento e na evolução das faculdades de cognição *śabda* é colocado em primeiro lugar, pois o primeiro despertar do homem com relação ao mundo externo é através da faculdade da audição. Assim, o Verbo é, verdadeiramente, a primeira causa em movimento no espaço, e dele toda a manifestação vem à existência. A primeira exortação do Imanifesto é o Verbo, e é esta palavra que é descrita como *Om* ou *Praṇava*. O *sūtra* acima diz que o Transcendente pode ser reconhecido no mundo da manifestação por meio do seu símbolo que é *Om*. *Om* ou *Praṇava* nos dá uma indicação da presença do Intangível no tangível, do transcendental no imanente.

Assim, *īśvara-praṇidhāna* é o voltar-se para o Imanifesto no manifesto, para o Intangível no tangível. Enquanto funcionarmos apenas no plano do manifestado, modificando e mudando suas expressões, estaremos agindo em uma dimensão inferior da vida. Quando nos voltarmos para o Imanifesto no manifesto, teremos nos voltado para uma nova direção, teremos quase dado um salto, teremos nos movido da mera extensão da consciência para a expansão da consciência. O *Yoga* ocupa-se fundamentalmente com a expansão da consciência. É nisso que difere das buscas morais e religiosas usuais. A moralidade inclui as disciplinas religiosas tradicionais, busca ocasionar extensões na consciência. O *Yoga* capacita-nos a realizar uma mutação da mente. E os primeiros sinais desta mutação devem ser vistos em *īśvara-praṇidhāna* ou voltando-nos na direção do Imanifestado no manifestado. Mas o que esta comunhão com o Símbolo do Imanifestado no manifestado – *Praṇava* ou *Om* – faz? Qual é a natureza da transformação que tal comunhão realiza? Patañjali discute estas questões nos *sūtras* que se seguem.

CAPÍTULO IV

A NATUREZA DA DISTRAÇÃO

No sétimo discurso do *Bhagavad Gītā*, Sri Krishna, falando sobre Si mesmo, diz: "Sou a sílaba *Om* em todos os Vedas". No *Kaṭha Upaniṣad*, Yama dirige-se a Nachiketas assim:

> "A Abordagem que todos os Vedas declaram, que todas as austeridades indicam, e que os homens aceitam quando levam a vida do espírito, vou lhe falar brevemente – é *Om*".

Por que *Om* tem sido considerado tão significativo? Como dissemos no último capítulo, é a primeira indicação do Imanifestado no manifestado. É, por assim dizer, uma janela que dá um vislumbre do Imanifesto e do Transcendental. É verdade que o Imanifesto não pode ser visto, mas, certamente, pode ser experienciado. Não pode ser apanhado, mas pode ser sentido. Tal experiência não requer qualquer visão superfísica. Apenas através de uma sensibilidade da consciência pode-se chegar à experiência do Intangível no tangível. Posto que *Om* é o sussurro do Espírito, ele precisa de uma extraordinária sensibilidade da consciência para escutar sua voz ainda baixa. *Praṇava* representa a Voz do Silêncio, o Som Insonoro. Como se pode ouvi-lo sem tornar a consciência totalmente pura e infinitamente sensível? Patañjali diz no seguinte *sūtra*:

tajjapas tad arthabhāvanam

28. Na repetição de *Om* é preciso haver reflexão em meio à repetição.

Haver reflexão em meio à repetição parece ser uma contradição de vocábulos. Como podem os dois permanecerem juntos? A repetição de *Om* significa uma sintonização com o Som Insonoro. Mas como é possível sem haver um completo cessar da tagarelice sem sentido da mente? Apenas quando o ruído da mente aquieta-se, que uma sintonia com a Voz do Silêncio é possível. E a repetição é totalmente sem sentido se, através dela, não sintonizamos com a Voz do Silêncio. Por esse motivo Patañjali fala de reflexão em meio à repetição. Ele utiliza as palavras *tad arthabhāvanam*. Ora, *bhāvanam* é um estado de completa atenção. Portanto, a expressão indica que deve haver uma total atenção no conteúdo do Som Insonoro. A mera repetição de *Om* é um processo mecânico. A verdadeira pronúncia do Verbo deve ocasionar uma sintonização com seu legítimo conteúdo. Mas isso é possível apenas quando a mente encontra-se em um estado de atenção. Na sintonização está-se em comunhão com o atemporal no tempo, pois *Om*, de fato, é o símbolo do Eterno no processo da sequência do tempo. Tal sintonia é uma experiência espiritual vitalizadora, que proporciona ao homem força e visão para enfrentar as situações da vida. É a isso que Patañjali refere-se no próximo *sūtra*:

tataḥ pratyak-cetanādhigamo
'pyantarāyā-bhāvāś ca

29. É o que capacita a consciência a voltar-se para dentro, resultando na eliminação de todos os obstáculos.

A consciência do homem possui dois aspectos – *pratyak* e *parāṅga* – o primeiro voltado para dentro e o último, para fora. Nossa consciência é, principalmente, *parāṅga* ou voltada para fora. Funciona apenas na periferia, tem uma visão fragmentada da vida, vê apenas a multiplicidade. Mas o voltar-se da consciência para dentro é mover-se da periferia para o centro. Este movimento tão somente representa integração. Uma sintonização com a Voz do Silêncio no momento em que a mente alcança um estado de quietude completa indica um voltar-se para o interior da consciência. É *īśvara-praṇidhāna* no sentido exato do termo. Este é um movimento da circunferência para o centro. Esta é a visão do Todo. É nesta visão que os obstáculos da vida são eliminados. A palavra utilizada para obstáculos é *antarāya*, que significa realmente uma obstrução. Quando a obstrução é removida, surge a visão do Todo. Quando o véu é rompido, há a magnífica visão da própria Realidade. Refletir durante a repetição de *Om* é remover este véu, pois expressa uma sintonização no momento de total atenção da mente. Entrar em comunhão com a Voz do Silêncio, que é o sentido da reflexão em meio à repetição de *Om*, é chegar à visão da Realidade. Esta é a visão do atemporal. Após essa visão, quando nos voltamos para o reino do tempo, experimentamos a eliminação daqueles obstáculos que, antes, pareciam difíceis de resolver.

Todavia a questão é: quais são estes obstáculos aos quais Patañjali faz referência neste *sūtra*? Uma lista abrangente destes é apresentada no *sūtra* seguinte:

*vyādhistyāna-saṃśaya-pramādālasyā-virati-
bhrānti-darśanāladha-bhūmikatvānavasthi-
tatvāni cittavikṣepas te 'ntarāyāḥ*

30. Os obstáculos são distrações causadas por doença, entorpecimento, dúvida, negligência, preguiça, anelo, ilusão, não atingimento do objetivo desejado e instabilidade.

Patañjali denomina estes obstáculos de distrações, querendo dizer, portanto, que eles existem apenas para uma mente distraída. A mente que é livre de distrações e é atenta não tem problema de obstáculos. Em meio a este plano de fundo de distrações, os vários obstáculos enumerados assumem um novo significado. Dessa forma, o que ele denomina obstáculos são aqueles fatores que causam distração à mente. Se examinarmos a lista acima, veremos que, enquanto os primeiros cinco obstáculos surgem das distrações da mente atraída por *tamas*, os quatro seguintes surgem das condições de *rajas*. A doença, o entorpecimento, a dúvida, a negligência e a preguiça, obviamente, são as condições que distraem uma mente imersa em *tamas*. Para designar doença Patañjali emprega a palavra *vyādhi* que é puramente física em oposição à *ādhi* que é mental. A condição puramente física da doença com certeza surge dos atributos *tamásicos* do corpo. Estas cinco distorções da mente, portanto, são causadas pelo funcionamento distorcido de *tamas*. De forma análoga, os obstáculos do anelo, da ilusão, do não atingimento do objetivo desejado e da instabilidade estão enraizados nas distorções de *rajas*. Pode-se perguntar: não há distorções causadas no funcionamento do atributo de *sattva*? Se houvesse, então, certamente, deveria haver distrações que surgissem das mesmas. Por que Patañjali não se refere a elas? É verdade que existem distorções no funcionamento de *sattva* também, mas os obstáculos que surgem delas são tão sutis que Patañjali reporta-se a eles na parte final da seção. O percebimento das distrações *sátvicas* demanda um maior aprofundamento da consciência, e, a menos que se alcance isso, não é possível compreender o problema de tais obstáculos. Para os propósitos do *sūtra* acima, Patañjali cita apenas aquelas obstruções que surgem do funcionamento distorcido de *tamas* e *rajas*. Todos os obstáculos acima representam as condições de estagnação e de inquietação concernentes à consciência do homem. De outro ponto de vista, elas representam o fenômeno "corpo-mente". Nesse sentido, todos os obstáculos indicam uma condição psicossomática. As distorções que surgem do mau funcionamento do atributo de *sattva* são tão completamente psicológicas que sua discussão deve ser feita mais tarde, no contexto de um pensamento mais profundo. Patañjali deve ter sido um observador muito cioso da natureza humana, pois, de outro modo, não poderia ter dado tão sutil descrição de *tamas* como o fez no *sūtra* acima. *Styāna, saṃśaya, pramāda* e *ālasya* referem-se a estados de inércia, mas cada palavra apresenta uma variação distinta desta condição *tamásica*. De maneira similar, o anelo, a ilusão, o não atingimento e a instabilidade são também descrições muito sutis das variações da condição *rajásica*. A fim de que não percamos este ponto essencial, Patañjali oferece no próximo *sūtra* certos traços característicos das distrações. Ele diz:

duḥkha-daurmanasyāṁgamejayatva-śvāsa-
praśvāsā vikṣepa-sahabhuvaḥ

31. Os sintomas de uma mente distraída são a morbidade, o tédio, o nervosismo e a respiração difícil.

Estar efetivamente cônscio das distrações é uma proposição difícil. Mas aqui Patañjali facilita o trabalho ao detectar os fatores que distraem. Algumas vezes somos mórbidos sem razão alguma. Um sentimento inconsciente de que algo não auspicioso e desagradável irá acontecer – este é realmente um sinal de morbidade. Sentimonos tristes embora não haja razão aparente para tal – a maioria de nós já vivenciou essa situação. Ou há um sentimento de absoluto tédio, de estar desvitalizado e, portanto, de não desejar fazer coisa alguma. Isso também é parte de nossa experiência comum. Ou, algumas vezes, há um nervosismo desnecessário, um sentimento estranho de medo que nos atinge, de modo que ficamos o tempo todo irrequietos e agitados. Há também outro sintoma que é uma certa dificuldade de respirar. Por alguma razão, a respiração não segue o ritmo usual. Patañjali diz que isso se deve às distrações da mente. Mesmo neste caso, enquanto descreve os sintomas das distrações, ele indicou que a morbidade e o tédio surgem do funcionamento distorcido de *tamas*, enquanto o nervosismo e a dificuldade de respirar são reflexos dos atributos de *rajas*. Por trás destas tendências do corpo e da mente há a atividade das distrações que, por sua vez, produz as nove obstruções, as quais ele mencionou no *sūtra* anterior. Após haver falado sobre os sintomas e a doença, Patañjali agora indica uma forma de tratar esta enfermidade física e mental. Ele diz:

tat-pratiṣedhārtham eka-tattvābhyāsaḥ

32. A remoção destes obstáculos demanda atenção unidirecionada.

Apresentados os sintomas das distrações, Patañjali nos diz que o tratamento meramente sintomático não é suficiente. Habitualmente, nas disciplinas tradicionais religiosas e morais, observa-se este tratamento sintomático onde se faz um esforço para suprimir os sintomas. Ao seguir as disciplinas usuais exercitaríamos nossa vontade tomando uma atitude mental resoluta. Com tal atitude resoluta é possível, por um momento, reprimir estes sintomas. Mas esta repressão não pode durar muito; além disso, o esforço seria tão exaustivo que o tratamento seria pior do que a doença. Patañjali adverte-nos contra esta abordagem superficial da repressão dos sintomas. Ele nos diz que apenas através da atenção unidirecionada podemos nos libertar da enfermidade e, portanto, também, dos sintomas. Todavia, o que é esta atenção unidirecionada? A expressão utilizada no *sūtra é eka-tattva-abhyāsa*. Significa que devemos escolher um pensamento e nos concentrar nele? Na verdade, seria fugir da dificuldade pois, quando a concentração em si é o problema inerente à distração, qual é a utilidade de dizer que é preciso concentrar-se em algum pensamento ou ideia?

A palavra *eka-tattva* é significativa, pois se refere ao princípio da unidade. Investigar esse princípio é o que está indicado aqui. Não é a concentração em um pensamento, mas uma investigação da própria condição da unidade, significando, obviamente, atenção unidirecionada. Portanto, o *sūtra* diz que todo o campo da atenção unidirecionada precisa ser investigado a fim de nos libertarmos das distrações e dos obstáculos que surgem das mesmas.

Pode-se perguntar: como se faz isso? Para sabermos teremos que passar para a segunda seção dos *Yoga-Sūtras*, onde Patañjali interessa-se pelos instrumentos do *Yoga*. Na primeira seção ele se ocupa com *o que é* o *Yoga*; na segunda seção, ele se preocupa com o *como* do *Yoga*. Aqui ele apenas formula o problema dos obstáculos e das distrações. É necessário compreender o problema antes de tentar resolvê-lo. Neste *sūtra*, ele demonstra que isso não é uma questão de concentração em uma ideia ou princípio particulares; antes, é a investigação de toda a questão da atenção unidirecionada, ou seja, uma atenção que é total e não perturbada. Ele fala da "chama" da atenção que não bruxuleia. Apenas quando o tema da atenção total for examinado é que seremos capazes de nos livrar destes e de muitos outros obstáculos.

Mas Patañjali destaca um fato: o que acontecerá quando o campo da atenção total for explorado e tivermos nos libertado da influência das distrações? Ele nos diz que uma abordagem inteiramente nova do relacionamento humano abrir-se-á para nós. Em outras palavras, o homem será capaz de relacionar-se de forma correta com a vida sem absolutamente qualquer esforço. Patañjali cita no *sūtra* seguinte:

maitri-karuṇā-muditopekṣāṇām
sukha-duḥkha-puṇyā-puṇya-viṣayānāṃ
bhāvanātaś citta-prasādanam

33. Quando os obstáculos são removidos, uma nova abordagem do relacionamento humano é revelada e é simbolizada pela amizade, compaixão, alegria e consideração para com a felicidade ou sofrimento, virtude ou vício do outro.

Este *sūtra* indica-nos claramente que o *Yoga* não é um escape das obrigações e responsabilidades da vida. Na verdade, nos capacita a retornar ao mundo de cada dia com a aquisição do segredo do correto relacionamento com os homens e as coisas.

Nesta afirmação quádrupla do comportamento humano, Patañjali resumiu todo o problema do relacionamento humano. Ele fala da felicidade e do sofrimento que dizem respeito à prosperidade material e ao *status* social ou à falta deles. Analogamente, fala da virtude e do vício, que são concernentes às conquistas espirituais ou à falta das mesmas. Esta descrição quádrupla das situações humanas envolve todo o problema da vida do homem. Patañjali diz que o relacionamento correto indica um sentimento de intensa amizade para com quem é feliz. Usualmente há um sentimento de inveja, ciúme ou desejo de explorar a condição de prosperidade de outra pessoa em nosso próprio benefício. É um fato que uma pessoa materialmente próspera não tem amigos verdadeiros. Há uma relação de uso com esta pessoa. Ela tem muitos seguidores que se movem em torno dela com um sentimento de que serão seus possíveis beneficiários! A capacidade de ser verdadeiro amigo daquele que é materialmente próspero – em propriedades ou em *status* – sem qualquer ideia de uso é, na verdade, demonstração de uma qualidade extraordinária de relacionamento humano. Patañjali diz que, chegando a consciência à quietude em um momento de atenção total, surge uma nova fragrância no relacionamento humano, e isso é ser genuinamente amigo de alguém que tem sucesso mundano, seja ele poder, *status* ou riqueza material. Do mesmo modo, alguém que demonstra verdadeira compaixão por aqueles que se encontram em situações infelizes na vida conheceram o segredo do reto relacionamento. Existem muitos que teriam pena de tais pessoas infelizes; poderão existir outros que olham para elas com condescendência benigna. Mas estar verdadeiramente pleno de compaixão é uma qualidade rara no relacionamento humano. A palavra utilizada por Patañjali neste *sūtra* é *karuṇā*, significando ternura. Ser terno com alguém que está infeliz é de fato compreender o sofrimento do outro. É um relacionamento onde nos colocamos na condição do outro. Na ternura não há demonstração de pena ou de generosidade, mas respeito pela outra pessoa. Ser tão sensível que não ofenderia, mesmo que inconscientemente, quem, por um momento, está em dificuldades – nem por palavra, nem por pensamento, nem por atos. Este *karuṇā* é muito necessário para estabelecer um relacionamento correto entre os seres humanos que vivem em diferentes camadas da sociedade. Na ternura não se humilha o outro – nem mesmo de maneira velada.

Enquanto a felicidade e a infelicidade referem-se a condições pertencentes ao *status* material e social, *puṇya* e *apuṇya*, virtude e vício, dizem respeito às esferas morais e espirituais da vida. Patañjali diz que ficar realmente feliz ao encontrar uma pessoa que obteve sucesso espiritual é de fato algo muito bonito. Comumente, quando se encontra um homem de virtudes morais e espirituais, temos a tendência de rebaixá-lo, ou pelo menos de indicar as pequenas falhas de tal pessoa. Se não pudermos encontrar tais faltas, estamos prontos a imputar motivos com referência ao comportamento virtuoso. A maioria das pessoas é incapaz de dignificar o sucesso material ou moral de outra pessoa. A palavra utilizada por Patañjali é *mudita*, que é muito mais do que alegria – denota um verdadeiro deleite. Deleitar-se com a visão do *status* moral e espiritual de outro é demonstrar uma real transparência de nossa natureza. Vemos a virtude do outro sob inúmeras motivações projetadas por nós. Deleitar-nos ao vermos pelo menos uma pessoa avançando na vida espiritual quando milhares têm falhado é uma qualidade rara. Vemos também na vida muitos que chegaram ao fracasso ou à degeneração moral. O que dizer destes? Aqui Patañjali utiliza a palavra *upekṣā*. Ora, o significado desta palavra é "tolerar", "ter respeito", "demonstrar consideração". A palavra é usualmente traduzida como indiferença ou negligência. No contexto deste *sūtra*, este com certeza não é o significado. *Upekṣā* não é indiferença. Demonstrar verdadeira consideração para com aqueles que possam ter falhado ou possam fracassar – este é o significado de *upekṣā*. Comumente toleramos nossas falhas, muitas delas; mas somos incapazes de tolerar mesmo a mais insignificante falha dos outros. Fazer a pessoa que falhou sentir-se completamente à vontade em nossa companhia é uma grande virtude espiritual. A maioria de nós despreza tal pessoa, porque nos sentimos muito virtuosos em nossos próprios juízos. E certamente não há falha maior do que o farisaísmo! Nada é tão imoral quanto o sentimento de superioridade moral. Em *upekṣā* não há nem mesmo um toque inconsciente desse sentimento.

Porém, estas virtudes de *maitrī, karuṇā, mudita* e *upekṣā* não são produtos de cultivo consciente. Virtude cultivada conscientemente não é em absoluto virtude. Pode-se cultivar um padrão virtuoso, mas será um padrão que não contém a fragrância da virtude. As quatro virtudes referidas por Patañjali constituem o próprio fundamento de uma vida verdadeiramente virtuosa. Todas as outras virtudes emanam desta essência de um estado realmente virtuoso. Contudo, as reais virtudes são o transbordamento de nossa vida normal. E um transbordamento é sempre natural e espontâneo. Este é o motivo pelo qual Patañjali fala sobre elas imediatamente após referir-se à atenção unidirecionada – atenção sem hesitação. Tal estado de total atenção é o estado de inação, para utilizar a terminologia do *Bhagavad Gītā*. É um estado de *samatva*, que é uma das condições essenciais do *Yoga* descritas pelo *Gītā*. Ora, *samatva* é um estado de profunda quietude onde não existe movimento da mente. Por atenção unidirecionada Patañjali parece querer referir-se a este estado. E, após indicar este estado de atenção, ele fala das quatro virtudes básicas do relacionamento humano. Estas virtudes do reto relacionamento emanam naturalmente do estado de atenção? Embora Patañjali não trate do problema de como chegar a este estado de atenção na primeira seção, não obstante o explora. Ele inicia o tema de modo que as implicações deste estado possam ser compreendidas. No próximo capítulo, estaremos voltados para a investigação deste estado de atenção.

CAPÍTULO V

A INVESTIGAÇÃO PROFUNDA

A atenção unidirecionada, à qual Patañjali faz referência, não deve ser confundida com concentração. Na concentração, devido ao processo de seleção e resistência, não há possibilidade de dar-se atenção unidirecionada a coisa alguma. A atenção deve ocorrer em uma situação de total relaxamento. Como podemos ver alguma coisa se não estamos completamente livres de todas as tensões? É óbvio que na concentração há a geração de tensão, razão pela qual é impossível uma clara percepção. Posto que *Yoga* é a reta percepção das coisas, a totalidade da atenção é um de seus pré-requisitos. Patañjali discute o problema da atenção na última parte dos *Yoga-Sūtras,* quando chega à questão da meditação. Mas, antes de avançarmos na discussão da meditação, é necessário compreendermos o que significam a atenção e suas implicações.

Neste capítulo propomo-nos a discutir o que Patañjali descreve como as indicações e implicações da atenção. Ele já disse em um dos *sūtras* anteriores – discutidos no último capítulo – que a única maneira de remover todas as obstruções e obstáculos é através da atenção unidirecionada. Ele a denomina *eka-tattva-bhāvanaṃ*. Enquanto *eka-tattva* significa unidirecionada, *bhāvanaṃ* indica um estado de atenção. Um estado de atenção é aquela condição onde não existem *vṛttis*. Assim, o estado do *Yoga* e o estado de uma totalidade de atenção são idênticos enquanto significado e conteúdo. Quando ocorre a cessação dos *vṛttis*, ou tendências reativas da mente, há, de fato, uma condição de total atenção. O *Bhagavad Gītā* a descreve como *ananya-bhāva*, ou seja, um estado no qual o outro não existe. Aqui a mente é libertada do senso de alteridade.[2] O *Bṛhadāraṇyaka Upaniṣad*, ao discutir o problema do medo, relata que é a presença do outro que cria uma sensação de temor. Descreve que um estado de solitude não conhece o medo em absoluto. Ora, a consciência da qual o senso de alteridade tenha desaparecido representa um estado supremo de solitude. A totalidade de atenção é, assim, uma experiência deste estado só, não de solidão. O *Yoga* é, na verdade, um voo do solitário para o Solitário. Apenas no estado de solitude pode-se

---

[2] No original em inglês: *sense of other-ness*. (N.E.)

viajar para a Região do Espírito. E a experiência de solitude ocorre no momento de atenção total. Dessa forma, a atenção é o tema principal do *Yoga*. É preciso entender suas implicações, bem como observar seus indicativos antes de considerar a questão de como chegar a ela. Nos *sūtras* discutidos nesse capítulo, Patañjali ocupa-se em mostrar os indicativos da atenção e suas implicações. Ele diz:

pracchardana-vidhāraṇā-bhyāṃ
vā prāṇasya

34. A tranquilidade da atenção unidirecionada torna-se possível, em parte, por meio de uma respiração regular.

Patañjali diz que através da exalação e da retenção da respiração pode-se conhecer, até certo ponto, o que é tranquilidade. A palavra *vā* indica várias alternativas. Este tema do controle da respiração é parte de *prāṇāyāma,* discutido extensivamente por Patañjali na segunda seção. Contudo, nesta parte, o objetivo é dar certas indicações.

Através da regularização da respiração pode-se até certo ponto conhecer o que é tranquilidade. É muito necessário, para compreender os princípios básicos da psicologia hindu, estar cônscio do fato de que o cérebro físico e a mente não são idênticos. O cérebro é apenas um instrumento da mente. Mas, antes de tratar o problema da tranquilidade da mente, é preciso saber como chegar à experiência em que o cérebro é aquietado. Neste e no próximo *sūtra,* Patañjali trata da quietude do cérebro. Por meio de uma regulada respiração pode-se experimentar por si mesmo como o cérebro torna-se livre de tensão e, portanto, capaz de chegar a um estado de quietude. Isso não quer dizer que o cérebro pare de funcionar – tal condição implicaria morte física. Significa apenas que o cérebro é capaz de funcionar com maior eficiência devido à diminuição da fricção e devido à remoção do peso. Quando o cérebro sente-se leve, é capaz de funcionar com grande eficiência. O cérebro tem uma tarefa dupla: a primeira é coordenar os dados dos sentidos, de modo a transformá-los em percepções, e a segunda é tornar-se um instrumento para a comunicação das instruções da mente. No intervalo entre estas duas funções, o cérebro alcança seu estado de maior eficiência. A regularização da respiração tende a criar este intervalo – não importa a duração deste. Esta questão será compreendida mais claramente quando considerarmos o tema de *prāṇāyāma*, na segunda seção. O controle da respiração, mesmo em sua forma mais simples, cria uma pausa na atividade do cérebro e, nesta pausa, o cérebro se renova. Seu peso e congestão são removidos, tornando-o muito vital em seu funcionamento. Um cérebro congestionado é uma fonte de grande distração e, portanto, um obstáculo para chegar-se a um estado de atenção.

Esta é a razão pela qual Patañjali, ao discutir as indicações e as implicações da atenção unidirecionada, menciona em primeiro lugar a respiração regular. Mas este não é um fim em si mesmo como supõem certas escolas de *Haṭha Yoga*. É um meio para renovar a energia do cérebro de modo que não cause qualquer distração na profunda experiência da atenção. Depois disso, Patañjali refere-se a outro fator de uma pausa na atividade da mente, indicado no *sūtra* seguinte:

viṣayavatī vā pravṛttir utpannā
manasaḥ sthitinibhandhanī

35. A estabilidade da mente é também possível através da mudança dos sentidos do sensual para o sensório.

Assim como o último *sūtra* é um prelúdio à *prāṇāyāma*, este *sūtra* serve para introduzir o tema *pratyāhāra*. Em todo o tema a respeito da percepção existem três agentes envolvidos: os sentidos, o cérebro e a mente. Os sentidos ocupam-se em trazer as sensações do mundo externo. Estas alcançam o cérebro onde são transformadas em percepções. Com o surgimento da mente, a percepção torna-se um conceito. Esta é a cadeia normal da atividade perceptiva. No momento de controle da respiração, a porta de comunicação entre os sentidos e o cérebro é temporariamente fechada. Esta é a pausa sobre a qual falamos no último *sūtra*. No controle respiratório, o cérebro precisa funcionar com um suprimento limitado de oxigênio. Em função disso, ele não está pronto para receber dados novos dos sentidos. Esta pausa dá um pequeno descanso ao cérebro para clarear seu congestionamento e indolência e o capacita a revitalizar-se. Mesmo uma pequena experiência em controlar a respiração ou mesmo a respiração profunda mostrará como o cérebro renova-se como resultado dessa pausa.

Todavia, no *sūtra* que estamos considerando agora, há implícita uma pausa de outra natureza. Não é a porta entre os sentidos e o cérebro que se busca fechar, mas a porta entre o cérebro e a mente. Em outras palavras, é uma pausa entre a formação de percepção e a formulação de conceitos. Quando a mente com seus conceitos interfere precipitadamente, antes que o cérebro tenha completado sua percepção, o que ocorre é a indulgência dos sentidos. A indulgência não se deve à atividade dos sentidos; ela surge devido à intervenção da mente na atividade perceptiva do cérebro. Aquilo que é sensual é o produto da indulgência dos sentidos. Nesse processo de autoindulgência, o vilão da peça é a mente e não os sentidos. Esses, por si próprios, não sobrevivem em seus objetos; é a entrada da mente que induz a atividade de segurar ou aderir aos objetos ou neles permanecer. Nesse caso, a mente, por assim dizer, forçosamente assume o funcionamento normal do cérebro, não lhe permitindo completar sua ação de gerar percepção. Quando isso ocorre, o cérebro torna-se, naturalmente, agitado e excitado devido à frustração causada em sua atividade normal. Sem completar as percepções, a formação de conceitos é incompleta e, portanto, equivocada e defeituosa. Quando os sentidos são levados à realização de conceitos defeituosos, surge o sentido da indulgência. A mente força o cérebro a dar instruções para a ação mesmo antes que a percepção seja completada. O cérebro é tanto o receptor dos impactos dos sentidos quanto o transmissor das instruções dos sentidos. Esta transmissão deve, entretanto, ocorrer após a recepção do relato completo dos sentidos. É a transmissão prematura, realizada sob o comando da mente, que cria o problema da indulgência dos sentidos, trazendo assim à existência o que é conhecido como atividade sensual. Nesse caso, *vastu* é transformado em *viṣaya*, ou seja, a ação é revestida com a projeção da mente. Quando se exige dos sentidos que vagueiem nas projeções da mente, nasce o sentido da indulgência. Esta é certamente a principal causa de distração que confere ao cérebro uma sensação de frustração.

O *sūtra* acima afirma que para a experiência da quietude e tranquilidade, os sentidos deveriam mover-se do sensual para o sensório. Enquanto o sensual representa a ação da indulgência dos sentidos, o sensório indica uma grande receptividade na esfera da atividade dos sentidos. Quando há sensualidade, a receptividade dos sentidos fica enormemente desfigurada, pois torna o cérebro indolente devido a suas frustrações. Modificar este movimento do sensual para o sensório é aumentar a sensibilidade e o refinamento das respostas sensoriais, porque o cérebro capacita-se a assimilar mais e mais dados, exigindo assim que os sentidos não se fixem em parte alguma, mas avancem no sentido de compreender cada vez mais os impactos dos sentidos.

Patañjali utiliza a palavra *viṣayavatī*, que propõe que os sentidos não são possuídos pelos objetos, mas controlam-nos. Quando a mente projeta suas ideações desejadas nas percepções incompletas dos sentidos, são criados objetos que não possuem existência intrínseca. Nesta condição, a mente força os sentidos a se demorarem no campo dos objetos que não têm objetividade real. Dessa forma, os sentidos são possuídos pelos objetos da mente. É isso que cria a atividade sensual. Mas, quando os sentidos, ao invés de serem possuídos pelos objetos da mente, tornam-se seus possuidores, libertam-se de seu domínio. Quando isso ocorre o cérebro funciona novamente com seu potencial pleno, capacitando os sentidos a se moverem para trazer mais dados e não se fixar em parte alguma. Patañjali desenvolve ainda mais este ponto ao discutir *pratyāhāra* na segunda seção. Ele nos indica que ao ocorrer uma pausa entre a formação das percepções e a formulação dos conceitos, que é o movimento do sensual para o sensório, o cérebro aquieta-se e remove o congestionamento e a indolência. Esta revitalização do cérebro é de grande auxílio ao tratar o problema das distrações e, portanto, da atenção unidirecionada.

Patañjali diz mais no próximo *sūtra*:

viśokā vā jyotiṣmatī

36. Serenidade e uma percepção mental clara permitem movermo-nos para a atenção unidirecionada.

No momento em que o cérebro funciona com seu potencial pleno, a percepção é clara e serena. Os dois *sūtras* anteriores afirmaram que o controle da respiração e um movimento do sensual para o sensório capacitam o cérebro a revitalizar-se de modo a funcionar com todo o seu potencial. Quando assim ocorre, a percepção formada pelo cérebro é clara e serena. As duas palavras utilizadas aqui são *viśoka* e *jyotiṣmatī*. *Viśoka* significa uma condição serena, um estado de calma, *jyotiṣmatī*, claridade e brilho. Através do controle da respiração e de um movimento para a percepção sensória, o cérebro torna-se mais eficiente, de modo a ser capaz de funcionar sem uma sensação de peso. Quando assim ocorre, há não apenas calma na esfera da atividade do cérebro, mas também uma extraordinária clareza de percepção. As percepções de um cérebro assim são claras e bem definidas. Na filosofia hindu faz-se referência constante à *nāma* e *rūpa*, nome e forma, caracterizando o mundo exterior. É função do cérebro definir claramente *rūpa* ou forma, e à mente cabe especificar *nāma* ou nome. Se a forma não é clara, o nome obviamente será defeituoso ou falso. E a forma pode ser clara somente quando o cérebro funciona com calma e clareza. Esta qualidade de funcionamento do cérebro percorre um longo caminho para chegar à experiência da atenção unidirecionada ou *eka-tattva bhāvanaṃ* como Patañjali a denomina no *sūtra* que já discutimos. Quando as qualidades de *viśoka* e *jyotiṣmatī* são conferidas à atividade do cérebro, assegura-se a perfeita definição da forma ou percepção. O cérebro é capaz de funcionar sem a intervenção da mente na tarefa de construir percepções. A partir da calma e da clareza do cérebro é possível compreender o *modus operandi* do trazer a mente a uma condição de passividade alerta – em outras palavras, a um estado de negatividade[3], onde tão somente o despontar de um novo estado de consciência pode ser concedido. Os dois *sūtras* seguintes indicam um modo de chegar ao estado de verdadeira negatividade com referência à mente.

---

[3] No original em inglês: *negativity*, no sentido de passividade. (N.E.)

vītarāgaviṣayaṃ vā cittam

37. Somos capazes de nos mover na direção da atenção unidirecionada, ao visualizarmos aquela condição de mente que está livre das atrações dos opostos.

Deve ser apenas uma visualização, pois a experiência real da mente livre das atrações dos opostos surge apenas durante a meditação. Posto que a primeira seção ocupa-se apenas com o mapeamento deste novo território, o *Yoga*, pode-se falar com referência ao *sūtra* acima apenas da visualização do estado de mente livre. Quando são eliminadas as distrações sensoriais que causam perturbações no suave funcionamento do cérebro, então é possível considerar-se a questão das distrações psicológicas. E estas são, de fato, os dois opostos da mente. O termo *vītarāga-viṣayam* é realmente aquela condição da mente livre da atividade dos opostos. Os apegos da mente são de dupla natureza. Não ser apegado a alguma coisa pode ser o resultado de estar apegado ao seu oposto. *Vītarāga* é o estado de não estar apegado a nem uma coisa nem outra. Tal estado surge apenas durante a meditação, mas é possível visualizá-lo antes de alcançá-lo. É um reconhecimento intelectual do fato do desapego, mas tal reconhecimento não é a mesma coisa que a realização de fato. Não obstante, o homem pode examinar intelectualmente tais possibilidades, o que exige uma extraordinária claridade de percepção intelectual, a qual surge quando o cérebro está trabalhando com seu potencial pleno, de modo que não haja obstáculos em seu processo de completar a ação perceptiva. Na calma e na claridade do funcionamento do cérebro, pode-se perceber intelectualmente uma condição de mente livre do jogo dos opostos. Ao chegar a esta percepção intelectual, certamente uma associação com aqueles que já tiveram esta experiência ajuda. Tal associação habilita-nos a chegar a uma maior clareza intelectual em nossa percepção. Uma vez que Patañjali trata apenas com indicações de um estado livre dos opostos, uma destas indicações pode ser vista na associação com aqueles que conhecem tal estado por experiência própria. Mas este é apenas um reconhecimento pelo intelecto e não deveria ser confundido com a realização. Uma claridade intelectual é verbal e não conceitual. Se conhecermos esta limitação do intelecto, podemos obter o auxílio necessário do mesmo, sem esperar dele mais do que pode dar. Assim, deve-se compreender que este reconhecimento intelectual é apenas o ponto de partida do processo de compreendê-lo. Deste ponto devemos avançar. Como? Patañjali fornece-nos uma indicação disto no *sūtra* seguinte:

Svapna-nidrā-jñānālambanaṃ vā

38. Isso requer uma inquirição sobre a atividade das camadas subconscientes e inconscientes da mente.

A fim de que a mente possa chegar a um estado de liberdade com relação à atração dos opostos, é necessário examinar o funcionamento total da mente. Esta é como um *iceberg*, pois apenas um pequena porção de sua atividade está na superfície, enquanto a maior parte está abaixo dela. As camadas subliminares da mente revelam as reais motivações da mente consciente. No *sūtra* acima, as palavras *svapna* e *nidrā* referem-se a esses estados abaixo do limiar da mente consciente. Patañjali refere-se ao conhecimento que depende dessas camadas *svapna* e *nidrā* – a condição do sonho e também do sono. O sonho indica o funcionamento da mente logo abaixo do nível consciente, enquanto o sono significa a atividade da mente em uma camada mais profunda da consciência. A menos que se saiba o que está acontecendo nestes níveis, um mero padrão externo de *vītarāga* ou desapego não tem qualquer significado. É o centro dos motivos que deve ser destruído, tanto no nível consciente, quanto no subconsciente e no inconsciente. Os motivos estão mais abaixo da superfície do que acima. Quando estes centros de motivações são rompidos surge naturalmente um estado de desapego, de modo que a atração pelos opostos desaparece sem qualquer luta. Lutar para chegar a um estado de desapego é algo totalmente sem sentido, pois a própria existência da luta mostra que os centros do motivo estão intactos. Apenas a mente que é livre do jogo dos opostos conhece a atenção unidirecionada, mas isso só pode ocorrer quando as camadas subliminares da mente são contempladas. Porém, é possível expor as camadas mais profundas da mente? Pode a mente consciente entender o inconsciente? Se assim for, como? A menos que os nós do inconsciente sejam desatados, não há a possibilidade de corrigir nossa natureza psicológica. Mas como o consciente pode lidar com o inconsciente? Se não puder, quem lida com ele? Se puder, como lidar com ele? Essa questão leva-nos ao problema fundamental do *Yoga,* ao qual Patañjali refere-se no próximo *sūtra*:

yathābhimata-dhyānād-vā

39. Isso é possível apenas seguindo o caminho da meditação que se considerar mais conveniente.

Patañjali diz aqui que a meditação é a única forma de desenredar os segredos do inconsciente. E é através do desenredo destes segredos que ficamos livres de todas as motivações que são a força impulsionadora por trás do jogo dos opostos. É preciso, portanto, explorar o caminho da meditação. Mas Patañjali expõe muito claramente a todos os aspirantes espirituais que meditação não é seguir algum modelo particular. Na verdade, ele repele a ideia de modelos e sistemas de meditação ao utilizar a expressão *yathā abhimata*, que significa: de acordo com nossas inclinações. Precisamos desenvolver nossa própria abordagem em relação à meditação, no que diz respeito as nossas inclinações e aos nossos interesses. Esta é certamente uma ideia muito revolucionária no campo da meditação. O que importa na meditação, em última análise, é o estado daquele que medita. E como pode o estado do meditador ser descrito por outro? É seguindo o caminho da meditação, de acordo com nossas próprias inclinações, que descobrimos por nós mesmos qual é o nosso estado. Patañjali, neste capítulo, trouxe-nos passo a passo a este ponto essencial da meditação. Iniciando com o controle da respiração e referindo-se ao movimento dos sentidos do sensual para o sensório, ele chamou nossa atenção para o estado do cérebro calmo e claro. Desse ponto, ele nos trouxe para o reconhecimento intelectual do estado de mente livre das atrações dos opostos. Aqui ele nos diz que os fatores motivadores destas atrações dos opostos jazem nos níveis subliminares da mente e, portanto, é absolutamente necessária uma inquirição nestes campos. Mas, se este inquirimento somente pode nos levar à atenção unidirecionada, onde todos os obstáculos e obstruções foram removidos, como iniciar este inquirimento? Neste *sūtra* Patañjali diz que é durante a meditação que podemos levar avante este inquirimento. Não há caminho para a meditação. Meditar é mover-se em uma região sem caminhos, como velejar em um mar desconhecido. Deve ser *yathā abhimata*, completamente de acordo com nossas próprias inclinações e interesses. Ao dizer isso, ele passou toda a responsabilidade da meditação para o próprio aspirante.

Mas a questão é: como abrir nosso próprio caminho para a meditação? Se a meditação deve ser feita completamente no que se refere às nossas próprias inclinações e interesses, a próxima questão é: conhecemos nossas próprias inclinações e interesses?

O fato é que não nos conhecemos. A afirmação acima não é feita em relação a alguma natureza abstrata ou última de nós próprios. Temos de admitir que, com certeza, não conhecemos a nós próprios como somos. De fato, não conhecemos nossa própria natureza adquirida – a natureza pela qual agimos em nossa vida diária. Quando dizemos que não nos conhecemos, queremos dizer que não somos cientes de nossas reações e respostas às situações da vida do dia a dia. É esse conhecimento que nos fornecerá informação sobre nossas inclinações e interesses. Precisamos nos conhecer como um fato e não como uma ideia ou um ideal. O autoconhecimento é o conhecimento de nós mesmos como somos em nossos relacionamentos diários. Sem este conhecimento não há base para nossa busca espiritual. O caminho da meditação inicia aqui e não em imaginar algum estado supremo, tentando nos identificar com este estado imaginário. Para ir longe é preciso começar perto – e, na meditação, é preciso irmos muito longe. Patañjali refere-se a este início em que estamos quando diz *yathā abhimata*. Temos que começar a trilhar o caminho da meditação do ponto de nossa própria inclinação e interesse. Qualquer abordagem da meditação que não comece nesse ponto é um exercício de futilidade e frustração.

Mas a questão é: como chegar a esse conhecimento de nós mesmos do jeito que somos? Como descobrir nossos pontos de inclinação e interesse? É esta questão que Patañjali considera no próximo capítulo.

CAPÍTULO VI

A MEMÓRIA PURIFICADA

A meditação é realmente o próprio âmago do *Yoga,* pelo menos da escola de *Yoga* chamada *Rāja Yoga*, da qual Patañjali é o grande compilador e brilhante expositor. Mas a meditação não é um fenômeno isolado que deva ser considerado como separado e distinto do curso da vida. Quando é isolada do curso da vida, propõe problemas que não é capaz de solucionar. Todavia, quando é considerada no cenário geral da vida, torna-se natural, não causando estresse ou tensão. A grandeza dos *Yoga-Sūtras* de Patañjali está no fato de que todo o problema da meditação é colocado no plano de fundo geral da vida. Enquanto outras escolas de *Yoga* tendem para um lado, o *Rāja Yoga*, proposto por Patañjali, busca o desenvolvimento harmônico de todas as partes do ser humano. É realmente *Yoga* integral, onde tanto o corpo quanto a mente são desenvolvidos de forma plena e em harmonia um com o outro.

No *Rāja Yoga* de Patañjali a mente é o fator determinante, e não é o corpo que dirige as atividades da mente, como em certas escolas de *Haṭha Yoga*. Posto que a mente é o fator determinante, tornar a mente livre e incondicionada é de importância fundamental nesta prática. Todavia, antes que a mente possa se tornar livre, é necessário conhecer como ela é condicionada. Em razão disso, a observação da mente, em todas suas atividades diárias, torna-se imperativa. O que ela faz é indicado no próximo *sūtra*:

paramāṇu-parama-mahattvānto
'sya vaśīkāraḥ

40. Com a remoção dos obstáculos surge o domínio da cognição e da ação que se estende do menor até o maior.

Patañjali vem discutindo nos *sūtras* referidos no último capítulo o problema da remoção dos obstáculos e das obstruções, em outras palavras, a eliminação dos fatores condicionantes da mente. É bastante óbvio que ele considera a meditação como a maneira única e mais eficaz de liquidar os obstáculos e as obstruções. O presente *sūtra* nos indica que, ao serem removidos, estes obstáculos, através da meditação, ocorre uma tremenda liberação de energia da mente. Esta é enormemente vitalizada com o resultado, tanto que é capaz de perceber com total claridade toda e qualquer coisa que entra na esfera de sua visão. O alcance desta percepção cobre o menor assim como o maior. A mente alcança um estado onde não existem fronteiras para restringir seus movimentos. Vive nos espaços abertos, diretamente sob o vasto céu, para colocar nas palavras do grande místico indiano Kabir. Diante dessa mente abre-se uma visão ilimitada, que ocorre quando todas as obstruções são removidas na experiência do momento atemporal, o que é fundamentalmente a meditação. Está belamente expresso por Patañjali no *sūtra* seguinte:

kṣīnavṛtter abhijātasyeva maṇer
gṛhītṛ-grahaṇa-grāhyeṣu
tatstha-tadañjanatā samāpattiḥ

41. No caso de alguém cujas tendências reativas tenham sido quase completamente eliminadas, surge uma fusão do conhecedor com o conhecido e o conhecimento, do mesmo modo que a joia transparente funde-se com a cor da superfície em que repousa.

Quando há uma fusão do conhecedor com o conhecido e com o conhecimento, ocorre uma experiência de absoluta não dualidade. Precisamos entender que o conhecimento é de fato um relacionamento entre o conhecedor e o conhecido. Portanto, quando o conhecedor e o conhecido se fundirem um com o outro, então, com certeza, haverá um conhecimento de uma dimensão totalmente diferente. Assim finda o conhecimento acumulado pelo conhecedor. Similarmente, finda o conhecimento acumulado sobre o conhecido. Em um estado como tal há conhecimento puro, conhecimento do *que é*, não do que parece ser ao conhecedor. Nesta condição, a consciência poderia ser comparada a uma joia transparente, que reflete a cor da superfície sem absolutamente qualquer distorção. Tal mente tem um percebimento puro, pois ela vê as coisas como são. Nela não há relacionamento sujeito-objeto e, portanto, é totalmente transparente e reflete o mundo como ele é.

A fusão da joia com a cor da superfície sobre a qual repousa não é uma condição destituída de caráter. Na verdade, tal joia tem grande integridade de caráter. O que é afinal caráter? É algo formado no processo do tempo? É o produto de nossa natureza adquirida? É algo cultivado? Aquilo que é formado no tempo pode também se desintegrar com o tempo. E, portanto, aquilo que existe ao sabor dos caprichos do tempo de modo algum é caráter. O caráter é algo que brilha em uma condição de completa vulnerabilidade. Àquilo que teme ser vulnerável falta completamente caráter. É a natureza adquirida que busca permanecer invulnerável. A natureza intrínseca prefere permanecer completamente vulnerável, pois nada tem a proteger porque não tem acumulações ou acrescentamentos. A mente que é livre de todas as acumulações é de fato uma mente transparente. Ela pode fundir-se com toda e qualquer coisa e, ainda assim, permanecer completamente transparente. Nada adere a ela, e ela não adere a nada. Permanecer transparente mesmo quando fundida com toda e qualquer coisa – com certeza, é uma indicação do mais elevado caráter. À mente que teme tal fusão falta caráter, uma vez que teme perder algo que tenha adquirido. Portanto, a joia transparente que se funde com a cor da superfície sobre a qual repousa tem um caráter elevado, não apenas íntegro, mas incorruptível. Enquanto permanecer a dualidade do conhecedor e do conhecido, o conhecimento reunido é totalmente corrompido. O observado que consideramos como nosso mundo é o produto de um relacionamento sujeito-objeto. Vem à existência por causa deste relacionamento. É como a corda que parece ser uma serpente. De onde surge esta aparência? Obviamente, vem do relacionamento sujeito-objeto. Apenas quando este relacionamento termina é que o objeto como é pode ser visto. Este é o grande domínio da percepção sobre o qual Patañjali refere-se no último *sūtra.* Tal domínio, entretanto, é concedido ao homem somente no momento da meditação.

Mas é somente através da destruição dos centros e moldes dos pensamentos-hábitos em nossa consciência que se chega à meditação?

Já discutimos o tema dos centros de pensamento-hábito e como eles condicionam a mente. Aqui a questão é: podemos chegar à experiência da meditação meramente destruindo estes centros, ou é preciso fazer algo mais? Deve-se lembrar que os três fatores condicionantes da mente são *tamas, rajas* e *sattva.* É apenas quando estes três fatores condicionantes tornam-se inoperantes que pode surgir um estado de total liberdade, um estado idêntico à meditação. Os centros do pensamento-hábito tratam apenas com o fator condicionante de *tamas.* Temos que inquirir ainda o que são os centros de *rajas* e *sattva,* que precisam ser dissolvidos. A menos que isso seja feito, não podemos chegar à meditação e, portanto, à percepção pura, onde o relacionamento sujeito-objeto tenha desaparecido. Patañjali, nesta seção, apenas indica o que são estes centros e como condicionam a atividade da mente. O centro de *tamas*, pensamento-hábito, é onde a corrente da vida torna-se estagnada. Assim, da estabilidade surge uma condição deteriorante de estagnação. O que é que deforma o suave funcionamento de *rajas,* que é mobilidade? Será discutido nos dois *sūtras* subsequentes.

tatra śabdārtha-jñāna-vikalpaiḥ
saṃkīrṇā savitarkā

42. No *savitarkā samādhi*, uma experiência que tem como centro a modificação-pensamento, observa-se uma confusão mental, porque a mente alterna-se entre pensamento verbal e conceitual.

Quando a mente funciona com a modificação-pensamento como um centro, surge uma confusão com relação ao real significado das coisas. Assim ocorre porque a mente alterna-se entre o pensamento verbal e conceitual. O verbal e o conceitual são dois pontos da mente. O verbal é o tradicional, enquanto o conceitual é o projetado. Consideramos, muitas vezes, a palavra como a coisa; consideramos também a imagem como a coisa. Ao mover-se entre a palavra e a imagem – considerando agora uma delas como o real e, outras vezes, a outra – a mente perde o conteúdo real da coisa. Ela se move entre os significados habituais e modificados das coisas e acontecimentos. Estabelece-se, primeiro, em um ponto e depois em outro. Estes são os pontos de continuidade e continuidade modificada, ou, para utilizar a terminologia da evolução biológica, são os pontos de hereditariedade e variação. A "palavra" tradicional com referência a uma coisa, a uma pessoa ou a uma ideia conota um significado socialmente aceito. Na verdade, a própria formação da palavra surge desse processo. Por trás da palavra socialmente aceita há um acúmulo de significado ou, em outras palavras, uma história social. O significado verbal é aquele que surge com o uso, mas o homem introduz no mesmo seus significados projetados a fim de modificar conotações aceitas. Faz isso para escapar do mundo socialmente aceito para um mundo de suas próprias projeções. Este movimento é chamado o processo do vir a ser. É um processo de modificação da natureza adquirida das coisas. Não é um esforço para romper essa natureza, mas para modificá-la de modo que outra natureza adquirida possa vir à existência. Este é o funcionamento de *rajas* na consciência humana.

Ora, não se pode negar o fato do vir a ser. Este processo está ocorrendo o tempo todo na natureza – a semente tornando-se uma árvore, a criança crescendo e transformando-se em um homem ou uma mulher etc. Este vir a ser é natural e não exige esforço, porque este é o atributo de *rajas* agindo de uma maneira normal. É a mobilidade que a vida precisa para sua existência e expressão. Enquanto *tamas* é necessário para a existência da vida, *rajas* é necessário para sua expressão e *sattva,* que é harmonia, para sua exaltação. Quando a mente do homem interfere na atividade normal dos *guṇas*, cria-se uma distorção. Vimos como o atributo de *tamas* ou estabilidade degenera-se em estagnação através desta interferência da mente. Assim ocorre também no caso de *rajas* ou mobilidade. A modificação da continuidade em todos os níveis é um movimento normal. A natureza está empenhada em contínua modificação. Porém, a questão é: onde aparece o fator da distorção? A distorção surge quando a mente interfere no movimento normal da modificação. Pode-se tomar como ilustração os fenômenos biológicos da mutação. A natureza produz mutações o tempo todo, e elas representam grandes melhorias na evolução natural. Contudo, o homem também produz mutações através dos processos científicos, e, neste caso, muitas vezes sem compreender a direção na qual a natureza deseja mover-se, produz distorções horrendas, algo feio e indesejável. Ao homem é facultado apressar os processos da natureza, mas isso deve ser feito na direção na qual a natureza objetiva mover-se. Quando a direção da natureza não é respeitada, o esforço para a modificação resulta em distorções e deformidades, sendo verdadeiro tanto em relação à evolução psicológica, como em relação à evolução biológica.

Há um processo natural de vir a ser – qual seja, a mobilidade da vida, o curso da vida que se move continuamente. É conhecido como o fluxo da vida. A velocidade do fluxo pode ser acelerada. Na verdade, o propósito do *Yoga* é promulgar esta aceleração no fluxo natural da vida no nível psicológico. Todavia tal aceleração não pode ir contra as inclinações da natureza. Vale lembrar que ao falarmos das inclinações da natureza, não devemos interpretar como sendo as inclinações do hábito. O habitual e o natural são duas coisas completamente diferentes. O vir a ser deve acontecer na direção do que uma coisa ou uma pessoa fundamental e intrinsecamente são. Podemos apenas nos tornar o que somos intrinsecamente; não podemos nos tornar o que não somos. Enquanto este princípio operar, os atributos de *rajas* ou mobilidade estarão funcionando de forma natural e suave, sem absolutamente qualquer distorção.

Entretanto, quando a mente do homem entra em cena, buscando dar uma direção diferente ao curso do vir a ser, começa o processo de distorção com referência ao atributo de *rajas*: é o que transforma a atividade normal ordinária em um movimento frustrante e inquieto da mente. É isso que introduz este movimento da mente mencionado no *sūtra* acima – um movimento que se alterna entre o significado verbal e o projetado das coisas e dos acontecimentos.

Rajas por si mesmo é um movimento sereno; mas, quando seu funcionamento normal é interceptado, surge uma atividade excitada e inquieta para "vir a ser" em relação à direção determinada pela mente. Neste ponto, um centro de modificação-pensamento é criado na esfera de ação da mente. Quando a modificação gira em torno de um centro criado pela mente, ocorre uma distorção. O centro verbal é o centro de *tamas,* pois é apenas outra palavra para hábito. O centro projetado é o de *rajas*. Todo o processo do vir a ser tende a mover-se em torno destes dois polos. É claro que, neste caso, o real nunca é conhecido. Assim, no *savitarka samādhi*, há uma experiência em torno do centro de modificação-pensamento. Em outras palavras, nesta experiência a mente move-se entre os centros de continuidade e de continuidade modificada, pois o centro desta é a própria base de *savitarka samādhi*. É assim que *rajas* torna-se um fator condicionante da consciência humana. E a jornada na senda do *Yoga* exige que a mente esteja livre do fator condicionante de *rajas*, assim como precisa estar livre do fator condicionante de *tamas*. Discutimos esta liberdade das restrições de *tamas* quando analisamos o tema *asaṃprajñāta samādhi*. Com relação à libertação de *rajas*, Patañjali fala no *sūtra* seguinte:

smṛti-pariśuddhau svarūpa-śūnyevārtha-
mātra-nirbhāsā nirvitarkā

43. *Nirvitarka-samādhi* – a experiência na qual não existe o centro da modificação-pensamento – é alcançada quando, em virtude da purificação da memória, as projeções subjetivas da mente são abandonadas.

Quando discutimos a questão do *asaṃprajñāta samādhi* introduzimos o fator da memória retentiva e psicológica. A associação de ideias através da qual a memória psicológica funciona é vista no nível da mente consciente. Na camada consciente da mente percebe-se este fenômeno de associação, onde um pensamento atrai outro por estímulo de associações passadas. A associação de ideias emana do centro de pensamento-hábito, através do qual a estabilidade de *tamas* é transformada em estagnação. Ora, as associações induzidas pelo pensamento-hábito não podem ser anuladas pela mera mudança daquele ou pela supressão de suas expressões. Elas podem ser removidas apenas pela purificação da memória, pois os fatores motivadores da associação jazem nas camadas profundas da memória. *Tamas, rajas* e *sattva* não podem ser divididos em compartimentos estanques. Eles se sobrepõem e extravasam uns nos outros. Os problemas que surgem no nível de *tamas* têm suas raízes em *rajas*. O problema no nível de *tamas* é o da memória psicológica ou associativa, a qual reside nos centros do pensamento-hábito. Contudo, a raiz do problema deve ser buscada em um nível mais profundo – e é para isso que Patañjali chama nossa atenção neste *sūtra* e no que se segue. Ele diz que se chega à experiência onde não existe centro de modificação-pensamento apenas pela purificação da memória, a qual é definida por ele como um estado em que as projeções subjetivas da mente foram eliminadas. Assim, não há conflito na esfera do vir a ser, pois não se busca impor a vontade da mente sobre a vontade da natureza. O esforço da mente para vir a ser algumas vezes cessa. Isso não significa que não há vir a ser. Implica que há apenas o natural, não um vir a ser na direção determinada pela mente. O centro de modificação-pensamento é de fato o centro do esforço da mente na esfera do vir a ser. Quando este centro torna-se inoperante, há um cessar do esforço da mente em buscar sua realização no processo do vir a ser. Patañjali explica, no próximo *sūtra*, o que significa a purificação da memória, a qual ocasiona este cessar.

Este *sūtra* aborda o objetivo analisado em virtude da eliminação do fator subjetivo, que acontece em relação à eliminação das projeções da mente. Ora, deve-se entender que o fator subjetivo existe em várias camadas – fundamentalmente nos três níveis da consciência. Ele existe como um centro de hábito, como um centro de antecipação e também como um centro de identidade. O centro do hábito representa o *tamas* da mente, assim como a antecipação representa o *rajas*. É esta antecipação que chamamos de centro de modificação-pensamento. O hábito busca sua própria sustentação através da repetição do passado, enquanto a antecipação encontra seu alimento através de um movimento para o futuro. Mas este movimento em direção ao futuro está também enraizado no passado, porque o futuro que é buscado é a realização do passado não consumado. Assim, a memória associativa tem uma dupla natureza, a repetitiva e a antecipada. Em *asaṃprajñāta samādhi* busca-se romper o centro da memória caracterizado pela associação repetitiva. Mas neste *sūtra* sugere-se a destruição do centro da memória, que é associativo em sua natureza de antecipação. A memória que busca uma realização no futuro constitui um esforço da mente para o vir a ser psicológico. O centro da antecipação não é outro que o centro do vir a ser psicológico. Entretanto, mesmo quando o fator subjetivo, que está enraizado no hábito e na antecipação, é removido, ainda permanece o fator subjetivo representado pelo centro da Identidade. Vamos nos referir a esse centro e sua dissolução nos últimos *sūtras*.

Enquanto discutíamos o *sūtra* que trata de *asaṃprajñāta samādhi,* dissemos que este *samādhi* refere-se à experiência em que o centro de memória associativa torna-se inoperante. Esta memória associativa possui duas bases funcionais – uma passada e outra futura. Isso significa que a associação pode ser do centro do passado ou do centro do futuro. Ambos são aspectos da memória psicológica. Patañjali fala em memória retentiva com referência ao *asaṃprajñāta samādhi*, mas, para isso ele utilizou a palavra *saṃskāra;* pois bem, *saṃskāra* ou impressão refere-se ao passado. Neste *sūtra* Patañjali menciona apenas as impressões do passado, que são retidas sem sua memória associativa. A memória associativa no contexto de *saṃskāra* manifestamente quer dizer a natureza repetitiva da memória. *Asaṃprajñāta samādhi,* portanto, é aquela experiência na qual há retenção sem repetição. A retenção dá estabilidade, porém, quando está revestida com o fator da repetição, torna-se estagnação. Vimos que a memória associativa tem dois centros – o repetitivo e o de antecipação. Neste caso, a associação ocorre em relação ao preenchimento do passado não realizado, movendo-se para o futuro. Esta antecipação é também um aspecto da memória. Às vezes, a memória pode ser retentiva sem influência do passado; porém pode ter antecipações do futuro. Isso ocorre não no nível consciente, mas nos níveis subliminares. Superficialmente pode-se fechar o capítulo do passado com referência à memória associativa. Entretanto, muitas vezes, ocorre que, ao abrir um novo capítulo, encontram-se fatores de antecipação que funcionam nas camadas subconscientes e inconscientes da mente. E, posto que tratem do futuro, revestimos estes fatores com aparente nobreza e grandiosidade externa. Todavia, quando ansiamos por um futuro psicológico, há sempre a atividade dos motivos, que possuem como base de funcionamento apenas o autopreenchimento. A menos que os motivos impregnados nos níveis subliminares sejam extirpados, o movimento para o futuro nada mais é que um processo de autossatisfação. Neste *sūtra* sugere-se a extirpação destes motivos. Patañjali a descreve como *smṛiti-pariśuddhau*, a purificação da memória. Enquanto o *asaṃprajñāta samādhi* concerne à clarificação da memória, classificando os aspectos retentivo e psicológico, no *nirvitarka samādhi* há uma purificação de modo que não apenas a mente seja libertada da influência da memória repetitiva, mas também da influência da antecipação, dos esforços frustrantes do vir a ser psicológico. Nestes dois *samādhis* estuda-se o problema dos dois opostos. No primeiro, tenta-se a ativação da mente que está distorcida por *tamas*, enquanto no segundo há um relaxamento do esforço que é causado pelas distorções de *rajas*. Através destas duas categorias de experiência, *asaṃprajñāta* e *nirvitarka*, busca-se lograr a coexistência dos estados de ativação e de relaxamento. Quando o esforço da mente no nível do vir a ser psicológico cessa, surge um movimento para o vir a ser natural. Isso é a purificação de *rajas*. É o rompimento do centro de modificação-pensamento, ou dos processos de continuidade modificada, no campo da vida psicológica. Mas esta purificação é um trabalho árduo, pois os fatores que causam a corrupção da memória estão profundamente arraigados. É a isso que Patañjali refere-se no próximo *sūtra*:

etayaiva savicārā nirvicārā ca
sukṣmaviṣayā vyākhyātā

44. O problema do *savitarka* e *nirvitarka samādhi* – uma experiência com ou sem centro de modificação-pensamento – indica uma investigação nas camadas mais sutis e profundas da mente.

Isso ocorre dessa forma porque aqui nos preocupamos não com os modelos da memória, mas com os motivos da memória. Os modelos da memória são retentivos e associativos. Contudo, os motivos da memória são repetitivos ou de antecipação. É nestes motivos que jazem os anseios do vir a ser psicológico, exigindo uma exploração de todo o campo da memória, que funciona não meramente no nível consciente, mas ainda mais no nível subconsciente e inconsciente. A mente consciente possui a tendência de adornar os anseios do subconsciente e do inconsciente com uma roupagem de respeitabilidade, de modo que pareçam nobres e elevados. Devido a esta tendência, torna-se necessária a investigação profunda das camadas da mente, revelando, desta forma, os motivos subjacentes a este movimento de vir a ser aparentemente inócuo, sem o qual o trabalho de purificação não pode ser realizado com eficácia.

Nirvitarka samādhi, ou a experiência onde o centro da modificação-pensamento tenha cessado, refere-se a esta condição em que o esforço da mente tenha chegado ao fim. Algumas vezes, isso é interpretado como o movimento da mente concreta que deve chegar a um fim e que a mente abstrata deve começar a funcionar. Tal fato deve-se à crença equivocada de que o pensamento abstrato é livre das limitações da mente. Patañjali dirige-se a esta questão no seguinte *sūtra* onde diz:

sūkṣmaviṣayatvam
cāliṅga-paryavasānam

45. Até mesmo o pensamento mais abstrato não pode ir além do campo de *aliṅga* ou *prakṛti* – ou seja, além do campo da manifestação.

A diferença entre o pensamento concreto e o abstrato jaz no tema sobre o qual se pensa. Certamente, ao mudar o tema do pensamento, a qualidade do pensamento não muda. Existe uma mudança apenas no padrão do pensamento. No pensamento abstrato também há o movimento da mente. Nele o padrão do esforço pode ter mudado, mas o conteúdo do pensamento permanece o mesmo. Importa pouco se estamos pensando em Deus ou em Maomé, pois o que importa não é uma mudança no padrão do pensamento, do concreto para o abstrato; o que é de fundamental importância é a transformação da própria qualidade da mente. Neste *sūtra* a palavra utilizada é *aliṅga*. Ora, esta palavra significa *prakṛti* ou manifestação, mais exatamente, manifestação em uma forma não diferenciada ou manifestação em seu aspecto mais sutil. Seja sutil ou grosseiro, isso é manifestação. O pensamento pode mover-se apenas no campo da manifestação. Todavia, é o Imanifesto que dá sentido à manifestação e, portanto, o pensamento, conquanto abstrato, não pode nos dar o sentido da manifestação. Pode-se projetar um sentido, mas este não é o sentido real. A mente, através de sua atividade de pensamento, conhece apenas o sentido projetado das coisas. Mesmo o pensamento mais sutil e mais abstrato não pode ir além disso. Todo pensamento ocorre dentro do círculo fechado do conhecido. A mente através de seus processos de pensamento jamais pode conhecer o Desconhecido. Tudo que o movimento da mente pode fazer é ocasionar modificações no padrão do conhecido. O *sūtra* acima diz que *aliṅga* é o limite além do qual mesmo o pensamento abstrato não pode ir. E, assim, no *nirvitarka samādhi,* mesmo o movimento da mente abstrata deve cessar. Porém a cessação do esforço da mente não a levará novamente à inércia ou *tamas*? Vimos que o *asaṃprajñāta samādhi* concerne à ativação da mente, enquanto *nirvitarka samādhi* trata com a cessação do esforço da mente. A mente deve mover-se sempre entre estes dois polos opostos? Qual é a utilidade da ativação da mente se esta ativação serve para mover-se em direção da cessação do esforço da própria mente? Qual é o sentido deste movimento entre os dois centros da mente? Se estes dois movimentos, entre os polos dos opostos, tivessem que ser todos realizados, não fariam absolutamente sentido. No entanto, Patañjali diz que deve surgir um movimento totalmente diferente, de modo a não ficarmos nos debatendo entre dois polos. Existe tal movimento? E se assim for, o que é? Mas, antes de discutirmos isso, é necessário examinar o que Patañjali apresenta no próximo *sūtra* para indicar que *asaṃprajñāta samādhi* e *nirvitarka samādhi* por si sós não nos conduzem à solução do problema dos *vṛttis*. Ele diz:

tā eva sabījaḥ samādhiḥ

46. Mesmo este centro circunda uma semente-pensamento.

Mesmo quando os centros de pensamento-hábito e modificação-pensamento são eliminados, ainda permanece um centro, que é o pensamento-semente. O que é este pensamento-semente? Discutimos na primeira parte deste capítulo sobre os centros do hábito e da antecipação. Estes são formados na consciência quando *tamas* e *rajas* são distorcidos em seu funcionamento devido à intervenção do pensamento. Mas, mesmo quando estes dois centros são eliminados, ainda permanece o centro da identidade. Este é de fato o pensamento-semente.

Esta é a "semente" que origina a toda a "árvore" do processo do pensamento. Em *nirvitarka samādhi* há uma cessação do esforço da mente no sentido do vir a ser psicológico, referido como o centro da antecipação. No entanto, a cessação do esforço por si só não é suficiente. Sem dúvida, ela ocasiona uma purificação da memória que funciona na esfera de *rajas*. Enquanto os fatores da memória enraizados em *tamas* são retentivos e repetitivos, aqueles impregnados em *rajas* contêm elementos de modificação e antecipação. Em *asaṃprajñāta samādhi* há uma clarificação da memória, por meio da qual há retenção sem repetição. Em *nirvitarka samādhi* há uma purificação da memória por meio da qual há uma modificação sem antecipação psicológica. Portanto, nestas duas categorias de *samādhi*, busca-se destruir os centros do hábito e da antecipação. Contudo, ainda permanece o fator condicionante de *sattva*. As distorções na atividade de *sattva* surgem quando a consciência do homem está centrada na identidade. Este é o mais sutil dos fatores condicionantes e, por isso, na maior parte das vezes é negligenciado. Com a destruição dos centros do hábito e da antecipação, obtém-se a purificação de *tamas* e *rajas*. Uma purificação adicional é necessária? O atributo de *sattva* não é puro e santo por si mesmo?

Sattva também pode ser distorcido, quando o centro de identidade é estabelecido no interior de sua esfera de atividade. O centro de identidade é de fato o centro do eu.[4] Com este centro funcionando no nível de *sattva*, o eu é impregnado com tudo o que ocorre. *Sattva* tem uma qualidade de harmonia ou ritmo. Seu significado essencial é a benevolência. Ora, a benevolência é em si mesma uma grande virtude. Mas, com certeza, a virtude corrompe-se quando há nela a presença da identidade ou do eu. A identidade é uma consciência de separação, e este sentimento de separação é de fato o eu. Quando isso acontece na esfera da benevolência ou virtude, ocorre uma distorção de natureza muito sutil e, portanto, perigosa. Este é o motivo pelo qual afirmamos anteriormente que não é suficiente que cesse o esforço da mente no sentido do vir a ser psicológico. O esforço deve cessar, mas, enquanto aquele que faz o esforço permanecer, persistirão o estresse e a tensão do vir a ser psicológico. O centro de identidade é de fato o centro de onde aquele que faz o esforço age. Isso originará novos centros de antecipação e também novos centros de hábito. Enquanto não ocorrer a purificação no nível *de sāttvik*, *rajas* e *tamas* estarão em constante perigo de serem corrompidos. Patañjali denomina este centro de identidade de "semente". E nos diz que *asaṃprajñāta* e *nirvitarka samādhis* por si sós não resolvem o problema do *Yoga*, pois, mesmo após a experiência das duas categorias de *samādhi*, ainda permanece a semente que pode brotar qualquer dia, criando raízes, ramos e folhas. É preciso haver *nirbīja samādhi*, uma experiência na qual não há semente e é, portanto, completamente livre da ação do centro de identidade. É preciso haver a existência sem identidade – somente isso é a purificação do atributo de *sattva*. Retenção sem repetição, modificação sem antecipação e existência sem identidade – estas são as características do triplo *samādhi*, sobre o qual Patañjali fala nesta seção.

Antes de seguirmos para a questão de como chegar a esta experiência é necessário entendermos o que Patañjali quer dizer com *nirbīja samādhi* – o *samādhi* sem centro de Identidade, questão mais fundamental na discussão do *Yoga*, que vamos nos ater no próximo capítulo.

---

[4] No original em inglês: *I-ness*. (N.E)

CAPÍTULO VII

O PENSAMENTO-SEMENTE

Na psicologia moderna ocidental constantemente encontramos a expressão "Experimentos em Profundidade". Indica a existência do que é chamado Psicologia Profunda. Neste ramo da psicologia, os temas estudados são os mitos e símbolos e os problemas do inconsciente enquanto algo diferenciado do subconsciente, que faz parte das pesquisas psicológicas de Freud. Foi Carl Jung que se referiu ao inconsciente e à grande profundidade que ele contém. A ideia de inconsciente coletivo foi introduzida por ele na esfera da pesquisa psicológica. O tema dos mitos e símbolos é realmente fascinante e nos informa o quanto a consciência individual é moldada e colorida pelo inconsciente coletivo. A transformação dos símbolos é uma parte importante deste estudo. O homem é incapaz de entender o real significado dos mitos e símbolos, porque estes são alterados no curso de sua passagem através das camadas do subconsciente individual e das camadas de funcionamento do consciente. A menos que as distorções causadas por esta passagem sejam removidas, não pode haver uma clara compreensão do sentido e da significação dos mesmos. A transformação destes significados distorcidos dos símbolos e mitos faz parte do estudo e da investigação da Psicologia Profunda moderna.

Mas como pode a psicologia ocidental moderna tratar seus problemas sem o auxílio do *Yoga*? O *Yoga* é, na verdade, a psicologia profunda de Patañjali. O que nos impede penetrar nas profundezas da psique humana são os centros do hábito, a antecipação e a identidade. Em última análise, a menos que o centro de identidade seja destruído, como podemos nos libertar do colorido da interpretação que esta entidade busca proporcionar? O centro de identidade é de fato o centro da interpretação. E isso novamente é o senso do eu. O ego ou o eu é o intérprete de todos os impactos da vida. Como pode haver uma clara compreensão da vida e de seus impulsos a menos e até que este intérprete torne-se inoperante? Apenas nessa ocasião o objeto pode ser visto em sua real natureza. Isso exige não apenas a cessação da atividade interpretativa da mente, mas requer também a cessação do próprio intérprete. Este é o tema de *samādhi*, que é, na verdade, a psicologia profunda do *Yoga*. Nos *samādhis asaṃprajñāta* e *nirvitarka* ocupamo-nos com a cessação das atividades habituais e modificadas da interpretação. Contudo, não é suficiente, pois o próprio intérprete deve cessar se quisermos chegar a uma percepção clara e não distorcida dos homens e das coisas. É a cessação do intérprete que forma o tema de investigação de *nirbīja samādhi.*

Deve-se compreender que *samādhi* é um estado de percebimento, e no triplo *samādhi* discutido nesta seção, Patañjali trata dos estados mais profundos de percebimento. As obstruções a este percebimento são os centros do hábito, da antecipação ou vir a ser e da identidade formados na consciência. A função do *samādhi* é remover estas obstruções de modo que, estabelecida no *Yoga,* a pessoa possa ter uma reta percepção dos homens e das coisas. Estas obstruções, como já foi discutido, surgem da atividade distorcida de *tamas*, *rajas* e *sattva.* Também discutimos, até certo ponto, as distorções causadas no funcionamento de *tamas* e *rajas* e como *asaṃprajñāta samādhi* e *nirvitarka samādhi* buscam remover estas distorções. Mas a causa raiz de todas as distorções jaz no centro da identidade ou do eu. A função do *nirbīja samādhi* é conduzir-nos à destruição deste centro de identidade. Ora, *nirbīja samādhi* é um estado de *nirvicāra* e *nirvikalpa,* ou seja, um estado onde não há existência de pensamento e, portanto, não há escolha. Em outras palavras, *nirbīja samādhi* é um estado de percebimento sem escolha. Esta escolha indica um movimento do pensamento, e apenas onde não há movimento de pensamento pode prevalecer a condição de estado de não escolha. Patañjali menciona no *sūtra* seguinte:

nirvicāra-vaiśāradye' dhyātma-prasādaḥ

47. Na completa cessação do pensamento surge a preciosa dádiva da iluminação espiritual.

Há uma diferença entre *nirvitarka* e *nirvicāra.* No primeiro há a cessação do movimento do pensamento, enquanto que no último há a cessação da própria semente do pensamento. Quando a própria semente do pensamento é destruída, não existe absolutamente a existência de escolha. Uma escolha implica alternativas – é uma condição de *savikalpa*, ou seja, um percebimento com escolha. Mas quando a semente do pensamento é eliminada, vem à existência um estado de percebimento sem escolha ou o que é conhecido na linguagem da *Vedānta* como *nirvikalpa samādhi.* Este é idêntico ao *nirbīja samādhi*, pois quando não há semente de pensamento certamente também não pode haver um fator de escolha. Neste *sūtra*, Patañjali fala de *nirvicāra-vaiśāradye*, uma perfeita ou uma completa cessação do pensamento. Isto, obviamente, significa um estado onde nem uma semente de pensamento permanece. O pensamento é realmente o centro de identidade, pois ele que separa ou divide. Através desta divisão confere uma marca de identificação. Este processo de identificação é o processo de nomear. O centro de identidade é realmente o nome. Com certeza é o nome que separa e divide. O centro do eu é, na realidade, o nome. Reconhecemo-nos pelo nome que nos damos. Toda a sensação de um eu centra-se em torno do nome. Se este desaparecesse, onde estaria a identidade? É função do pensamento dar nomes às coisas e situações. Mas, quando o pensamento cessa, o nome também cessa. É necessário, contudo, que nos lembremos de que a cessação do nome não significa a cessação da existência. Há existência sem identidade, podendo ser compreendida apenas no estado de *nirbīja samādhi*. O nome é o produto da acumulação, adquirido no processo do tempo. A definição do que é indefinível é um ato de delimitação à definição do que e indefinível.

Neste *sūtra,* Patañjali utiliza uma expressão muito significativa. É *adhyātma-prasada*, a dádiva da iluminação espiritual. De acordo com esta expressão, a iluminação espiritual não é alcançada por qualquer esforço da mente; ela surge como uma dádiva, ou melhor, como uma graça do alto. Patañjali diz que é somente quando há total cessação do pensamento, que desce esta graça da iluminação. Esta iluminação espiritual é de fato uma condição de estar-se estabelecido no *Yoga*. Ela surge só ao cessar o esforço da mente; não apenas isso, também quando o que faz o esforço cessa. Enquanto o esforço da mente para o vir a ser psicológico persistir, permaneceremos dentro dos confins da mente. O que faz o esforço é a própria semente a partir da qual um novo esforço virá à existência. Portanto, apenas quando o que faz o esforço cessa é que a própria semente do esforço é destruída. A esta condição de "inexistência"[5] surge a graça da iluminação espiritual. Temos que chamá-la de um estado de inexistência, pois como mais poderia ser descrito? Quando a mente é despojada da própria semente de pensamento, com certeza, a consciência torna-se vazia. Patañjali denomina isso a total ou a perfeita cessação do pensamento. Não podemos ir até a Verdade. A Verdade vem ao homem apenas quando a consciência torna-se completamente vazia, onde nem mesmo uma semente de pensamento permanece. Somente quando há existência sem identidade que surge a iluminação espiritual. Uma pessoa iluminada é um ser sem nome. Patañjali descreve esta iluminação no seguinte *sūtra*:

ṛtambharā tatra prajñā

48. Somente então a Sabedoria portadora da Verdade desponta na outrora limitada consciência do homem.

A iluminação espiritual é de fato a Sabedoria portadora da Verdade. Sabedoria não é uma continuação do conhecimento. Nem mesmo uma continuação interminável do conhecimento pode resultar em Sabedoria. O conhecimento é reunido pela mente por intermédio da memória, razão e imaginação. Estes processos podem, na

---

[5] No original em inglês: *nothingness*. (N.E.)

melhor das hipóteses, levar simplesmente a uma compreensão modificada do que já se conhece. A reunião do conhecimento é um processo gradual que envolve tempo; todavia a Sabedoria surge instantaneamente, pois não é produto do tempo. Assim que os processos mentais de reunir conhecimento terminam é que ocorre o surgimento da Sabedoria. É muito difícil traduzir a palavra sânscrita *ṛta* em qualquer outro idioma; contudo, em inglês *Truth,* a palavra Verdade é a mais próxima do seu significado original. O *sūtra* acima fala de "Sabedoria portadora da Verdade". O que isso significa? Pode-se perguntar: o que afinal é a Verdade? É algo estático, que sustenta a si mesma, e não está relacionada a nada mais? Se postulamos que a Verdade é estática, teremos que lhe atribuir uma posição. E, proceder dessa forma, é colocá-la na moldura do tempo e do espaço. Aquilo que existe no tempo e no espaço pertence à esfera do conhecimento da mente. Logo, poderia ser conhecido pelos processos normais da reunião de conhecimentos favorecidos pela mente. Neste contexto, a questão da Sabedoria torna-se completamente irrelevante. É claro, portanto, que a Verdade refere-se a uma experiência que não pode ser colocada na "camisa de força" do tempo e do espaço. Aquilo que existe no tempo e no espaço está sujeito à decadência. Falar em decadência com relação à Verdade é indulgenciar em palavras que não têm sentido. A Verdade é a existência intrínseca das coisas – não é uma existência dependente. É a natureza original das coisas, e ver as coisas como são, intrinsecamente é Sabedoria em sua forma mais pura. Aquele que é dotado de Sabedoria vê todas as coisas como de fato são, e não através de lentes coloridas. Consequentemente, a expressão "Sabedoria portadora da Verdade" implica aquela percepção pela qual vemos as coisas como elas são, e não como projetadas pela mente. Fazer isso é demonstrar a mais elevada Sabedoria. Tal Sabedoria nasce apenas quando os três atributos de *tamas*, *rajas* e *sattva* são purificados. Isso ocorre quando em sua atividade não surge a intervenção do pensamento. Realmente, isso requer a experiência do triplo *samādhi* sobre o que Patañjali fala nesta seção. Ele esclarece esta ideia da Sabedoria portadora da Verdade ainda mais no próximo *sūtra* em que diz:

śrutānumāna-prajñābhyāmanya-viṣayā
viśeṣārthatvāt

49. O conhecimento direto é totalmente diferente do conhecimento derivado da inferência e do testemunho, pois, enquanto o último é conhecimento generalizado, o primeiro é o conhecimento do único e do particular.

Patañjali esclarece-nos ainda mais sobre o que é conhecimento e Sabedoria. O conhecimento reunido pela mente é sempre de uma natureza generalizada. Mesmo quando fala do conhecimento particular, aborda-o em função da comparação em relação ao outro. Todo conhecimento generalizado é relativo, governado por leis de probabilidade. Tais leis pertencem às médias. São princípios baseados em cálculos estatísticos. Todas as leis científicas são desta natureza; surgiram de mensurações quantitativas. Mas a Sabedoria não é uma compreensão quantitativa das coisas. Ela se ocupa com a qualidade essencial das coisas. Sua abordagem é qualitativa. Através de uma abordagem quantitativa pode-se, na melhor das hipóteses, conhecer a unidade subjacente do mundo fenomênico. Conhecer esta unidade subjacente é uma coisa, mas conhecer a singularidade das coisas é outra totalmente diversa. O único é incomparável e, portanto, não pode ser compreendido por qualquer processo de comparação. Exige ver cada coisa como ela é, não em comparação com as outras. Requer uma compreensão direta e não baseada em inferência ou testemunho. Todo o conhecimento da mente surge através de um processo indireto de inferência e testemunho. Contudo a Sabedoria é uma compreensão direta das coisas. A mente conhece as coisas por análise, síntese, comparação e classificação. Classificar uma coisa ou experiência é dar-lhe um nome, é a conquista mais elevada do conhecimento da mente. Mas a Sabedoria descobre aquilo que Patañjali denomina neste *sūtra de viśeṣa-arthā*, que quer dizer o sentido particularizado. Compreender alguma coisa é conhecer sua singularidade. Em qualquer processo comparativo, através do qual surge o conhecimento generalizado, eliminam-se as características de singularidade e particularidade. Tanto na inferência quanto no testemunho há uma régua de mensuração em relação à qual busca-se medir uma experiência. Isso pode levar apenas ao conhecimento indireto. No conhecimento direto não há uma régua de mensuração. A Sabedoria jaz no estabelecimento de um contato direto e imediato com o que é. Nos três últimos *sūtras*, Patañjali tratou o tema da Iluminação Espiritual ou Sabedoria. Com o cessar completo de todo o processo-pensamento surge a graça da Iluminação Espiritual. Isto é, na verdade, a Sabedoria portadora da Verdade. E esta Sabedoria é a compreensão do único e do particular. Um conhecimento direto é completo, pois não depende de algo que foi, nem de algo que será. É uma compreensão no presente vivo, sem vestígios do passado nem do futuro. Qualquer toque do passado ou do futuro tornaria a compreensão direta impossível. Os vestígios sutis do passado e do futuro ocasionam uma distorção de *sattva*. Enquanto o centro de identidade é mantido, as distorções de *tamas* e *rajas* tornarão a acontecer com todas suas consequentes obstruções e distrações. Patañjali refere-se a isso no quinquagésimo *sūtra*:

tajjaḥ saṃskāro 'nya-saṃskāra-pratibandhī

50. Quando há um pensamento com um centro, as impressões, aderidas a este centro, impedirão o despontar de nova luz na consciência.

Neste ponto, Patañjali refere-se ao centro de identidade ou de reconhecimento. A mente que reconhece é guiada por inferência e testemunho, e está enraizada no passado e no futuro. A vida é nova a cada momento, mas, quando colocada na moldura do reconhecimento, a tela do passado e do futuro é lançada sobre ela. Aquilo que é reconhecido pertence ao passado. A vida no nível psicológico encontra-se em um estado de tremendo fluxo. A velocidade deste fluxo pode não ser tão rápida no nível não psicológico quanto o é no nível psicológico. Na verdade, o reconhecimento aplica-se com especial ênfase ao campo dos acontecimentos psicológicos. Uma mente aberta é aquela na qual não há centro de reconhecimento psicológico. Aquilo que é reconhecido não é novo, mas a vida das coisas e dos acontecimentos é sempre nova. Realmente, esta vida está fora do escopo do reconhecimento. Patañjali diz que se existe um centro de reconhecimento, então ele impede o surgimento do novo. Uma mente na qual existem centros de reconhecimento não é livre. Ela identifica as coisas por causa destes centros. Este centro de reconhecimento psicológico é, na verdade, aquilo que chamamos o centro de identidade. Identificar algo é colocar este algo na moldura da continuidade. A entidade que projeta esta tela de continuidade é o ego ou o senso do eu, pois o ego é em si a entidade que continua. Uma vez que a vida em um estado de fluxo é descontínua em sua qualidade de expressão, ela não pode ser reconhecida através do centro de identidade. Na verdade, este centro irá impedir a percepção da vida, que é nova de momento a momento. O rompimento deste centro de identidade é, de fato, a purificação de *sattva* e é, portanto, a base do que Patañjali chama de *nirbīja samādhi*. No último *sūtra* desta seção ele menciona:

tasyāpi nirodhe sarvanirodhān nirbījaḥ samādhiḥ

51. Quando o próprio núcleo de identidade é destruído, há uma completa cessação de todas as tendências reativas, trazendo assim à existência *nirbīja samādhi,* ou uma experiência na qual não há nem mesmo uma semente-pensamento agindo como um centro.

Patañjali diz neste *sūtra* que *sarvanirodhān nirbīja samādhi* significa que o *nirbīja samādhi* pode surgir apenas quando há uma total cessação do funcionamento de todos os centros reativos, não permanecendo nem mesmo um centro sutil de identidade. Não há em absoluto nenhum centro ao qual as impressões da experiência possam aderir. É um estado de experiência sem acumulação. A mente nesta condição é sempre nova e vital. É capaz de encontrar o novo da vida de momento a momento. Nesta mente não há a estagnação do hábito, não há o movimento inquieto do vir a ser psicológico e não há entidade para dar nomes identificadores aos acontecimentos e às experiências. Não há fator condicionante nem de *tamas,* nem de *rajas* nem de *sattva.*

Aqui a expressão utilizada é *tasyāpi nirodhe*, significando que mesmo isso precisa ser destruído. Refere-se ao centro de identidade em torno do qual aderem os vestígios das impressões de *tamas* e *rajas*. A mente que passa pela vida sem atribuir marcas identificadoras ou nomes é uma mente que tem uma tremenda energia. Ela não tem conflitos para resolver, pois não dá continuidade aos problemas que surgem na vida. O centro de identidade é aquele que atribui nomes e marcas identificadoras das experiências da vida. Quando isso desaparece, a mente torna-se transparentemente clara e encontra os impactos da vida de momento a momento, o que é de fato o estado do *Yoga.*

Nesta seção, Patañjali esboçou perante nós um quadro muito claro do estado do *Yoga*, particularmente em função dos *asaṃprajñāta*, de *nirvitarka* e de *nirbīja samādhis*. Estes relacionam-se com a remoção dos fatores deformadores que surgem na atividade de *tamas, rajas* e *sattva* respectivamente. São os geradores dos *vṛttis* ou tendências reativas na mente. O *Yoga* é este estado onde todos os *vṛttis* cessam. Para conhecer este estado é preciso explorar a senda do triplo *samādhi,* sobre a qual Patañjali refere-se na primeira seção. Mas a questão é: como explorar esta senda tríplice do *samādhi*? Quais são as condições exigidas para trilhar esta senda? Quais são os requisitos para esta viagem à Região do *Yoga*? Estas são as questões práticas do *Yoga*. Devemos investigar quais são os instrumentos do *Yoga*, cuja aplicação nos conduz ao regozijo da experiência do *Yoga*? Patañjali considera esses aspectos práticos do *Yoga* na segunda seção dos *Yoga-Sūtras*.

SEGUNDA SEÇÃO

OS INSTRUMENTOS DO YOGA OU *SĀDHANA PĀDA*

CAPÍTULO VIII

A PREPARAÇÃO PRELIMINAR

Na primeira seção dos *Yoga-Sūtras*, Patañjali tratou sobre o estado do *Yoga*, abordando-o a partir de vários pontos de vista, mas com ênfase particular no tríplice *samādhi*, o *asaṃprajñāta,* o *nirvitarka* e o *nirbīja samādhi.* Estes três *samādhis* estão relacionados com o problema do descondicionamento da mente, tornando a consciência livre de todos os *vṛttis*. A atenção do estudante é voltada para o rompimento dos três centros, quais sejam, os hábitos psicológicos, o vir a ser psicológico e a identificação psicológica, correspondendo à *tamas, rajas* e *sattva*, e às distorções que surgem em seu funcionamento devido à interferência do pensamento. Nesta seção, Patañjali oferece um mapa detalhado do campo do *Yoga* para aqueles aspirantes espirituais que o desejam percorrer. Intitulada *Sādhana Pāda*, Patañjali discute nesta segunda seção a prática do *Yoga*, o preparo daqueles instrumentos pelos quais pode-se entrar neste assunto. É extremamente necessário destacar que este é o aspecto prático de toda a temática do *Yoga*. O *Yoga* requer instrumentos precisos e delicados, tal como a ciência física. Mas, enquanto a ciência trata da matéria, uma substância comparativamente inerte, o *Yoga* se ocupa com a mente, que é intensamente dinâmica e, portanto, tremendamente impalpável. O gênio de Patañjali, entretanto, transformou o *Yoga* em uma verdadeira ciência, onde a mente impalpável torna-se um instrumento eficaz, inteiramente preciso e extraordinariamente delicado. Neste campo do *Yoga*, a mente chega à experiência do silêncio profundo e, contudo, retém sua qualidade dinâmica. Intensamente dinâmico e, no entanto, completamente sereno – tal é o estado da mente capaz de investigar as enormes profundezas do *Yoga*. Patañjali nos leva, passo a passo, a esse processo de transformação fundamental da mente. Este é o tema de *Sādhana Pāda*, onde o aspirante é instruído a forjar instrumentos eficazes para a jornada no campo do *Yoga*.

Ele diz que deve haver uma preparação preliminar antes de empreender esta estupenda viagem que nos leva às vertiginosas alturas do *Yoga*. A segunda seção dos *Yoga-Sūtras* inicia com esta preparação preliminar. O *sūtra* de abertura diz:

tapaḥ-svādhyāyeśvara-praṇidhānāni
kriyāyogaḥ

1. Austeridade, autoestudo e aspiração constituem a disciplina preliminar do *Yoga.*

Deve haver uma certa preparação preliminar por parte daquele que aspira a levar uma vida de integridade espiritual, que o *Yoga*, sem dúvida, é. Patañjali coloca em primeiro lugar *tapas*, que pode ser traduzido como austeridade, mas que denota de fato uma vida de simplicidade. A austeridade exige que deixemos de lado todas as coisas não essenciais. Há uma dignidade no viver simples que não podemos nunca encontrar na ostentação. Ser simples não é ser descuidado ou destituído de posses. Uma vida de simplicidade é destituída de todos os empecilhos, é uma vida em que necessidades e desejos estão separados. Uma vida de ostentação é baseada na realização de desejos, mas uma vida simples se preocupa com a satisfação de necessidades. Patañjali aponta que aquele que deseja trilhar a senda do *Yoga* deve voltar-se para as coisas simples da vida. Apenas o homem de vida simples é capaz de suportar as pressões da verdadeira vida espiritual. Juntamente com esta simplicidade deve haver autoestudo, que não é tanto o caso de ler livros, mas a reflexão silenciosa. A maioria das pessoas nunca pensa, vive com o que outras pessoas pensaram. Também em nosso processo educativo geralmente nos dizem "o que" pensar, mas nunca "como" pensar. Neste *sūtra*, Patañjali solicita ao aspirante espiritual que comece a pensar por si mesmo. Isso é realmente autoestudo. Com simplicidade de vida e o desenvolvimento de uma estrutura mental reflexiva, seremos capazes de formular nossas aspirações. A palavra utilizada é *īśvara-praṇidhāna*, que significa voltar-se para Deus. Aqui a palavra "Deus", obviamente, refere-se às nossas mais elevadas e nobres aspirações. Não é alguma coisa antropomórfica, mas simboliza algo nobre a que podemos aspirar. Assim, simplicidade, reflexão e aspiração são os pré-requisitos da disciplina preparatória do *Yoga*. Sem estes três requisitos, seria inútil pensar em partir para o campo do *Yoga*. Aquele que opta pela vida espiritual, cedo ou tarde, formula suas aspirações. Essas constituem seus próprios valores de vida. O homem espiritual é aquele que se move ao longo da senda indicada pelos valores que descobriu e formulou por si mesmo. Não é possível trilhar a senda espiritual seguindo os valores pertencentes aos outros. A simplicidade e o autoestudo nos levam à formulação de nossos próprios valores de vida – em outras palavras, nos levam à *īśvara-praṇidhāna* ou uma vida de verdadeira aspiração.

Esta disciplina preliminar é necessária, pois nos torna capazes de dirigirmos com clareza as muitas dificuldades que surgirem à medida que nos movermos ao longo da senda do *Yoga.*

Uma indicação disso é apresentada no próximo *sūtra* onde está dito:

samādhi-bhāvanārthaḥ
kleśa-tanūkaraṇārthaś ca

2. Seu propósito é diminuir o impacto das aflições e levar o aspirante à verdadeira iluminação espiritual.

A disciplina preliminar prepara o aspirante para enfrentar o problema das aflições de forma eficaz e, portanto, para trilhar a senda da iluminação espiritual. Aqui Patañjali não diz que não surgirão aflições – tudo que diz é que seu impacto pode ser amenizado. Em outras palavras, pode-se suportar o impacto das aflições com maior determinação se nos aproximarmos da vida do *Yoga* com a apropriada preparação da simplicidade, autoestudo e aspiração. A palavra *kleśa,* que foi traduzida como aflição, significa realmente sofrimento e a causa do sofrimento. A disciplina preliminar do *Yoga* permite-nos compreender a causa do sofrimento, e isso com certeza se faz necessário para encontrarmos a libertação da dor. Tendo apresentado o propósito da disciplina preliminar, Patañjali fala-nos sobre as causas das aflições – aqueles fatores que são fundamentais na atividade psicológica humana, e que são os causadores da dor. Ele se refere a isso no *sūtra* seguinte:

avidyāsmitā-rāga-dveṣābhiniveśāḥ kleśāḥ

3. As causas das aflições residem na ignorância, falsa identificação, atração, repulsão e desejo de continuidade.

Se examinarmos os cinco fatores acima, compreenderemos que não são cinco causas diferentes de aflições. Constituem um todo, de modo que um naturalmente se segue ao outro. De fato, Patañjali oferece neste *sūtra* apenas uma e a única causa do sofrimento. Esta é *abhiniveśa*, que usualmente é traduzida como um "forte desejo pela vida". É realmente um desejo de continuidade, sendo uma expressão de *tamas* ou inércia tão profundamente arraigada na natureza do homem. A atração e a repulsão surgem desse desejo de continuidade. Na verdade, elas são a causa de nossa identificação, o que dá nascimento à falsa identidade. E que maior ignorância pode haver do que andar na vida com uma identidade falsa? Da identidade nasce um desejo de continuidade e este reforça o senso de identidade. É um círculo vicioso. Cair neste círculo vicioso é, de fato, a causa do sofrimento do homem. O círculo precisa ser rompido. Mas a questão é: como? Obviamente é função do *Yoga* habilitar o aspirante espiritual a romper este círculo de identidade e continuidade. Porém, antes que possamos explorar os caminhos do *Yoga*, precisamos compreender claramente as amplas implicações da ignorância, da falsa identificação, da atração, da repulsão e do desejo de continuidade. No *sūtra* subsequente, Patañjali apresenta as amplas implicações psicológicas da quíntupla aflição. Ele diz:

avidyā kṣetram uttareṣāṃ
prasupta-tanuvicchinnodārāṇāṃ

4. *Avidhyā* ou ignorância dá origem às aflições, que podem ser latentes, tênues, intermitentes ou plenamente ativas – ou todas estas condições.

Aqui é dada uma apropriada descrição do sentimento de sofrimento. Esse sentimento pode ser latente, tênue, intermitente ou plenamente ativo. Ao dar essa descrição, Patañjali indica que ele deve ser completamente extirpado, de modo a não permanecer nem de forma inativa. Todavia, a fim de extirpá-lo, é preciso compreender a natureza de *avidyā* ou ignorância, na qual estamos presos. É essa ignorância que nos impede de tratar o problema das aflições. Pode-se perguntar: o que é essa ignorância e de onde ela provém? O *Sādhana Pāda* nos diz que:

anityāśuci-duḥkhānātmasu
nityaśuci-sukhātmakhyātir avidyā

5. *Avidyā* ou ignorância é confundir o transitório, o composto (impuro), o gerador da dor, o irreal (o adquirido) com o Eterno, o Puro, o Doador da felicidade e o Real ou o Original.

Aqui Patañjali aborda a ignorância como uma condição de confusão de identidade – o transitório ou o efêmero é considerado Eterno, o impuro ou composto é considerado Puro, aquilo que é irreal é considerado Real. No decorrer do tempo, o homem constrói uma natureza adquirida. Esta é o produto das reações e resistências da mente. A natureza adquirida assume tal importância que se sobrepõe completamente à natureza original. Na verdade, conhecemos apenas a natureza adquirida. Não é preciso dizer que ela é a natureza do hábito. E esses são os *vṛttis* da mente, os centros de reação formados em nossa consciência. Considerar a natureza do hábito como a original é *avidyā* ou ignorância. O adquirido obviamente é o impuro, pois é feito de acréscimos. É o produto das acumulações psicológicas e do tempo. Considerar algo que foi formado pelo tempo como Eterno é incorrer na maior das ilusões. E é, de fato, a ignorância à qual Patañjali refere-se. Dessa ignorância surge *asmitā* ou falsa identificação. Ele descreve *asmitā* no *sūtra* seguinte:

dṛg-darśana-śaktyor ekātmatevāsmitā

6. Em *asmitā* ou o senso do eu[6], o instrumento da percepção é considerado idêntico àquele que percebe.

As palavras sânscritas utilizadas no *sūtra* acima são *dṛg-śakti* e *darśana-śakti*. Significam, respectivamente, o que percebe e o instrumento de percepção. Considerá-los idênticos é, obviamente, cair na falsa identificação. O instrumento de percepção é a mente, pois não são os olhos que percebem, mas a mente. É a aprovação da mente que torna todas as percepções válidas. O ato da percepção é, de fato, o ato da interpretação pela mente. Quando aquele que percebe está identificado com o instrumento da percepção, ocorre *asmitā*. Em *asmitā*, em última análise, o eu não é diferente da mente. Se nos examinarmos, compreenderemos que aquilo que chamamos de nós é de fato a mente. Somos a mente, pois nada conhecemos além do criado pela mente. Sob a influência de *asmitā*, o desejo da mente é considerado pelo homem como se fosse sua própria vontade. Usualmente falamos do conflito de dois desejos, quais sejam: a vontade do indivíduo e a vontade da natureza. Aqui, a vontade do indivíduo nada mais é do que a vontade e o desejo da mente. Neste conflito, observa-se o desejo da mente de mover-se em sua própria direção em contraste com a direção na qual a natureza tenciona mover-se. Dizendo de outro modo, *asmitā* nada mais é que a identificação do homem com sua mente. É isso que o *sūtra* acima descreve como o instrumento de percepção a ser considerado idêntico àquele que percebe. É, na verdade, falsa identificação, e daí surgem as atrações e repulsões sobre as quais Patañjali fala nos dois *sūtras* seguintes:

sukhānuśayī rāgaḥ
duḥkhānuśayī dveṣaḥ

7. *Rāga* ou atração é a busca de prazer.
8. *Dveṣa* ou repulsão é evitar a dor.

Atração e repulsão, *rāga* e *dveṣa*, são as expressões do princípio do prazer, raiz de todo o processo do vir a ser psicológico do homem. Evitar a dor é também parte da busca de prazer. Em *rāga* e *dveṣa* busca-se o prazer, seja positiva ou negativamente. A atração é a busca positiva de prazer, enquanto a repulsão é a busca negativa de prazer, ou seja, ao evitar a dor, estamos indiretamente buscando o prazer. Aquilo que dá um senso de continuidade é considerado pela mente como agradável, enquanto aquilo que ataca as raízes da continuidade é considerado pela mente como

---

[6] No original em inglês: *i-ness*. (N.E.)

desagradável. O prazer e a dor da mente são considerados pelo homem como seu próprio prazer e dor. É daí que surgem nossos apegos e rejeições. São as ramificações naturais da condição de *asmitā*, que, em si mesma, é consequência do estado de *avidyā* ou ignorância. Nossa vida baseia-se no princípio do prazer, no qual está incluído o esforço incessante para evitar a dor. De fato, em toda busca pelo prazer há sempre a busca por abandonar a sombra negra da dor. Mesmo em meio ao prazer, está-se preocupado com o evitar a dor. Assim é que prazer e dor sempre andam juntos. Onde há *asmitā* ou o senso do eu, encontram-se prazer e dor, apego e rejeição. Devemos compreender que apenas algo que é adquirido precisa ser salvaguardado. Aquilo que é original sustenta-se sem temor de ser vulnerável. O original não pode ser destruído. Apenas o composto pode ser dissolvido; o original ou o não composto existem por si mesmos. Por trás do princípio do prazer há um esforço para impedir a entidade composta de dissolver-se. Apegos e repulsas são, na verdade, mecanismos de defesa que buscam proteger aquilo que é produto das acumulações do tempo. Assim, *asmitā* precisa da proteção de *rāga* e *dveṣa.* O mecanismo de defesa é mantido pelo que Patañjali denomina *abhiniveśa*, que, usualmente, é traduzido como um forte desejo de viver, mas que é, mais exatamente, um desejo de continuidade. Com relação à *abhiniveśa*, ele menciona o seguinte:

svarasavāhī viduṣo 'pi tathā rūḍho 'bhiniveśaḥ

9. *Abhiniveśa* ou a ânsia de viver é o desejo de continuidade, que se encontra em todos, até mesmo entre os eruditos.

Patañjali utiliza a palavra *svarasavāhī*, que significa algo que é sustentado por suas próprias forças ou algo automático. Esta ânsia de viver, ou desejo de continuidade, está tão impregnada que domina até mesmo o erudito. Em outras palavras, essa ânsia afeta não meramente a pessoa comum, mas também aqueles que são versados em conhecimento e que são considerados sábios. Esse desejo de continuidade é apenas um desejo de segurança. Sentimo-nos seguros apenas no ambiente da continuidade; *abhiniveśa* é, assim, uma busca de segurança. Uma das coisas mais estranhas da vida é a busca do homem por segurança e continuidade para aquilo que está para sempre em um estado de fluxo. A vida é eternamente dinâmica e, portanto, sempre descontínua. *Abhiniveśa* é um esforço para colocar o dinâmico em uma estrutura estática; é um esforço para conferir uma qualidade de continuidade àquilo que é descontínuo. A natureza adquirida do homem tem a essência de um composto psicológico. Como pode haver continuidade para um composto? É algo formado com o tempo e, portanto, precisa ser dissolvido no processo do tempo. Contudo, esse desejo de continuidade é tão universal que até mesmo o dito sábio não está livre de ser afetado por ele.

Patañjali está discutindo aqui as causas das aflições ou *kleśas*. Ele diz que *avidyā* é a raiz de todas as aflições. E a expressão mais abrangente desta ignorância é *abhiniveśa* ou um desejo de continuidade. Assim, *avidyā* é a fonte e *abhiniveśa,* a expressão deste problema das aflições. É no processo de expressão que se manifesta a própria ignorância, como *asmitā*, *rāga* e *dveṣa*. Portanto, por mais que a pessoa lide com o problema da atração e da repulsão, jamais poderá ser bem-sucedida simplesmente porque são a manifestação externa de *abhiniveśa*. De forma análoga, pode-se tentar mudar a natureza do "eu", substituindo-o por Alma ou Espírito, não obstante isso significar apenas uma modificação de *asmitā*, não a destruição do senso do eu. Aquilo que sustenta *asmitā, rāga* e *dveṣa* é *abhiniveśa. Avidyā* e *abhiniveśa* são dois lados da mesma moeda. Podemos lidar com *avidyā* tratando apenas com sua expressão persistente, que certamente é *abhiniveśa*. Se o próprio fator que busca dar continuidade àquilo que é falso é destruído, então ficamos livres da atração e da repulsão bem como da falsa identificação do "eu". Com isso *avidyā* automaticamente desaparece. E, desta forma, posto que a origem de todas as aflições é a ignorância, pode-se manejá-la de forma mais eficaz tratando o problema do desejo de continuidade.

Pode-se perguntar: qual é o significado da existência se o desejo de continuidade desaparecer? Existência e continuidade não são sinônimos? Exigir que o desejo de continuidade desapareça é pedir para um indivíduo assinar sua própria sentença de morte. O homem busca libertar-se das aflições, mas se isso exigir abandonar o desejo de continuidade, o remédio parece pior do que a doença. Precisa o homem abandonar o próprio desejo de continuidade a fim de se libertar das aflições? Precisa o homem abandonar a existência com o objetivo de encontrar a liberdade da dor e do sofrimento? Nossa maneira usual de pensar nos diz que a existência e a continuidade são idênticas. Mas, se a vida está em um estado de fluxo, então a vida não inicia apenas quando cessa o esforço para estabelecer a continuidade? A vida pode ser experimentada, não podemos prendê-la. *Abhiniveśa* é uma tentativa de prender a vida na estrutura criada pelo sentido do eu. Em outras palavras, é uma tentativa de capturar a vida com a rede da mente. É preciso compreender que aquilo que é capturado e preso é algo morto – não tem em si a qualidade da vida. Como disse um santo sufi: "A vida é uma ponte, passe sobre ela, não edifique sobre ela". *Abhiniveśa* é uma tentativa de construir estrutura após estrutura na ponte da vida. Tal tentativa é fútil, porque impede o próprio movimento da vida em si. A causa do sofrimento do homem encontra-se no desejo de continuidade, que é uma expressão de *avidyā*. *Avidyā* por si mesma é algo abstrato; sua forma tangível é *abhiniveśa*. O verdadeiro viver começa apenas quando cessa o desejo de continuidade psicológica. Entretanto, a questão é: como experimentar esta cessação de continuidade psicológica? É para isso que Patañjali nos leva, passo a passo, à medida que explora o vasto campo dos instrumentos do *Yoga* nos *sūtras* que seguem.

CAPÍTULO IX

A BASE DE FUNCIONAMENTO DO KARMA

Há mais de vinte e cinco séculos, o Senhor Buda disse no primeiro sermão, dado logo após a Iluminação, algo que é tão óbvio e contudo tão completamente ignorado. Ele disse que, na vida, o sofrimento é maior do que a felicidade. Descreveu isso como a Primeira Nobre Verdade. Mesmo uma observação casual dos acontecimentos da vida convencer-nos-ia de que na vida existem muito mais momentos de sofrimento do que de felicidade. Estendendo-se sobre este tema, o Senhor Buda disse que não apenas há sofrimento, mas há uma causa para este sofrimento. Essa foi sua Segunda Nobre Verdade. E o Senhor Buda disse que *tanha* ou desejo é a causa de todo o sofrimento humano. Ora, é óbvio que desejo indica uma tentativa de dar continuidade a acontecimentos que tenham passado. Posto que os acontecimentos não podem ser continuados, busca-se dar continuidade à memória destes acontecimentos. Tal memória dos acontecimentos cria em nós um senso de antecipação que nada mais é do que a busca de realizar os acontecimentos do passado no futuro. O *tanha* do Budismo certamente tem uma estreita semelhança com o *abhiniveśa* de Patañjali. Nos *sūtras* examinados no último capítulo, Patañjali decompôs, por assim dizer, o processo de continuidade em seus componentes fundamentais. São eles a atração e a repulsão. Mas estas duas também centram-se em torno do senso do eu ou *asmitā*. E o senso do eu em si nasce de *avidyā*. Esses cinco fatores responsáveis pelas aflições dos homens são produtos do seu próprio desejo por segurança psicológica. Porém, tão estranha é a vida que quanto mais o homem busca segurança, tanto mais ele se torna inseguro. A segurança da vida reside em viver de momento a momento, e não buscando dar ao momento a continuidade da sequência do tempo. Ao projetar a continuidade naquilo que é intrinsecamente descontínuo, o homem fez um problema tanto da vida quanto da morte, pois separou a morte do processo da vida. Ele pensa que a vida é um processo de continuidade, enquanto a morte é um momento de descontinuidade. Falhou em compreender que a vida e a morte estão entrelaçadas. A natureza apresenta-nos um fenômeno misterioso que é a descontinuidade na continuidade. Aquele que não descobre momentos de morte no processo da vida, não sabe o que é viver. Para isso ele deve entender todo o problema das aflições ou do sofrimento em termos do mecanismo de defesa da segurança, tão claramente anunciado por Patañjali nos cinco fatores que iniciam em *avidyā* e vão até *abhiniveśa*. Patañjali afirma no próximo *sūtra*:

te pratiprasava-heyāḥ sūkṣmāḥ

10. Para resolver todas as aflições, é necessário descobrir como elas surgem.

O termo sânscrito utilizado neste *sūtra* é *prati-prasava*, que significa realmente antes do nascimento. Ele quer que o estudante de *Yoga* vá à causa do problema, para descobrir, desta maneira, as condições que deram origem às aflições. Afirma-se que o Senhor Buda teria dito a seus discípulos que, se quisessem desatar um nó, teriam que descobrir como o nó havia sido feito. O *sūtra* acima condiz com essa instrução. Se queremos descobrir como a mente pode ser incondicionada, tudo o que precisamos fazer é observar como a mente se tornou condicionada. *Prati-prasava* é, na verdade, um processo de retornar. Em termos do último *sūtra*, significa voltar de *abhiniveśa* diretamente para *avidyā*. Envolve o "qual", o "como" e o "porquê" do desejo de continuidade, ou seja, qual é o fator de continuidade que opera em nossa vida, como ele opera e por que buscamos esta continuidade. Isso significaria explorar as áreas de nossas atrações e repulsões. É nessas áreas que poderíamos ficar, face a face, com aquilo que denominamos o senso do eu, pois o eu nada mais é do que a entidade que continua e deseja manter sua continuidade. À medida que induzimos a mente a retroceder, começamos a nos mover de *abhiniveśa*, através de *rāga* e *dveṣa*, para *asmitā* e, finalmente, para o ponto de *avidyā*. No início será um processo intelectual, mas necessário. Esse processo intelectual nos permite descobrir a causa que nos impele a mover-nos na direção da manutenção do fator de continuidade em nossos padrões de comportamento psicológico. É verdade que a descoberta da causa não nos liberta das aflições. Não obstante, a descoberta da causa nos dá uma clareza intelectual sobre o problema com o qual estamos preocupados. O ponto de partida para a dissolução do problema é alcançar uma clareza intelectual. Pode-se perguntar: onde nos leva este ponto de clareza intelectual? Está indicado no próximo *sūtra*:

dhyāna-heyās tad-vṛttayaḥ

11. Apenas na meditação é possível uma completa cessação de todas as aflições.

Temos que ter em mente que Patañjali prescreve a disciplina preliminar conhecida como *Kriyā Yoga* para proporcionar uma atenuação das aflições, significando a redução do impacto das várias aflições que surgem na vida de um indivíduo. Ele descreve este processo no segundo *sūtra* desta seção como *tanūkaraṇa*, que significa realmente atenuar as aflições. Somente nesta condição é que podemos olhar para as causas das mesmas. Quando as aflições estão plenamente ativas, não podemos remontar a suas causas. Apenas quando estas se tornam intermitentes ou fracas é que podemos empreender o processo descrito no décimo *sūtra*. Um exame intelectual de *abhiniveśa* até *avidyā* é possível apenas quando as aflições tornam-se atenuadas ou *sūkṣma*, como Patañjali as descreve. Mas um exame intelectual do efeito à causa não pode levar à destruição desta. Como foi afirmado acima, conhecer a causa não promove a dissolução do efeito. Enquanto a causa e o efeito estiverem separados por uma distância, seja de tempo, seja de espaço, como no caso de uma compreensão intelectual, o problema de cobrir a distância permanece. Para a dissolução das aflições, que é a libertação da dor e do sofrimento, precisamos ir além do processo intelectual. Patañjali, portanto, afirma-nos, em termos claros, que as aflições podem cessar complemente apenas no estado de meditação. O tema da meditação é tratado em uma parte posterior dos *Yoga-Sūtras* – na terceira seção, intitulada *Vibhūti Pāda*. Não propomos, todavia, entrar aqui em uma discussão detalhada sobre meditação. Contudo, pode-se mencionar que é na meditação que a distância entre a causa e os efeitos é completamente eliminada. A meditação habilita-nos a ver a causa no efeito. Não é preciso dizer que as aflições podem cessar apenas quando cessa a distância entre a causa e o efeito. Isso se torna claro no próximo *sūtra*:

kleśamūlaḥ karmāśayo
dṛiṣṭādṛiṣṭa-janma-vedanīyaḥ

12. Nas aflições reside toda a base de funcionamento do *karma*, e é daí que se expressa no presente e no futuro.

Se todo o reservatório de *karma* encontra-se no campo das aflições, então certamente estas indicam não apenas os efeitos do *karma*, mas também a sua causa. Portanto, as aflições contêm tanto o efeito quanto a causa do *karma*. A solução de um problema está no próprio problema. No sofrimento jaz tanto sua causa quanto seu efeito, por isso, para sua dissolução, é preciso que olhemos para o próprio sofrimento. Nossas noções usuais são de que o sofrimento é o efeito, e sua causa encontra-se em outro lugar qualquer. No entanto, Patañjali deixa bem claro no *sūtra* acima que o *karma*, que é o fenômeno de causa-efeito, está radicado na própria aflição. É a partir desse reservatório de *karma* que encontramos suas expressões surgindo no presente e também no futuro. Se quisermos nos libertar do *karma*, temos que descobrir a causa no próprio efeito; temos que descobrir a libertação das aflições na própria aflição. Patañjali diz no próximo *sūtra*:

sati mūle tad-vipāko jāty āyur bhogāḥ

13. Enquanto a raiz do *karma* permanecer, os fatores limitantes de natureza objetiva ou subjetiva continuarão a operar com relação a todas as experiências.

As duas palavras utilizadas em sânscrito no *sūtra* acima são *jāti* e *āyu*. Ora, *jāti* significa qualidade de vida, enquanto *āyu* significa duração da vida. Essas duas palavras, portanto, denotam a qualidade e a quantidade com relação à vida. São, assim, os fatores subjetivo e objetivo com relação à vida do homem. *Bhoga,* no *sūtra* acima, obviamente significa experiência, feliz ou infeliz. Enquanto o homem está preso ao *karma*, deve funcionar dentro dos fatores limitantes, seja de natureza subjetiva, seja objetiva. Estará restrito tanto por *jāti* quanto por *āyu*. Sua qualidade de vida e a duração de sua vida são determinados por fatores *kármicos*. Essas serão as circunstâncias restritivas de sua vida. Enquanto o *karma* permanecer radicado nas aflições, não podemos chegar a uma transformação fundamental de *jāti* ou a qualidade de nossa vida, nem nos libertar de *āyu* ou a duração quantitativa de nossas vidas. Patañjali diz, além disso, no próximo *sūtra*:

te hlāda-paritāpa-phalāḥ puṇyāpuṇya-hetutvāt

14. Devido a esses fatores limitantes, sejam agradáveis ou desagradáveis, os frutos do *karma*, de felicidade ou sofrimento, precisam ser colhidos.

Funcionando dentro dos fatores limitantes, subjetivos ou objetivos, o homem não pode esperar libertar-se do *karma*. Se buscamos a libertação de todas as aflições, então teremos que ser livres daqueles fatores limitantes da qualidade e da quantidade. As limitações objetivas são causadas por *āyu* ou pela sequência do tempo. O homem sente essa limitação como muito opressiva. É no tempo que as mudanças no ambiente ocorrem, demandando novos ajustes do indivíduo. Este constante ajuste a um ambiente sempre em mutação é um dos fatores de exaustão em nossa vida. Mas há também o fator subjetivo de *jāti*, que é o fator hereditário de nossa vida. Neste problema da hereditariedade, temos que considerar as hereditariedades biológicas, sociais e psicológicas. A hereditariedade biológica é dada pelos pais; a social, pela sociedade onde nascemos. Ambas são aspectos objetivos da hereditariedade. O fator subjetivo da hereditariedade é nossa hereditariedade psicológica. É ela que determina a qualidade subjetiva de nossas vidas. *Jāti* é, na verdade, a hereditariedade psicológica do homem. Estes fatores limitantes de *jāti* e *āyu* geram os frutos de felicidade ou sofrimento do *karma.* Em outras palavras, mantêm-nos presos aos pares de opostos. Todas as mudanças surgem do jogo dos opostos, do jogo de *jāti* e *āyu*, da interação do conteúdo e da duração do tempo. *Jāti* é, de fato, o conteúdo que projetamos no tempo, e *āyu* é a duração do fluxo do tempo. Libertarmo-nos do *karma* é transcender todas as limitações do tempo, pois o tempo é o campo onde o *karma* opera. Ora, sendo duração, *āyu* é o sentimento de tempo que surge devido à projeção da hereditariedade psicológica. Como vimos, *jāti* é a hereditariedade psicológica e é o fator que origina *āyu* ou tempo psicológico. Eles prendem o homem às operações do *karma* por submetê-lo aos impactos do ambiente sempre em mutação, objetivo ou subjetivo. Patañjali afirma no próximo *sūtra*:

pariṇāma-tāpa-saṃskāra-duḥkhair
guṇavṛtti-virodhāc ca duḥkham
eva sarvam vivekinaḥ

15. Para o sábio, todas as mudanças que surgem do conflito dos opostos são repugnantes, devido à tríplice miséria que acarretam.

O *sūtra* refere-se à tríplice miséria como *pariṇāma-duḥkha*, *tāpa-duḥkha* e *saṃskāra-duḥkha.* Estas são obviamente as condições de miséria que surgem do funcionamento de *sattva, rajas* e *tamas.* Surgem, segundo o *sūtra* acima, devido ao conflito entre *guṇas* e *vṛttis* – entre o funcionamento dos atributos e da mente. Vimos, na primeira seção, enquanto discutíamos o tríplice *samādhi*, que a intervenção da mente produz distorções no funcionamento dos *guṇas.* Patañjali refere-se ao conflito entre *guṇas* e *vṛttis*, entre o funcionamento dos atributos e da mente. Este conflito é observado em *pariṇāma, tāpa* e *saṃskāra-duhkḥas. Pariṇāma-duḥkha*, o estado resultante de miséria, refere-se obviamente às distorções no funcionamento de *sattva. Tāpa-duḥkha* deve-se à febril atividade de *rajas* distorcido pela intervenção da mente. E *saṃskāra-duḥkha* é a distorção causada no funcionamento das tendências inatas que manifestamente se referem a *tamas.* O *sūtra* afirma que o sábio considera todas as modificações que surgem do conflito dos *guṇas* e *vṛttis* como totalmente sem sentido e geradoras de sofrimento. Esse conflito entre *guṇas* e *vṛttis* é, novamente, a expressão das limitações causadas pelas operações dos fatores objetivo e subjetivo – *guṇas* sendo o objetivo e *vṛttis,* o subjetivo. Todo sofrimento do *karma* pode ser remontado a este conflito entre *guṇas* e *vṛttis.* Este é, na verdade, o jogo dos opostos, e é daí que surgem todas as aflições. As mudanças que ocorrem devido a este conflito dos opostos são meras modificações – mudam os padrões externos de comportamento. Nenhuma transformação fundamental pode surgir como resultado do jogo dos opostos.

O homem, desde sempre, preocupa-se com o problema da dor e do sofrimento. Seu único esforço se dá no sentido de evitar o sofrimento que ameaça surgir. A vida move-se inexoravelmente para um futuro desconhecido, e o homem quer saber a natureza deste futuro. Ele recorre a astrólogos e ocultistas a fim de saber o que lhe está reservado em termos de futuro. Porém, todas estas previsões são sem proveito, pois todas sugerem uma abordagem estática à vida. No entanto, existe outra abordagem pela qual podemos conhecer o futuro e, conhecendo-o, fazermos preparações antecipadas para enfrentar estes desafios? Falar em conhecer o futuro é incorrer em pensamento confuso. Viver no presente é realmente de importância fundamental. Mas este viver precisa ser de tal forma que não necessitemos de futuro psicológico para a realização do presente ou o passado. Em tal vida, o futuro não é absolutamente um problema. Mas qual é a natureza desta vida? Patañjali menciona isso à medida que nos conduz à compreensão profunda dos instrumentos e das práticas do *Yoga*. Ele nos diz que alguém estabelecido no *Yoga* sabe como viver no presente com uma inteireza que não depende absolutamente de qualquer futuro.

CAPÍTULO X

O OBSERVADOR E O OBSERVADO

Em qualquer discussão sobre a doutrina do *karma*, geralmente ela é descrita sob três categorias. São elas, *saṃcita*, ou acumulado, *prārabdha* ou operativo e *āgami*, ou o futuro. *Saṃcita* contém todas as tendências acumuladas que se tornam ativas quando provocadas por estímulos externos. É óbvio que essas tendências não se tornam ativas todas de uma vez, mas apenas quando surgem provocações e estímulos. As tendências que vão sendo ativadas constituem as condições de *prārabdha*. O homem considera *prārabdha* como uma grande limitação; isso se deve ao fato de que ele deve funcionar sob a força que compele as tendências ativadas. *Āgami*, ou o *karma* futuro, depende de novas tendências que são geradas no decorrer de nossas ações no presente. Sabe-se que as tendências inativas e não maduras não constituem qualquer problema. É a tendência que se tornou ativa e operativa que faz de *prārabdha* um problema. É verdade que não é possível eliminar todas as tendências acumuladas, pois não sabemos o que são. Tornamo-nos cônscios delas quando são estimuladas sob provocações externas. É claro que não podemos saber quais são as tendências que serão evocadas como resultado de estímulos externos. Mas, se pudéssemos estar em um estado de consciência que tornasse as tendências estimuladas inoperantes no mesmo instante em que despertassem, então, certamente, não precisaríamos ter qualquer temor quanto ao futuro. Tal estado de consciência de uma só vez resolve o problema do *karma* com relação ao passado, presente, e futuro. O segredo está em tornar as tendências inoperantes, sempre que forem estimuladas pelas provocações do ambiente externo. Se o homem pudesse viver sujeito a todas as provocações e, ainda assim, manter as tendências inoperantes, com certeza não temeria o que pudesse acontecer. Para tal pessoa o futuro cessaria de ser um problema. Sua ação no presente torná-lo-ia livre das compulsões tanto do passado quanto do futuro. Patañjali discute este mesmo problema no *sūtra* que segue. Ele diz:

heyaṃ duḥkham anāgatam

16. O sofrimento que ainda não chegou pode ser evitado.

Todavia, a questão é: ele é evitável? Como alguém pode dizer o que o futuro trará? E sem conhecê-lo, como podemos tomar qualquer medida para evitar o sofrimento futuro? É possível conhecer o futuro, pois de outro modo como poderíamos tratar com o futuro desconhecido? Estas são realmente questões relevantes. Se o futuro pudesse ser conhecido com absoluta precisão, então, com certeza todos os problemas poderiam ser resolvidos, pois tomaríamos as providências necessárias para enfrentar aquele futuro. A vida é tão imprevisível que falar de conhecer o futuro, sem dúvida, é incorrer em ilusões. Mas, como podemos nos preparar com antecedência para enfrentar o desconhecido? Como podemos fazer qualquer preparação contra os desafios do desconhecido? Qualquer preparação em função do conhecido, ou mesmo do conhecido modificado, não seria de proveito algum. O que é preciso, então, fazer para evitar o sofrimento que possa surgir do seio do futuro? É necessário compreender na íntegra o problema do sofrimento sem restrição do passado, presente ou futuro. O que é sofrimento e por que o homem tanto sofre? No *sūtra* que se segue, Patañjali aborda um ponto crucial com relação a todo o problema do sofrimento. Ele diz:

draṣṭṛ-dṛśyayoḥ saṃyogo heya-hetuḥ

17. No fenômeno observador-observado encontra-se a causa do sofrimento que pode ser evitado.

O sofrimento que não chegou pode ser evitado, mas, segundo Patañjali, requer uma clara compreensão do fenômeno do observador-observado. Dificilmente compreendemos que não vivemos no mundo real, mas no mundo observado. Não conhecemos os homens e as coisas que nos cercam como de fato são. O real transformou-se no observado, e desde que não conhecemos o real, consideramos o observado como o real. O fenômeno observador-observado pode ser compreendido se tivermos em mente a conhecida ilustração da filosofia hindu conhecida como *sarparajju-nyaya*, que significa confundir-se a corda com uma cobra. A corda é o real, a cobra, o observado. Por que não vemos a corda e por que a confundimos com uma cobra? É óbvio que o observador, quando vê a corda, de sua escala de observação, tem a impressão de que é uma cobra que está a sua frente. Ao ver a cobra ao invés da corda, naturalmente, tem medo dela. Todas as reações daquele que percebe com relação àquele objeto serão de medo. Ele não se aproximará para não ser picado pela cobra. Um sentimento de medo e ansiedade assalta-o, introduzindo na sua vida um elemento de sofrimento. Ele sofre porque não sabe como se livrar da cobra. Teme que outros membros de sua família sejam picados pela cobra. Mas, o que é estranho é que não há cobra alguma; há apenas uma corda. Na vida, ocorre algo semelhante a isso o tempo todo. Não vendo o real, sofremos com as implicações que imaginamos com relação a nosso embate com o observado. Sabe-se que o observado é a projeção do observador e, portanto, não tem existência intrínseca. A existência do observado depende do observador. Confundir a existência dependente com a existência intrínseca é incorrer em *māyā* ou ilusão. Se nossas ações são baseadas na percepção do observado e não do real, então poderemos criar para nós sofrimento e dor. No relacionamento humano, deve-se observar o fenômeno de uma corda ser confundida com uma cobra. Podemos impedir o observado de vir à existência? Caso possa acontecer, certamente, seremos capazes de ver o real, ou seja, seremos capazes de perceber as coisas como elas são. Como pode o observado ser impedido de vir à existência? Para isso precisamos compreender como o observado vem à existência. É o que Patañjali discute no próximo *sūtra*.

prakāśa-kriyā-sthiti-śīlaṃ bhūtendriyātmakaṃ bhogā-
pavargārtham dṛśyam

18. O observado vem à existência quando o impacto dos sentidos é modificado pelos *guṇas* ou pelos três fatores condicionantes da mente por causa da busca de preenchimento da própria mente.

No *sūtra* acima, *prakāśa, kriyā* e *sthiti* referem-se a *sattva, rajas* e *tamas* – os três *guṇas* ou os três fatores condicionantes da mente. A palavra *apavarga* que aparece neste *sūtra* significa de fato preenchimento, e não libertação como é dito por muitos comentadores. A mente para seu próprio preenchimento distorce a atividade dos três *guṇas*; é o que ocasiona uma modificação nos impactos dos sentidos. Refere-se à intervenção da mente no ato de experimentar. Quando o pensamento interfere no ato de experimentar, então esse ato fragmenta-se, levando à fragmentação da própria experiência. Quando assim acontece, somos incapazes de ver o que é; vemos apenas aquilo que foi modificado pela ação do pensamento. É óbvio que os impactos dos sentidos são possíveis devido ao funcionamento dos três *guṇas*. Quando seu funcionamento é distorcido pela intervenção do pensamento, aqueles mesmos impactos dos sentidos são modificados. E, assim, percebemos o que a mente quer que percebamos. Neste processo, o real é colocado de lado, e o observado toma seu lugar. E isso é feito pela mente para seus próprios objetivos. Patañjali indica muito claramente neste *sūtra* como o observado vem à existência. Ele trata ainda mais da questão dos *guṇas* no próximo *sūtra*:

viśeṣāviśeṣa-liṅgamātrāliṅgāni guṇaparvāṇi

19. As manifestações dos *guṇas* ocorrem em função do passivo ou do ativo, do tosco ou do sutil.

Isso significa que os *guṇas,* em suas manifestações, podem ser passivos ou ativos, toscos ou sutis, em sua natureza qualitativa. As palavras sânscritas utilizadas são *viśeṣa, aviśeṣa, liṅga-mātra* e *aliṅga*. *Aviśeṣa* é geral, vago e amorfo e, portanto, passivo, enquanto *viśeṣa* tem uma forma e um comportamento particulares e é, portanto, ativo. Analogamente, *liṅga-mātra* é diferenciado logo, tangível e tosco, enquanto *aliṅga* é não diferenciado e, portanto, intangível e sutil. Aqui é dada uma descrição das expressões normais na atividade dos *guṇas*, quando não houver distorção e modificação por causa dos impactos dos sentidos. Mas, quando o pensamento intervém em seu próprio funcionamento, ocorre uma distorção e, com isso, os impactos dos sentidos são modificados. É então que o real não é visto devido à sobreposição do observado. Ao discutirmos o tríplice *samādhi* na primeira seção, examinamos a questão das distorções causadas pela intervenção do pensamento na atividade dos *guṇas*. Essas distorções aparecem quando, dentro da consciência do homem, são formados centros de hábito psicológico, de vir a ser psicológico e de identidade psicológica. Através desta tripla distorção, o observado vem à existência, impedindo-nos de ver o real ou o verdadeiro. Patañjali, no próximo *sūtra,* discute a natureza deste mesmo observador, pois, apenas ao compreendermos o fenômeno observador-observado nos habilitamos a compreender a Realidade.

draṣṭā dṛśimātraḥ śuddho
'pi pratyayānupaśyaḥ

20. O observador, ao invés de manifestar puro percebimento, vê através da tela conceitual da mente.

Este *sūtra* implica que o observado vem à existência a partir do estado condicionado do observador. Em outras palavras, é o observador que cria o observado, pois este não tem existência intrínseca. O observador não olha para a coisa, mas através da tela conceitual da mente, que é sua imagem. Assim, o observado é, de fato, a imagem dos homens e das coisas. Mas o observador é diferente da mente? Ao discutirmos a aflição, *asmitā*, vimos que o senso do eu, aquela entidade que é descrita como o "eu", não é diferente da mente. A mente que busca sua continuidade traz à existência a assim chamada entidade permanente, que é o "eu". Dizemos "assim chamada", porque não possui absolutamente permanência, tendo nascido em razão do desejo da mente por continuidade. O senso do eu e a continuidade são sinônimos, pois reconhecemos o "eu" através do fator da continuidade. Assim, o observador e a mente são idênticos, o que está claro no próximo *sūtra* onde é dito:

tadartha eva dṛiśyasyātmā

21. A natureza e o conteúdo do observado existem para a manutenção da continuidade do observador.

Pode-se perguntar: por que criamos o observado ao invés de olhar para o real? A resposta é dada no *sūtra* acima. O observado é o produto do observador. Não são duas coisas diferentes. Ao perceber o real, a mente enfrenta o perigo de ser deslocada de sua posição de segurança. Ver o real é ser arrancado pela raiz do solo de nossas próprias conclusões, o que obviamente ameaça a própria segurança e continuidade da mente. A mente, na verdade, teme ver o real. Em função deste temor, lança uma tela de continuidade sobre os impactos da vida. A vida é nova de momento a momento, e, portanto, não podemos nos familiarizar com ela. Logo, a vida é para sempre desconhecida. A mente do homem, através de sua tela de continuidade, tenta colocar o não familiar na estrutura familiar. Podemos lidar com o familiar sob o aspecto do passado, e esta é sempre a abordagem da mente. Ela nunca se ocupa do presente como ele é, mas sempre através da tela do passado. Assim, Patañjali diz que o observador cria o observado para a manutenção de sua própria continuidade. O observador sente-se seguro apenas no mundo do observado, jamais na região do real. Condicionado pelo passado, projeta seu próprio condicionamento nos impactos da vida e, assim, cria o observado. Na corda que realmente existe, o observador projeta uma cobra, e, então, age segundo esta suposição. Pode-se perguntar: não podemos ver o real, mudando a escala da observação? Se esta for mudada, podemos não ver a cobra, mas outra coisa qualquer projetada pelo observador. O problema não está no observado, porém no próprio observador. Uma mudança na escala de observação apenas traria uma mudança nos padrões do observado. Poderia, na melhor das hipóteses, ocasionar uma modificação na forma do observado. Portanto, o problema não é mudar a forma do observado, mas eliminar o próprio observador. O observador é a consciência condicionada, que busca sua própria continuidade. Em outras palavras, o observador é *asmitā*, o produto da falsa identificação. É o senso do eu, construído pela natureza adquirida do homem. É o conglomerado de *vṛttis*, ou os hábitos da mente. Que o problema é o próprio observador está claro no próximo *sūtra*:

kṛitārthaṃ prati naṣṭam apy anaṣṭam
tad-anya sādhāraṇatvāt

22. Para aquele que não objetiva realizar-se através da existência do observado, o observado não existe; mas para os demais ele continua a existir.

O homem normalmente estabelece um relacionamento de uso com o mundo em que vive, seja físico ou psicológico. É deste relacionamento que surge o observado. Precisamos nos lembrar de que tal relacionamento jamais poderá estabelecer-se com algo que está vivo, pois a vida é um estado de fluxo e, portanto, não é estática. O uso é possível apenas em relação a algo estático ou imóvel. Assim, para ter aquele relacionamento, a vida precisa ser transformada em uma imagem. O *sūtra* acima diz que, para aquele que tenha ido além do relacionamento de uso, o observado não existe. Tal indivíduo não tem objetivo a realizar advindo da existência do observado. Daí que o observado desaparece quando cessa este relacionamento de uso. O *sūtra*, contudo, diz que para os demais, o observado continua a existir. A partir disso, fica evidente que o observado não tem existência *per se*; ele é trazido à existência pelo observador para seu próprio propósito. O relacionamento de imagem à imagem, obviamente, é um relacionamento de uso, no qual há sempre o desejo de ter e de possuir. No seguinte *sūtra* isso está ainda mais claro.

sva-svāmi-śaktyoḥ svarūpopalabdhi-hetuḥ
saṃyogaḥ

23. O fenômeno observador-observado cria um relacionamento de possuir e de ser possuído.

Aqui as palavras utilizadas são *sva-śakti* e *svāmi-śakti*. O *sūtra* indica que cada um tenta satisfazer a si mesmo. *Svāmi-śakti* é o possuidor e quer possuir, seja um objeto ou um indivíduo. Mas aquilo que o homem busca possuir, por sua vez, quer possuir o possuidor. O relacionamento do possuidor e do possuído é obviamente de uso. É uma estranha lei da vida que aquele que quer possuir deve também estar pronto para ser possuído. Ambos estão comprometidos com *svarūpa-upalabdhi*, que significa tentar satisfazer seu próprio fim. Possuir é ser possuído. Os dois seguem juntos. Ter um sem o outro é uma impossibilidade. Este é o ponto crucial do relacionamento de uso. O explorador e o explorado seguem juntos. A necessidade de ser explorado dá origem ao explorador. No relacionamento de uso vemos a pior forma de exploração do homem pelo homem.

Patañjali diz no *sūtra* subsequente que:

tasya hetur avidyā

24. Este desejo de possuir e de ser possuído é motivado por *avidyā* ou ignorância.

Certamente tal relacionamento de uso nasce da ignorância. Patañjali tem discutido o problema das aflições. A maior aflição que surge na vida do homem deve-se aos relacionamentos infelizes. Este é o maior problema do homem. Ele seria intensamente feliz se pudesse conhecer o segredo do reto relacionamento. Mas o reto relacionamento pode surgir apenas quando a couraça de *avidyā* é quebrada. Precisamos nos lembrar de que o relacionamento de uso tem sua origem no desejo de continuidade. A questão do uso pela própria continuidade de si é o que dá origem à *rāga* e *dveṣa*. Porém este desejo por continuidade não tem valor a menos que conheçamos a entidade que quer ser contínua. O relacionamento de uso é motivado pelo desejo de posse. Contudo, antes que possamos possuir o outro, precisamos possuir a nós mesmos. Mas o Ser[7] pode ser possuído? Se ele é não nascido, como pode ser possuído? Se aquilo que é vivo está em um estado de fluxo, como pode um fluxo ser possuído? Então, o que é aquilo que possuímos? Certamente, podemos possuir apenas nossa imagem, e é esta imagem que consideramos como nós mesmos, que é *asmitā* no verdadeiro sentido. Tendo formado uma imagem de nós mesmos, movemo-nos na direção de possuir a imagem do outro. É o que chamamos relacionamento. Não é de admirar-se que tal relacionamento não leve à alegria e à felicidade. Transformarmo-nos em uma imagem, e considerar esta imagem como nós mesmos é a mais elevada forma de ignorância. O relacionamento de uso com sua consequente aflição pode desaparecer apenas quando esta ignorância colossal sobre nós mesmos tiver sido removida. Patañjali diz no próximo *sūtra*:

tad-abhāvāt saṃyogābhāvo hānaṃ
tad dṛśeḥ kaivalyam

25. Com a dissolução da ignorância, desaparece o fenômeno observador-observado, resultando na emergência da percepção pura.

Percepção pura indica ver as coisas como de fato são. Se conhecemos a vida como ela é a qualquer momento, sem nenhuma projeção da mente, então podemos conhecer o segredo do reto relacionamento com esta vida. A percepção pura é o ponto crucial de todo o problema do *Yoga*. Da reta percepção surge o reto relacionamento, naturalmente e sem esforço. Mas como pode haver reta percepção, enquanto estivermos presos em *avidyā*? Portanto, a questão é: como podemos sair desta ignorância, uma vez que sem sua dissolução não há perspectiva para o homem de libertar-se da dor e do sofrimento? Há uma maneira pela qual podemos dissolver *avidyā*? Patañjali diz:

---

[7] No original em inglês: *Self.* (N.E.)

viveka-khyātir aviplavā hānopāyaḥ

26. Um percebimento ininterrupto é a única maneira de dissolver *avidyā* ou ignorância.

A palavra utilizada neste *sūtra* é *aviplavā*, significando contínuo. O que precisa ser contínuo? Mais uma vez, a palavra utilizada é *viveka-khyāti*, aquele percebimento através do qual as coisas são claramente distinguidas. Se este percebimento que distingue claramente as coisas for mantido ininterrupto, ele nos levará à dissolução de *avidyā*. Patañjali chama isso de *hānopāyaḥ*, um instrumento que dispersa as nuvens da ignorância. Pode-se perguntar: do que precisamos ser cônscios? Deve ser em relação ao fenômeno observador-observado. Isso significa que precisamos estar cônscios de todo o processo de continuidade pelo qual *asmitā* ou o senso do eu mantém-se ativo. Exige a observação do processo dos apegos e das repulsões, uma vez que constituem o campo onde será visto o *abhiniveśa* da própria *asmitā*. Em outras palavras, é por meio de *rāga* e *dveṣa* que o senso do eu busca dar continuidade a si mesmo. Obviamente, não há ignorância maior do que a continuidade de algo que tende a dissolver-se. No senso do eu há uma falsa identidade. A maneira mais correta de dissolvê-la está em observar como esta falsa identidade busca sua continuidade através dos apegos e das repulsões. Mas o percebimento deve ser ininterrupto. Quando ele é interrompido? Quando o pensamento entra no campo do percebimento. A entrada do pensamento é deliberada, pois a mente não quer que o processo de percebimento continue de uma maneira ininterrupta. Ela compreende que um percebimento causaria a dissolução da própria entidade que busca dar continuidade. Esta entidade, o senso do eu, é produto da mente. A mente investiu tudo nesta entidade, e se ela for dissolvida, ficaria completamente falida. A fim de que não tenha que enfrentar esta condição nada invejável de falência total, ela deseja que o processo de percebimento seja constantemente interrompido. Mas aquela ignorância pode ser dissolvida apenas através de um percebimento ininterrupto. É possível impedir a mente de interferir no processo de percebimento? Essa é uma questão que faz parte da meditação, e, portanto, sua resposta pode ser encontrada somente após termos conhecido o que é meditação. Neste *sūtra,* Patañjali preocupa-se em mostrar o caminho que conduz à dissolução de *avidyā*. Ele acrescenta no próximo *sūtra* que:

tasya saptadhā prānta-bhūmiḥ prajñā

27. Este percebimento deve cobrir a totalidade de nossa existência.

Esta área ou *prāntabhūmi* deve ser *saptadhā* ou sétupla. A palavra *saptadhā* indica realmente uma totalidade, pois quando falamos da natureza total do homem ou do Universo, referimo-nos a ela como sétupla. Patañjali diz que este percebimento não apenas deve ser ininterrupto, mas também deve ser total, significando que precisamos estar cônscios da totalidade de nossa existência. Em outras palavras, este percebimento não deve ser meramente com o frio intelecto, mas com as emoções e também com o mecanismo sensorial do corpo. Ele deve penetrar todas as fibras de nosso ser. Não deve ser aquele percebimento de uma testemunha que olha para o fluxo da continuidade a distância. Uma testemunha pode estar cônscia apenas do exterior e um percebimento como este, a distância, não tem valor. Ser um participante e ainda assim ser uma testemunha – apenas isso pode ser chamado percebimento total. Tudo o mais é superficial e, portanto, fragmentário. Somente o percebimento total pode ser ininterrupto, pois aqui a totalidade de nosso ser está envolvida.

Pode-se perguntar: ser participante e testemunha ao mesmo tempo – este não é um estado de completa contradição e, consequentemente, de conflito? Como podem as duas condições completamente opostas coexistirem? No *Yoga* vemos o milagre da coexistência dos opostos, e para isso precisamos nos familiarizar com as profundas experiências do *Yoga*. Patañjali nos leva às profundezas do *Yoga* quando fala de seu óctuplo instrumento e suas implicações totais. Com isso, adentramos, por assim dizer, na própria corrente do *Yoga* e nos sentimos renovados na totalidade de nossa existência.

CAPÍTULO XI

O GRANDE VOTO

O problema da disciplina parece estar intimamente relacionado com todas as questões pertencentes à vida espiritual, e, contudo, não há tema em que reine maior confusão do que este da disciplina. Comumente, supõe-se que o propósito da disciplina seja mortificar, ou seja, negar a alguém as expressões normais da vida. Para muitos, viver uma vida espiritual significa um *show* de tendências anormais. Aquele que aspira avançar na senda espiritual é considerado como um "candidato ao sofrimento". Muitas vezes, diz-se que o peregrino espiritual deve levar uma vida de sofrimento, pois deve pagar o devido preço do *karma.* Dizem-nos que avançar na senda espiritual é equivalente a correr rápido, e, assim, o aspirante nesta senda deve estar pronto para descontar grande parte do *karma*, exprimindo, desse modo, que deve enfrentar impacto após impacto de sofrimento. Na verdade, quando o sofrimento não vem, tal aspirante sente que não é suficientemente espiritual. Considera o sofrimento como um reconhecimento dos Altos Poderes e, portanto, sua ausência é considerada como um fracasso na senda espiritual. Ficar deleitado com o sofrimento parece totalmente anormal e, realmente, isso introduziu um estranho fator nas perspectivas espirituais. Aceitar o sofrimento é uma coisa, mas desejá-lo, objetivando o reconhecimento espiritual, parece algo completamente alheio à real vida espiritual. Muito da assim chamada disciplina na senda está associada com este fator anormal de sofrimento. Foi o que trouxe à vida espiritual tais tendências como a mortificação e as austeridades de natureza quase espartana e uma negação de tudo o que faz parte da alegria e da beleza. Sabe-se que tais noções de disciplina não estão em harmonia com a verdadeira vida espiritual, pois a espiritualidade deve possuir uma qualidade de naturalidade e espontaneidade.

Pode-se perguntar: a disciplina não tem lugar na verdadeira espiritualidade? A vida espiritual é uma vida indisciplinada? Se for, não resultaria em desperdício de nossas energias? E a energia não é necessária para viver a vida espiritual? Parece muito claro que o desperdício de energia deve ser eliminado em todos os níveis, o que indica que a energia deve ser conservada. Além disso, precisamos conhecer o segredo da renovação de nossa energia se quisermos avançar na direção das expressões criativas da vida espiritual.

É bastante óbvio que a conservação de energia é possível apenas em uma vida disciplinada. Mas, se a planta da vida espiritual floresce em uma atmosfera de liberdade e espontaneidade, como podem ser reconciliadas a liberdade e a disciplina? De hábito, liberdade e disciplina são consideradas contraditórias e, por consequência, mutuamente exclusivas. Porém, o fato é que apenas aquele que é totalmente livre pode ser, na verdade, disciplinado. Sem liberdade, a disciplina é uma imposição, seja de fora ou de dentro. Muitas vezes uma pessoa afirma que não aceita qualquer disciplina que seja imposta por uma autoridade externa, mas esta pessoa esquece que a chamada autoridade interna é também um produto de fatores condicionantes. A autoridade interna é realmente um produto de forças sociais e culturais que invadem o indivíduo, advindas da sociedade ou do grupo ideológico ao qual pertence. A liberdade exige uma completa eliminação da autoridade tanto externa quanto interna. É apenas então que o indivíduo, tornando-se independente, assume completa responsabilidade por tudo o que faz. Com certeza, é no clima de tal responsabilidade que a verdadeira disciplina cresce. Quando o homem compreende que nenhuma autoridade pode salvá-lo nem mesmo a autoridade interna, assim, sozinho, ele está supremamente disciplinado. Nesta compreensão da autorresponsabilidade, ele sabe que precisará de toda sua energia, e, em consequência, não pode permitir que seja desperdiçada. Sem tal senso de responsabilidade, a disciplina não tem valor, e, quando a responsabilidade é despertada, surge a disciplina natural e espontaneamente.

Quando somos completamente responsáveis por nós mesmos, começamos a viver no verdadeiro sentido da palavra. Isso é, de fato, o *svadharma* do *Bhagavad-Gītā*. Sabe-se que uma ação que emerge de *svadharma* tem a qualidade da verdadeira disciplina. É uma disciplina que emana da própria ação de viver. Não é baseada em um ideal, que tentamos traduzir para nossa conduta diária; surge no próprio processo do aprendizado. Aprendemos, e este mesmo ato de aprender cria sua própria disciplina. É como um rio que, na própria ação de fluir, cria sua própria disciplina em função das duas margens. Estas não são criadas com antecedência. Podemos criar tais margens e descobrir que o rio tomou um curso totalmente diferente. Isso é verdadeiro igualmente com relação ao rio da vida. Se seu fluxo é mantido ininterrupto, este mesmo fluxo cria sua própria disciplina. Quando o fluxo sofre obstrução, começam os desordenamentos. É a mente do homem, com suas conclusões e interesses encobertos, que cria obstruções ao fluxo da vida. É o sentimento de posse que interrompe o fluxo da vida, gerando caos e confusão. Há uma disciplina inerente ao fluxo da vida. É suficiente olhar a natureza para ver que todas suas atividades são perfeitamente disciplinadas. No entanto, não é uma disciplina aparte da vida. O ato de viver é um estado dinâmico. O dinamismo da vida exige uma disciplina que surge no próprio ato de viver.

Nos *Yoga-Sūtras* encontramos este dinamismo da disciplina espiritual. Os instrumentos do *Yoga*, tratados na segunda seção, indicam a natureza da disciplina que é exigida para a vida espiritual. Mas esta disciplina respira o ar fresco da liberdade. Todos os estresses e tensões são eliminados. Isso está muito claro no seguinte *sūtra*:

yogāṅganuṣṭhānād aśuddhi-kṣaye
jñānadīptir āvivekakhyāteḥ

28. O propósito da disciplina do *Yoga* é eliminar as impurezas causadas pelo processo do condicionamento, de modo que a Luz do Puro Percebimento Incondicionado possa brilhar.

Em função do *sūtra* acima, o propósito da disciplina do *Yoga* é negativo em sua natureza. Ele não objetiva construir alguma coisa com um conteúdo positivo, pois o positivo nasce naturalmente no campo da negatividade. O positivo é descendente do Alto e não o produto do esforço da mente. Também não é forjado pela Vontade, conquanto forte e resoluta possa ser. E, de fato, Patañjali afirma que o propósito das práticas do *Yoga* é eliminar os obstáculos que possam ter sido acumulados devido ao processo de condicionamento. A expressão utilizada é *aśuddhi-kṣaye*, a eliminação das impurezas. Quando isso é feito, a Luz do puro percebimento brilha por si mesma. Ao serem abertas as portas e as janelas da casa, os raios do sol entrarão imediatamente. Não é preciso convidar o sol para iluminar o quarto, até então, escuro. Há apenas algo a ser feito – remover as obstruções que mantêm fora a luz. Na verdade, a disciplina sobre a qual Patañjali fala neste *sūtra* está na natureza de remover as obstruções que interceptam o fluxo natural da vida. Ele afirma que, com a eliminação das impurezas, brilha a luz da sabedoria, e é nesta luz que vem o percebimento da Realidade. Para se ver, é preciso haver luz, e quando há luz, as coisas aparecem naturalmente à visão como são. Assim, a disciplina indicada aqui objetiva criar um estado de negatividade, no qual tão somente o positivo pode nascer.

No próximo *sūtra* está descrita a natureza óctupla da disciplina do *Yoga*.

yama-niyamāsana-prāṇāyāma-pratyāhāra-dhāraṇa-
dhyāna-samādhayo 'ṣṭāv aṅgāni

29. Os oito instrumentos do *Yoga* são abstinências, observâncias, postura, controle da respiração, abstração, percebimento, atenção e comunhão ou absorção.

É preciso ter em mente que estes não são oito instrumentos diferentes. Todos juntos constituem a totalidade da disciplina do *Yoga*. Não podem ser separados uns dos outros; fazer isso seria torná-los destituídos de sentido e propósito. Cada um por si mesmo possui muito pouca relevância, mas, juntos, indicam a totalidade da prática do *Yoga*. Algumas vezes, esta disciplina óctupla é classificada em quatro instrumentos externos e quatro internos – sendo os primeiros quatro os externos e os últimos quatro, os internos. Se precisarmos utilizar esta terminologia de externo e interno, seria mais exato dizer que os primeiros quatro são externos e os três últimos são internos, e *pratyāhāra* ou abstração é a ponte entre os dois. Com relação a isso, é digno de nota que Patañjali discute os três últimos instrumentos de *dhāraṇa, dhyāna* e *samādhi* – percebimento, atenção e comunhão ou absorção – separadamente, e também que o faz não na mesma seção, mas em *Vibhūti Pāda*, ou a terceira seção dos *Yoga-Sūtras*. Isso sugere que ele considera os três últimos instrumentos como qualitativamente diferentes dos primeiros cinco. Quando discutirmos *pratyāhāra* ou abstração, poderemos ver como este instrumento particular constitui uma ponte entre o externo e o interno. Nos *sūtras* subsequentes desta seção, Patañjali descreve em detalhe vários aspectos dos primeiros cinco instrumentos do *Yoga*. A respeito de *yama*, ou abstinência, ele diz:

ahiṃsā-satyāsteya-brahmachāryaparigrahā
yamāḥ

30. Não violência[8], não falsidade, não roubar, não indulgência e não possessividade são as abstinências.

Aquele que trilha a senda do *Yoga* deve ter saúde do corpo e da mente. Com um corpo enfermo e uma mente doentia não é possível avançar nesta árdua jornada. É para a manutenção da saúde do corpo e da mente que Patañjali fala das abstinências e observâncias, *yama* e *niyama*. Na abstinência estamos preocupados em descartar certos hábitos e tendências não saudáveis do corpo e da mente. É interessante observar que neste *sūtra* Patañjali fala em negações. Pode-se perguntar: e *satya*? É não verdade, portanto, não estamos tratando de algo positivo? O que significa *satya*? Obviamente significa que precisamos falar o que vemos, ouvimos ou sentimos. Em outras palavras, não diremos ou faremos aquilo que não vemos, ouvimos ou sentimos. Indica que não diremos ou faremos nada que seja falso. Quando afirmamos falar a verdade, tudo o que queremos dizer é que não se deve ser tolerante com a falsidade. Não podemos ter certeza da verdade, mas podemos ter absoluta certeza de não dizer ou fazer algo que seja falso. Assim, *satya*, estrita e corretamente, exprime não falsidade. Superficialmente falando, as cinco abstinências acima são muito fáceis de seguir. Constituem-se em requisitos de qualquer pessoa educada. Espera-se que ela não cometa nenhum dano físico aos outros, nem que tenha tolerância com a falsidade, e

[8] Também traduzido por "inofensividade". (N.E.)

tampouco seja dada ao roubo, à indulgência ou à avidez, que, afinal, é possessividade. Olhando superficialmente, significa que nada temos a fazer na senda do *Yoga*, no que diz respeito à *yama*. Mas a abstinência quíntupla refere-se aos hábitos e às tendências do corpo e da mente e não apenas a certos padrões externos de comportamento e conduta, tais como maneiras polidas, de modo a ser socialmente respeitável. Podemos não causar dano físico ao outro, mas isso não é tudo o que *ahiṃsā* ou não violência significa. Condescender com um criticismo desaprovativo, usar uma linguagem ofensiva, mesmo expor outra pessoa a comparações – tudo isso são negações de *ahiṃsā*. O abandono de todas estas tendências e hábitos conduz à saúde do corpo e da mente. A não violência denota uma mente saudável cuja ausência dá origem a relacionamentos infelizes que causam ansiedade e tensão nervosa. De forma análoga, a não falsidade ou *satya* deve ser considerada em um contexto mais amplo e profundo. Um homem comumente educado não concorda com uma falsidade definida, mas existem formas sutis de falsidade que estão presentes na maioria de nós como tendências e hábitos da mente. Exagerar, equivocar-se deliberadamente, ser evasivo, usar palavras e frases com diversas interpretações, todas estas são expressões de falsidade. Precisamos nos livrar destas tendências, de outro modo, provavelmente traremos complicações desnecessárias à nossa vida e, portanto, fatores causadores de mal-entendidos. O significado literal de *asteya* é não roubar. A maioria de nós não é dada ao roubo como usualmente entendido. Mas existem aspectos mais profundos do roubo dos quais podemos não estar livres. Por exemplo, qualquer forma de imitação é, na verdade, uma forma de roubo, por mais sutil que possa ser. Qualquer relacionamento de uso é uma forma de roubo, pois usamos a outra pessoa para nossa própria satisfação. É um caso de apropriação indevida, e todas as apropriações indevidas, sejam de dinheiro ou de pessoas, encontram-se sob a categoria de roubo. O *sūtra* acima fala de *brahmachārya* como uma das abstinências. Esta palavra, de hábito, é traduzida como celibato, contudo esta é uma interpretação muito estreita da palavra. *Brahmachārya* significa, na verdade, não indulgência de todos os tipos. Um homem comumente educado abstém-se de comer muito porque a sociedade olha de través para todas as formas de glutonaria. Mas esta é apenas uma forma muito superficial de indulgência. Verdadeiramente, todas as demonstrações de nossas possessões são indulgência, seja de riqueza, beleza, poder ou relacionamento humano, ou até mesmo de virtude e das chamadas conquistas espirituais. *Brahmachārya* exprime realmente abstinência de qualquer demonstração, grosseira ou sutil. Uma mente dada à demonstração é uma mente vulgar, pois toda demonstração e ostentação é grosseira e vulgar. Na abstinência quíntupla indicada acima, Patañjali fala de *aparigraha* ou não possessividade. Isso deve ser entendido em seu contexto profundo. Não é tanto a posse de coisas quanto um sentimento de posse. Podemos ter muitas coisas e, ainda assim, sermos livres do sentimento de posse. No entanto, pode acontecer de possuirmos pouquíssimas coisas e, ainda assim, termos um enorme sentimento de posse. Este sentimento de posse é a característica da mente.

Se estudarmos a psicologia da posse, veremos que a alegria da posse não se centra apenas em torno do objeto ou da pessoa, mas no sentimento de "eu possuo" o objeto ou a pessoa. O sentimento de meu ou minha é a origem do prazer que a pessoa obtém de qualquer posse. Em outras palavras, é o apreciador que é o centro do prazer derivado de possuir objetos ou pessoas. Assim, pode-se afirmar que enquanto o apreciador estiver presente, não há não possessividade. Esta, portanto, não se constitui no âmago de *aparigraha*. Muitas vezes, a ausência de objetos ou coisas pode se tornar a base da possessividade. A austeridade também pode se tornar "possessão" tanto quanto a prosperidade. Há uma possessão na negação, assim como na indulgência, pois todas as possessões emanam do apreciador. Mantê-lo sem ser perturbado e falar de *aparigraha* é algo totalmente sem sentido.

Pode-se dizer que a abstinência quíntupla, examinada neste contexto amplo e profundo, parece um evangelho de perfeição. Se estamos radicados neste *yama* ou abstinência, o que mais temos a fazer? Esta não é a culminação do *Yoga*? Qual é a necessidade dos outros sete instrumentos do *Yoga* indicados por Patañjali? Precisamos compreender que a disciplina do *Yoga* é um processo contínuo. Não tem um fim ou um ponto culminante. Quando a disciplina é coextensiva com o viver, como pode haver um ponto culminante para a mesma? Falar de um ponto culminante da disciplina é falar de um ponto final da própria vida. Assim como não pode haver um fim para o ato de viver, também não pode haver um fim para a disciplina. À medida que o ato de viver torna-se mais profundo, a expressão da disciplina ganha um colorido mais profundo. *Yama* no início pode ser muito superficial; mas, com o processo do viver torna-se cada vez mais profundo. O mesmo ocorre com relação aos outros instrumentos do *Yoga*. *Samādhi* também, como *yama*, é um processo tal que não podemos dizer jamais que chegamos ao ponto final de *samādhi*. Os aspectos mais profundos da abstinência têm validade como um processo contínuo de disciplina. Se a vida está em um estado de fluxo, a disciplina que surge do viver também compartilha esta qualidade de fluxo. É isso que torna a disciplina do *Yoga* intensamente dinâmica. Apenas quando a consideramos como um instrumento para alcançar algum fim é que se torna estática. O óctuplo instrumento de Patañjali é tremendamente dinâmico, uma vez que emana do próprio ato de viver. Isso ficará evidente à proporção que avançarmos na discussão detalhada do óctuplo instrumento, nos *sūtras* subsequentes.

No próximo *sūtra* está dito:

Jāti-deśa-kāla-samayānavacchinnāḥ
sārvabhaumā mahāvratām

31. Este é o Grande Voto, em cuja observância não devem interferir fatores biológicos, nem físicos nem sociais.

A disciplina do *Yoga*, de acordo com Patañjali, é um Grande Voto, e ele nos afirma que não devemos cogitar de qualquer escusa para não observá-la. É experiência comum entre a maioria de nós acharmos a disciplina cansativa e estarmos prontos para suspendê-la ao menor pretexto. Assim ocorre porque tais disciplinas são provenientes da autoridade, externa ou interna. Em outras palavras, não se origina de um senso de autorresponsabilidade, ao perceber que nenhuma autoridade, externa ou interna, pode resolver nossos problemas da vida. Quando este sentido de total responsabilidade é despertado, a disciplina torna-se um Grande Voto, para cuja não observância não apresentamos desculpas. A mente que inventa desculpas é imatura, no sentido de que não despertou um senso de plena responsabilidade. As desculpas são tanto biológicas, quanto físicas ou sociais. Patañjali diz que o Grande Voto deve permanecer firme, não deve ser quebrado sob pretexto algum. As palavras usadas para estes pretextos são: *jāti, deśa-kāla* e *samaya*. *Jāti* obviamente refere-se à hereditariedade ou a fatores herdados. *Deśa-kāla* refere-se a circunstâncias físicas, representadas pelo espaço e o tempo. *Samaya* denota oportunidades sociais. Um dos significados de *samaya* é "ocasião" ou "oportunidade". A maioria das pessoas, quando não quer observar as exigências de uma disciplina, reclama de fatores biológicos da natureza, como é indicado pela fraqueza inerente; do ambiente físico que não é apropriado; ou reclamam da falta de oportunidades proporcionadas pela sociedade, família ou grupo ideológico ao qual pertencem. Patañjali diz que nem os fatores biológicos, nem físicos, nem sociais devem interpor-se no caminho das exigências do Grande Voto. É claro que, nascendo a disciplina de um senso de total responsabilidade, não surgirão desculpas. É para a disciplina imposta, externa ou interna, que surgem desculpas e pretextos. Contudo, podemos perguntar se, mesmo em uma disciplina livre de toda autoridade e, portanto, completamente destituída de escusas, não pode surgir o problema das distrações? As distrações são, na verdade, o passado que se projeta no presente, e tais projeções não podem ser eliminadas enquanto a base de funcionamento da memória associativa continuar. Patañjali não se esquece deste fato, e este é o motivo pelo qual se refere ao problema das distrações logo após ter enumerado os vários aspectos de *niyama* ou observâncias. *Yama* e *niyama*, abstinências e observâncias, deveras andam juntas, à medida que tratam dos aspectos negativos e positivos da disciplina do *Yoga*. No próximo *sūtra*, ele diz:

śauca-saṃtoṣa-tapaḥ-svādhyāyeśvara-
praṇidhānāni niyamāḥ

32. Pureza, contentamento, simplicidade, autoestudo e aspiração são as regras de observância.

Yama e *niyama* ocupam-se com os hábitos do corpo e da mente. Patañjali nos afirma que certos hábitos precisam ser eliminados e outros, mantidos, de modo que o corpo e a mente possam funcionar de uma forma saudável. O que eliminar e o que manter é um assunto que cada um deve decidir por si mesmo. Para chegarmos à decisão certa, precisamos nos observar – tanto nossas tendências corporais como nossas reações mentais. A partir de tais observações, estaremos habilitados a decidir o que impede o funcionamento saudável do corpo e da mente e o que é conducente a uma vida saudável. Assim, *yama* e *niyama* devem ser aplicadas em função de nossas próprias observações. As quíntuplas *yama* e *niyama* fornecidas por Patañjali servem apenas como uma ampla pauta. Constituem uma estrutura geral que tenciona auxiliar o aspirante a desenvolver suas próprias abstinências e observâncias. Não pode haver rigidez a este respeito. Por exemplo, as exigências de nosso corpo podem indicar longas horas de repouso. Se assim for, não há mal algum em cumprir esta exigência. Em resumo, yama e *niyama* indicam regras para uma vida saudável, e cada aspirante deve decidir quais são as regras aplicáveis para seu próprio caso. Sejam quais forem as regras, seria melhor que as examinássemos sob o aspecto do quíntuplo *yama* e *niyama* dado por Patañjali, uma vez que constituem pautas seguras para nos guiar. Tendo abordado a questão das abstinências no último *sūtra*, neste *sūtra* Patañjali fala de *niyama*, ou observâncias, as quais segundo ele são: *śauca* ou pureza, *santoṣa* ou contentamento, *tapa* ou simplicidade, *svādhyāya* ou autoestudo e *Īśvarapraṇidhāna* ou aspiração. Mais uma vez, assim como *yama*, estas não devem ser observadas apenas do ponto de vista das exigências elementares, mas também a partir de um significado mais profundo. O aspirante sem dúvida começa no nível elementar, mas no processo contínuo da disciplina é levado a ver seu significado e sentido mais profundos.

O que é, na verdade, pureza ou *śauca*? Ou, de outro modo, o que é que torna algo impuro? É óbvio que uma coisa permanece pura enquanto algo de fora não adere a ela. O mesmo acontece com a consciência, que se torna impura quando algo externo a sua natureza adere a ela. Portanto, a consciência, em sua natureza original, é sempre pura; a natureza adquirida que é impura. Se houvesse experiência sem acumulação, permaneceríamos absolutamente puros, não importando a natureza da experiência. Se algo aderir a esta experiência, tal aderência lhe conferirá impureza. Se tivéssemos consciência sobre o que nos condiciona, então, deixaríamos fora desta consciência todo toque de impureza. A pureza pode e deve começar com a limpeza, mas não pode terminar aí. A limpeza é a expressão elementar da pureza, e precisamos começar por ela. Todavia, não é suficiente. No processo contínuo da disciplina do *Yoga*, precisamos estar vigilantes de como ficamos condicionados, como substâncias externas aderem à nossa consciência. É o que constitui a pureza em sua natureza essencial.

Patañjali refere-se a seguir de *santoṣa* ou contentamento. Contentamento não é um evangelho de passividade, nem é uma instrução para nos resignar a nossa sorte. Em tal resignação há sempre um senso de ressentimento e descontentamento interior. Qual é o valor da resignação exterior quando há ressentimento interior? Chamar a isso de contentamento seria uma elementar má utilização de palavras. O contentamento implica ver as coisas como elas são. Ver as coisas diferentemente do que são é uma completa negação do contentamento. É claro que apenas quando as coisas são vistas como elas são que podemos agir retamente com relação às mesmas. Assim, apenas o contentamento pode ser o ponto de partida correto para a ação. Sem ver as coisas como elas são, ser indulgente com a ação é demonstrar tendências reativas.

Patañjali fala então de *tapa* ou simplicidade. A vida simples é verdadeiramente austera. Austeridade não é mortificação, nem é levar uma vida anormal de negação. Entretanto, a simplicidade não se preocupa com a rejeição das coisas e dos objetos, de modo a levarmos uma vida de severas privações. Ela nasce de uma mente que é simples, mais exatamente, de uma mente que é inocente. Um mente inocente nunca se envolve em qualquer relacionamento de uso. Apenas uma mente trapaceira e engenhosa olha para todas as coisas do ângulo do uso. Uma mente inocente ou simples não se ocupa em acumular. Um homem espiritual aborda a vida de modo simples, pois não cai nos enredamentos do apego e da repulsão. Aquele que aspira trilhar a senda do *Yoga* deve recuperar o "estado de criança" – o estado de inocência e simplicidade. Apenas o homem inocente pode agir retamente, pois só ele é capaz de responder total e adequadamente aos desafios da vida. Suas respostas não têm qualquer elemento de reserva. O homem espiritual abandona-se, e é por este motivo que pode ir ao encontro dos desafios da vida com a totalidade de seu ser.

Patañjali fala a seguir de *svādhyāya* ou autoestudo. *Svādhyāya* no sentido elementar significaria estudo das escrituras, de modo a se familiarizar com o conhecimento espiritual. Mas este é apenas um significado muito superficial. *Svādhyāya* indica autoestudo, ou seja, o estudo de si mesmo. Assim como o *Bhagavad-Gītā* menciona *kṣetra* e *kṣetrajña*, o Campo e o Conhecedor do Campo, analogamente, *svādhyāya* exprime o estudo que pode ser feito das escrituras e também de nós mesmos. É tanto *aparā vidyā* quanto *parā vidyā*, ou seja, conhecimento e sabedoria. Aquilo que pode ser coletado fora é conhecimento, mesmo que advenha das escrituras. Mas a sabedoria surge do estudo de nós mesmos; é o conhecimento do conhecedor. O aspirante espiritual pode iniciar com o estudo da literatura profunda da vida, mas não é suficiente. A contínua disciplina do *Yoga* exige que direcionemos o estudo para dentro, de modo que não haja somente conhecimento do conhecido mas também do conhecedor. *Svādhyāya* neste sentido significa a observação de nós mesmos, pois apenas assim o estudo do conhecedor ou aquele que percebe pode ser feito. Como podemos nos conhecer exceto no espelho de nossas ações e pensamentos ou no espelho do relacionamento? Como diz o *Muṇḍakopaniṣad*, mesmo o estudo das escrituras, os Vedas, é *aparā vidyā* ou conhecimento inferior. Certamente é o conhecimento de si mesmo que é *parā vidyā*, conhecimento superior ou sabedoria. O autoconhecimento é o próprio âmago da sabedoria e é a isso que Patañjali se refere quando fala de *svādhyāya*. Iniciando com o conhecimento espiritual, precisamos nos voltar para o conhecimento do eu, observando este eu no espelho do relacionamento. A última das observâncias mencionada neste *sūtra* é *īśvara-praṇidhāna* que, muitas vezes, é traduzida como submissão a Deus ou um ato de autoentrega. Precisamos, contudo, nos lembrar de que Patañjali não menciona em parte alguma um Deus pessoal ou antropomórfico. Na verdade, na primeira seção dos *Yoga-sūtras*, Patañjali refere-se a Deus como um Princípio Eterno Atemporal. Portanto, *īśvara-praṇidhāna* mais exatamente significaria uma reta orientação para o Real ou Atemporal. O que é de fundamental importância na vida espiritual é a reta orientação. É o voltar-se de nossa consciência para a reta direção. Qual é esta reta direção? Como podemos saber que estamos corretamente voltados? É com isso que estão ligadas as cinco observâncias. A reta orientação é possível quando há auto-observação, de modo que saibamos o que estamos fazendo e porque estamos agindo de uma maneira particular. Mas a auto-observação é possível apenas quando a consciência torna-se simples e inocente. Mais uma vez, o estado simples e inocente de consciência surge quando há contentamento, ou a visão das coisas como elas são. E este contentamento exige total pureza, de modo que nada de fora possa aderir a ele. Assim, *śauca* ou pureza, *santoṣa* ou contentamento, *tapa* ou simplicidade, *svādhyāya* ou autoestudo e *īśvara-praṇidhāna* ou reta orientação estão inter-relacionados. A quíntupla observância, ou *niyama*, não sugere a observância de cinco coisas diferentes. O objetivo de *niyama* é levar o aspirante espiritual à reta orientação, de modo que possa avançar no caminho do *Yoga*.

Pode não ser fora de propósito mencionar aqui que *yama* também é um processo inter-relacionado. Seu objetivo é levar o aspirante ao despertar de um senso de não possessividade. Mas isso é possível apenas quando há não indulgência, que surge do não roubar, que nasce no campo da não falsidade, e a não falsidade pode existir somente no terreno da não violência. Portanto, enquanto *yama* objetiva levar-nos a despertar de um senso de *aparigraha* ou não possessividade, *niyama* tem como objetivo a criação de um senso de reta orientação ou *īśvara-praṇidhāna*. Enquanto *yama* põe fim ao desperdício de energias em atividades que exigem a defesa e guarda de nossas assim chamadas posses, *niyama* ajuda o indivíduo a conservar suas energias, indicando-lhe a reta direção da jornada da vida. Estes são os aspectos negativo e positivo da disciplina do *Yoga*. Precisamos nos despojar de todas as posses para nos aproximarmos da porta da Realidade, pobres e sem vintém, não no sentido material, mas no sentido espiritual daquelas palavras. Enquanto em *yama* largamos o fardo de nossas posses, em *niyama* nossos olhos se voltam para a reta direção, que é o verdadeiro significado de *īśvara-praṇidhāna.*

Patañjali descreve a disciplina do *Yoga* como *mahāvratam*, o Grande Voto. Há uma diferença entre uma promessa e um voto. Uma promessa é feita a alguém, mas um voto é feito a nós mesmos, pois é um ato de autodedicação. Patañjali diz que nenhuma escusa, seja biológica, física ou social, poderia ser considerada válida com referência a não observância do voto. Estas desculpas são obviamente externas e, portanto, objetivas. Mas o que dizer das obstruções subjetivas ou psicológicas na observância do Grande Voto? Estas obstruções encontram-se na natureza das distrações. Encontramo-nos constantemente distraídos durante a observação do Grande Voto; estas distrações oferecem escusas para abandonarmos a disciplina do *Yoga*. Tais distrações são essencialmente de uma natureza psicológica, e, portanto, não fazem parte de *jāti, deśa-kāla* ou *samaya*; não emanam de fatores biológicos, físicos ou sociais. Patañjali apercebe-se desta dificuldade e, portanto, diz no próximo *sūtra*:

vitarkabādhane pratipakṣabhāvanam

33. Quando a mente está distraída por pensamentos não desejados, precisamos investigar a natureza do oposto.

Patañjali não diz que a mente distraída deveria ser trazida à força de volta ao ponto onde foi distraída. Ele considera que devemos investigar a natureza do oposto. Aqui sugere que precisamos explorar a natureza da distração. O termo utilizado é *pratipakṣa-bhāvanaṃ*. Um dos significados da palavra sânscrita *bhāvanaṃ* é observação ou investigação. Patañjali afirma que precisamos investigar a natureza de *pratipakṣa*, ou o oposto, o que significaria a observação do movimento da mente à medida que se inclina para o oposto do que desejamos pensar. Forçar a mente a voltar ao ponto de onde foi distraída é incorrermos em um processo frustrante, pois a mente voltará reiteradamente para o tema de seu próprio interesse. E a distração representa a área de interesse da mente. Patañjali diz que, afastada a mente, deve-se explorar a natureza do interesse para o qual a mente parece atraída. Em outras palavras, ele nos pede para atender a desatenção. Discutindo esta técnica de controle da mente, ele ensina no próximo *sūtra*:

vitarkā hiṃsādayaḥ kṛtakāritānumoditā lobha-
krodha-moha-pūrvakā mṛdu-madhyādhimātrā
duḥkhajñānānanta-phalā iti
pratipakṣa-bhāvanam

34. Quando surgirem tendências indesejáveis, tais como a violência, seja por indulgência, provocação ou conivência, devido às motivações do ganho, do ressentimento ou da ilusão, expressando-se em formas suaves, médias ou excessivas, causando pesar e percepção distorcida, investigue o conteúdo e as implicações do oposto.

Quando somos assaltados por pensamentos de violência, é necessário explorar o conteúdo e as implicações de nossos próprios conceitos de não violência. Quando surgem pensamentos de ódio, é essencial inquirirmos sobre a natureza de nosso amor. Lembramo-nos aqui das palavras do grande místico Mencio:

> "Se você ama os homens e eles não são amigos, olhe para o seu amor;
> Se você governa os homens e eles são desgovernados, olhe para sua sabedoria;
> Se você é cortês com eles e eles não correspondem, olhe para a sua cortesia."

Quando refletimos sobre a não violência, se somos assaltados por pensamentos de violência, então, talvez haja algo errado com nosso próprio pensamento sobre não violência. No último *sūtra* Patañjali pede-nos para investigar a natureza da distração; aqui a investigação refere-se à própria natureza daquilo que parece nos distrair. Com estes dois *sūtras* ele sugeriu que precisamos explorar o conteúdo e a implicação de ambos os opostos. Algumas vezes podemos ser amigos de alguém e, contudo, não receber reciprocidade da amizade do outro. Devemos, naturalmente, investigar por que isso ocorre. Nossa tendência normal é desacreditar a outra pessoa por não corresponder a nosso comportamento fraterno. Mas pode ser que nosso próprio comportamento fraterno tenha motivos que sejam negações da própria fraternidade. Se a outra pessoa sente que nosso comportamento amistoso não tem um senso de fraternidade, ela está totalmente justificada em não corresponder. Portanto, antes de condenar a outra pessoa, é essencial que investiguemos a natureza de nossa própria fraternidade. Este é o *pratipakṣa-bhāvanaṃ* a respeito do qual Patañjali fala nos dois *sūtras* acima. Neste *sūtra*, ele enumera as diferentes condições sob as quais pensamentos indesejáveis podem surgir. Eles podem surgir devido à indulgência, provocação, conivência ou instigação. A palavra utilizada para instigação é *anumodita*. Algumas vezes, podemos não condescender com pensamentos indesejados, mas podemos sentir um prazer vicário com isso, ao consentirmos com tais pensamentos admitidos por outrem. Isso é indulgência por procuração!

Através desta técnica de *pratipakṣa*, Patañjali sugere que devemos inquirir tanto sobre as aceitações quanto sobre as rejeições da mente. Uma aceitação ou uma rejeição podem parecer externamente muito simples e inócuas, mas pode haver muitos motivos ocultos por trás destes processos. Quando estamos preocupados com os problemas da vida espiritual, os motivos da mente são mais importantes do que meros hábitos de comportamento. Se os motivos são impuros, o hábito do comportamento, por mais enobrecedores que sejam seus padrões, obviamente não é puro. Na verdade, todos os motivos são impuros, pois por trás de um motivo a mente tenta cumprir um objetivo. E o objetivo da mente sempre é para sua própria continuidade. Não é preciso dizer que a continuidade da mente é de fato a continuidade de *asmitā* ou do eu[9] . Os motivos da mente estão ocultos por trás de suas aceitações e rejeições, e, portanto, Patañjali coloca diante do aspirante uma técnica de *pratipakṣa*, significando uma exploração na natureza e no conteúdo das afirmações e negações da mente. O estudante dos *Yoga-Sūtras* será capaz de compreender a plena implicação disso quando chegar à *dhāraṇa, dhyāna* e *samādhi* na terceira seção deste livro. Em relação a isso, é digno de nota que *yama* e *niyama* constituem negações e afirmações, mas, sem explorar os motivos por trás dos mesmos, um mero código de comportamento com base em *yama* e *niyama* não tem a qualidade da percepção espiritual. É verdade que se começa com um código de comportamento, mas à medida que examinamos nossos motivos, tanto os ocultos quanto os aparentes, somos capazes de dar a *yama* e *niyama* uma perspectiva realmente espiritual. É o que vamos considerar no próximo capítulo.

---

[9] No original em inglês: *i-ness.* (N.E.)

CAPÍTULO XII

O INDIVÍDUO AUTOSSUFICIENTE

Para compreendermos todas as implicações da disciplina do *Yoga*, é necessário que se faça uma clara distinção entre moralidade e espiritualidade. Não é preciso dizer que a moral e o espiritual não são idênticos, o que não significa que sejam contraditórios. O espiritual não é uma extensão da moral. Assim como uma extensão do conhecimento não resulta em sabedoria, analogamente uma extensão da moral não nos leva para mais perto do espiritual. Há uma diferença qualitativa entre os dois. Enquanto a moralidade preocupa-se com modos de comportamento, a espiritualidade ocupa-se com os motivos subjacentes aos padrões de conduta. Devemos lembrar também que a moralidade opera nos reinos da continuidade e da continuidade modificada, mas o espiritual denota uma descontinuidade. Em função da evolução biológica, podemos dizer que na moralidade são observados fatores de hereditariedade e variação, enquanto na espiritualidade encontramos o misterioso fator da mutação. A moralidade sempre busca um ajustamento correto com o ambiente, ou, se o ambiente muda, busca um ajustamento modificado. Mas, na espiritualidade, não nos preocupamos com ajustamento, pois a conformidade não é seu fator motivador. O homem espiritual não é conformista nem não conformista. É óbvio que tanto o conformismo quanto o não conformismo agem a partir de um centro e, portanto, tal atividade é invariavelmente estática. O homem espiritual não age a partir de um centro, e vive literalmente de momento a momento, e sendo cada momento completo não precisa de um segundo momento para seu preenchimento. Agir de um centro é traduzir as exigências do centro em nosso próprio viver diário. Este é o âmago do comportamento moral. Aqui, o esforço é para traduzir o ideal em real. Mas o viver espiritual é sem esforço; nele não há um intervalo entre o ideal e o real, à medida que a ação surge sem a intervenção do pensamento. O homem espiritual possui uma moralidade de natureza elevada e profunda. É natural e espontânea. Não é uma moralidade onde o pensamento busca ser traduzido em ação. Ao invés disso, é uma moralidade que se encontra na natureza de uma expressão da experiência profundamente sentida.

A maioria das pessoas considera *yama* e *niyama* como imperativos morais. Entretanto, Patañjali explora todo o tema em função de princípios. Embora este seja o modo pelo qual normalmente começamos a examinar tais assuntos, como os contidos nos *Yoga-Sūtras*, precisamos compreender que Patañjali trata com *yama* e *niyama* não tanto do ponto de vista moral quanto do espiritual. Está evidente nos *sūtras* que se seguem. Sob o aspecto da moralidade *yama* e *niyama* são meramente certos modos de comportamento, mas, no que se refere à espiritualidade, são expressões de comportamento onde todos os motivos foram eliminados. É apenas neste último sentido que os *sūtras* que se seguem tornam-se compreensíveis.

ahiṃsā pratiṣṭhāyāṃ tat-saṃnidhau
vairatyāgaḥ

35. Quando nos estabelecemos em *ahiṃsā* ou não violência, não pode existir hostilidade ou ressentimento em suas cercanias.

Neste *sūtra*, Patañjali diz que a consciência não pode ser posta em compartimentos, de modo que em um compartimento resida o amor e, em outro, o ódio ou a hostilidade. A não violência e a violência não podem permanecer em dois compartimentos diferentes da mente. É como querer manter um veneno e um néctar na mesma taça. É claro que mesmo uma gota de veneno tornaria toda a taça de néctar envenenada. A hostilidade não pode permanecer nas cercanias de *ahiṃsā*. Isso tem uma dupla implicação. Primeiro, o amor e o ódio não podem permanecer lado a lado em nossa própria consciência; e segundo, aqueles que se aproximam das cercanias de alguém que está estabelecido em *ahiṃsā*, descartam todo sentimento de hostilidade e ressentimento. Os dois não podem permanecer juntos externa ou internamente. Se o animal feroz abandona sua ferocidade na presença de alguém estabelecido em *ahiṃsā*, é porque tal indivíduo não tem vestígio algum de hostilidade em sua própria consciência. Se *ahiṃsā* é uma virtude moralmente cultivada, terá um motivo subjacente a ela, pois tudo que é conscientemente cultivado tem um motivo por trás de si. É este motivo que torna a virtude um meio de alcançar algum fim. Se *ahiṃsā* é um meio para a continuidade de nós mesmos, então, certamente, é outra forma de mecanismo de defesa. Adornar a continuidade do eu com epítetos altissonantes e enobrecedores não altera o fato de que há um desejo de satisfazer e perpetuar aquilo que chamamos nosso eu mais elevado. Esta é sem dúvida uma forma sutil de mecanismo de defesa, mas, simplesmente porque é sutil, não é menos imbuída do senso de eu. É óbvio que *ahiṃsā*, como uma virtude cultivada, tem o sentido do "eu" situado em seu coração. Como pode o senso do eu e *ahiṃsā* permanecerem juntos. Se precisamos proteger o "eu", mesmo que ele possa ser o "eu" dignificado, nesta proteção encontra-se a semente de toda violência. Na presença de tal pessoa, a hostilidade e o ressentimento não cessarão. Quando *ahiṃsā* é a expressão natural e espontânea, nascida da eliminação de todo senso de eu, em sua presença não pode jamais existir hostilidade, ressentimento ou ódio. É evidente que Patañjali deu a *ahiṃsā* uma dimensão espiritual e elevou-a do plano moral usual onde a virtude é cultivada como um meio para o cumprimento de um fim, este como a defesa do "eu" vestido em magníficas roupagens.

Se tivéssemos em mente a distinção entre o relacionamento pensamento-ação e o relacionamento experiência-expressão, não haveria confusão em captar a distinção entre uma abordagem moral e uma espiritual. No que se refere à abordagem moral, *yama* e *niyama* são meios de realização espiritual, mas quanto a abordagem espiritual, *yama* e *niyama* são os modos de expressão de uma experiência estática. Isso se torna claro à medida que examinamos os *sūtras* que se seguem. No próximo *sūtra* afirma-se:

satyapratiṣṭhāyāṃ kriyā-phalāśrayatvaṃ

36. Para aquele que está estabelecido em *satya* ou não falsidade, a própria ação é sua recompensa.

Implica que para aquele que está estabelecido em *satya* ou não falsidade, cada ação é completa, não deixando resíduo para trás. Comumente buscamos a realização de nossas ações nos frutos que podem gerar. Assim, nossas ações são incompletas em si mesmas; buscam completar-se através da realização de seus frutos. Naturalmente, se a recompensa não vem, ficamos infelizes. Dessa forma, temos que olhar o tempo todo para o futuro para obter satisfação psicológica de nossas ações realizadas no presente. Contudo, mesmo a ação do presente surge de um anseio do passado não realizado que busca sua realização. Consequentemente, não há ação pura realizada no presente. À ação realizada no presente cronológico aderem os vestígios psicológicos do passado e as antecipações psicológicas do futuro. É o que torna cada ação incompleta; ela é fragmentada pelos impulsos do passado e do futuro. Mas, para o homem que está estabelecido em *satya*, cada ação é completa e é sua própria realização. Não há outra recompensa exceto a ação em si. O futuro é destituído de todas suas antecipações psicológicas, uma vez que a ação tem sua própria recompensa.

Esta ideia de ação completa foi belamente expressa por Emerson nas seguintes linhas:

"Ensinem-me teus humores, Oh, pacientes estrelas,
Que ascendem toda noite no céu antigo,
Não deixando espaço, sombra, marca, vestígio de idade, sem medo de morrer."

Como esta ação completa emana do estado de *satya*? Qual é a condição da não falsidade? Certamente, é aquele estado em que percebemos o que é e não o que projetamos. São as projeções que criam o falso, e as projeções surgem do passado incompleto. Por que não somos capazes de ver o que é? Porque o passado que busca preenchimento cria uma tela de modo que não conseguimos ver nada diretamente. É claro que qualquer ação que emerge desta falsa percepção não tem relação com o real. Na verdade, sob a falsa percepção nossa ação não tem relação com o que existe. Tal ação manifestamente não pode encontrar de modo adequado o desafio da vida. Todos sabemos que uma resposta inadequada a um desafio deixa resíduo. Os desafios não respondidos de ontem impedem-nos de relacionarmo-nos como convém com o desafio de hoje. É assim que prosseguimos amontoando experiências incompletas, que se tornam a causa das distrações no presente. Aquele que está estabelecido em *satya* não tem distrações e, portanto, age completamente de momento a momento. Ele não busca qualquer recompensa da ação, pois, para ele, a ação é sua própria recompensa. Usar a ação como um meio de obter uma recompensa é introduzir corrupção na própria execução da ação. Seu padrão pode ser o mais nobre, mas enquanto a ação for considerada como um meio de alcançar algo, estaremos imersos em falsidade. Quando a ação é sua própria recompensa, estamos livres da escravidão do tempo.

A respeito de *asteya* ou não roubar, Patañjali diz:

asteya-pratiṣṭhāyāṃ sarva-ratnopasthānam

37. Quando estamos estabelecidos em *asteya* ou não roubar, sentimos como se estivéssemos de posse de toda a riqueza do mundo.

Por que alguém rouba, seja de uma maneira grosseira ou polida? Apenas quando alguém se sente incompleto em seu interior é que rouba. Este sentimento de ser incompleto pode ser puramente físico ou pode ser psicológico. E o roubo, também, tem aspectos físicos e psicológicos. O roubo impelido puramente por necessidades físicas ou materiais não está dentro do campo de ação da disciplina do *Yoga*. É um problema de organização socioeconômica. Com a organização apropriada da sociedade e com um planejamento econômico saudável, este problema, no sentido estritamente material, pode ser eliminado. No *Yoga* ocupamo-nos com o roubo que é impelido por motivações psicológicas. O sentimento de estar psicologicamente incompleto encontra-se na origem do mesmo. Quando passamos da satisfação das necessidades para a realização de desejos, entramos na esfera do roubo. O problema desses desejos está intimamente ligado à imitação, pois aqui, queremos viver como os outros vivem. É óbvio que a imitação surge de uma vivência incompleta. Vimos quando discutimos *satya* que aquele que está radicado no mesmo, move-se na vida executando a ação completa de momento a momento. Mas por que o homem é incapaz de fazer isso? Porque não está estabelecido em *asteya.* Na ausência do não roubar não pode haver estabelecimento em *satya* e sem *satya* não pode haver *ahiṃsā*. Uma pessoa que age visando colher uma recompensa é escravo da violência, pois exigirá o fruto que outro ganhou. Assim, a não violência depende da não falsidade, que, por sua vez, depende do não roubar. Dissemos que a imitação é um ato de roubo, pois na imitação desejamos ter o que a outra pessoa tem – bens materiais ou beleza, posição, ou as ditas conquistas espirituais. Esta característica surge de um sentimento de que somos incompletos interiormente. E este sentimento de ser incompleto obviamente surge de um processo de comparação. Esta provoca um sentimento de ser incompleto, e disso surge a tendência para roubar, ou seja, de possuir o que a outra pessoa tem. Quando uma pessoa está estabelecida em *asteya*, ela sente que está de posse de toda a riqueza do mundo. Ela experimenta um preenchimento psicológico interior. Aqui pode ser interessante observar o que o verso 55 do segundo discurso do *Bhagavad-Gītā* diz:

> "Quando um homem abandona, Ó Partha, todos os desejos da mente, e está satisfeito no Eu pelo Eu, então ele é considerado estável na inteligência"

A expressão utilizada é *ātmanyevātmanā-tuṣṭa*, que significa satisfeito no Eu pelo Eu. Todavia, esta não é uma condição de sentir-se autossatisfeito. Um indivíduo autossatisfeito agarra-se as suas posses, sejam físicas ou psicológicas. E as pessoas agarram-se a suas posses quando sentem que podem perdê-las. Posto que estamos preocupados com as posses psicológicas, pode-se perguntar: quais são as posses psicológicas que sentimos correr o risco de perder? Certamente, aquilo que é adquirido pode ser perdido, enquanto que aquilo que é inerente jamais poderá ser perdido. Não é preciso agarrarmo-nos a elas como se fossem ser tiradas de nós. Buscamos adquirir porque nos sentimos psicologicamente incompletos em nosso interior. E esta aquisição psicológica continua através da imitação baseada no processo de comparação. Patañjali diz que aquele que está estabelecido em *asteya* sente que está de posse de toda a riqueza do mundo. Isso é posse sem aquisição – uma contradição de termos. Mas este é realmente o segredo da alegria que advém do despertar de *asteya*. É contentamento sem posse. Apenas o homem de *asteya* conhece este contentamento sem posse.

Enquanto não estivermos estabelecidos em *asteya*, estaremos ocupados em construir nossa natureza adquirida. E, uma vez que a natureza adquirida precisa de proteção e defesa, estamos incessantemente ocupados em salvaguardar nossos mecanismos de defesa. Todos sabemos que nossas energias são constantemente desperdiçadas neste processo. Assim, *ahiṃsā, satya* e *asteya* estão integralmente relacionados uns com os outros, pois a não violência exige estarmos radicados em não falsidade, e a não falsidade é possível apenas quando estivermos estabelecidos no não roubar. Precisamos lembrar que a natureza adquirida e sua proteção estão na natureza da manutenção da falsidade, e perseguir a falsidade é negar a própria base do não roubar. Mas como podemos ocasionar a dissolução da natureza adquirida e, assim, eliminar o desperdício de energia? É o que Patañjali considera no próximo *sūtra*:

brahmachārya-pratiṣṭhāyāṃ vīrya-lābhaḥ

38. Quando estamos estabelecidos em *brahmachārya* ou não indulgência, somos dotados de inexaurível energia.

Brahmachārya é comumente traduzido por celibato, porém este não é seu real significado. Exprime realmente a cessação do desperdício de nossas energias. Nossa energia é desperdiçada através da resistência e da indulgência. Precisamos lembrar que a resistência e a indulgência não são dois processos diferentes, mas dois lados de uma mesma moeda. É a presença do que desfruta que traz à existência este processo dual de resistência e indulgência. Preso à rede dos desejos, o homem invariavelmente quer uma experiência de contínua indulgência. Implica que seja o que for que o homem faça ou busque, é motivado pelo princípio do prazer. Quando ele demonstra resistência, é para evitar a dor, e esta é outra expressão do princípio do prazer. A vida do homem é todo o tempo tecida em torno deste fator do prazer. Não importa qual o campo do prazer – seja material ou o assim chamado espiritual. Cessar esta busca do prazer, na verdade, é o que indica *brahmachārya.* Parar a busca de prazer não é tornar-se um desmancha-prazeres, andar por aí aparentando desânimo. Há uma enorme diferença entre prazer e alegria. A alegria surge apenas quando termina a busca de prazer. É nesta busca de prazer que nos enredamos no conflito interminável com a dor. Prazer e dor não podem ser separados e, portanto, a indulgência implica resistência. Resistir à chegada da dor e condescender com a experiência do prazer, esta parece ser a ocupação normal do homem. Quando cessa a indulgência, automaticamente a resistência chega ao fim. Quando não há busca de prazer, a dor não se constitui absolutamente num problema.

O que significa cessação da busca do prazer? Significa levar uma vida desinteressante, enfadonha? Significa fugir das experiências do amor e da beleza? Significa dar um fim a todos os deleites e alegrias da vida? Certamente não significa isso. Se compreendêssemos a distinção entre prazer e alegria, isso ficaria claro. É a presença do apreciador que transforma a alegria em prazer e, portanto, traz consigo a dor e o pesar. Analogamente, quando o apreciador é removido da experiência do prazer, experimenta-se o êxtase da pura alegria que, na verdade, não tem oposto. É o apreciador que busca dar continuidade à experiência agradável. Quando não se busca dar continuidade a uma experiência, ela termina, deixando-nos livres para viver outra experiência nova. Naturalmente, a experiência no sentido de um incidente não pode ser continuada e, assim, a continuidade que se busca é a memória daquele incidente. Mesmo que um incidente tenha passado cronológica ou efetivamente, buscamos retê-lo em nossa memória. Quando isso ocorre, desejamos reter aquela experiência, e quando ela volta a acontecer, agarramo-nos a ela, tentando impedir até mesmo seu fim cronológico ou físico. Mas, cronologicamente, ela precisa terminar; nada permanece o mesmo no decorrer do tempo, e, assim, quando isso ocorre ficamos muito infelizes. Estamos o tempo todo preocupados em controlar o movimento do tempo cronológico em função do tempo psicológico. No entanto, este é um processo frustrante, e nossa energia é constantemente desperdiçada nele.

Se, em relação a uma experiência, o fim psicológico estiver sincronizado com o cronológico, então não há luta e desperdício de energias. Esta sincronização do acontecimento com a experiência é, de fato, o âmago de *brahmachārya*. É dar continuidade, psicologicamente, a um acontecimento. Este é o ponto crucial do problema com relação à dor e ao prazer. Abster-se de dar continuidade psicológica a qualquer acontecimento é chegar à grande experiência de êxtase da alegria pura; não é o ato de dar experiência, mas continuidade a ela que indica uma negação de *brahmachārya*. Se uma experiência acaba com o fim do acontecimento, estamos realmente estabelecidos em *brahmachārya*. Assim, a indulgência consiste em dar continuidade psicológica a um acontecimento, seja ele físico, emocional ou mental. É através desta concessão de continuidade que construímos nossa natureza adquirida de respostas e resistências psicológicas. Este é, de fato, o verdadeiro processo do roubo, pois buscar dar continuidade psicológica a alguma coisa que tenha passado cronologicamente é o mesmo que manter uma propriedade roubada. Este é o motivo pelo qual *asteya* não pode surgir enquanto persistir a busca de prazer através da concessão de continuidade psicológica a um acontecimento. Quando este processo termina, somos dotados de inexaurível energia. E, na senda do *Yoga*, precisamos de tremenda energia. Quando as energias da mente são desperdiçadas, as energias do corpo também se esgotam. Na ordem antiga da sociedade hindu, *brahmacaryāśrama* era o primeiro estágio, seguido por *grihasthāśrama* – indicando que o primeiro era o estágio do estudante e, a seguir, vinha o estágio de dono de casa. Esta ordem sugeria que um indivíduo deveria, primeiro, enquanto estudante, construir sua saúde corporal e mental aprendendo o segredo da conservação de suas energias. Somente, então, poderia entrar na vida de dono de casa, onde, a despeito dos prazeres da vida, não seria torturado pelos conflitos do prazer ou da dor. Ora, uma mente saudável é aquela que vê os fatos como eles são. Assim, ele vê o fim de um acontecimento quando ele ocorre, sem transigir com a continuidade psicológica. É *brahmachārya* no verdadeiro sentido do termo. Apenas quando estamos estabelecidos em *brahmachārya* é que estamos verdadeiramente radicados em *asteya.* E o homem que assimilou o não roubar está realmente estabelecido na não falsidade. E somente o homem de *satya* ou não falsidade é capaz de demonstrar verdadeira *ahiṃsā* ou não violência. Mas permanece a questão sobre como se obtém esta sincronização do acontecimento com a experiência. É a isso que Patañjali refere-se quando sumaria o problema de *yama* no próximo *sūtra.*

aparigraha-sthairye janma-
kathaṃtā-saṃbodhaḥ

39. Quando estamos estabelecidos em *aparigraha* ou não possessividade, começamos a compreender o significado da existência.

Pode-se observar que *aparigraha* não é não possessão, mas não possessividade. Compreender a distinção entre ambas é absolutamente essencial. A não possessão é comparativamente fácil, pois implica desfazermo-nos de coisas que possamos ter. Enquanto a não possessão pode implicar abandono do lar, a não possessividade indica tornar a mente completamente sem lar. Enquanto a mente estiver apegada a uma conclusão e agir a partir deste centro, não se tornou sem lar. É este centro ou uma conclusão de onde a mente age que conferem continuidade psicológica aos eventos e acontecimentos da vida. Se a mente não age do centro, há completa sincronização do evento com a experiência. A mente que age de um centro é destituída de *brahmachārya,* pois é do centro que emanam todos os processos de indulgência. A mente que age do centro de conclusão é obviamente reativa, uma mente dada a *vṛttis* ou tendências reativas. O *sūtra* acima diz que quando estamos estabelecidos em *aparigraha* compreendemos o significado da existência. É necessário compreender que apenas quando a mente cessa de projetar suas próprias conclusões na vida, esta revela ao homem seu real significado e significância. A expressão usada por Patañjali aqui é *janmakathaṃtā -saṃbodhaḥ.* É conhecimento do "como" e do "para que" da existência humana. Quando o homem age sem um centro da mente, então, verdadeiramente, está habilitado a conhecer o como e o porquê da vida. O verdadeiro propósito da vida nos é revelado apenas quando nos abstemos de projetar nossos próprios conceitos de finalidade e propósito. A vida tem seu próprio propósito, e a mente que se abstém de projetar um objetivo compreende este propósito da vida e, portanto, está habilitada a acelerar o movimento da vida para a realização de sua própria finalidade fundamental. O homem pode acelerar o movimento da natureza, mas isso deve ocorrer na direção em que a vida tenciona mover-se. Se o homem trabalhar em um sentido oposto ao da vida, com certeza, frustrar-se-á. Ele pode acelerar o movimento da natureza, mas para isso deve compreender a direção na qual a natureza tenciona mover-se. Isso pode acontecer apenas quando a mente do homem cessa de projetar suas próprias conclusões sobre o movimento da vida. Movemo-nos em um mundo de significações projetadas e, porque tendemos a projetar padrões idealistas, pensamos que conhecemos a significância intrínseca dos homens e das coisas. Apenas quando todas as projeções, mesmo a mais idealista, cessarem, é que o significado intrínseco da vida pode ser compreendido. Isso é concedido apenas ao homem de *aparigraha*. Ao não projetar continuidade, nem mesmo a continuidade idealmente modificada, a mente é livre de todos os conflitos da indulgência e da resistência. Tão só a mente não possessiva sabe o que é a verdadeira ação, pois ela não tem centro de reação dentro de si. Esta verdadeira ação realmente é *ahiṃsā*. Enquanto houver uma reação, o homem estará longe de *ahiṃsā*. *Ahiṃsā* ou ação pura é possível apenas quando a mente é completamente livre de todos os centros de conclusão, de todas as influências corruptoras da memória psicológica.

Assim, *yama* não significa cinco coisas diferentes que devem ser praticadas uma após a outra. É um processo negativo onde a não violência, a não falsidade, o não roubar, a não indulgência e a não possessividade estão intimamente relacionados uns com os outros, formando um todo. Este é o Grande Voto de abstinência, onde a mente é destituída de todas suas conclusões de modo a reaver sua natureza pura original. Para fazer isso o homem deve avançar diretamente para *dhāraṇa-dhyāna-samādhi*, pois só então será capaz de afastar-se da mera interpretação moral de *yama* e passar para seu significado espiritual. *Yama* e *niyama* são como o segundo discurso do *Bhagavad-Gītā* onde Sri Krishna desvela diante dos olhos de Arjuna um quadro completo da vida espiritual. Nos *Yoga-sūtras*, também, Patañjali oferece um quadro completo do *Yoga* em função de *yama* e *niyama*. Para que o quadro possa se tornar vivo temos que nos mover na direção da compreensão dos outros instrumentos do *Yoga* propostos por Patañjali.

Mas, antes que possamos fazer isso, precisamos ver o quadro completo de *niyama* ou observância, que ele retrata nos *sūtras* subsequentes.

CAPÍTULO XIII

A RETA ORIENTAÇÃO

Na primeira parte de nossa discussão sobre *yama* e *niyama* afirmamos que dos oito instrumentos da disciplina do *Yoga* propostos por Patañjali, os primeiros quatro são considerados como externos. Pois bem, entre estes instrumentos externos, *yama* e *niyama* são provavelmente os mais externos, porque tratam do comportamento do homem espiritual. Contudo, o comportamento pode ser considerado sob dois pontos de vista: o padrão de conduta e o conteúdo que reside no interior. Em uma abordagem moral, ocupamo-nos fundamentalmente com os padrões de comportamento. Estes, sem dúvida, têm seu conteúdo, que é provido pelas ideações da mente. É um conteúdo conceitual ou idealista, pois um padrão moral é cultivado pelos esforços da mente. Mas, quando consideramos *yama* e *niyama* de um ponto de vista espiritual, o conteúdo é completamente diferente. Os padrões de comportamento não são impregnados pelo conteúdo da ideação conceitual, porém pelas alegrias e sensações da experiência espiritual. Se na disciplina do *Yoga* não avançamos para *dhāraṇa-dhyāna-samādhi*, os padrões de *yama* e *niyama* permanecem códigos de conduta baseados em ideações conceituais. Muitos estudantes de *Yoga* consideram *āsana* e *prāṇāyāma* como os pontos culminantes da disciplina do *Yoga*. Onde isso ocorre, não é possível ir além do plano moral. Todavia, aqueles que avançam para *samādhi* trazem um novo e interessante conteúdo para os padrões do comportamento. Na verdade, *yama* e *niyama* são os campos da comunicação. Esta linha de comunicação pode tornar-se viva apenas se houver a experiência do *samādhi* ou comunhão. A disciplina do *Yoga* em sua natureza real e fundamental constitui um ritmo entre a comunhão e a comunicação, ou seja, entre *dhāraṇa-dhyāna-samādhi* e *yama-niyama.* Quando considerados deste ponto de vista, *yama* e *niyama* cessam de ser os meros padrões estáticos de conduta em que se tornam quando atuamos apenas no plano moral. É o conteúdo espiritual que os torna dinâmicos. É neste sentido que os descrevemos como pontos de partida e de chegada – pontos de partida do plano moral e conceitual e pontos de chegada da experiência do *samādhi.* Para o estudante de *Yoga*, *yama* e *niyama* devem se tornar primeiramente pontos de partida, ou seja, partida de nossa vida habitual para uma vida de ideações morais. Isso é natural, pois, neste ponto, começa o esforço da mente para ocasionar modificações na vida. Seria suficiente se aspirássemos a levar uma vida moral ou o que é comumente conhecido como vida religiosa. Contudo o homem do *Yoga* não pensa meramente em função das modificações de seus padrões de vida, mas em atuar em um plano diferente, pois seu anelo interno é para uma mudança fundamental – uma mudança de qualidade e espécie, não simplesmente de quantidade e grau, o que significa que *yama* e *niyama* não são dois conjuntos diferentes de padrões de comportamento. São apenas negativo e positivo em natureza, de modo que o positivo reflete-se no negativo. Sabe-se que o positivo pode ser visto tão somente no campo do negativo. Portanto, o que vemos refletido no campo negativo de *ahiṃsā, satya, asteya, brahmachārya* e *aparigraha* são *śauca, santoṣa, tapa, svādhyāya* e *īśvara-praṇidhāna*. Isso tornar-se-á mais claro à medida que examinarmos os *sūtras* seguintes.

śaucāt svāṅga-jugupsā parair asaṃsargaḥ

40. Pureza indica indiferença para com as reivindicações do eu e um retiro, de tempos em tempos, para a reclusão ou solidão.

É óbvio que não podemos saber o que é pureza a menos que sejamos indiferentes às reivindicações da mente e do corpo, ou seja, do eu. As reivindicações do corpo e da mente ocorrem, evidentemente, em função de sua própria segurança e continuidade. Estão radicadas no passado e constituem-se no passado apegado ao presente. Qualquer coisa arraigada é impura, portanto, a pureza requer que sejamos livres de toda servidão às reivindicações do corpo e da mente. Para isso, sugere-se que devemos, de tempos em tempos, retirar-nos em solidão. Não é suficiente que sejamos indiferentes às reivindicações do corpo e da mente, que é o eu. Precisamos ser capazes de ouvir o chamado daquilo que transcende o corpo e a mente. Em outras palavras, precisamos ser capazes de ouvir a Voz do Silêncio. Isso é possível apenas quando estamos totalmente sós. Este retiro não precisa ser necessariamente no sentido físico, embora um retiro físico conduza a uma experiência profunda de solidão. Devemos, contudo, lembrar que se o retiro físico não ajuda na renovação da mente, então, tem pouco valor. Um retiro tem uma significação fundamentalmente psicológica, de modo que a mente é capaz de livrar-se do fardo do passado e é completamente reanimada. Tem sentido tão somente se o corpo é reanimado e a mente renovada. Isso é de fato pureza em seu sentido verdadeiro. Se não somos indiferentes às reivindicações do corpo e da mente, jamais saberemos o que é retiro, pois estas reivindicações impedir-nos-ão de experimentar a solidão. É necessário que o aspirante retire-se ao silêncio de tempos em tempos; porém, este silêncio não é simplesmente a cessação do ruído externo. Deve ser também uma cessação do ruído interno, ou seja, o ruído criado pela tagarelice da mente. Experimentar este silêncio é, na verdade, saber o que é retiro.

Neste *sūtra*, Patañjali utiliza a expressão *parair-asaṃsargaḥ*, que significa não ter contato com o outro. Esta condição de não contato com o outro é a condição da não distração. Precisamos conhecer o que é este estado de não distração, uma vez que é só neste estado que podemos saber o que é renovação. Unicamente quando não ouvimos as reivindicações da mente e do corpo é que podemos saber o que é libertação da distração. A verdadeira pureza jaz nesta condição não distraída. O que acontece nesta condição de retiro é indicado no seguinte *sūtra*:

sattvaśuddhi-saumanasyaikāgryendriyajayātma
darśana-yogyatvāni ca

41. Da purificação da mente surge disposição[10], unidireção, controle dos sentidos e clareza de percepção.

Como foi dito acima, Patañjali não se refere tanto ao retiro físico, mas ao retiro psicológico. Muitas vezes voltamos do retiro físico com a mente mais despreparada para enfrentar as situações da vida. Isso é assim porque embora o corpo possa ter descansado, a mente não foi renovada. O retiro psicológico não implica necessariamente a mudança para um lugar não habitado por seres humanos. Tais condições físicas de quietude podem ajudar, mas não são absolutamente necessárias. O que é importante é afastar-se da associação de nossos próprios pensamentos. *Asaṃsarga* deve ocorrer a partir de nossas próprias associações da memória. É isso que gera *anya* ou *apara*, causando distrações. A mente distraída obviamente está cansada, uma vez que não pode descansar mesmo que o lugar esteja fisicamente em silêncio. Todavia, aquele que pode ter momentos de quietude não distraída tem uma mente purificada, demonstrando disposição, unidirecionamento, controle dos sentidos e clareza de percepção. O homem muitas vezes sofre de dois tipos de distração, a psicológica e a sensorial. Na descrição acima, a disposição e a unidireção referem-se à liberdade das distrações psicológicas, enquanto o controle dos sentidos e a clareza de percepção indicam libertação das distrações sensoriais. Na distração sensorial, o cérebro é incapaz de chegar a uma clareza de percepção, e nas distrações psicológicas, a mente é nervosa e, portanto, irritável e mal-humorada. De um retiro psicológico, voltamos com uma mente disposta e um cérebro claro, por causa da unidireção, que é libertação das distrações psicológicas, e do controle dos sentidos, que é libertação das distrações sensoriais. Um homem distraído vê apenas a projeção de si mesmo. No entanto, *ahiṃsā* exige extrema consideração pelo outro. E, para isso, é preciso ver o outro, sem qualquer distração, sensorial ou psicológica. Sem pureza, a não violência

---

[10] No original em inglês: *cheerfulness*, podendo também ser traduzido por "contentamento". (N.E.)

torna-se apenas um padrão sem um conteúdo vivo em si. Quando estes dois estão relacionados, no campo negativo de *ahiṃsā* reflete-se a qualidade positiva de *śauca*. Patañjali avança para a próxima qualidade de *niyama* e diz:

saṃtoṣād anuttamaḥ sukha-lābhaḥ

42. Quando estamos estabelecidos em *santoṣa* ou autossuficiência surge uma alegria incomparável.

Santoṣa usualmente é traduzido como contentamento, mas seu real significado é autossuficiência. Ser psicologicamente autossuficiente é conhecer o segredo da felicidade. Patañjali descreve esta felicidade como *anuttama*, a incomparável ou insuperável. É felicidade que permanece incorrupta mesmo no processo do tempo. Enquanto o homem pensar que sua felicidade reside fora de si, em acontecimentos exteriores, está destinado a ser infeliz, pois não pode controlar os fatores externos. Ser autossuficiente psicologicamente é encontrar a felicidade interior. Tal homem demonstra uma qualidade de *satya*, porque não vai atrás do falso para assegurar sua própria felicidade. Lutar por um elemento de não falsidade em nosso comportamento, sem esta qualidade de *santoṣa* ou autossuficiência, é construir uma forma sem vida. Na verdade, *satya* é o campo negativo no qual o conteúdo positivo de *santoṣa* se expressa. Devemos nos lembrar de que *yama* deve prover este campo negativo, pois apenas então a planta positiva de *niyama* pode crescer. Portanto, sem autossuficiência a busca da não falsidade não tem sentido, e quando a primeira é conhecida, a última surge sem esforço. Permitir à planta positiva de *niyama* crescer no campo negativo de *yama* é descobrir uma dimensão espiritual da disciplina do *Yoga*. Referindo-se ao terceiro fator de *niyama*, qual seja, *tapa*, Patañjali diz:

kāyendriya-siddhir aśuddhi-kṣayāt tapasaḥ

43. Através da remoção das impurezas chegamos à austeridade ou *tapa*, onde o corpo e os sentidos adquirem grande sensibilidade.

Indicamos anteriormente que *tapa* não é mortificação do corpo, nem é tornar os sentidos não responsivos. Seria bom considerar *tapa* como simplicidade, aquela condição do corpo e da mente onde toda a ostentação e sofisticação é posta de lado. Em tal simplicidade surge uma grande sensibilidade no funcionamento do corpo e da mente. Somos capazes de responder à beleza da natureza e do homem. Em *tapa* toda a rudeza é eliminada, de modo que o vulgar e o grosseiro não evocam resposta dos órgãos dos sentidos. Este é o conteúdo vivo de *asteya* ou não roubar. Todo roubo é vulgar e grosseiro, seja ele físico ou psicológico. Mas o não roubar não é uma atitude da mente cultivada conscientemente. Tal esforço consciente geraria conflito e dor. Quando através de *tapa* o corpo e a mente foram destituídos de tudo que é rude, então *asteya* torna-se uma expressão natural da vida. Não é a disciplina do esforço que Patañjali indica, senão o que é natural e, portanto, sem esforço. Ao utilizar a palavra *kāyendriya*, ele se refere às atividades orgânicas e funcionais do corpo e da mente. Estas devem agir com uma qualidade de perfeição, e este é, na verdade, o propósito de *tapa* ou austeridade. Ser austero é ser livre de tudo o que é supérfluo da vida. Mais uma vez, isso não representa levar uma vida de privações. A beleza não reside na decoração rica ou na superornamentação. Aquilo que é simples – não por cultivo, mas naturalmente – é intrinsecamente belo. *Tapa* objetiva que nossa beleza natural possa ser irradiada tanto no corpo quanto na mente. Certamente é deixando o que é supérfluo que chegamos à experiência da verdadeira austeridade. A austeridade não é produto da imitação. Na verdade, em toda imitação está presente o vil fator do roubar. Quando somos conscientes de nossas necessidades e não estamos preocupados com desejos, então irradiamos a verdadeira qualidade de *asteya* ou não roubar. Isso vem através da auto-observação, quando as impurezas do corpo e da mente desaparecem. Patañjali chama isso de *aśuddhi-kṣaya*. Quando os supérfluos e os desejos de imitação desaparecem, o corpo e a mente tornam-se limpos e simples. Isso é *tapa*, de onde surge natural e espontaneamente a qualidade de *asteya*.

A seguir, Patañjali fala de *svādhyāya* ou autoestudo, que se segue naturalmente da observação do que é supérfluo em nós e de nossos desejos reproduzidos.

svādhyāyād iṣṭadevatā-saṃprayogaḥ

44. Através do autoestudo ou *svādhyāya*, descobrimos a tendência de nossas aspirações mais elevadas.

As palavras utilizadas são *iṣṭadevatā-saṃprayogaḥ*. *Iṣṭadevatā* obviamente exprime aquele algo mais nobre para o qual nos direcionamos. Realmente *tapa* e *svādhyāya* ocupam-se dos dois opostos da mente. Ao passo que um fala de superficialidade da vida, o outro indica nossas aspirações. Pode ser interessante notar que os supérfluos surgem dos impactos dos fatores externos ou objetivos. E o que se conhece comumente como aspirações é o produto das inclinações subjetivas. Enquanto um constitui as rejeições da mente, o outro representa as aceitações da mente. Na vida espiritual, a mente deve ser livre das resistências, bem como das indulgências. Muitas vezes a mente, após rejeitar o grosseiro e supérfluo, tende a condescender com aquilo que não foi rejeitado. *Tapa* prescreve ao estudante de *Yoga* que explore as áreas de rejeição. Quando isso é feito, permanece a área de aceitação. A investigação destas áreas é indicada por *svādhyāya*. Através do autoestudo habilitamo-nos a descobrir a natureza e o conteúdo daquilo que o estudante de *Yoga* considera como o mais elevado e mais nobre – *iṣṭa*. Isso é muito mais difícil, pois aqui nos ocupamos com as motivações sutis da mente. Na aspiração permanece, de uma maneira sutil, o senso de "eu". A afirmação de que Deus criou o homem à Sua imagem é verdadeira, mas o homem, por sua vez, criou Deus à sua imagem. *Iṣṭa*, ou o mais elevado e mais nobre, é, não obstante, criação da mente, e, portanto, à imagem da mente. Insistir nisso é uma forma sutil de indulgência. Podemos sentir que é perfeitamente legítimo satisfazer-se com esse *iṣṭa* que a mente criou a partir de seu próprio conteúdo. É como renunciar ao desagradável e anuir ao agradável. Isso não é uma completa negação de *brahmachārya*? Portanto, a menos que tenhamos explorado completamente as motivações sutis e ocultas por trás de *iṣṭa*, que a mente considera como o mais nobre e superior, não pode haver *brahmachārya* em nossos padrões de comportamento. *Svādhyāya* prescreve-nos a observação do movimento da mente com referência a *iṣṭa*. Objetiva descobrir como a mente estabeleceu seu *saṃprayoga* com referência a *iṣṭa*. Em outras palavras, através de que processo de pensamento a mente chegou ao reconhecimento do mais elevado e mais nobre? A mente tem a tendência de, ao ser desviada de um ponto, fixar-se no oposto, sentindo que ali ficará salva e segura. Em *tapa* e *svādhyāya*, Patañjali pede-nos para inquirir a natureza e o conteúdo dos dois opostos. A rejeição de um oposto não é suficiente; deve haver não indulgência no outro oposto também. *Tapa* pode nos habilitar a rejeitar um oposto, mas apenas o autoestudo torna possível ao estudante de *Yoga* abster-se de transigir com o outro oposto. Daí tornar-se o conteúdo vivo de *brahmachārya*. No conteúdo vivo positivo de *svādhyāya, brahmachārya* é completamente sem esforço. Onde *brahmachārya* é o resultado de esforço e tensão, expressa-se apenas na forma de celibato. Mas, quando há incessante *svādhyāya*, na qual existe a rejeição de um e a não indulgência do outro, então surge *brahmachārya*, não somente como conservação de energia, mas também como renovação de energia. No verdadeiro sentido do termo, deve conter o segredo da renovação de energia. Recebemos este segredo em *svādhyāya,* pois aqui o jogo dos opostos cessa. Enquanto permanecer o jogo dos opostos, *brahmachārya* é negado. Mas para este jogo cessar, as rejeições e aceitações da mente devem ser exploradas de modo que não apenas *aniṣṭa*, o desagradável, seja descartado, mas *iṣṭa*, ou o agradável também o seja. No *Bhagavad-Gītā*, no décimo segundo discurso, Sri Krishna diz a Arjuna que o devoto que renuncia tanto ao bom quanto ao mau, apenas ele Lhe é querido. O verso fala de *śubhā-śubha parityāgi*. Verdade e não indulgência surgem apenas quando renunciamos tanto ao bom quanto ao mau, pois ambos têm o toque da mente com seu *asmitā* ou eu.

No quinto e último aspecto de *niyama*, Patañjali menciona:

samādhi-siddhir īśvara-praṇidhānāt

45. A reta orientação ou *īśvara-praṇidhāna* permite-nos chegar ao estado de contemplação.

Contemplar é ver com a totalidade da atenção. *Īśvara-praṇidhāna* ou reta orientação permite ao aspirante espiritual olhar para todas as coisas com total atenção. Quando é possível tal atenção? Apenas quando não estamos distraídos. Mas por que somos distraídos? Porque há alguma coisa que prende nossa mente. E a mente é presa pelo envolvimento em seus próprios interesses, em outras palavras, por suas próprias áreas de interesse. Ao invés de dizer que algo prende a mente, seria mais correto dizer que a mente está prendendo alguma coisa. Quando isso ocorre, nossa consciência dirige-se a algo no qual a mente está interessada. *Īśvara-praṇidhāna* indica um estado onde os interesses ou os desejos da mente desapareceram. Estar retamente orientado não significa voltar-se para uma direção. Fazer isso criaria conflitos na mente, pois pode haver pontos atrativos em outras direções. *Īśvara* ou Realidade não é em alguma direção. É todo-abarcante. Portanto, reta orientação indica abrir-nos para a Realidade e, assim, viver nos espaços abertos. É condição de uma mente aberta, não aberta a alguma coisa ou em alguma direção, simplesmente aberta. É um estado de abertura. Faz-se necessário salientar que este estado de abertura é, na verdade, o conteúdo vivo de *aparigraha* ou não possessividade. Sem esta abertura de mente ou reta percepção, *aparigraha* torna-se apenas não possessão. Mas, com o conteúdo vivo da abertura, ele se expressa como não possessividade. A não possessividade pode existir em meio às coisas ou aos objetos ou pode existir sem os mesmos. O *sūtra* acima menciona que esta reta orientação permite-nos chegar a um estado de contemplação. A palavra utilizada neste *sūtra* é *samādhi*, que exprime realmente um estado de comunhão. Quando há abertura de mente, há uma percepção direta das coisas, implicando um estado de comunhão ou *samādhi*. Quando nada interfere – nem mesmo uma imagem – uma percepção direta é concedida, onde não há o que percebe, nem o percebido, mas pura percepção. Para chegar a este estado, a mente deve ter se despojado de tudo. Ser pobre e sem vintém no sentido psicológico é conhecer o que é não possessividade. Uma vez que a mente prende-se a suas conclusões e imagens, não há *aparigraha*. É tão somente quando a mente do homem é de todo vulnerável, totalmente indefesa, que somos capazes de demonstrar de forma natural e espontânea uma qualidade de *aparigraha* em nosso padrão de comportamento. Nisto, não há demonstração de não possessão, a vulgar ostentação da simplicidade. A não possessividade é completamente despreocupada quanto a seus pertences ou a falta dos mesmos. Assim *yama* e *niyama* relacionam-se em função de *aparigraha* e *īśvara-praṇidhāna*. No campo negativo de *aparigraha*, a qualidade positiva de *īśvara-praṇidhāna* brilha com todo seu esplendor.

Vimos, no decorrer de nossa discussão sobre *yama* e *niyama,* que elas não são duas coisas diferentes. Embora superficialmente indiquem abstinências e observâncias, a renúncia aos hábitos não saudáveis e a manutenção dos saudáveis, em um nível mais profundo, revela ao nosso olhar a majestade da vida do *Yoga*. Assim como o

Bhagavad-Gītā se refere às qualidades de *sthita-prajña* no segundo discurso, Patañjali se refere, através de *yama* e *niyama*, à qualidade de vida que o *Yoga* indubitavelmente representa. Iniciando como uma disciplina moral, finalmente nos oferece o meio mais eficaz de expressão para alcançarmos o estado do *Yoga*. Mas este movimento do moral para o espiritual é possível apenas quando avançamos da disciplina do *Yoga* alcançando *samādhi*. Para um homem de *samādhi* ou comunhão, os instrumentos de *yama* e *niyama* tornam-se os veículos mais poderosos de comunicação. O *Yoga* não é uma fuga do mundo; é uma verdadeira e eficaz participação no mundo, com instrumentos de comunicação infalíveis em sua natureza. Apenas o homem do verdadeiro *Yoga* pode estabelecer uma reta comunicação com o mundo, pois ele traz para esta comunicação a rica experiência da comunhão. Todavia a comunhão necessita de instrumentos apropriados de comunicação, os quais são indicados por *yama* e *niyama*. Sem comunhão, *yama* e *niyama* são meros padrões comportamentais; mas com comunhão tornam-se veículos de comunicação que irrigam, de outro modo, os áridos campos do comportamento com as águas frescas da experiência espiritual.

É preciso explorarmos agora outros instrumentos da disciplina do *Yoga*, quais sejam *āsana, prāṇāyāma, pratyāhāra, dhāraṇa, dhyāna* e *samādhi*, os quais Patañjali discute nos *sūtras* que se seguem, a fim de compreendermos a plena implicação com referência à comunhão e à comunicação.

CAPÍTULO XIV

O ESTÁVEL E TODAVIA RELAXADO

Para a maioria das pessoas, o *Yoga* está associado com *āsanas* ou as várias posturas físicas. Na verdade, para muitos o *Yoga* significa nada mais que isso. Mesmo a ciência médica moderna, que começou a reconhecer o valor do *Yoga* no tratamento das doenças psicossomáticas, não vai além das posturas físicas. O *Haṭha Yoga*, um dos principais campos da ciência do *Yoga*, dá grande ênfase às posturas físicas e considera a obtenção da proficiência nas *āsanas* como um critério importante para o aperfeiçoamento da disciplina do *Yoga*. É verdade que as posturas físicas têm seu lugar. Mas isso se dá no campo da cultura física. É também verdade que o corpo e a mente reagem um ao outro, e para a perfeita saúde tanto o corpo quanto a mente devem funcionar com grande eficiência. Porém, *Yoga* não é apenas cultura física. Através das *āsanas* do *Yoga*, é possível curar certas enfermidades físicas, mas pensar em *Yoga* como nada mais do que cultura física é não compreender as suas bases fundamentais. Embora o corpo físico produza reações na mente, devemos compreender que, em última análise, a mente é o fator determinante em nossa vida. Buscar controlar a mente com processos físicos é reverter o curso da natureza.

Em certos campos do *Yoga* na Índia, especialmente no *Haṭha Yoga*, as *āsanas* foram descritas minuciosamente. Estas têm, de fato, uma grande contribuição a dar para a ciência da cultura física. Podemos gastar praticamente toda nossa vida para dominar essas posturas, pois são tantas e tão complexas. Há estudantes na Índia que dominaram estas *āsanas* de uma maneira notável. Nessas *āsanas,* o corpo físico torna-se muito flexível, de modo que pode ser moldado como quisermos. Decerto, é uma façanha. Os diferentes sistemas do *Yoga* especializaram-se em certos aspectos do *Yoga*, como o *Laya Yoga,* o *Mantra Yoga, o Haṭha Yoga* etc. Contudo, foi a contribuição de Patañjali que sintetizou todos os diferentes sistemas e criou um todo orgânico no campo do *Yoga*. Essa síntese dos diferentes sistemas é conhecida como *Rāja Yoga*. De uma especialização em qualquer dos aspectos do *Yoga*, Patañjali avançou para uma integração das disciplinas do *Yoga*; deu a cada uma, seu próprio lugar e colocou-as todas sob a influência abrangente de *citta* ou a mente. Para Patañjali, *Yoga* é fundamentalmente um movimento da mente para a supermente. Tornando a mente humana seu tema central, ele explora as possibilidades de transcender a própria mente. No *Rāja Yoga*, ele expôs de maneira clara e precisa a ciência da mente. Explorou as possibilidades da mente e indicou também suas limitações.

Nesta ciência da mente, Patañjali deu às posturas do corpo seu devido lugar, não exagerando sua importância nem subestimando seu valor. O *Yoga* exige um corpo saudável, que funcione tão suavemente a fim de que a mente gaste o mínimo de suas energias para as necessidades do corpo. Um corpo saudável ocasiona uma liberação das energias da mente, que, de outro modo, ficariam enredadas nas reivindicações do corpo. Quando o corpo não é saudável, as energias da mente são constantemente exauridas, causando esgotamento nervoso e fadiga mental. Uma das sérias enfermidades da civilização moderna é a fadiga mental, resultando em tédio. É esse tédio que tem levado a geração moderna a buscar cada vez mais o sensacional, seja no campo do entretenimento, seja no campo da vida social. Contudo, compreendendo que a busca do sensacional torna a mente mais exausta e o corpo à beira do colapso, homens e mulheres de nossa época começam a inquirir os problemas da verdadeira saúde. Há um novo entusiasmo pela saúde do corpo que dá origem a inúmeras novidades. O homem moderno está, de fato, em busca da saúde – e é para essa busca que o *Yoga* chamou sua atenção. Entretanto, como nos outros campos, o homem moderno exige o "*Yoga* instantâneo". Ele quer uma maneira rápida e fácil de chegar ao *Yoga*, de forma que suas atividades na esfera da busca do prazer não sejam indevidamente interrompidas. Ele deseja recobrar sua saúde e mantê-la tanto quanto possível, para que não causem qualquer interrupção nas exigências da busca de prazer. É isso que despertou no homem moderno um tremendo interesse no tema do *Yoga,* representado pelas posturas físicas. Se as posturas físicas puderem habilitá-lo a recobrar sua saúde física e livrá-lo da fadiga mental, ele é totalmente a favor destas *āsanas*.

Assim, esse interesse pelo *Yoga* é, em grande parte, motivado pelo desejo de manter a continuidade da busca do prazer. Nesta busca febril por saúde, o campo do *Yoga* especializado nas *āsanas* tornou-se tremendamente popular. Vemos a mania pelas *āsanas* crescer mais e mais, e, com isso, os especialistas nestas linhas são muito solicitados. No entanto, devemos considerar, neste caso, o conselho do verdadeiro *Yoga*, que proclama que não podemos recobrar nossa saúde apenas através das posturas físicas, pois a mente tem um papel muito importante na saúde do corpo. Buscar o controle da mente através das posturas físicas é entrar em um jogo frustrante. Embora as posturas físicas possam, até certo ponto, ajudar a revitalizar o cérebro, as operações da mente estão completamente fora de seu alcance. A mente pode, na verdade, tornar sã ou danificar nossa saúde física. Podemos ignorar este conselho do verdadeiro *Yoga* ao nosso próprio risco. *Dhāraṇa-dhyāna-samādhi* constitui-se o próprio âmago do verdadeiro *Yoga*. Qualquer sistema que ignore esses três componentes fundamentais dificilmente tem qualquer relevância no campo do *Yoga*. O

Rāja Yoga de Patañjali centra-se em torno desses três componentes e considera tudo o mais subsidiário. Assim, as *āsanas* têm um lugar no *Rāja Yoga*, mas apenas como auxiliar ao tema fundamental da comunhão espiritual ou *samādhi*.

Se o contexto acima for mantido em mente, podemos compreender o valor das *āsanas* em todo o esquema do *Rāja Yoga*. Seu valor consiste em tonificar o corpo a tal ponto que ele não crie obstáculos para o movimento ulterior na senda do *Yoga*. Seu objetivo é, também, cuidar para que o corpo, por sua vez, torne-se um instrumento eficaz de comunicação. A experiência da comunhão é tal que a totalidade de nosso ser se faz necessária para sua comunicação. Se o corpo físico forma um elo fraco na cadeia da comunicação, então todo o processo de comunicação sofre, nesta mesma medida, um recuo. Em outras palavras, as *āsanas* servem a um duplo propósito: na jornada de ida, para cuidar que o corpo não seja um obstáculo, e, na jornada de volta, como um instrumento eficaz de comunicação. O *Rāja Yoga*, por ser uma síntese do *Yoga*, deu às posturas físicas um lugar tal que ambos os objetivos possam ser cumpridos.

No *Haṭha Yoga*, são descritas principalmente oitenta e quatro *āsanas*, representando uma diversidade de contrações físicas impossíveis de serem realizadas, exceto por um especialista. Estas auxiliam no funcionamento regular das glândulas endócrinas e também das correntes de *prāṇa* ou alento vital. Uma vez que a ciência médica não foi capaz, até agora, de resolver o mistério das glândulas endócrinas e seu funcionamento, e as *āsanas* reivindicam regulá-las, os especialistas na ciência médica moderna consideraram necessário explorar a utilidade dessas *āsanas* no tratamento de algumas doenças. Patañjali, contudo, não se ocupa com essas diferentes *āsanas*, como está claro no seguinte *sūtra*, no qual ele afirma:

sthirasukham āsanam

46. A postura deve ser firme e relaxada.

Estas duas palavras, firme e relaxada, parecem um tanto contraditórias. Em geral, quando mantemos uma postura firme, há tensão por todo o corpo. E quando a postura é relaxada, tendemos a dormir, devido ao conforto que provoca. Patañjali menciona que a postura deveria ser firme e relaxada ao mesmo tempo – não tão firme que cause tensão nem tão relaxada que induza ao sono. Muitas vezes, acredita-se que *āsana* ou postura é relevante apenas com relação à maneira de sentar durante o período da meditação. Acredita-se, também, que durante a meditação precisamos sentar em *padmāsana* ou postura de lótus. Podemos ou não sentar nessa postura, o que importa é que deve haver firmeza e relaxamento ao mesmo tempo. Porém, *āsana* não tem esta relevância restritiva como de hábito se supõe. Podemos não conseguir manter uma postura de firmeza e relaxamento durante o limitado período da meditação, se o que esta postura implica não permeia todo o campo dos movimentos do corpo. A postura firme e relaxada – *sthira* e *sukha* – tenciona dar uma certa dignidade e graça a nossos movimentos corporais. Objetiva conferir um jeito de andar e um porte apropriado ao nosso corpo. Firmeza denota força ou dignidade em nosso porte e postura, enquanto relaxamento significa graça. A maioria de nós somos desleixados e desajeitados em nossos movimentos e na maneira como realizamos as várias ações do corpo. É evidente que o desleixo ocorre devido à falta de força e dignidade, enquanto que a inabilidade deve-se à falta de graça. Se há apenas firmeza em nosso porte corporal, os movimentos serão destituídos de qualquer charme. Também é verdade que, se há graça sem firmeza, nosso modo de andar provavelmente mostrará um traço de fraqueza. Em virtude disso, a firmeza e o relaxamento deveriam estar juntos em todos os movimentos e ações do corpo. Firme e, contudo, não tenso; relaxado e, ainda assim, não fraco e sonolento – este é o segredo da postura correta indicada neste *sūtra*. Se isso não se torna nosso porte e modo de andar normal, sentar em meditação causará tensão e estresse ou nos fará dormir. Um homem estabelecido no *Yoga* pode ser facilmente reconhecido pela maneira que caminha, senta ou deita ou o que quer que faça. Há uma distinção entre os movimentos de seu corpo ou sua condição de repouso. Esta ideia de *sthira-sukha-āsana* é mais esclarecida por Patañjali no próximo *sūtra*, onde diz:

prayatna-śaithilyānanta-samāpattibhyām

47. Deve ser conquistado por meio de um estado de passividade alerta.

Neste *sūtra,* há duas palavras que precisam ser especialmente destacadas – *prayatna-śaithilya* e *ananta-samapatti*, significando um estado de não esforço e o estado mantido por *ananta* ou a Grande Serpente. Examinemos primeiro a implicação da segunda palavra, qual seja *ananta-samapatti.* O que é esta referência à *ananta*? Na mitologia hindu há a ideia de que a Terra é sustentada no espaço por *ananta.* Supõe-se que a Terra repouse em sua cabeça. Mesmo que esteja tão delicadamente equilibrada na cabeça da serpente, a Terra não cai, mas continua seu movimento no espaço, sem qualquer acidente. Fica evidente que a serpente deve estar muito firme todo o tempo, mesmo que carregue um fardo pesado em sua cabeça. Mas sua firmeza não tem tensão. Isso é exemplificado por outra ilustração da mitologia hindu. *Viṣṇu* é a Segunda Pessoa da Trindade, as outras duas sendo *Brahma* e *Śiva. Brahma* e *Śiva* são respectivamente o criador e o destruidor do Universo, e *Viṣṇu* é o sustentador. Ora, *Viṣṇu*, sendo o sustentador, permeia todo o Universo; na verdade, Ele é o Universo, pois Ele é oni-abarcante. Um dos epítetos de *Viṣṇu* é *Anantaśayana*, ou seja, aquele que descansa sobre a Grande Serpente, *ananta*. Esse é o motivo pelo qual *ananta* é descrita como carregando todo o Universo em sua cabeça. No entanto, *Viṣṇu*, descansando sobre a serpente, está completamente relaxado, pois a mitologia hindu afirma que enquanto *Viṣṇu* está descansando, Sua consorte, *Lakṣmi*, está pressionando Seu pé. Ora, enquanto *Lakṣmi* está massageando seu pé, é certo que *Viṣṇu* deve se sentir completamente relaxado. Durante esse relaxamento, Ele está deitado sobre a cabeça da Serpente. Se a Serpente sacudisse sua cabeça, *Viṣṇu* seria perturbado, fazendo todo o Universo tremer. Porém, a Serpente não está tensa e, em consequência, permite que *Viṣṇu* repouse com uma sensação de completo relaxamento. Está absolutamente firme e ao mesmo tempo completamente relaxado. A Serpente, embora ativa, sustentando o grande peso do Universo, tem um sentimento de completo repouso, como se não estivesse carregando nenhum peso. Isso mostra que está em um estado de passividade alerta. O simbolismo de *ananta-śayanam*, portanto, significa esta condição de passividade alerta. A postura que combina firmeza e relaxamento, simbolizada por *ananta-śayanam*, deve ser obtida em nossa vida de modo que em tudo que façamos haja uma passividade alerta. Completamente alerta e ainda assim supremamente relaxado – esse é o significado de *sthira-sukhāsana*.

Com referência a outra palavra deste *sūtra*, *prayatna-śaithilya*, significa um estado onde não haja esforço ou, mais literalmente, relaxar todo esforço. Portanto, esta condição de *sthira-sukha* não é produto de esforço. Não podemos relaxar através de esforço. O relaxamento precisa abandonar o esforço. Como podemos dormir com esforço? O sono vem apenas quando o esforço cessa. O estado de passividade alerta não pode ser induzido por um esforço. Apenas quando estamos em um estado sem esforço é que podemos mostrar dignidade e graça em nosso jeito de andar e em nossa postura, de uma maneira natural. A graça cultivada é mera sofisticação, que é muito dissonante. De forma análoga, a firmeza sustentada por esforço causa tensão e pressão. A dignidade e a graça podem existir ao mesmo tempo apenas em uma condição de não esforço. Esse estado sem esforço é simbolizado de forma suprema por *ananta*. Entretanto, como podemos chegar a esta condição de não esforço? Patañjali explica no próximo *sūtra* o que é esta condição de repouso ou não esforço.

tato dvaṃdvānabhighātaḥ

48. É aquele estado onde não há atração dos opostos.

Sabe-se que a condição do corpo depende amplamente da condição da mente. O corpo pode exibir dignidade e graça em seus movimentos apenas se a mente está tranquila. Se a mente está em um estado perturbado, os movimentos corporais não têm a qualidade da firmeza nem do relaxamento gracioso. Para o *Yoga* apropriado, é absolutamente necessário uma condição de mente não perturbada. Deve-se notar que Patañjali, em sua discussão sobre *Yoga,* nunca nos permite perder de vista a preponderância da mente. O *Haṭha Yoga* e o *Rāja Yoga* diferem fundamentalmente a esse respeito. *Haṭha Yoga* é o controle da mente através de posturas do corpo, enquanto que, no *Rāja Yoga,* a mente é o fator controlador, e assim, uma mente serena naturalmente dá origem a uma condição de tranquilidade ao corpo. Na civilização moderna, o homem perdeu a arte do relaxamento. Ele precisa, acima de tudo, de relaxamento, se não quiser sucumbir às tensões e aos estresses da vida moderna. Foi em busca disso que voltou sua atenção para o *Yoga*, mas, desejando resultados rápidos; acredita que através das *āsanas* será capaz de atingir este requisito muito necessário do relaxamento. Infelizmente, não compreende que pensar em relaxamento do corpo sem uma mente serena é totalmente sem sentido. Quando a mente é livre das atrações dos opostos, tão somente, pois, sabe o que é tranquilidade. A expressão utilizada por ele é *dvaṃdva-anabhighāta*, significando não ser acometido pelos opostos. Um movimento da mente sempre se dá entre opostos, da negação e da indulgência, da rejeição e da aceitação, da dor e do prazer etc. Uma mente que é livre das atrações dos opostos é ainda uma mente. De acordo com Patañjali, apenas a mente serena pode habilitar o corpo a manifestar ao mesmo tempo dignidade e graça. *Sthira-sukha-āsana* – a postura da firmeza e do relaxamento é possível apenas quando a mente está serena. Sem essa serenidade, qualquer postura tomada pelo aspirante espiritual precisará de tremendo esforço para ser mantida. Esse esforço causará tensão e pressão, e, em consequência, não poderemos desligar-nos de pensar no corpo.

Nesse caso, poderíamos com razão perguntar: devemos nos abster de fazer as *āsanas* até que tenhamos alcançado a uma quietude mental? Tudo depende do fim que temos em vista. As *āsanas* são boas, até necessárias, para o bem-estar físico. Se a cultura física é o fim, então devemos realizar essas *āsanas* tendo em mente nossas tendências corporais, assim como nossa idade. Tendo em mente essas restrições, podemos fazer qualquer postura que considerarmos útil para nossa saúde física. Nessa esfera limitada, as várias *āsanas* são extremamente úteis e terão um efeito salutar se ensinadas aos jovens ainda quando seus corpos forem ágeis e flexíveis. Na verdade, poderiam ser introduzidas nas escolas e universidades com grande vantagem. O aspirante espiritual pode adotá-las, se necessário, para a manutenção de sua saúde.

Se Patañjali estivesse preocupado com os problemas da cultura física, teria indicado várias *āsanas* em seus *Yoga-Sūtras* e a maneira e o método de executá-las. Ele não fez isso de modo algum; na verdade, ocupou-se do tema somente em um *sūtra*; os outros dois são apenas esclarecimentos. Mesmo nesse único *sūtra*, nenhuma *āsana* conhecida é mencionada por ele – nem mesmo *padmāsana*, a postura de lótus, tradicionalmente considerada como muito importante para a meditação. Portanto, a principal preocupação de Patañjali não é com qualquer forma particular de *āsana*, mas com a dignidade e a graça que devem ser inerentes a todos os movimentos corporais do homem espiritual.

É verdade que podemos, e talvez queiramos, realizar algumas *āsanas* que considerarmos adequadas para nossa própria saúde física. Nada há de errado nisso. O que é errado é considerar a proficiência no desempenho das *āsanas* como maestria do *Yoga*. Enquanto as *āsanas* são mantidas no nível da cultura física, nada há de irrelevante a seu respeito, mas quando são consideradas como idênticas ao *Yoga*, então há uma perspectiva errada. Realmente, deve haver um corpo saudável se quisermos nos estabelecer no *Yoga* e se quisermos transmitir o sentido e a importância do *Yoga* em nosso relacionamento com os outros. Isso exige, acima de tudo, as qualidades mencionadas em *sthira-sukha-āsana*, ou seja, firmeza e relaxamento, dignidade e graça em todos os movimentos. Mas, como diz Patañjali, essas surgem na expressão do comportamento apenas quando a mente é serena. Tal serenidade surge apenas quando estamos estabelecidos no *Yoga* através de *dhāraṇa-dhyāna-samādhi*. Assim, mais uma vez, descobrimos que *āsanas* nos *Yoga-Sūtras* tem dois níveis de significação: as *āsanas* como entendidas pelo peregrino em sua jornada de ida, e as *āsanas* como as entende o peregrino em sua jornada de volta. A primeira é em função da cultura física, enquanto que a outra, em função da experiência espiritual. O homem espiritual não pode se expressar através de movimentos corporais senão sob o aspecto de dignidade e graça natural. Iniciando com as *āsanas* convenientes, em que podemos permanecer firmes e sem tensão por certo tempo, construímos nossa saúde física. É aí que devemos começar. Porém, não façamos disso um fetiche, pois fazê-lo seria dar-lhes um significado que não lhes pertence. Mantendo-nos estritamente dentro da esfera da cultura física, podemos nos tornar proficientes naquelas *āsanas* que considerarmos úteis. Então, poderemos avançar para outros aspectos da disciplina do *Yoga*. Se isso não for feito, permaneceremos acomodados na maestria das *āsanas* e consideraremos isso como a realização do *Yoga*. Usando-as para a cultura física, devemos seguir adiante. E quando retornarmos dos reinos de *samādhi* ou comunhão, traremos uma expressão natural de dignidade e graça em nossos movimentos corporais. Esses movimentos serão sem esforço, manifestando uma qualidade de passividade alerta. A mente livre do jogo dos opostos, e, portanto, serena, transmitirá esta tranquilidade aos movimentos do corpo. Transmitir serenidade ao movimento parece contraditório. Todavia, isso ocorre porque a mente por sua própria ponderação e mentalização jamais poderá entender o paradoxo da coexistência. Todos os esforços da mente para compreender esse paradoxo serão inúteis. Mas para o homem que retorna do reino transcendental não existe paradoxo algum. É o comportamento natural, no qual a firmeza da dignidade coexiste com a perfeita calma da graça. Firmeza sem graça é rígida e dura, graça sem firmeza é fraca e frágil. Entretanto, a coexistência de ambas não é o produto do esforço da mente.

Sthira-sukha, o movimento perfeitamente relaxado ou postura dignificada, é a expressão natural daquele que está verdadeiramente estabelecido no *Yoga*.

Devemos descobrir quais são os outros marcos nesta jornada para a frente. Ao ultrapassar os três marcos de *yama, niyama* e *āsana*, devemos avançar para o que Patañjali esclarece com relação a *prāṇāyāma* ou controle da respiração, o quarto e último instrumento do *Yoga*, pois como afirmado anteriormente, *pratyāhāra* ou abstração é uma ponte entre o interno e o externo.

CAPÍTULO XV

A REVITALIZAÇÃO DO CÉREBRO

Quando discutimos o tema das *āsanas* no último capítulo, afirmamos que o *Yoga* exige a manutenção da saúde do corpo. Vimos também que as *āsanas,* em seu uso e aplicação restritos, ajudam a preservar a saúde do corpo. Saúde, em seu verdadeiro sentido, não significa simplesmente a eliminação da doença; esta é apenas uma visão negativa. Em seu aspecto positivo, saúde significa vitalidade. Não é suficiente que o corpo seja forte em seu funcionamento muscular, pois um corpo assim pode tender a ser indolente. Muitas vezes tende a se tornar pesado e lento em seus movimentos. Um corpo deve ser razoavelmente forte, mas deve possuir, ao mesmo tempo, grande vitalidade. É com referência ao tema da vitalidade que vamos considerar, no estudo dos *Yoga-Sūtras,* a questão da respiração e do controle da respiração. A vitalidade tem muito a ver com a forma de respirar. Maneiras erradas de respirar podem causar considerável enfraquecimento do corpo, e um corpo desvitalizado afeta o funcionamento da mente. Um estudante de *Yoga* deve desenvolver não apenas a saúde do corpo, mas também um corpo com grande vitalidade. Patañjali, portanto, passa das *āsanas* para a consideração de *prāṇāyāma* ou controle da respiração.

Há muita confusão nas mentes de muitos estudantes do *Yoga* a respeito do controle da respiração. Uma grande parte desses estudantes acredita que a prática de *prāṇāyāma* é muito perigosa, exceto sob a orientação pessoal de algum especialista. Outra parte considera *prāṇāyāma* como a própria finalidade e objetivo do *Yoga.* Salve-se, no entanto, que a verdade encontra-se entre estas duas visões divergentes. No *Haṭha Yoga,* e em várias escolas *tāntricas, prāṇāyāma* é considerado quase a culminância do *Yoga* e, assim, vem se desenvolvendo como uma ciência muito complexa. Seu objetivo é desenvolver certos poderes latentes no homem, através da manipulação de *prāṇa* ou respiração vital. Aqueles que sustentam a visão oposta não desejam tocar em *prāṇāyāma* mesmo que seja com um longo cajado. Por trás de seu excesso de precaução, há o temor de que isso liberaria energias tais que seriam difíceis de controlar. Há também o temor de que, por causa de *prāṇāyāma,* possamos perder o equilíbrio da mente e partir para alguma forma de insanidade. Contudo, com relação a isso, é melhor evitar qualquer um dos extremos – a precipitação e também o excesso de precaução resultante do medo. *Prāṇāyāma* é um instrumento perfeitamente seguro, desde que não caiamos em nenhum dos extremos. Patañjali advoga uma abordagem perfeitamente sensata, da mesma forma que o faz em relação às *āsanas*. Porém, antes de compreendermos essa abordagem, seria bom que o estudante de *Yoga* explorasse o tema da respiração em suas várias categorias.

Já sabemos que devemos observar com cuidado nossa própria respiração antes de nos arremetermos às complexidades de *prāṇāyāma*. É estranho que a maioria das pessoas nunca tenha dado atenção à maneira como respiram, ainda que nada esteja tão próximo a nós quanto nossa respiração. A respiração tem muito a ver com o funcionamento do cérebro. Quando a respiração é difícil, sentimos um peso no cérebro. De forma similar, quando a respiração é suave, o cérebro sente-se muito mais leve em seu funcionamento. Precisamos lembrar que o cérebro tem um papel muito importante na vitalização do corpo. Assim, o funcionamento eficiente do cérebro é de grande importância para a manutenção do mecanismo do corpo em uma condição apropriada. O cérebro necessita de um bom e constante suprimento de oxigênio, e o processo da respiração capacita-o a tê-lo. Se, contudo, a respiração é deficiente, o suprimento de oxigênio é prejudicado nesta mesma medida. Portanto, o processo da respiração tem grande importância na manutenção do mecanismo do corpo em boa ordem. Logo, é da maior importância, compreendermos claramente este processo que ocorre em nosso organismo corporal, de modo a possuirmos tanto saúde quanto vitalidade, tão necessárias nas práticas do *Yoga*.

Para compreendermos o processo de *prāṇāyāma*, precisamos observar nossa própria respiração. Se a observarmos, veremos que tem uma velocidade particular, que varia não apenas de indivíduo para indivíduo, mas também no mesmo indivíduo em relação aos seus estados mentais e emocionais. O que consideramos como nossa respiração normal é uma média de 12-20 vezes por minuto. Isso é muito rápido para os objetivos reflexivos do *Yoga*. Quanto mais rápida a respiração, tanto menos profunda será. Podemos observar-nos quando estamos irados ou agitados; neste caso a respiração torna-se mais rápida. A velocidade da respiração diminui quando estamos em um estado mental mais tranquilo. Aqueles que observaram o comportamento animal dizem que a velocidade da respiração por minuto de uma galinha é 30, de um pato é 20, de um macaco é 30, de um cachorro é 28, de um gato é 24 e de um cavalo é 16. Podemos notar aqui que quanto mais excitável é a criatura, tanto mais rápida a velocidade da respiração. Um cachorro é certamente mais excitável do que um gato, e, assim, a respiração do gato é mais lenta. Um cavalo é mais tranquilo e, portanto, entre os animais, sua velocidade de respiração parece ser a menos rápida. Essa observação indica que a velocidade da respiração depende de nossas tendências à excitação. Na velocidade da respiração normal de um ser humano – 12-20 por minuto –, refletem-se as flutuações dos humores mentais e emocionais. Nossa vida normal não é de maneira alguma tranquila; na verdade, está sujeita a violentas flutuações, de modo que a velocidade de nossa respiração está mais para 20 do que para 12. Assim, como a mente afeta a velocidade da respiração, a respiração também influencia a mente. Quando a velocidade da respiração é rápida e curta, não é possível pensarmos profunda e seriamente. É verdade que a respiração não afeta diretamente a mente, mas afeta o funcionamento do cérebro, e este é o veículo da mente. Se o veículo não funciona de maneira suave e eficiente, a mente é incapaz de transmitir o que deseja transmitir. Quando isso ocorre, a mente também torna-se agitada e frustrada. É assim que a respiração afeta a condição da mente. Um estudo dos efeitos da respiração no funcionamento do cérebro indica que para a reflexão tranquila se faz necessário que a velocidade da respiração normal esteja dentro da extensão 6-8 por minuto, ao invés de 12-20 como de praxe. Por reflexão silenciosa, queremos nos referir àquela condição do cérebro e da mente requerida na disciplina do *Yoga.* Naturalmente, devemos determinar nossa própria velocidade da respiração por experimentação. Em qualquer caso, nossa respiração normal é bastante anormal, pois é muito rápida e, portanto, muito superficial. A velocidade da respiração irá variar de indivíduo para indivíduo, e, assim, o estudante de *Yoga* deve chegar à sua própria velocidade, observando seu próprio processo respiratório. O que permite ao cérebro sentir-se leve é a correta velocidade de nossa respiração. O peso e a leveza do cérebro são termos relativos, que dependem das tendências do indivíduo. *Prāṇāyāma* permite ao estudante determinar sua própria velocidade da respiração com relação às suas próprias necessidades na disciplina do *Yoga.* Se quisermos realizar nosso trabalho reflexivo e contemplativo de modo eficaz, precisamos, gradualmente, mudar para uma respiração mais lenta e profunda. Todavia, para isso, precisamos entender todo o processo de *prāṇāyāma.* Patañjali apresenta no próximo *sūtra* uma definição muito clara do que é *prāṇāyāma.*

tasmin sati śvāsa-praśvāsayor
gati-vicchedaḥ prāṇāyāmaḥ

49. Tendo isso sido realizado, deve haver *prāṇāyāma* ou controle da respiração, que é a criação de um intervalo entre a inspiração e a expiração.

A expressão "isso realizado" refere-se às *āsanas* ou posturas, abordadas nos *sūtras* anteriores. Patañjali afirma que ao chegarmos a uma postura que podemos manter firmemente por uma considerável extensão de tempo, sem sentir qualquer desconforto, então, deveremos explorar a técnica do *prāṇāyāma.* No entanto, antes que possamos explorar essa técnica, precisamos saber o que *prāṇāyāma não é.* É evidente que não é respiração profunda, mesmo que essa seja necessária e essencial. Podemos respirar profundamente várias vezes, por assim dizer beber ozônio, mas isso não se constitui em *prāṇāyāma.* Respirar profundamente, em especial ao ar livre, revigora muito e é essencial para nossa vitalidade. Traz consigo um fresco suprimento de oxigênio muito necessário para o funcionamento do corpo e do cérebro. Mas deveríamos compreender que enquanto tivermos que passar da nossa assim chamada respiração normal para a respiração profunda, isso não é *prāṇāyāma*, um instrumento proposto por Patañjali para a disciplina do *Yoga.*

Há outra categoria de respiração, muitas vezes confundida com *prāṇāyāma*, que é a respiração alternada, ou seja, respirar alternadamente através da narina direita e da esquerda. Nesta, inspiramos pela narina esquerda e expiramos pela direita; de imediato inspiramos pela direita e expiramos pela esquerda e assim por diante – tantas vezes quantas quisermos. Esse também é um exercício necessário para a vitalização do corpo e do cérebro, mas ainda não é *prāṇāyāma.* É verdade que com a respiração alternada podemos alcançar uma nova velocidade de respiração, mas *prāṇāyāma* é algo diferente. Podemos tornar nossa respiração mais normal com o auxílio da respiração alternada, todavia, mais alguma coisa é necessária para a vitalização do cérebro. Em relação ao *sūtra* acima, *prāṇāyāma* significa uma interrupção entre a inspiração e a expiração. O intervalo entre a inspiração e a expiração é, verdadeiramente, *prāṇāyāma.* E, portanto, a respiração interrompida é a base fundamental de *prāṇāyāma.* Quer dizer, quando a respiração é retida após a inspiração e depois da expiração, então estamos praticando *prāṇāyāma.* Em termos técnicos, no *Yoga*, a inspiração é conhecida como *pūraka*, a expiração como *recaka* e a retenção como *kumbhaka.* Da descrição acima, está claro que apenas *kumbhaka* constitui-se em *prāṇāyāma.* A expressão utilizada no *sūtra* acima é *śvāsa-praśvāsayor-gati-vicchedaḥ*, que realmente significa uma interrupção no movimento da inspiração e da expiração. É nessa interrupção que se realiza a vitalização do corpo e do cérebro. Em todas as outras categorias de respiração não há retenção do respirar. O oxigênio que foi inspirado é imediatamente expirado. Porém, é a retenção que é essencial para o processo da vitalização. Essa retenção ou *kumbhaka* está associada com uma diversidade de conotações, e, por causa disso, o homem comum tem medo da mesma. Ele sente que *kumbhaka* irá danificar sua constituição, porque liberará tais energias que seriam difíceis de ser controladas por ele. Mas este temor está baseado na ignorância do processo de *prāṇāyāma* como um todo. Se *kumbhaka* é exagerado, então, certamente, nosso organismo pode ser danificado. Portanto, para entender a técnica da respiração interrompida, o que está dito no seguinte *sūtra* tem grande importância:

baḥyābhyantara-stambha-vṛttir deśakālasaṃkhyābhiḥ
paridṛṣṭo dīrghasūkṣmaḥ

50. O intervalo é regulado por lugar, tempo e número e é profundo e silencioso.

A respiração deve ser profunda e silenciosa – *dīrgha* e *sūkṣma*. Podemos entender o que se quer dizer com profunda, mas pode-se perguntar por que ele sugeriu que deve ser silenciosa? Muitas vezes as pessoas praticam sua respiração profunda com ruído. Patañjali afirma que a respiração, conquanto deva ser profunda, deveria ser, ao mesmo tempo, inaudível. A inspiração e a expiração devem ser muito silenciosas, de modo que todo o processo seja muito suave, não causando qualquer tensão. No entanto, aparte disso, ele se refere a lugar, tempo e número com relação à retenção da respiração. Neste caso, lugar significa onde a retenção é feita – se é feita fora ou dentro. É certo que *kumbhaka* ou retenção pode ser entre a inspiração e a expiração ou entre a expiração e a inspiração. Pode ser *bāhya* ou *ābhyantara*, significando externa ou interna. No *sūtra* acima, a palavra utilizada para retenção é *stambha-vṛtti*. Patañjali sugeriu que essa retenção pode ser feita nos dois lugares. Podemos inspirar e, então, antes de expirar, reter a respiração; ou podemos expirar e, antes de inspirar, reter a respiração. Esse é o significado de *deśa* ou lugar. A seguir, ele menciona *kāla* ou tempo. Isso não significa que *prāṇāyāma* deve ser praticado em alguma hora estipulada, embora sempre seja desejável não fazê-la de estômago cheio. O tempo aqui quer dizer duração. Nossa atenção é direcionada para a duração da parada da respiração. Isso precisa ser considerado, embora a duração varie de indivíduo para indivíduo. Na verdade, cada indivíduo deve determinar para si a duração de *kumbhaka*, e o fator determinante deveria ser aquele em que não se sinta desconfortável. No momento em que qualquer desconforto é sentido, *kumbhaka* deve parar. Os especialistas nisso sugeriram que, sob nenhuma circunstância, *kumbhaka* deveria ser continuada por mais de três minutos, exceto quando somos pessoalmente instruídos por um reconhecido especialista. Quando estamos fazendo *kumbhaka* a sós, o curso mais seguro seria não estender o intervalo além de três minutos. Mesmo três minutos é uma longa duração, e o iniciante nunca conseguirá reter sua respiração por tanto tempo. Patañjali, a seguir, chama a atenção do aspirante para *saṃkhyā* ou número. Ele menciona *paridṛṣṭa*, significando mensurado ou regulado. Qual é o significado de *saṃkhyā*?

Samkhyā ou número indica a medida ou proporção entre a inspiração, a retenção e a expiração, ou entre *pūraka, kumbhaka* e *recaka*. Patañjali não nos afirma qual deveria ser essa proporção, porque, estritamente falando, essa proporção deve ser determinada pelo próprio estudante. Ele sugere que o estudante deve chegar à proporção apropriada após observar sua própria respiração e o tempo máximo que ele pode retê-la sem qualquer desconforto. Contudo, os especialistas na ciência da *prāṇāyāma* declaram que a proporção entre a inspiração, a retenção e a expiração deveria ser 1: 4 : 2. Isso indica que se a inspiração leva dois segundos, a retenção não deveria ultrapassar oito segundos e a expiração não mais do que quatro segundos. A experiência demonstra que a maioria das pessoas tende a expirar mais rapidamente do que deveria. Isso não é desejável. O estudante deveria levar o dobro do tempo expirando, comparado ao que leva inspirando.

Por certo que antes de compreender a disciplina de *prāṇāyāma* seria desejável que o estudante se afastasse de sua respiração comum e respirasse profundamente, bem como alternasse a respiração, uma vez que isso o auxiliaria a remover a congestão do cérebro. Podemos derivar melhores resultados da respiração interrompida, que é *prāṇāyāma*, se tivermos praticado tanto a respiração profunda quanto a alternada. Devemos lembrar que *kumbhaka* ou retenção é o próprio âmago de todas as disciplinas de *prāṇāyāma*. Patañjali afirma além disso:

bāhyābhyantara-viṣayākṣepī caturthaḥ

51. Quando o intervalo não é acompanhado por inspiração e expiração, então é um estado avançado de controle da respiração.

Esse estado avançado é aqui chamado de quarto estado. Neste caso, Patañjali refere-se a *kumbhaka* de uma maneira diferente da que discutimos até aqui. Existem tipos diferentes de *kumbhaka*; na verdade, oito tipos, de acordo com alguns livros *tântricos*. Não nos ocupamos, contudo, com todas essas variedades. Fundamentalmente, há duas variedades: *sahita* e *kevala kumbhaka*. *Sahita kumbhaka* é acompanhada por inspiração e expiração. Não importa onde interrompamos a respiração, o processo de inspiração e expiração está lá. A própria palavra *sahita* significa acompanhado por. *Kevala* ou *kumbhaka* pura é aquela onde não há acompanhamento de inspiração e expiração. Em função das diferentes categorias de respiração que discutimos, *kevala kumbhaka* pode ser chamada respiração suspensa ou não respiração. Em nossa classificação, essa respiração suspensa está em quarto lugar; as outras três são respiração profunda, alternada e interrompida. Em *kevala kumbhaka* passamos além da respiração interrompida e apresentamos um estado de não respiração ou respiração suspensa. Esse é um estado avançado e deveria ser evitado pelo estudante comum de *Yoga*, a menos que pratique esses aspectos mais profundos de *prāṇāyāma* sob a supervisão de um especialista nesta ciência particular. Um estudante comum de *Yoga*, que pratica *prāṇāyāma* sem ajuda, faria bem em restringir-se a *sahita kumbhaka*, que é respiração interrompida. Isso é suficiente para os objetivos do *Rāja Yoga,* e aqui também ele deve restringir-se à proporção referida acima. Afinal, em *Rāja Yoga, prāṇāyāma* é um instrumento e não um fim em si mesmo. Naquelas escolas de *Yoga* em que *prāṇāyāma* é considerada como o próprio sumário do *Yoga*, os estudantes vão muito mais longe e dominam todos os oito tipos de *kumbhaka*. No *Rāja Yoga, prāṇāyāma* é apenas um marco na jornada mais extensa do *Yoga*. Certamente não nos estabelecemos em um marco – pode ser um lugar para parar, mas não um lugar para estabelecer-se. Patañjali deixa isso bem claro no próximo *sūtra*:

tataḥ kṣīyate prakāśāvaraṇam

52. No intervalo surge uma clareza de percepção.

O propósito de *prāṇāyāma* é trazer uma clareza de percepção. Patañjali diz que *prāṇāyāma* permite-nos dispersar as nuvens que impedem o surgimento de uma clara percepção. A palavra usada é *prakāśa āvaraṇa*, significando o turvamento da percepção. Pois bem, é função do cérebro formar claras percepções, assim como é função da mente formar claros conceitos. É óbvio que *prāṇāyāma* torna o trabalho perceptivo do cérebro suave e eficiente. Com isso, o cérebro sente-se mais leve, tornando-se livre de congestionamento. E é isso que permite que ele chegue a uma clara percepção das coisas. Uma clara percepção indica uma perfeita definição de forma. Diz-se que vivemos em um mundo de nome e forma. É função da mente dar aos homens e às coisas seus legítimos nomes, bem como é função do cérebro definir as formas de uma maneira correta. É claro que, ao dar nomes, a mente está fadada a errar se a definição da forma pelo cérebro é falha. Quando o cérebro é pesado e congestionado não pode definir acertadamente. Sua percepção será imperfeita, sendo vaga e confusa. Isso acontece porque o cérebro está sujeito a inúmeras distrações sensoriais. Enquanto um órgão do sentido está enviando suas mensagens sensoriais para o cérebro, outros órgãos sensoriais interpõem-se e também começam a transmitir suas mensagens para o cérebro. Isso é o que usualmente acontece com a maioria de nós. Enquanto estamos vendo alguma coisa, captamos certos sons, e, assim, a mensagem que alcança o cérebro é confusa, contendo sensações em parte vistas, em parte ouvidas. O trabalho de cada um destes órgãos é feito pela metade, resultando em uma percepção confusa criada pelo cérebro. Através de *prāṇāyāma,* o cérebro habilita-se a chegar a uma clareza de percepção, libertando-se do peso devido ao congestionamento.

O propósito de *prāṇāyāma* torna-se ainda mais claro, quando examinamos a implicação do próximo *sūtra* onde Patañjali diz:

dhāraṇāsu ca yogyatā manasaḥ

53. Ele prepara a mente para o estado de *dhāraṇa* ou percebimento.

A palavra sânscrita *dhāraṇa* é mais frequentemente traduzida como concentração, mas talvez fosse mais correto descrevê-la como percebimento, que significa um estado de não distração. Afirmamos anteriormente que existem distrações sensoriais e distrações psicológicas. O primeiro conjunto está associado com as atividades do cérebro, enquanto o segundo – as distrações psicológicas – relaciona-se com as atividades da mente. O *sūtra* acima menciona que *prāṇāyāma* prepara a mente para um estado de não distração. Pode-se perguntar: o processo físico de *prāṇāyāma* pode afetar a mente de modo a torná-la livre das distrações psicológicas? Se isso fosse possível, então seria bom que aceitássemos plenamente e sem qualquer reserva a disciplina do *Haṭha Yoga*. Nela alega-se que as disciplinas corporais de postura e de *prāṇāyāma* podem ocasionar o controle da mente, pois no *Haṭha Yoga* o princípio é de que o corpo afeta e controla a mente. Na verdade, nesta escola de *Yoga* acredita-se seriamente que podemos alcançar total controle da mente através dos intrincados processos de *prāṇāyāma*. O controle da mente significa a libertação das distrações psicológicas. Ocasionar uma concentração da mente através de *prāṇāyāma* é um dos princípios essenciais do programa do *Haṭha Yoga*. Daí dar-se grande ênfase à *prāṇāyāma* nas disciplinas de *Haṭha Yoga*. Todavia, no *Rāja Yoga* a abordagem fundamental é que a mente controla o corpo e não o contrário. Não se sugere que o corpo não influencia a mente, mas é a mente o fator determinante – e não o corpo – em todos os assuntos do viver com propósito. Buscar controlar a mente através das disciplinas corporais é esforçar-se para controlar o sutil através do grosseiro, o superior através do inferior. Assim, embora *prāṇāyāma* possa ser de grande auxílio na revitalização do cérebro, não pode tratar com o problema do controle da mente; embora possa por fim às distrações sensoriais, sua influência não pode ser estendida para as áreas das distrações psicológicas. No entanto, se esse empecilho particular é removido, a mente está preparada para tratar com eficácia o problema de *dhāraṇa* ou não distração. É importante observar que no *sūtra* acima Patañjali afirma apenas que *prāṇāyāma* pode preparar a mente para tratar com a questão de *dhāraṇa*. As palavras utilizadas são *yogyatā manasaḥ*, significando tornar a mente adequada para *dhāraṇa*. Ele não diz que através de *prāṇāyāma* a mente é capaz de alcançar *dhāraṇa*; afirma apenas que a mente torna-se preparada para o estado de *dhāraṇa*. A palavra *yogyatā* indica que a mente deve ainda se mover ao longo da senda de *dhāraṇa*. Assim, como indicado neste *sūtra*, *prāṇāyāma* tem um efeito limitado com relação à *dhāraṇa*, pois pode apenas preparar a mente para tal estado. Isso é feito através da revitalização do cérebro, devido à eliminação do problema das distrações sensoriais. Levar o cérebro a um estado de clara percepção é conferir aos sentidos uma maior receptividade. Com isso, os sentidos são capazes de enviar um maior número de mensagens para o cérebro. Se houver distrações sensoriais, não podem fazê-lo, pois tais distrações tornariam o cérebro ineficiente em realizar a tarefa da transformação das sensações em percepções. É função de *prāṇāyāma* reativar o cérebro de modo que seja capaz de lidar cada vez mais com as mensagens sensoriais que lhe são transmitidas através dos diferentes sentidos.

Pode-se perguntar: como *prāṇāyāma* ajuda nisso? O auxílio pode ocorrer pela mera ação da respiração? Se apenas *kumbhaka* é executado, o cérebro pode ser ativado, mas não saberá o que fazer com esta maior ativação. Na verdade, isso tornará o cérebro menos descansado, pois terá mais material para lidar quando tiver sido revitalizado. Ter mais energia e não ter suficiente trabalho para fazer é uma condição muito enfadonha. Tal condição resultaria em degeneração e desmoralização do indivíduo. Assim, *prāṇāyāma,* sem uma extensão no alcance dos dados dos sentidos, pode-se tornar um instrumento perigoso. É *pratyāhāra* ou abstração que habilita o cérebro, ativado através de *prāṇāyāma*, a ter sempre mais material à sua disposição, a partir do qual pode chegar a percepções mais claras sobre os homens e as coisas. Em tal estado, as percepções do cérebro têm uma maior variedade e um conteúdo mais rico. Sem *pratyāhāra*, *prāṇāyāma* é destituída de seu objetivo. E, portanto, o significado de *prāṇāyāma* torna-se completo apenas quando compreendemos o propósito e a técnica de *pratyāhāra*.

Entretanto, antes de nos atermos a isso, seria apropriado compreendermos que assim como *yama, niyama* e *āsana, prāṇāyāma* também tem uma dupla base de funcionamento – uma, ao longo da jornada de ida, e a outra, ao longo da jornada de retorno. *Prāṇāyāma,* na jornada de ida, implica apenas retenção da respiração. Ocupa-se apenas com a criação de um intervalo entre os processos de inspiração e expiração. Além da criação desse intervalo, não tem mais função a desempenhar. Porém, na jornada de volta, *prāṇāyāma* não é apenas a retenção da respiração, ela indica também a direção da respiração retida. A respiração é direcionada para os diferentes centros do corpo. Em outras palavras, dá-se certas direções para os movimentos da respiração vital ou *prāṇa*. Patañjali refere-se a isso quando discute a questão dos poderes psíquicos na terceira seção – *Vibhūti Pāda*. Mas nenhuma direção de *prāṇa* deveria ser tomada a menos e até que tenhamos chegado a um estado de comunhão ou *samādhi* através de *dhāraṇa* e *dhyāna*. A direção de *prāṇa* é parte do processo de comunicação. Contudo, o que iremos comunicar? Se é apenas o conteúdo da mente, então a direção de *prāṇa* será usada para a satisfação dos motivos e desejos da mente. Deve haver um novo conteúdo intocado pelos motivos da mente. Isso surge no estado de comunhão, e, assim, a comunicação não apenas é eficaz, mas também desejável tão somente depois de se alcançar o estado de *samādhi* ou Comunhão. Patañjali refere-se a isso nos *sūtras* que fazem parte de *Vibhūti Pāda*.

Todavia, antes de podermos examinar este aspecto da disciplina do *Yoga*, indicado por *dhāraṇa-dhyāna-samādhi,* é essencial que compreendamos a implicação e a técnica de *pratyāhāra* ou abstração – aquele fator da disciplina do *Yoga* que coloca diante do cérebro, ativado e revitalizado através de *prāṇāyāma*, um material sempre crescente de dados sensoriais que lhe permitem chegar a uma percepção mais clara do mundo objetivo. Portanto, é *pratyāhāra* que vamos focalizar no próximo capítulo, e com ele chegaremos ao fim do estudo de *Sādhana Pāda* ou a segunda seção dos *Yoga-Sūtras*.

CAPÍTULO XVI

A REEDUCAÇÃO DOS SENTIDOS

A ciência física moderna, em seus estudos da Evolução, começou a reconhecer a existência de dois fatores fundamentais conhecidos como Evolução a partir de baixo e Evolução a partir de cima. Quando ocorrem mudanças evolucionárias sob a influência da hereditariedade e da variação, estamos presenciando o fator evolucionário vindo a partir de baixo. Porém, quando observamos o fenômeno da mutação, estamos diante de um fator evolucionário operando a partir de cima. O "acima" refere àquele fator inexplicável em termos das abordagens empíricas da ciência física. Uma mutação, mesmo no nível biológico, é um fenômeno misterioso não explicável pela lógica evolucionária. Uma mutação não é ilógica, mas parece ser alógica, ou seja, fora do escopo da lógica e da razão. Na mutação não vemos tanto a ascensão do esforço evolucionário, mas a descida de algum fator novo ao campo evolucionário. De alguma maneira misteriosa, a natureza introduz um fator completamente imprevisível no movimento evolucionário. Esse novo advento não se adapta às leis da previsibilidade biológica. É esse advento do "novo" que é algumas vezes descrito como um fator evolucionário a partir de de cima. Neste fator duplo a partir de cima e de baixo, encontramos um fenômeno conhecido no campo da espiritualidade, ou, mais exatamente, no campo do *Yoga*, como descendente e ascendente. Na vida espiritual, vemos o movimento de duas correntes – a corrente ascendente e a descendente. Isso constitui o ritmo do verdadeiro *Yoga*. Sem comunhão, as linhas de comunicação devem permanecer totalmente áridas, e, sem meios eficazes de comunicação, a experiência da comunhão é destituída de todos os elementos de validade prática.

Em nossa discussão sobre a disciplina do *Yoga*, como exposta por Patañjali, enfatizamos este fator de ascendência e descendência com referência à *yama, niyama, āsana* e *prāṇāyāma*. Indicamos sua relevância na jornada de ida, assim como na jornada de retorno, em nosso movimento para a comunhão e no movimento que emana da experiência da comunhão. Esses dois movimentos representam os fatores de comunhão e comunicação, que juntos constituem a vida do *Yoga*.

É evidente que as duas correntes – a ascendente e a descendente – devem encontrar-se em algum lugar. Deve haver um ponto onde o ascendente cessa, e o descendente começa. Este é um ponto de convergência, onde o movimento da jornada de ida cruza o movimento da jornada de retorno. Em termos de *Yoga*, esse é o ponto de encontro das disciplinas externa e interna. Nos *Yoga-Sūtras* é descrito como *pratyāhāra*, que literalmente significa um ato de recolhimento. Pode também ser traduzido como abstração, pois abstração é de fato um processo de eliminação ou recolhimento. Em qualquer ato de abstração, o supérfluo é eliminado de modo que apenas os aspectos relevantes de uma situação possam permanecer. No processo de abstração de *pratyāhāra*, somos habilitados a nos mover do externo para o interno. Nesse movimento nos é solicitado que larguemos a carga desnecessária. É o mesmo que viajar de avião, onde temos que ser extremamente cuidadosos em decidir o que levar e o que não levar, uma vez que existem regulamentos para não carregar qualquer peso além de certos limites. Também na disciplina do *Yoga*, *pratyāhāra* é o processo de tornar nossa consciência tão leve quanto possível, pois, de outro modo, a jornada para a atmosfera rarefeita de *dhāraṇa-dhyāna-samādhi* não será possível. Nossa consciência somente poderá merecer "voar" à medida que a bagagem que nos prende for reduzida ao mínimo. É isso que implica a abstração, e constitui um lugar de encontro entre os processos externos e internos da disciplina do *Yoga*.

Afirmamos anteriormente nesta discussão que *yama, niyama, āsana* e *prāṇāyāma* são os instrumentos externos do *Yoga*. São externos porque se referem aos movimentos e ao comportamento do corpo. *Yama* e *niyama* são padrões de comportamento, *āsana* e *prāṇāyāma* referem-se às posturas e aos movimentos corporais. Este é o papel que desempenham tanto na jornada de ida quanto na de retorno. Ambos são pontos de partida, assim como pontos de chegada. É desses pontos que partimos desde nossa vida habitual para um novo caminho de viver espiritual. No entanto, esses são também os pontos onde chegamos trazendo o rico conteúdo da experiência espiritual. A partida e a chegada ocorrem através do portão comum e este é *pratyāhāra*. Assim, *pratyāhāra* assume uma posição única em toda a jornada do *Yoga*, pois é o ponto culminante de *yama, niyama, āsana* e *prāṇāyāma*, bem como o ponto de partida de *dhāraṇa-dhyāna-samādhi*. Os quatro instrumentos externos devem conduzir à *pratyāhāra*, e os três instrumentos internos devem emanar do mesmo *pratyāhāra*. Em virtude disso, descreve-se como o lugar onde se encontram o interior e o exterior, o ponto convergente das correntes ascendente e descendente. Entretanto, podemos perguntar: como *pratyāhāra* atinge este duplo propósito na disciplina do *Yoga*? Isso está evidente no *sūtra* seguinte:

svaviṣayāsaṃprayoge cittasvarūpānukāraḥ
ivendriyāṇām pratyāhāraḥ

54. Quando os sentidos imitam a mente em sua ação de recolhimento isso é denominado *pratyāhāra* ou abstração.

No *sūtra* acima, há uma clara ênfase no "recolhimento". Mas isso é comumente entendido como tornar os sentidos não responsivos aos impactos externos da vida. Afirma-se que quando estamos no meio de impactos sensoriais, e os olhos, os ouvidos, o tato, o cheiro e o gosto não registram resposta alguma, então, estamos estabelecidos em *pratyāhāra*. Isso indica que o organismo sensorial deve se tornar insensível, para que o mundo externo seja excluído completamente. Sugere-se que o objetivo de *pratyāhāra* seja eliminar completamente as impressões sempre cambiantes produzidas pelo mundo externo através das vibrações transmitidas aos órgãos dos sentidos. Afirma-se também que, através de *pratyāhāra,* a mente deve ficar completamente isolada do mundo externo dos sentidos. Pode-se perguntar: a espiritualidade significa um estado de insensibilidade? Ela exige a morte das respostas dos sentidos? Chegamos à porta da Realidade com uma consciência embotada e não responsiva? Com certeza, não pode ser assim, pois Patañjali já havia afirmado, no *sūtra* trinta e cinco da primeira seção sobre *viṣayavatī vā pravṛtti*, a respeito de que as respostas sensoriais devem passar de sua base sensual para a sensória. Isso implica refinamento das respostas dos sentidos. Se *pratyāhāra* causa embotamento das respostas sensoriais, certamente não é um instrumento que conduz à comunhão espiritual que *samādhi* fundamentalmente é. Portanto, a interpretação acima do *sūtra* que estamos considerando não se harmoniza com a tendência geral da discussão que encontramos nos *Yoga-Sūtras*. Na verdade, causar embotamento e insensibilidade nas respostas sensoriais é completamente contrário ao real significado de *pratyāhāra*. Patañjali oferece aqui uma clara indicação de que o propósito de *pratyāhāra* é a reeducação dos sentidos, de modo que possam funcionar com uma receptividade plena e liberta. Esse fato torna-se evidente à medida que examinamos a implicação deste *sūtra* muito importante no campo da disciplina do *Yoga*.

Uma compreensão clara de *pratyāhāra* exige um estudo cuidadoso de todo o processo de percepção. Temos de compreender que no ato da percepção estão envolvidos três fatores, quais sejam: os sentidos, o cérebro e a mente. Os sentidos são os transmissores das sensações ao cérebro, onde estas são processadas e transformadas em percepções. Todas as sensações devem ser transformadas em percepções. Neste processo, várias sensações são sintetizadas, e devido a esta síntese é que somos capazes de conhecer as formas e estruturas das coisas. Uma percepção é um produto sintético ao qual o cérebro chega através do processamento dos materiais brutos que são as sensações trazidas pelos vários sentidos. Will Durant em seu livro intitulado *The Story of Philosophy* afirma:

> ". . . temos um gosto na língua, um odor nas narinas, um som nos ouvidos, uma temperatura na pele, um raio de luz na retina, uma pressão nos dedos; é o início elementar e incipiente da experiência; é o que a criança tem nos primeiros dias de sua tateante vida mental; não é ainda conhecimento. Mas deixe estas várias

sensações se agruparem acerca de um objeto no espaço e no tempo – digamos em torno de uma maçã; deixe o odor nas narinas e gosto na boca, a luz na retina, a pressão da forma nos dedos e na mão unirem-se e agruparem-se em torno deste objeto, e . . . temos a percepção".

Assim, uma percepção surge apenas quando as várias sensações agrupam-se em torno de uma forma. Uma sensação não tem forma; a forma surge apenas quando as sensações são agrupadas. Processar as sensações e sintetizá-las em uma forma é função do cérebro. É óbvio, portanto, que as percepções dependem do material bruto das sensações suprido pelos sentidos. Se o suprimento é falho, a percepção também será. Se os sentidos são interrompidos em seu funcionamento, seu suprimento de material bruto ao cérebro é inadequado. Sabe-se que uma percepção formada a partir de um baixo suprimento de material bruto está fadada a ser disforme, ou seja, em tal contingência, a imagem formada pelo cérebro do objeto ou acontecimento externo é imperfeita, pois, afinal, uma percepção é uma imagem formada pelo cérebro. O que é transmitido pelos sentidos produz apenas certas mudanças químicas e estruturais no cérebro. Dessas mudanças, o cérebro forma uma imagem, e é essa imagem que constitui a percepção. Através da coordenação das sensações surge uma percepção ou uma imagem. É um grande mistério como o cérebro é capaz de realizar isso. É como uma estação receptora, onde as informações chegam na forma de traços e pontos comunicados pela entrada de sinais dos nervos. Como o cérebro forma imagens dos objetos do mundo externo a partir de tais informações indiretas é um mistério surpreendente da natureza. *Sir* Arthur Eddington, o renomado pensador científico, diz:

> "Considere como adquirimos nosso suposto conhecimento acerca de um pedaço de matéria. Alguma influência que emana do mesmo aciona a extremidade de um nervo, iniciando uma série de mudanças físicas e químicas que são prolongadas ao longo do nervo até uma célula do cérebro; lá um mistério acontece e surge uma imagem ou sensação cujo teor assemelha-se ao estímulo que o incitou. Tudo que se conhece sobre o mundo material deve, de uma maneira ou de outra, ter sido inferido destes estímulos transmitidos pelos nervos . . . É uma façanha surpreendente de decifração que tenhamos sido capazes de inferir um esquema ordenado de conhecimento natural por meio de tal comunicação indireta."

Todavia, este mistério da formação de imagem aprofunda-se quando examinamos o papel da mente neste drama da percepção. Devemos lembrar que a percepção por si só não se constitui em conhecimento. Da mesma forma que sensações dispersas devem ser coordenadas de modo a chegarmos à percepção, há necessidade de coordenar as percepções para chegarmos aos conceitos. Se nossos processos de conhecimento terminassem com as percepções, teríamos que carregar um enorme fardo em nossa memória para reconhecer os objetos e os acontecimentos do mundo externo. As percepções precisam ser sintetizadas em conceitos, pois apenas assim o processo do conhecimento adquire sentido. Assim como o cérebro formula percepções a partir de centenas de sensações, analogamente, de centenas de percepções, a mente formula conceitos. Todo nosso conhecimento do mundo externo é um conhecimento conceitual. O Dr. Kahn, um fisiologista alemão, diz o seguinte:

> "A visão não é um processo físico como a fotografia; ao invés disso, é uma experiência psicológica. Não são os olhos que veem . . . Comumente acreditamos que vemos, mas, na verdade, formamos julgamentos . . . Assim como duas pessoas quando leem a mesma coisa nunca têm os mesmos pensamentos enquanto estão lendo, do mesmo modo seu olhar pode recair sobre o mesmo objeto, mas cada uma vê algo diferente".

Desse modo, nossa percepção é nossa interpretação do mundo. Como diz o Dr. Kahn, nossa visão é nosso julgamento sobre alguma coisa que declaramos ter visto. Essa interpretação pela mente é, de fato, a formação de um conceito. Da sensação para a percepção e daí para a construção de conceitos, é este o processo da acumulação do conhecimento. Construir um conceito é dar um nome a algo que foi percebido. Toda a estrutura do conhecimento conceitual repousa na transmissão das sensações pelos sentidos e na formação de percepções pelo cérebro. Se esses dois processos são interrompidos, o conhecimento conceitual não tem validade factual. É realmente o que acontece com a maior parte de nosso conhecimento conceitual. A deformidade do conhecimento conceitual surge devido a dois fatores, quais sejam: a interrupção no processo sensação-percepção e as limitações conferidas ao processo de interpretação pelo condicionamento da própria mente. Para qualquer percepção, os dois componentes essenciais são a clareza do cérebro e o estado incondicionado da mente. A clareza do cérebro existe apenas quando a transmissão das sensações permanecem não interrompidas? Um fluxo não interrompido das sensações para o cérebro é uma garantia para o funcionamento claro e eficaz do cérebro.

No entanto, apenas isso não é suficiente, pois, mesmo quando há um fluxo ininterrupto de sensações para o cérebro, ainda há o fator da mente condicionada para ser tratado. Tanto uma clara percepção como uma interpretação absolutamente não condicionada são necessárias à reta orientação para a Realidade, que afinal é o propósito do *Yoga*. O processo de não condicionamento da mente é essencial, pois, de outro modo, não seríamos capazes de ver as coisas como elas são. Em relação a isso, as seguintes palavras de C.E.M. Joad em seu livro *The Philosophy for our Times* são muito significativas:

> “Suponhamos que um ser humano tivesse nascido com um óculos azul permanentemente colocado sobre seu nariz. Tudo que visse parecer-lhe-ia azul, não porque todas as coisas fossem azuladas, mas porque vê-las azuis seria uma condição de seu modo de ver. Poderíamos dizer que ele impunha o tom azulado sobre tudo que ia conhecendo no curso, no processo, ou como uma condição de conhecê-las”.

Logo, mesmo quando o cérebro está em uma posição de formar percepções claras devido ao fluxo ininterrupto de sensações, não podemos ter certeza de ver as coisas sem qualquer distorção enquanto a mente que interpreta é condicionada. Mas pode-se perguntar: o que tem tudo isso a ver com *pratyāhāra*?

Devemos saber que enquanto o problema do condicionamento da mente é tratado por *dhāraṇa-dhyāna-samādhi*, que é discutido na terceira seção ou *Vibhūti Pāda*, a questão do cérebro formando claras percepções tem a ver com *pratyāhāra*. Assim como *yama* e *niyama* ocupam-se da dissipação e conservação de energia, *āsana* ocupa-se com a correção da postura e o modo de andar do corpo, e *prāṇāyāma* ocupa-se com a revitalização do corpo, similarmente, *pratyāhāra* ocupa-se com a reeducação dos sentidos. Nossos sentidos precisam ser reeducados de maneira que cresçam em extraordinária sensibilidade, alimentando o cérebro com inúmeras sensações, permitindo assim que ele seja enormemente ativado. Os cientistas dizem-nos que as células de nosso cérebro não operam com seu pleno potencial; na verdade, apenas um décimo do potencial do cérebro é operativo, e os restantes nove décimos permanecem dormentes, senão atrofiados. Assim, andamos de um lado para outro com um cérebro passivo e embotado, incapaz de captar as sensações provenientes dos sentidos e de transformá-las em claras percepções. É verdade que o cérebro funciona como um computador, mas é igualmente verdade que nenhum computador é como o cérebro humano. Não obstante, o funcionamento do cérebro é muito parecido ao modo como funciona um computador. É um conhecido princípio na ciência da computação que podemos obter uma resposta correta do computador se o alimentarmos acertadamente. Se a alimentação não é apropriada, a resposta também não será correta. O mesmo princípio aplica-se ao funcionamento do cérebro. A alimentação do cérebro é feita pelas sensações ou pelos dados sensoriais provenientes dos diferentes órgãos dos sentidos, através dos canais nervosos apropriados. Essa alimentação deve ser ininterrupta, senão a percepção, que é a resposta do computador-cérebro, será incompleta e, portanto, imperfeita. A mente, que já é pesadamente condicionada, irá basear sua atividade interpretativa sobre esta percepção incompleta. Não é preciso dizer que o conhecimento conceitual a que se chega através desta interpretação será totalmente falso; na verdade, não terá semelhança com as coisas como elas são. Por conseguinte, a alimentação correta do computador-cérebro é uma condição *sine qua non* para se ver as coisas como elas são, o que, exclusivamente, pode ser a base verdadeira para a reta ação ou o reto relacionamento com a vida.

A fim de que o cérebro possa funcionar com seu pleno potencial, é da maior importância que os sentidos sejam reeducados, para que possam alimentar o computador-cérebro com dados corretos. É com essa reeducação dos sentidos e, por consequência, com a ativação do cérebro, que *pratyāhāra* ocupa-se fundamentalmente. Não é o desligamento dos sentidos aos estímulos do mundo externo; ao contrário, sugere um estado de grande receptividade dos sentidos de modo que possam alimentar continuamente o cérebro com dados sensoriais de uma maneira ininterrupta. Isso torna-se claro quando examinamos cuidadosamente o *sūtra* acima.

Como afirma-nos na primeira parte deste capítulo, o verdadeiro significado da palavra *pratyāhāra* é recolhimento. Este *sūtra* refere-se ao recolhimento dos ou pelos sentidos. Todavia, duas expressões que são significativas para compreendermos este processo de recolhimento. São elas *svaviṣaya-asaṃprayoge* e *cittasvarūpa-anukāra*. A primeira expressão significa dissociação de nossos objetos de interesse, e a segunda significa imitação da mente; ou seja, quando os sentidos imitam a mente em sua ação de recolhimento, então, estamos estabelecidos em *pratyāhāra*. A implicação disso é que o recolhimento dos sentidos segue-se ao recolhimento da mente. A mente deve recolher-se primeiro, e os sentidos devem seguir o exemplo; quando isso ocorre então manifestamos *pratyāhāra*. O que realmente significa recolhimento da mente?

Se observarmos nosso próprio processo de percepção, veremos que mais frequentemente a mente interfere com sua própria nomeação, mesmo antes de que a ação perceptiva do cérebro tenha se completado. Em uma percepção imperfeita, a mente coloca um selo de conhecimento conceitual, declarando, assim, que o ato perceptivo está finalizado. A mente nunca consente percebermos completamente alguma coisa, e isso acentua-se mais no campo das experiências psicológicas. Mesmo antes que o cérebro tenha formado uma imagem perceptiva, a mente interfere e, desse modo, para a atividade ulterior do cérebro com referência a qualquer processo perceptivo particular. Sabe-se que ao parar a atividade do cérebro devido à intervenção da mente, há naturalmente uma suspensão da comunicação sensorial para o cérebro dos vários órgãos dos sentidos. Nesta interferência da mente, as respostas sensoriais também são interceptadas. Quando isso ocorre, tanto os sentidos quanto o cérebro não podem funcionar com seu potencial pleno. Os sentidos tornam-se letárgicos em suas respostas, e o cérebro também torna-se passivo em sua atividade perceptiva. Na verdade, a mente intervém apenas para tornar os sentidos e o cérebro extremamente embotados em seu funcionamento. As respostas sensoriais tornam-se mais e mais obscuras, tanto em alcance quanto em intensidade. Quando isso ocorre, o cérebro naturalmente tem reduzidos dados dos sentidos para tratar e torna-se passivo e ineficiente. Apenas um fragmento do cérebro e um fragmento das respostas sensoriais funcionam devido à intervenção da mente em meio ao processo perceptivo. O mecanismo dos sentidos torna-se tão habituado a essa intervenção que os sentidos perdem sua iniciativa e dependem cada vez mais da mente para seu funcionamento. É óbvio que os sentidos não podem receber o que lhes toca a menos que a mente recolha-se do ato de intervenção.

Sabe-se que a mente intervém para seus próprios objetivos. Ela busca continuidade e segurança, e isso pode ser garantido apenas se os sentidos e o cérebro não lhe apresentarem materiais completamente novos. Na presença de algo novo, a segurança da mente fica, naturalmente, ameaçada, pois, sob seu impacto, a mente é compelida a revisar suas próprias conclusões. E é isso que a mente deseja evitar o tempo todo. É seguro para ela permanecer entrincheirada atrás de suas próprias conclusões e julgamentos. Se esses são jogados ao mar, naturalmente, ela deve buscar novas paragens e avenidas para seus movimentos. A mente impede esse acontecimento, interferindo no processo perceptivo de forma que os sentidos e o cérebro sejam impedidos de colocar diante dela qualquer dado novo. Como dito acima, esse processo tornou-se tanto parte de nossas vidas que os sentidos dependem, todo o tempo, das intimações e direções da mente. A intervenção da mente tornou fora de nosso alcance vastas áreas do Universo. Vivemos em um Universo estereotipado e monótono. Através da intervenção da mente, podemos ver apenas aquilo que a mente considera seguro que vejamos. Isso acontece, particularmente, com relação à contraparte psicológica do Universo. Se tivermos que agir de forma correta no ambiente físico e psicológico que se impinge sobre nós constantemente, é necessário que conheçamos bem esse ambiente. Se nossa percepção é imperfeita, então certamente a interpretação daquilo que conhecemos e a ação advinda de tal cognição também estão fadadas a ser. Todavia, para a reta percepção, os sentidos devem reclamar sua iniciativa, e o cérebro deve declarar seu direito de funcionar com o potencial pleno. Esse funcionamento do cérebro com pleno potencial é possível apenas se os sentidos funcionam independentemente da mente. *Pratyāhāra* permite-nos fazer isso e confere iniciativa aos sentidos. Em outras palavras, objetiva uma completa reeducação dos sentidos, de modo que cessem de depender da mente para seu funcionamento. É fácil de compreender que esta reeducação dos sentidos deve começar não no lado psicológico, mas no lado não psicológico, porque a intervenção da mente na esfera não psicológica é comparativamente lenta e menos intensa. Quando a intervenção da mente é impedida nos processos perceptivos da esfera não psicológica, a suspensão de tal intervenção nos reinos psicológicos torna-se fácil. Logo, sabemos que reeducar os sentidos é tornar possível que eles funcionem livremente, sem a interferência da mente.

Podemos questionar: como *pratyāhāra* habilita-nos a mover na direção da reeducação dos sentidos? Qual é seu *modus operandi*? Afirmamos, na primeira parte desta discussão, que há duas expressões no *sūtra* acima com relação a *pratyāhāra* que precisam ser claramente compreendidas. Uma trata do recolhimento da mente. Como foi dito, implica que a mente deve recolher-se primeiro, de forma que os sentidos possam imitar sua ação. Vimos o que significa o recolhimento da mente. Precisamos examinar agora o que se quer dizer com recolhimento dos sentidos.

A expressão *svaviṣaya-asaṃprayoge* significa uma dissociação pelos sentidos dos objetos de interesse e de identificação. A palavra *viṣaya* tem um significado especial no idioma sânscrito. Deve ser distinguida de *vastu*. A última indica um fato, enquanto a primeira indica algo que é superposto ao fato. A mente em sua busca por prazer transforma os fatos em ficções, através de um processo de associação e identificação. Ela projeta suas próprias associações sobre os fatos da vida. *Viṣaya* é a projeção da mente superposta sobre *vastu* ou o fato da vida. Quando os sentidos perdem sua iniciativa e função em benefício da mente, então cessam de responder aos fatos da vida e começam a mover-se no reino de *viṣaya* ou os objetos de prazer da mente. São incapazes de permanecer onde estão os fatos e tendem a gravitar para os objetos mentais. Estes são os objetos da vida e os objetos da mente. Os primeiros representam *vastu* ou o fato, enquanto que os segundos representam *viṣaya* ou as projeções. Esses sentidos, operando em benefício da mente, são removidos dos objetos da vida para os objetos da mente. Ora, quando a mente recolhe-se, abstendo-se de toda intervenção no processo perceptivo, os objetos da mente começam a desaparecer e aparecem os objetos da vida. É então que os sentidos recebem o que lhes cabe. Contudo, tendo se acostumado a funcionar em benefício e sob a direção da mente, os sentidos, no início, sentem-se perdidos quando a mente se recolhe. São incapazes de agir por conta própria e, assim, como diz o *Bhagavad-Gītā* (II.60):

yatato hyapi kaunteya puruṣasya vipaścitaḥ
indriyāṇi pramāthīni haranti prasabhaṃ manaḥ

"Oh Filho de Kunti, os sentidos excitados mesmo de um homem sábio, ainda que ele se esforce, impetuosamente arrebatam sua mente".

Os sentidos quase que forçosamente trazem a mente de volta e exigem sua intervenção. Isso ocorre em virtude de os sentidos não terem sido reeducados e serem incapazes de agir sem a direção da mente. Devem ser educados a funcionar sobre os objetos da vida e afastarem-se dos objetos da mente. Patañjali afirma no *sūtra* sobre *pratyāhāra* que, quando os sentidos imitam a mente em sua ação de recolher-se, então, estamos estabelecidos em *pratyāhāra*. Entretanto, os sentidos são incapazes de imitar a mente porque foram habituados a funcionar apenas em benefício da mente. Se os sentidos por obrigação trazem a mente de volta, então o que temos que fazer? Como os sentidos podem ser reeducados? Como podemos nos estabelecer em *pratyāhāra*? Pergunta-se: por que e quando a mente volta a intervir na ação da percepção? Se o recolhimento da mente ocorreu no campo psicológico antes que tal recolhimento tenha acontecido nas esferas não psicológicas, a mente é como que forçada pelos sentidos a voltar. E deve ser lembrado que tal recolhimento ocorre apenas como um exercício da vontade. A mente que tenha sido colocada em recolhimento pela força pode, também, impetuosamente, voltar. E é isso que fazem os sentidos. Nada que seja forçado tem lugar na disciplina do *Rāja Yoga*. O *pratyāhāra* que tiver algum elemento de força ou esforço não pode nos levar adiante na senda do *Yoga*. Ele deve ser natural e espontâneo. Contudo, isso pode ocorrer apenas se a mente está recolhida, a começar pelas esferas não psicológicas da vida. Se podemos olhar para o fenômenos não psicológicos sem a intervenção da mente, os sentidos têm uma chance de funcionar por si próprios. Ou seja, os sentidos precisam ser reeducados para olhar ou sentir de outra forma a flor e a árvore, a nuvem e o pássaro, o rio e o mar. Com a mente recolhida, os sentidos começam a funcionar de uma maneira nova, descobrindo os objetivos da natureza, dissociados dos objetos da mente. *Pratyāhāra* deve-se dar na primeira instância com relação a objetos e situações onde nosso envolvimento psicológico é menor. Os sentidos, neste contexto, serão facilmente capazes de imitar a mente em sua ação de recolhimento e não tentarão trazer a mente de volta à força. A reeducação dos sentidos ocorre praticamente sem esforço.

Quando os sentidos imitam a mente em sua ação de recolhimento nestas esferas não psicológicas, confere-se às suas respostas uma sensibilidade extraordinária. Quando a mente intervém, as respostas sensoriais tendem a ser sensuais, mas, quando a mente recolhe, estas respostas tornam-se sensórias, de modo que os sentidos respondam a vibrações mais refinadas e sutis advindas dos objetos da vida. A expressão *svaviṣaya asaṃprayoge* indica um movimento do sensual para o sensório. Sendo *viṣaya* os objetos da mente, está obviamente investida de conteúdo sensual. Enquanto os sentidos e a mente funcionarem conjuntamente, os objetos da mente também serão os objetos dos sentidos. A mente força os sentidos a demorarem-se em seus próprios objetos e não a avançarem para os objetos da vida ou, mais exatamente, para os fatos da vida. Quando a mente se recolhe, os sentidos podem facilmente afastarem-se dos objetos da mente. Se os impactos pertencentes às esferas não psicológicas são recebidos pelos sentidos sem a interferência da mente, o movimento ulterior de recolhimento nas esferas psicológicas torna-se suave e natural.

Quando os sentidos recebem sua devida parte, porque a intervenção da mente foi interceptada, seu alcance e sua intensidade de resposta aumentam tremendamente. São capazes de comunicar ao cérebro um número muito aumentado de dados das sensações. Tal fato, é claro, resulta na ativação do cérebro, permitindo que ele funcione com seu pleno potencial. Assim, *pratyāhāra* serve a um duplo propósito: à reeducação dos sentidos e à ativação do cérebro. Na verdade, o último segue automaticamente o primeiro, porque é um fenômeno conjunto. A ativação do cérebro impede a interferência da mente em seus próprios processos perceptivos. O cérebro é capaz de tornar suas imagens perceptivas claras e vívidas sem que distorções sejam introduzidas nas mesmas. Quando há um fluxo ininterrupto de sensações dos órgãos dos sentidos, as imagens perceptivas também são constantemente renovadas. O fluxo da vida, transmitido pelas sensações sempre crescentes, é refletido em renovadas imagens da percepção formadas pelo cérebro. A monotonia da mesmice desaparece, permitindo que ele permaneça sempre novo e energético, sempre pronto para aprender. O processo de aprendizado do cérebro não é reduzido, o que o faz funcionar com tremenda vitalidade. A maior elasticidade dos sentidos e a crescente vitalidade do cérebro são os resultados de *pratyāhāra*. Patañjali no último *sūtra* deste *Pāda* menciona:

tataḥ paramā vaśyatendriyāṇām

55. Disso advém a maior elasticidade dos sentidos.

A expressão *indriyāṇām vaśyata* quer dizer maior sensibilidade dos sentidos. Os sentidos tornam-se intensamente flexíveis, livrando-se de todo embotamento e rigidez, porque recebem o que lhes cabe e são capazes de funcionar com liberdade. Devemos lembrar que nada há de errado no livre funcionamento dos sentidos. O funcionamento dos sentidos é ruim apenas quando a mente interfere e usa os sentidos como instrumentos para sua própria gratificação. São os sentidos escravizados pela mente que causam degeneração. Quando eles são libertados da escravidão da mente, funcionam de forma natural e movem-se entre os objetos da vida ao invés de objetos da mente. Passam do sensual para o sensório. Na resposta sensual está envolvida a indulgência da mente que se utiliza dos órgãos dos sentidos para sua própria gratificação; mas nas respostas sensórias não há envolvimento da mente, representam a atividade pura dos sentidos. Quando o fluxo da mente é sobreposto ao fluxo da vida, há indulgência. É o que ocorre quando a mente intervém. Porém, quando essa intervenção é removida, o movimento dos sentidos corresponde ao fluxo da vida. A extrema flexibilidade dos sentidos é capaz de refletir o fluxo e a corrente da vida. Então as imagens perceptivas formadas pelo cérebro não têm rigidez. Na verdade, essas imagens tornam-se novas de momento a momento. Isso é de fato reeducação dos sentidos, possível através de *pratyāhāra*.

No entanto, pode-se indagar: como o recolhimento da mente nas esferas das experiências não pscicológicas passa para o fenômeno psicológico? Afinal, a vida do homem é governada predominantemente por fatores psicológicos. Ser capaz de observar e sentir os acontecimentos não psicológicos sem a intervenção da mente pode ser interessante, mas dificilmente serve aos propósitos do homem, lançado no meio de problemas psicológicos intensamente desconcertantes. O movimento do recolhimento da mente para o campo dos acontecimentos psicológicos ocorrerá de forma automática? *Pratyāhāra* ocupa-se primariamente em libertar os sentidos do cativeiro da mente nos campos não psicológicos. Seu objetivo fundamental é romper a passividade do cérebro de modo que seja muito ativado. Este processo, de certo, deve iniciar onde é mais fácil, e os campos não psicológicos são mais fáceis de lidar do que os psicológicos. De um determinado ponto de vista, nada é inteiramente não psicológico para o homem e, portanto, quando falamos de campos não psicológicos referimo-nos àquelas áreas de experiências da vida onde o envolvimento da mente é menor. Temos que começar ali, a fim de nos movermos para os campos onde a mente está pesadamente envolvida. Se os sentidos puderem se libertar da escravidão da mente nas áreas menos envolvidas, então, com certeza, teremos dado início à reta direção. E isso é tudo que *pratyāhāra* indica. O movimento ulterior da mente no contexto do recolhimento é do escopo de *dhāraṇa* ou Percebimento. O processo do recolhimento é fundamentalmente um processo interior. *Pratyāhāra* ocupa-se com o recolhimento da mente em relação aos objetos externos. Quando isso ocorre, estamos prontos para dirigir-nos ao problema do recolhimento da mente com referência às imagens internas. O problema das imagens é muito complexo, uma vez que as imagens estão misturadas com os objetos. Há objetos com menos envolvimento de imagem e objetos com pesado envolvimento de imagem. O primeiro é o tema com o qual *pratyāhāra* ocupa-se, e o segundo é do escopo de *dhāraṇa*.

Assim, *pratyāhāra* e *dhāraṇa* são o verso e o reverso da moeda espiritual. Ambos tratam com o problema do recolhimento da mente em relação aos trabalhos externos e internos respectivamente. Por causa disso é que *pratyāhāra* é descrito como o lugar de encontro do interno e do externo, com referência aos instrumentos do *Yoga*. Se os sentidos imitam a mente em sua ação de recolhimento com referência aos objetos externos ou objetos com menor envolvimento de imagem, se está estabelecido em *pratyāhāra*. Porém, o problema psicológico intensamente difícil dos objetos e acontecimentos que contêm pesado envolvimento de imagens permanece. Isso leva-nos à discussão de *dhāraṇa*, para a qual nos voltaremos no próximo capítulo.

TERCEIRA SEÇÃO

AS AQUISIÇÕES DO *YOGA* OU *VIBHITIPĀDA*

CAPÍTULO XVII

DISTRAÇÃO SEM PERTURBAÇÃO

Os instrumentos do *Yoga* propostos por Patañjali são oito, como discutimos na última seção. Entretanto, é estranho que embora ele mencione os primeiros cinco em *Sādhana Pāda*, aborda os últimos três em *Vibhūti Pāda*. Isso implica que ele não considera os três últimos, quais sejam, *dhāraṇa-dhyāna-samādhi*, como instrumentos do *Yoga*. Ele os coloca como *vibhūtis* ou aquisições do *Yoga*. O significado da palavra sânscrita *vibhūti* é esplendor ou magnificência. Não há dúvida de que *dhāraṇa-dhyāna-samādhi* são de fato o esplendor e a magnificência do *Yoga*. É óbvio que instrumentos formam parte de nossa prática, mas *dhāraṇa-dhyāna-samādhi* não podem ser praticados. Não podem ser colocados dentro da estrutura do esforço e do exercício. Pertencem, assim, a uma categoria diferente da vida espiritual. Devemos lembrar também que *dhāraṇa-dhyāna-samādhi* constituem o âmago do *Yoga*, enquanto *yama-niyama, āsana* e *prāṇāyāma* pertencem aos limites externos da vida do *Yoga*. *Pratyāhāra*, como já foi discutido, é o ponto médio da disciplina do *Yoga*, porque se constitui em um lugar de encontro das correntes ascendente e descendente da vida espiritual. Nos primeiros quatro instrumentos de *yama-niyama*, *āsana* e *prāṇāyāma*, movemo-nos na circunferência ou periferia da vida espiritual; é em *dhāraṇa-dhyāna-samādhi* que chegamos ao verdadeiro centro do *Yoga*. Em virtude disso Patañjali parece ter separado os três últimos dos primeiros instrumentos do *Yoga*. Em *yama-niyama, āsana* e *prāṇāyāma*, ocupamo-nos com o problema da ascensão, mas em *dhāraṇa-dhyāna-samādhi* chegamos à experiência da descida. Na vida espiritual, a ascensão é *prāpti*, ou algo aperfeiçoado, e a descida é *upalabdhi*, algo que é recebido. Assim, na ascensão e na descida vemos, respectivamente, os fatores do esforço e do não esforço. O aspirante espiritual deve saber o quão longe pode ir por meio de seu próprio esforço e, também, quando seu próprio esforço deve cessar de modo que possa viver na casa imortal, não construída pelas mãos.

Neste ponto o *Yoga* difere completamente da vida considerada no sentido do empenho moral ou religioso. Em uma vida religiosa, construída sob princípios morais, o esforço humano é o começo e a finalidade. O esforço humano, contudo, pode permanecer e, de fato, permanece dentro dos limites da continuidade ou da continuidade modificada. Isso é tudo que a moralidade considera. Ela tenta dar ao homem um novo ângulo da vida, não uma nova dimensão de vida. No empenho moral e religioso preocupamo-nos com meras modificações no modo como vivemos. Mas, no *Yoga*, preocupamo-nos com a transformação fundamental do homem. Aqui é explorada uma nova dimensão do viver. Não é com uma mera mudança de grau que o *Yoga* se ocupa; exige uma exploração de um novo tipo de vida, uma mudança de espécie no nível psicoespiritual. O homem pode alcançar, por seu próprio esforço, grandes alturas no que tange a modificações, mas uma transformação fundamental está fora do alcance do esforço humano. Ela vem; não pode ser trazida. Embora o homem deva alcançar o ponto mais elevado de seu esforço, deve também conhecer o ponto além do qual seu esforço não pode ir. É no ponto convergente das possibilidades e limitações do esforço humano que surge a experiência da graça. É nesse ponto que a ascensão do homem termina, e começa a descida do Divino. Se o esforço humano não escala suas próprias e legítimas alturas, ou se tenta cruzar para regiões que se encontram fora dos limites, a experiência da graça não pode ser concedida ao homem. O homem deve compreender as limitações de seus próprios esforços; porém esta compreensão pode vir somente quando ele tiver alcançado as últimas alturas a que seu empenho pode levá-lo. No *Sermão da Montanha*, Jesus diz: "Abençoados são os humildes, pois eles herdarão a Terra". Abençoados, de fato, são os humildes, pois eles devem receber a graça do alto. A humildade não pertence a uma consciência passiva, surge apenas quando a consciência tiver se tornado completamente desprendida[11]. Na consciência desprendida há procura sem busca. A consciência que busca não compreendeu suas próprias limitações. O estado de procura, sem busca, é verdadeiramente o estado de humildade. É neste estado que surge a experiência da descida. *Dhāraṇa-dhyāna-samādhi* é esta condição, onde existe o estado de procura sem qualquer esforço de busca. Tendo abordado o tema da ascensão através de *yama-niyama, āsana* e *prāṇāyāma*, Patañjali conduz-nos à experiência da descida, revelando os segredos e mistérios de *dhāraṇa-dhyāna-samādhi*. É interessante notar que apesar da seriedade e profundidade deste tema, ele dedica apenas um *sūtra* a cada um: *dhāraṇa, dhyāna* e *samādhi.*

Com *dhāraṇa-dhyāna-samādhi* o aspirante entra no domínio interno da vida espiritual, o *sanctum sanctorum* do *Yoga*. Uma aproximação à Realidade exige tremenda energia, tanto do corpo como da mente. E é com o problema da liberação de energia que os instrumentos externos se ocupam principalmente. Em *yama* e *niyama* há a cessação da dispersão e a preservação da energia através de uma ajuste nos padrões de comportamento. As *āsanas* ocupam-se em conferir aos movimentos corporais uma qualidade de passividade alerta, de modo que o corpo possa estar alerta e, todavia, relaxado. Analogamente, *prāṇāyāma* ocupa-se com a revitalização do corpo, através da

[11] No original em inglês: *negative*. (N.E.)

regularização da respiração vital. Em *pratyāhāra* o aspirante engaja-se na reeducação dos sentidos e na ativação do cérebro. Isso confere aos órgãos dos sentidos e ao cérebro uma extraordinária sensibilidade. É com este mecanismo sensitivo do corpo e do cérebro que o aspirante é conduzido ao *sanctum sanctorum* do *Yoga*. Na jornada ascendente do *Yoga*, *pratyāhāra* tem, na verdade, um escopo limitado de funcionamento, uma vez que age efetivamente apenas no plano não psicológico. Mas, na jornada de retorno, tem um escopo e alcance ilimitados, pois aqui a barreira entre o psicológico e o não psicológico desaparece completamente. E o desaparecimento da barreira ocorre em *dhāraṇa-dhyāna-samādhi*. Como isso acontece? Para sabermos, temos que nos ater ao *sūtra* sobre *dhāraṇa*, com o qual *Vibhūti Pāda*, a terceira seção, tem início:

deśabandhaś cittasya dhāraṇa

1. A definição da extensão interna de percepção é *dhāraṇa* ou percebimento

No *sūtra* acima Patañjali utiliza a expressão *deśa-bandha* que traduzimos como a definição da extensão. *Deśa* significa um território ou uma área, ou, no presente contexto, uma extensão. Ora, este alcance deve ser com referência a *citta* ou consciência. Por causa disso, nós a descrevemos como “a definição da extensão interna da percepção”. *Dhāraṇa* é traduzido muitas vezes como concentração. Mas dificilmente este é o significado do *sūtra* acima. Concentração implica exclusão de tudo exceto do pensamento no qual vamos refletir. *Dhāraṇa*, como apresentado aqui, significa realmente percebimento. O *sūtra* refere-se à definição da extensão da percepção. Aqui a extensão da percepção relaciona-se mais com o sentido psicológico do que com o físico. Todavia, se observarmos, até mesmo a ação física da percepção, veremos que normalmente há uma extensão dentro da qual os olhos funcionam sem qualquer tensão. Se a extensão é ampliada, a percepção torna-se muito difusa; de forma similar, se a extensão é diminuída, a percepção causa tensão, deixando os olhos cansados. O que se aplica à ação física da percepção aplica-se igualmente à percepção nas esferas psicológicas. Podemos trazer uma ilustração do que ocorre no cinema. Por muitos anos, antes da introdução da cinematografia, a tela usada para a projeção de filmes era pequena, o que diminuía a extensão da percepção física normal. Aqueles que visitavam com frequência os cinemas muitas vezes se queixavam de tensão nos olhos, porque eram compelidos a olhar para as imagens em uma tela pequena. Nos anos atuais, a tecnologia do cinema passou por uma mudança introduzindo uma tela ampla e panorâmica em cinemascope, que nos permite ver os filmes sem qualquer tensão nos olhos. Estas telas amplas oferecem aos olhos um alcance mais ou menos normal para sua ação de percepção. O que ocorre no caso da tela ampla é *deśa-bandha* ou a definição da extensão da percepção física. Nesta definição, o princípio seguido é estabelecer um alcance no qual os olhos possam ver confortavelmente e sem qualquer tensão. É exatamente o que se busca em *dhāraṇa* com relação à percepção no campo dos acontecimentos psicológicos. É *deśa-bandha*, não dos olhos, mas de *citta* ou mente. Pode surgir uma pergunta: qual deve ser afinal o princípio aplicado na definição da extensão da percepção interna? É óbvio que se a extensão é muito ampla, a mente tenderá a divagar; na verdade, terá um amplo escopo para tal processo. Todavia, se a extensão é muito restrita, a mente experimentará pressão e tensão, sendo impossível observar qualquer coisa. O aspirante espiritual precisa descobrir um caminho intermediário, mantendo distância tanto da tensão quanto da divagação. A palavra *dhāraṇa* exprime realmente segurar, manter[12] e, portanto, indica a capacidade da mente de absorver um objeto ou uma imagem tanto quanto queira. Quando há tensão não é possível tal absorção; da mesma forma, quando a mente divaga, é impossível manter um objeto ou uma imagem. A fim de afastar-se tanto da divagação quanto da tensão, o *sūtra* acima sugere a definição da extensão da percepção pela mente.

No campo da meditação, como se entende comumente, um dos maiores empecilhos é a concentração. A maioria dos estudantes de meditação é incapaz de avançar em suas tentativas de concentração. Precisamos nos lembrar de que a concentração é um processo excludente. Em algumas técnicas de meditação, sugere-se que o aspirante deveria concentrar-se em um único ponto. É conhecido como *trāṭaka* nas práticas do *Haṭha Yoga.* Este esforço para a concentração intensa em um único ponto resulta, muitas vezes, em esgotamento nervoso. Em todo caso, tais práticas *trāṭaka* nos mantêm em um estado de constante tensão mental. Além disso, não servem a um propósito útil para chegar à comunhão espiritual. Podem ser úteis para o desenvolvimento de faculdades psíquicas – mas, desenvolvimento psíquico não é o mesmo que comunhão espiritual. E no *Rāja Yoga* nosso interesse não é com o desenvolvimento psíquico, mas com a comunhão espiritual. Embora a concentração em algum ponto único seja uma expressão física de *trāṭaka*, tal concentração em um único pensamento ou imagem é apenas outra forma do mesmo *trāṭaka*. Pode resultar em tensão mental e esgotamento nervoso. Na maior parte dos casos, a luta para concentrar-se continua para sempre, nunca permitindo que o aspirante chegue a algum lugar próximo à real experiência espiritual da meditação. Não importa qual seja o tema da concentração – se um ponto, um objeto, uma imagem ou um pensamento, pois todas estas atividades isolantes e excludentes da mente são apenas formas diferentes de *trāṭaka*, induzindo à tensão e, portanto, ao embotamento no ato da observação ou cognição. É neste

---

[12] No original em inglês: *to hold*. (N.E.)

contexto que compreendemos o verdadeiro significado da expressão *deśa-bandha*. Nesta não há a questão de concentrar-se em um ponto, em um objeto, imagem ou pensamento. Patañjali não solicita qualquer atividade excludente ou isolante da mente. Todavia esta advertência contra a concentração não é uma defesa da divagação. Precisamos entender que embora a concentração envolva resistência, o devaneio implica indulgência. Somente a mente que não cai na resistência nem na indulgência pode ver com clareza. De fato, apenas tal mente pode conhecer o que é *dhāraṇa*, ou manutenção. Na resistência ocupamo-nos em excluir o não desejado ou os pensamentos, imagens ou objetos que distraem. Na indulgência somos levados pelos fatores que distraem. Realmente, em nenhuma das condições acima, há a possibilidade de manter um objeto, imagem ou pensamento em uma observação sustentada. Apenas definindo a extensão é que podemos prover uma tela ampla ou panorâmica para a mente, na qual ela pode olhar para os acontecimentos da vida sem pressão ou tensão. Por causa disso preferimos descrever *dhāraṇa* como um estado de Percebimento. Esta não é um percebimento excludente, mas um estado de percebimento extensivo.

Se *dhāraṇa* é percebimento extensivo, então pode ser levantada uma questão: existem limites para esta extensão, e se assim for, quem determina os limites e como? Já havíamos afirmado que o percebimento que é excludente cria pressão e tensão; e vimos também que o percebimento que é muito amplo causa difusão à ação da percepção. Obviamente a implicação disso é que deve haver limites para a extensão do percebimento e que, contudo, estes limites não devem causar qualquer tensão. Dessa forma, a questão é: quais são os limites da área da extensão e quem estabelece estes limites? Podemos fazer uma pergunta inversa: quando vemos algo, quem estabelece os limites para a extensão da percepção física? Há uma extensão da percepção física, pois sem isso a visão seria muito difusa ou os olhos sofreriam grande tensão. Temos que inquirir como esta extensão é determinada. É bastante claro que os próprios olhos determinam a extensão da percepção, desde que lhes seja dada liberdade para fixar sua própria extensão de percepção. Quando a mente intervém em qualquer ação de percepção, a extensão natural dos olhos é perturbada, causando tensão ou difusão. No nível físico nossa visão tem fundamentalmente dois componentes, o focal e o periférico. O componente focal é aquele que os olhos querem ver e examinar. Os olhos, naturalmente, estão voltados para este componente focal, o objeto a ser visto. Mas, ao fazer isso, os olhos não impedem a entrada da visão periférica. A visão no nível focal é clara e a visão no nível periférico não é tão distinta. Não obstante, os olhos estão cientes dos objetos que se encontram na área periférica. A claridade no nível focal e um percebimento indistinto da área periférica constituem a ação natural da percepção dos olhos. Os olhos são capazes de estabelecer suas áreas focal e periférica de percepção de uma maneira normal se lhes é dada liberdade sem grilhões. Mas, se a mente intervém, as áreas focal e periférica são perturbadas, e a mente interfere em benefício de sua própria busca de prazer. Deixados a si mesmos, os olhos determinam os relacionamentos focais e periféricos. Temos de lembrar também que o focal e o periférico juntos dão uma perspectiva a nossa visão. A visão que é meramente focal, sem implicações e sugestões periféricas, tende a ser superficial e, portanto, sem perspectiva. Em qualquer perspectiva, a posição e a distância são os dois ingredientes essenciais. Nesta questão da visão, enquanto o focal representa a posição, o periférico fornece o elemento da distância. Nossa visão normalmente tem um elemento de perspectiva, e este é determinado pelo livre funcionamento dos próprios olhos. Os olhos não invocam qualquer agente externo para determinar sua extensão de percepção. Eles próprios determinam a intensidade da visão focal e os limites da visão periférica. Uma distorção neste processo da visão surge apenas quando a mente intervém para seus próprios propósitos.

Ora, o que se aplica para a visão física aplica-se igualmente para a visão no nível psicológico. Em *dhāraṇa* não nos ocupamos tanto com a ação física da percepção, mas com a psicológica. O instrumento de visão não são os olhos, mas a mente. Os olhos são capazes de sustentar uma visão facilmente, sem pressão ou tensão, quando funcionam normalmente, determinando suas áreas focal e periférica de percepção. Em *dhāraṇa* também o problema constitui-se nas áreas focal e periférica da visão. No nível psicológico a intensidade da percepção focal aumenta quando a área periférica é definida apropriadamente. Se, como na concentração, busca-se eliminar a área periférica, então surge uma tensão e uma pressão, que impedem a mente de ver o que deseja ver. De modo semelhante, se a área periférica é ilimitada, a visão é totalmente difusa, em virtude do fator de divagação que se introduz nas atividades cognitivas da mente. Um relacionamento apropriado entre o focal e o periférico é essencial para a reta percepção das coisas. É este relacionamento que é indicado pela expressão *deśa-bandha*. A questão é: como este relacionamento será estabelecido?

Na percepção física, os olhos, após decidirem o que querem ver, trazem à existência a definição da área periférica. Em outras palavras, o percebimento no nível focal determina os limites da área periférica. Isso é feito tão automaticamente que não ficamos conscientes do fato. Contudo, é verdade que o foco de interesse dos olhos cria o reto relacionamento com a margem, de modo que os olhos não sejam pressionados nem muito difusos em sua visão. É exatamente isso que ocorre em *dhāraṇa* também. Se o foco de interesse da mente é claro e vívido, então ela cria por si mesma os limites periféricos. Em outras palavras, a própria intensidade do interesse focal define os limites da área periférica. Isso é realmente *deśa-bandha*. A questão é: se isso é tão automático e fácil, por que enfrentamos problemas de distração? Sabemos que, em nosso esforço para meditar, os fatores periféricos invariavelmente dominam a área focal, e, em consequência, somos incapazes de olhar para um objeto, imagem ou pensamento que tenhamos colocado diante de nós. Em nossa percepção mental, há uma constante batalha com as forças periféricas que tentam, sempre, obliterar o tema de interesse focal. Parece haver algum empecilho neste relacionamento focal-periférico no nível psicológico. De certo modo somos incapazes de estabelecer um reto relacionamento entre as áreas focal e periférica de nossa percepção mental. Por quê?

Há vários fatores envolvidos neste tema da percepção mental. Nossas ideias tradicionais sobre concentração contribuem para um maior impedimento no estabelecimento deste relacionamento. Na concentração, o esforço é no sentido de ignorar ou eliminar os fatores periféricos. Neste esforço queremos olhar para alguma coisa sem qualquer perspectiva. Na concentração, tendemos a tornar nossa visão mental completamente superficial. Ora, uma imagem superficial é sem vida e não pode prender nossa atenção. Nossos temas de concentração tornam-se sem vida ao eliminarmos aqueles fatores que tão somente podem dar perspectiva a nossa visão. Não é de se admirar que esforços para nos concentrarmos em imagens sem vida são totalmente frustrantes. O lugar da área periférica deve ser reconhecido se quisermos ter sucesso em *dhāraṇa*. Sem isso, qualquer esforço para *dhāraṇa* está fadado a fracassar. E é o que está acontecendo em nossas supostas práticas de concentração. Queremos apenas que o focal permaneça, destituído do contexto periférico; mas isso jamais pode acontecer, porque viola todas as leis da percepção. Nas formas tradicionais de concentração há uma resistência ao influxo periférico, porque ele causa distração.

Por que os fatores periféricos deveriam causar distração? Há duas razões obviamente. Uma, porque a área focal é destituída de interesse intrínseco. Quando tentamos meditar sobre um tema no qual não estamos realmente interessados, o influxo periférico está fadado a nos arrebatar. Muitas vezes selecionamos um tema para a meditação porque é considerado sagrado ou porque foi sancionado pelas Escrituras. Mas não podemos manter tais pensamentos ou imagens em nossa consciência por qualquer período de tempo sem sermos distraídos. E, se tentamos nos concentrar sob estas condições, desencadeia-se uma batalha feroz entre o focal e o periférico. Na verdade, essa batalha parece interminável para a maioria das pessoas que estão envolvidas em formas tradicionais de concentração e meditação. Como podemos perceber qualquer coisa quando estamos imersos em uma tal batalha? Em meio a essa batalha obviamente *dhāraṇa* não tem qualquer lugar.

Todavia, há também outra causa para a distração. Mesmo que estejamos seriamente interessados no tema de nossa meditação, nós nos distraímos. Assim ocorre porque queremos impedir a entrada de todas as influências periféricas, o que significa colocar vendas nos olhos da mente. Estas vendas são um mecanismo de defesa construído para os propósitos da suposta meditação. Em outras palavras, esta é a técnica de resistência adotada pela mente para manter nossa atenção fixa na área focal. Mas esta técnica causa seu próprio fracasso, pois quanto mais resistimos às imagens e aos pensamentos periféricos, tanto mais eles nos perturbam.

A maioria das pessoas tem experiência neste jogo de resistência onde nunca temos tempo para nos ater ao tema da meditação que escolhemos para refletir silenciosamente. Assim, a concentração falha, seja por causa da falta de interesse intrínseco, ou por causa da técnica de resistência adotada. De fato, mesmo quando há interesse intrínseco, ocorre um processo de resistência inconsciente. A resistência, consciente ou inconsciente, derrota completamente todas as tentativas de concentração. Contudo, isso se torna uma parte tão constante da concentração que não podemos pensar na última sem associar com a primeira. É considerada uma expressão de força de vontade, e há uma crença fortemente arraigada em todo pensamento religioso tradicional que sem o exercício da força de vontade o progresso na senda espiritual seria impensável. Ora, um exercício de força de vontade nada mais é que o uso da força para alcançar alguma, assim chamada, elevação espiritual. Não conseguimos compreender que a experiência espiritual não deve ser buscada através de meios violentos. Na verdade, ela surge da mesma maneira que a natureza abre uma flor. Pensar em arrancar a experiência espiritual por meio da força de vontade é negar a própria base da vida espiritual. Portanto, a resistência não tem absolutamente lugar na disciplina espiritual. Se a concentração exige resistência, tal concentração não tem validade no domínio espiritual. Mas, por que requereríamos alguma resistência afinal? Isso ocorre porque há uma noção equivocada de que as áreas focal e periférica são opostas uma à outra, de modo que, a fim de ver o que está na área focal, temos de resistir contra tudo que proceda da área periférica.

Uma das verdades mais simples que temos de saber é que a mente deve observar exatamente da mesma maneira que os olhos normalmente observam. Os olhos não o fazem em um estado de conflito entre as áreas focal e periférica. Para uma percepção relaxada e eficaz pelos olhos, estabelece-se um relacionamento correto entre as áreas focal e periférica. Os olhos, através de seu funcionamento normal, determinam limites para a extensão periférica, a fim de evitar tanto a tensão quanto a difusão. Talvez possamos argumentar que isso pode ser possível no nível físico onde as áreas periféricas não estão sobrecarregadas com associações psicológicas. Pode a mente no nível psicológico fazer o que os olhos são capazes de fazer no nível físico? A eliminação de todo conflito entre o focal e o periférico é um princípio fundamental da percepção em todos os níveis, e, portanto, a mente deve também funcionar como o fazem os olhos, se quiser chegar à reta percepção das coisas. Precisamos, todavia, nos afastar de todos os métodos de concentração que envolvem resistência. Todas as formas de percebimento excludente criam conflito e tensão, e a concentração assume sua posição inequívoca no percebimento excludente. Se a mente quiser observar corretamente – e este é o propósito de toda disciplina espiritual, inclusive da meditação – deve explorar as possibilidades do percebimento extensivo.

Podemos admitir que no percebimento extensivo não há pressões e tensões, mas nossa percepção não se torna vaga e difusa? A consciência não fica fora de foco sob condições de percebimento extensivo? A eliminação do conflito não é feita à custa da clareza? Nisto temos que entender como a mente define suas próprias áreas focal e periférica, assim como os olhos o fazem. Tal definição realmente é *deśabandha*. Precisamos de um agente externo para fazer esta definição pela mente? Se postulamos tal agente, a definição será feita sob compulsão e, portanto, envolverá resistência e conflito. Não há necessidade de um agente externo, seja ele a Mente Superior ou a assim chamada Alma, para realizar esta definição. Nenhuma percepção é possível sob compulsão, seja essa percepção física ou psicológica. Dessa forma, *deśabandha*, ou a definição, deve ser feita pela mente assim como é feita no nível físico pelos olhos.

Pode parecer estranho e paradoxal e, contudo, é verdadeiro, que os próprios fatores que compreendem a área focal criem as condições onde a definição da área periférica é feita quase sem esforço. O focal define a margem se não houver interferência em seu processo natural. Mas, para isso, dois fatores são essenciais. Primeiro, a área focal deve ser clara e vívida, e as tentativas de definição da área periférica não devem ser interceptadas por qualquer forma de resistência consciente ou inconsciente. Temos que nos lembrar de que as distrações não são opostas aos temas escolhidos para a reflexão. Elas emanam, por assim dizer, das reflexões e não lhes são estranhas. Não dar atenção a este fato tem causado desnecessária tortura para o aspirante espiritual, na forma tradicional de concentração. Se nosso tema de reflexão é convenientemente claro e se ele prende nosso real interesse, então o tema focal começará a desenrolar-se, liberando assim aqueles fatores que logo se estabeleceriam na área periférica. Se permitirmos que o fator focal libere suas próprias distrações sem qualquer resistência, então a área periférica será definida automaticamente. Para a maioria das pessoas a experiência é que ao começarem a meditar, no momento em que fixam seu tema focal, inúmeros pensamentos e imagens indesejáveis subitamente afloram. Enquanto não fixarmos algum tema focal claro, não há perturbações mentais. Apenas quando fixamos um tema focal é que subitamente há uma invasão do exército de pensamentos e imagens não desejados. No momento em que isso acontece, uma luta amarga se segue na qual tentamos proteger o tema focal contra a avalanche de distrações representada pelos pensamentos e imagens não desejados. Mas a luta torna-se cada vez mais feroz, esgotando as energias do aspirante. Não é de admirar-se que um grande número de aspirantes abandona todas as práticas meditativas por causa desta luta feroz e interminável. Na própria fixação do tema focal, são estimuladas as associações periféricas. E quanto mais clara e vívida é a fixação do tema focal, tanto mais pronunciada é a estimulação das reações periféricas. Nesta estimulação das respostas periféricas, os fatores subliminares da consciência são expostos, o que é essencial para o autoconhecimento. Nossa resposta normal a estes estímulos é suprimir as tendências subliminares, pois tememos esta exposição. O resultado é a construção de resistências inexoráveis contra os estímulos periféricos. Quanto mais resistimos tanto mais poderosa torna-se a imagem ou o pensamento. Mais as tendências expostas abrigam-se sob formas perversas e obscuras de expressão, devido ao represamento da resistência. Quando isso ocorre, a força que distrai torna-se mais pronunciada. Quando resistimos às distrações periféricas, elas tendem a se espalhar, e, como consequência, a área periférica ocupa cada vez mais espaço, tornando o ato da observação do tema focal, mais difuso. Assim, a própria resistência cria o problema da percepção difusa. Perdemos de vista o tema do interesse focal e tudo o que resta é a luta sem sentido contra as tendências periféricas. Onde quer que haja percebimento excludente devem surgir tensões e difusões nascidas da concentração, e com isso não há solução para os problemas da concentração e da meditação. A reta percepção das coisas é impensável ao longo desta linha, e sem isso o *Yoga* não tem qualquer sentido.

O *deśa-bandha* a que Patañjali se refere neste *sūtra* não indica o caminho de percebimento excludente; ele aponta claramente o caminho do percebimento extensivo. Neste caso, a própria mente define as áreas da consciência focal e periférica, o mesmo que os olhos fazem no nível físico da percepção. Deixe a mente selecionar seu tema de interesse focal, e nesta seleção, deixe que a claridade e a vivacidade tenham sua importância à medida que isso seja possível. Então, deixe surgir o processo normal de estímulo e associação periférica. Caso se permita que isso funcione sem qualquer resistência, a definição da área periférica ocorrerá sem qualquer dificuldade. Deixe a mente mover-se livremente nesta região onde as áreas focal e periférica foram definidas. Muitas vezes a mente mover-se-á e deixar-se-á ficar na área periférica. Deixe-a ficar ali sem perder de vista o tema de interesse focal. Não é necessário agarrarmo-nos firmemente ao tema de interesse focal. Mas se não há resistência aos estímulos periféricos, a mente oscilará entre o focal e o periférico. Surgirá um relacionamento correto entre o focal e o periférico que eliminará toda pressão e tensão. Será mais fácil sustentar o tema de interesse focal neste contexto de reto relacionamento entre o focal e o periférico do que se as duas áreas se opusessem uma à outra como em um estado de guerra. Nesta condição tanto o focal quanto o periférico serão sustentados muito levemente. Este é de fato o verdadeiro estado de *dhāraṇa* ou sustentação no sentido psicológico. Esta sustentação torna-se possível devido à definição das áreas focal e periférica de uma maneira natural pela própria mente. Isso é *deśa-bandha*, onde tão somente podemos conhecer o que é *dhāraṇa*.

Pode-se perguntar: isso é tudo o que se requer na senda do *Yoga*, um movimento entre as áreas focal e periférica? Um percebimento dos impulsos periféricos sem perder de vista o tema de interesse focal é suficiente para os objetivos do *Yoga*? Em tal percebimento como saberemos o significado e a significação do tema de interesse focal? Talvez neste movimento entre o focal e o periférico possamos formar um relacionamento com o tema de interesse focal, mas isso seria muito superficial e não conteria aquela profundidade que o *Yoga* exige. A Realidade pode ser compreendida pelo mero conhecimento da natureza superficial? Se o *Yoga* implica uma experiência em profundidade, com certeza este movimento superficial da mente para a frente e para trás, nas áreas focais e periféricas, dificilmente serve ao propósito. No entanto, *dhāraṇa* é apenas uma parte do processo contínuo representado por *dhāraṇa-dhyāna-samādhi*. O percebimento extensivo serve para levar à atenção total. Ser extensivamente cônscio do que acontece na margem, mesmo enquanto estamos olhando para o tema de interesse focal é apenas o ponto de partida. O principal objetivo deste percebimento extensivo é habilitar o aspirante a olhar para o tema de interesse focal sem absolutamente qualquer obstáculo. Faz-se necessário ressaltar que o obstáculo surge quando resistimos aos impulsos periféricos. Quando este obstáculo é removido e quando estamos em um estado de percebimento extensivo, a atenção total é possível. *Dhāraṇa* objetiva levar-nos ao estado de atenção plena, pois apenas neste estado podemos compreender os mistérios da Realidade que tencionamos investigar na disciplina do *Yoga*. Quando não há conflito entre o focal e o periférico, surge na consciência do homem uma certa qualidade de relaxamento. A fim de ver qualquer coisa precisamos estar completamente relaxados. O propósito de *dhāraṇa* é criar este estado de relaxamento no qual a plena atenção se torna possível. E o relaxamento é o campo da atenção.

Contudo, o que realmente significa atenção, e como chegamos a ela quando o focal e o periférico estão corretamente relacionados? A questão da atenção está dentro do escopo de *dhyāna*, a qual estudaremos no próximo capítulo. A função de *dhāraṇa* é definir, de uma maneira natural, as áreas focal e periférica da consciência. Quando isso é feito, estamos prontos para adentrar nos segredos e mistérios de *dhyāna*. É para este profundo tema da atenção que Patañjali nos leva no decorrer de sua discussão sobre *dhyāna*.

CAPÍTULO XVIII

A TOTALIDADE DA ATENÇÃO

O tema da meditação adquiriu em tempos recentes muitas conotações estranhas, o que se deve, talvez, ao fato de que o homem moderno, tendo se fartado de ciência e tecnologia, está completamente desiludido. Ele buscou a felicidade, mas obteve apenas conforto físico e, também, pagou o alto preço de entregar-se às tensões enervantes da vida moderna. Desiludido, o homem atual está em busca de algo que o liberte das pressões e tensões da civilização moderna. É nesta busca que ele se voltou para o que quer que o *Yoga* e a meditação possam oferecer. Sua situação é tão deplorável que ele é incapaz de descobrir se o que lhe é oferecido é genuíno ou espúrio. Ele está disposto a tentar toda e qualquer coisa, desde que lhe proporcione resultados rápidos. Assim, ele passa de desilusão em desilusão, incapaz de encontrar a verdadeira substância através da qual possa aplacar sua sede e fome. Há uma relação de oferta e procura onde a meditação está sendo vendida como mercadoria, alcançando algumas vezes fantásticos preços. Explorando as frustrações do homem moderno, tratamentos charlatães de meditação estão sendo oferecidos por aqueles que querem aproveitar a oportunidade. Por causa disso e de outros fatores similares, a meditação tornou-se uma palavra muito deturpada, reunindo em torno de si estranhas noções e práticas. No meio desta perigosa confusão, Patañjali parece ser uma orientação segura e infalível. Aborda a meditação de modo muito simples e não sofisticado e, contudo, intensamente científico. Se o homem moderno, ao invés de se lançar precipitadamente em todos os tipos de experiência espúrias, parasse para considerar o que Patañjali tem a dizer sobre o tema, encontraria grande alívio entre as enormes frustrações causadas pelas exigências da vida moderna.

Temos que nos lembrar de que a meditação, como esclareceu Patañjali, deve estar sobre a base de *pratyāhāra* e *dhāraṇa*. Estes dois complementam-se. Enquanto no primeiro há a reeducação dos sentidos, no segundo há a reeducação da mente. Em *pratyāhāra* o cérebro é ativado, enquanto em *dhāraṇa* a mente é levada a um estado de relaxamento. Para a percepção efetiva em qualquer nível, estas duas condições são essenciais. Conhecemos a passividade do cérebro e a condição ativada da mente – é isso que nos tornou totalmente alheios às alegrias do verdadeiro relaxamento. Através de *pratyāhāra* e *dhāraṇa* somos iniciados na arte do relaxamento. E o homem moderno precisa, acima de tudo, de momentos regeneradores de relaxamento, se não quiser sucumbir sob as pressões da vida moderna. Nosso ato de percepção está sendo constantemente desfigurado pelas distrações. *Pratyāhāra* ocupa-se com o problema das distrações sensoriais e *dhāraṇa* com o problema das distrações psicológicas. As distrações sensoriais surgem quando a mente interfere com a atividade normal dos sentidos, e as distrações psicológicas, quando há um conflito entre as áreas focal e periférica de percebimento. Na percepção estão envolvidos os fatores da quantidade e da qualidade. Nossa percepção sofre quando a entrada quantitativa é reduzida, mas sofre também quando a própria qualidade de ver ou experimentar registra um declínio. A entrada quantitativa depende dos dados sensoriais, enviados pelos sentidos ao cérebro o que, por sua vez, está relacionado à resposta dos sentidos. Mas nossa qualidade de percepção registra um declínio quando o percebimento torna-se excludente e a perspectiva é perdida. Há uma qualidade na percepção quando as coisas são vistas em sua verdadeira perspectiva, quer física quer psicologicamente. Isso exige um percebimento extensivo e é *dhāraṇa* que nos habilita a chegar a esta percepção qualitativa das coisas.

Como afirmamos no último capítulo, no percebimento extensivo não há conflito entre a área focal e a periférica da consciência, e a mente está completamente relaxada. Este estado é totalmente diferente daquele conhecido sob as formas tradicionais de concentração, que, sendo excludentes, criam tensão. É possível estarmos cônscios das coisas e acontecimentos com um senso de relaxamento. A importância da percepção relaxada é tanto mais necessária quando estamos tratando com fatores psicológicos. Nossa vida preocupa-se principalmente com os eventos e acontecimentos psicológicos. Sabemos que nossas ações no campo psicológico vão mal porque somos incapazes de ver as coisas e os acontecimentos de uma maneira relaxada. Mas não pode haver relaxamento quando há um esforço para a concentração. As energias mentais daquele que luta para concentrar-se estão fadadas a se dissipar, pois, em qualquer tentativa desta natureza, a mente precisa estar ocupada em selecionar o que excluir e o que incluir. No percebimento extensivo há um percepção completamente relaxada, física ou psicológica. O propósito de *dhāraṇa* é iniciar um livre movimento da mente entre a área focal e a periférica. A mente deve ser capaz de se mover livremente entre o focal e o periférico. Em tal movimento livre, embora não se perca de vista o focal, o periférico também não causará qualquer distração. É neste movimento que o focal e o periférico são definidos de uma maneira natural. O próprio movimento da mente origina *deśa-bandha*, que é o ponto central de *dhāraṇa*. Aqui não se trata da questão da Mente Superior permitir certa quantidade de liberdade à mente inferior de mover-se na margem definida pela Mente Superior. Tal margem criada artificialmente traria de volta os conflitos e as tensões. Pode-se dizer que a definição natural das margens ocorre quando deixamos a mente mover-se ao longo de suas próprias linhas de associações. Apenas nesta definição natural da área periférica é que a mente não perde de vista a imagem focal. Vem à existência um movimento relaxado entre as duas áreas. O processo associativo surge da própria imagem focal. Ao permitir que este processo associativo funcione sem resistência, há um afrouxamento dos complexos da mente. O focal e o periférico são ambos parte da mesma mente. Permitindo o funcionamento do processo natural de associação, o conteúdo da mente é exposto. O propósito de *dhāraṇa* é revelar os conteúdos da mente. Esta exposição tem uma naturalidade própria, porque é estimulada pelo próprio tema de interesse focal.

Pode surgir a questão: a mente não será arrebatada por este movimento entre as áreas focal e periférica, resultando na completa obliteração do interesse focal? Posto que o movimento da mente entre duas áreas surge devido à não resistência dos impulsos periféricos, isso não resultará na indulgência da mente nos fatores representados pela área periférica? Temos de compreender que o propósito limitado de *dhāraṇa* é trazer à existência um movimento livre da mente entre as áreas focal e periférica. Uma vez que este movimento tem início, o trabalho específico de *dhāraṇa* termina. Todavia, este movimento não tem valor se, em virtude dele, não formos capazes de voltar nossa atenção não perturbada para o tema do interesse focal. O movimento da mente entre as duas áreas tem como objetivo apenas que a área periférica não cause distração, impedindo-nos de olhar para o tema de interesse focal. E a distração periférica é eliminada não colocando resistência aos impulsos que surgem da margem. Através disso, chegamos a uma extensão natural de percepção, trazendo relaxamento à mente. O percebimento extensivo de *dhāraṇa* visa habilitar-nos a observar com completo relaxamento o tema de interesse focal. Mas, a indagação é: "este percebimento extensivo não introduzirá um elemento de indulgência devido ao qual o focal pode ser complemente eclipsado e o periférico, assumir a posição de interesse focal?" Ora, se *dhāraṇa* trata com a questão da resistência, *dhyāna* ocupa-se com o problema da indulgência. Para a atenção no tema de interesse focal apenas a não resistência não é suficiente. Deve haver também um estado de não indulgência. É com isso que *dhyāna* se ocupa. Patañjali menciona no primeiro e único *sūtra* que trata de *dhyāna* o que segue:

tatra pratyayaikatānatā dhyānam

2. Neste estado, observar o fluxo do pensamento sem qualquer interrupção é *dhyāna* ou atenção.

A expressão "neste estado" manifestamente se refere ao estado de *dhāraṇa*. *Dhyāna* pode surgir apenas na condição de *dhāraṇa*. Traduzimos a palavra sânscrita *dhyāna* como atenção. Diremos posteriormente porque preferimos esta à palavra usual "meditação". É necessário realçar que a atenção surge somente em uma condição de percebimento extensivo, porque a atenção é possível quando estamos completamente relaxados. Em um estado de tensão não podemos observar qualquer coisa com clareza ou com intensidade. E é em *dhāraṇa* ou percebimento extensivo que o relaxamento como discutido anteriormente é possível. O estado de relaxamento é condição *sine qua non* para a reta percepção, ou seja, percepção das coisas e dos acontecimentos como eles são. Se *dhyāna* desperta uma profunda compreensão da realidade é porque há uma reta percepção das coisas neste estado. Ora, a reta percepção é possível somente em uma condição de atenção, onde não somos distraídos por nada. O *Bhagavad-Gītā* refere-se a *ananya-bhāva* com o significado de que não há "outro" em nossa consciência. É a presença do "outro" que distrai e, quando isso acontece, não podemos ver nada apropriadamente. No percebimento extensivo, a mente está livre de todas as resistências e, por conseguinte, estamos em uma condição relaxada. Nesta condição a atenção torna-se fácil, seja qual for o objeto de atenção. O verso conclusivo do *Īśāvasya Upaniṣad* diz:

> "A face do Real está coberta com um vaso de ouro. Que Tu, Oh *Pūsan*, faça isto, descubra-a, para que eu, devoto da Verdade, possa contemplar".

O verso acima quer dizer que não precisamos ir a parte alguma em busca da Realidade, pois ela está diante de nós, seja onde for que estivermos. Mas por que não A vemos? Porque Sua face está coberta, e tudo o que é preciso ser feito é descobrir a face, de modo que possamos vê-la. A Realidade permeia tudo, mas é nossa percepção distorcida que nos impede de vê-la. Os problemas de nossa vida centram-se em torno da ação e, de fato, estamos em busca daquela base de ação de onde possamos agir acertadamente. Não é preciso dizer que a base da reta ação é a reta percepção. Patañjali diz que observar o fluxo ininterrupto do pensamento na condição de *dhāraṇa* é *dhyāna* ou atenção. O objetivo de *dhāraṇa* é justamente dar o impulso ao movimento da mente, livre de toda resistência, entre as áreas focal e periférica. Todavia, o aparecimento deste movimento não é suficiente, pois o problema fundamental é chegar a um estado onde possamos ver o tema do interesse focal com totalidade de atenção. A margem almeja não criar qualquer dificuldade na ação da atenção. Pode-se dizer que já existe um movimento da mente e, por conseguinte, não precisamos do instrumento de *dhāraṇa* para iniciar aquele movimento. O movimento que, de hábito, existe na mente é uma mera divagação. Não há *deśa-bandha* ou definição da área focal e periférica. Na divagação a mente simplesmente se move por hábito, onde predomina a indulgência, e, em tal movimento, podemos estar cônscios de muitas coisas, mas não há percebimento nele. É uma condição *tamásica* da mente, onde não temos energia nem mesmo para resistir aos obstáculos que possam estar no caminho de sua divagação. Há outro movimento, de natureza *rajásica*. Este surge nas práticas usuais do esforço indicado pela tradição e pela moral, onde o exercício da vontade ocupa um lugar importante. É um movimento gerado pela nossa própria força de vontade que vincula notas de resistência a todas as práticas de concentração em que há percebimento excludente. Assim, na divagação não há percebimento, mas no movimento da mente iniciado pela concentração há percebimento excludente. Discutimos, de forma detalhada, no último capítulo, suas implicações. Produz um estado de pressão e tensão onde a visão do *que é* se torna impossível. Contudo, em *dhāraṇa* estamos referindo-nos a uma terceira categoria do movimento da mente, cuja natureza fundamental é o percebimento extensivo. É um movimento no qual a mente não é indolente como na divagação, nem tensa como na concentração, mas está completamente relaxada. Este movimento, desta forma, pode, com acerto, ser chamado de *sáttvico*, onde a mente se move de um lado para outro na área focal-periférica. A questão é: como chegamos a um estado de atenção com relação ao tema de interesse focal através deste movimento relaxado entre o focal e o periférico? Como o percebimento extensivo cria condições para a atenção não perturbada?

Temos que compreender que a atenção vem, não pode ser dirigida. A atenção dirigida é, mais uma vez, um exercício da vontade. Tal atenção pode existir em condições de percebimento excludente, todavia é atenção com tensão e, portanto, não é atenção de forma alguma. Quando dissemos que a atenção vem e não pode ser dirigida, o que queremos dizer é que a atenção não é uma ação consciente da mente. A concentração é uma ação consciente, mas a atenção vem quando não nos apercebemos nem mesmo que estamos prestando atenção. É tão somente em tal atenção que podemos ver as coisas como são, em virtude da descoberta que ocorre. Pode-se perguntar: quem cobriu a face da Realidade? Certamente, Sua face foi coberta através das projeções da mente. Em qualquer ação de concentração, esta cobertura torna-se mais e mais espessa e opaca, pois a mente cria um muro de resistência. Por mais estranho que possa parecer é este próprio muro de resistência que oculta a face da Realidade. Na verdade, nesta ação de resistência acarretada pela concentração, fugimos da Realidade, uma vez que estamos empenhados em resistir à entrada de pensamentos e imagens advindos da área periférica. Tão ocupados estamos com esta invasão periférica que nossos olhos se fecham para a presença da Realidade. É o mesmo que nos virarmos contra a luz e gritarmos que está escuro. E, portanto, a atenção que é dada não é atenção absolutamente. Como e quando ela vem? Como já discutimos, ela surge no campo de *dhāraṇa* ou percebimento extensivo. Nos momentos de percebimento extensivo, de súbito temos uma experiência de atenção total. No entanto, a questão ainda permanece: como chegamos a esta experiência? A palavra "como", neste caso, não significa um método, pois atenção não é uma experiência à qual chegamos seguindo qualquer método particular. Por "como" queremos nos referir ao processo subjacente ao percebimento extensivo, o qual nos leva a esta experiência da atenção. Patañjali indica este processo neste *sūtra*. Ao observarmos o fluxo do pensamento, sem qualquer interrupção, chegamos a uma condição de atenção ou *dhyāna*. O que resulta desta observação do fluxo do pensamento?

Vimos que no estado de *dhāraṇa* surge um movimento livre da mente entre as áreas focal e periférica. Ao observarmos este movimento, sem qualquer interrupção, chegamos ao estado de *dhyāna*. Na verdade, *dhyāna* é o estado de observação do fluxo do pensamento sem qualquer interrupção. Observar o movimento da mente em uma condição de percebimento extensivo é, segundo Patañjali, o estado de *dhyāna*. O focal e o periférico não são duas coisas diferentes; juntos constituem o conteúdo da mente. Na condição usual de divagação da mente, os dois estão tão misturados que não os vemos com clareza. Mas, em *dhāraṇa* eles estão desprendidos e, assim, chega-nos uma certa claridade. Em outras palavras, em *dhāraṇa* os dois polos opostos da mente, o focal e o periférico, são claramente percebidos. Ver estes dois pontos juntos, não um a um, é a condição de percebimento extensivo. A mente funciona no campo da dualidade, mas o comum é não vermos simultaneamente os pontos duais. Nós os vemos um após o outro e, por consequência, não é de se admirar que nos comportemos algumas vezes de uma maneira agradável e outras de uma maneira desagradável. Esquecemos que a delicadeza e a indelicadeza do comportamento existem ao mesmo tempo – não um após o outro. Nossa suposta delicadeza contém elementos de indelicadeza. Na verdade, nosso chamado bom comportamento baseia-se em fundamentos daquilo que pode ser chamado de mal. Na mente existem juntos, mas porque não os vemos juntos, postulamos a existência de duas mentes – a superior e a inferior. E com o auxílio da superior lutamos para controlar a inferior. Esquecemos, não obstante, que a superior contém a inferior, não são distintas uma da outra. É em *dhāraṇa* ou percebimento extensivo que começamos a vê-las simultaneamente – a periférica como parte da focal, o indesejável como parte daquilo que chamamos de desejável ou nobre. O objetivo de *dhāraṇa* é iniciar um movimento livre da mente entre estes dois pontos. Mas a observação, sem qualquer interrupção deste movimento da mente entre os dois pontos opostos é, na verdade, *dhyāna*. O essencial não é apenas a observação, porém a observação sem causar qualquer interrupção neste fluxo do pensamento do focal para o periférico e vice-versa.

É necessário inquirir o que pode causar interrupção no fluxo do pensamento de um ponto oposto ao outro. É bastante claro que, se durante a observação do fluxo do pensamento, surgir qualquer avaliação ou julgamento com relação a qualquer expressão de pensamento, o fluxo é interrompido. De fato, tal julgamento ou avaliação causa uma perturbação em todo o fluxo, de modo que o que surge após a interrupção não é algo natural, mas, superposto. Um movimento cultivado de forma consciente é superposto ao movimento natural do pensamento. Com isso, a percepção simultânea dos dois opostos também desaparece, fragmentando o estado de *dhāraṇa*. A mente, com o propósito de sua própria segurança e continuidade, deseja afastar-se da percepção simultânea dos opostos logo que possível. Contudo, quando o movimento entre os dois não é interrompido por avaliação ou julgamento, o fluxo do pensamento entre o focal e o periférico segue em frente. Observar sem nomear ou avaliar é saber o que é *dhyāna*. Assim, *dhyāna* não é o pensamento sobre alguma coisa, nem mesmo sobre Deus ou a Verdade; ao invés disso, é a observação do movimento do pensamento. Temos que nos lembrar de que este movimento surge em virtude do tema de interesse focal. Este tema pode ser Deus, a Verdade, a Virtude ou qualquer outra coisa na qual estivermos interessados para fins de reflexão. O tema do interesse focal desperta a margem, e quando o periférico despertado não é resistente, surge um movimento relaxado e suave entre o focal e o periférico. Ora, *dhyāna* implica a observação do fluxo do pensamento, ou deste movimento entre as áreas focal e periférica.

O que provavelmente observaremos neste movimento? Há três coisas fundamentais que podemos e iremos observar neste movimento. Primeiro, a sua extensão. Segundo, sua natureza, estrutura e maneira de mover-se. Este movimento está destinado a ter velocidades variadas – algumas vezes rápida, outras, devagar. É o que constitui a estrutura deste movimento. Terceiro, os motivos subjacentes a este movimento. A extensão, a maneira e o motivo – é o que necessita ser observado. *Dhyāna* é, de fato, a condição de observação da natureza tríplice do movimento do pensamento entre as áreas focal e periférica, sem qualquer interrupção.

Desde que *dhyāna* deve ser compreendida no plano de fundo de *dhārana*, podemos dizer que esta observação ocorre com relação ao fluxo do pensamento entre as áreas focal e periféricas. Ora, o focal representa o campo da atenção, enquanto o periférico constitui a esfera da desatenção. Assim, o fluxo do pensamento denota um movimento da mente entre os pontos da atenção e da não atenção. Normalmente todas as distrações são perturbadoras. Mas, quando um novo relacionamento é estabelecido entre as áreas focal e periférica, como discutimos anteriormente, deparamo-nos com um fenômeno da distração sem qualquer perturbação. *Dhyāna* é um percebimento das distrações da mente. E este percebimento não deve sofrer interrupção, pois qualquer interrupção distorceria imediatamente o fluxo do pensamento. É possível observar as distrações sem qualquer interrupção? Uma interrupção pode surgir em uma diversidade de formas. Pode ser comparação, avaliação ou explicação, ou pode ser apenas a nomeação da distração. Na verdade, a interrupção começa pela nomeação e com isso, o fluxo do pensamento fica perturbado. Dessa forma, é impossível observar com alguma clareza. Quando a corrente do pensamento é perturbada, a observação deste fluxo está destinada a ser difusa. Ver com absoluta clareza a corrente do pensamento é meditação.

Assim, meditação não é um processo do pensamento; é uma observação clara e ininterrupta do processo de pensamento. Este processo emana do ponto focal – aquele tema ou problema sobre o qual desejamos focalizar nossa atenção. Ora, se *dhyāna* é um transbordamento de *dhāraṇa*, então essa observação ininterrupta da corrente do pensamento não causa pressão ou tensão. Na verdade, nossa observação é absolutamente relaxada, porque a mente define sua própria área periférica no estado de *dhāraṇa*. Como dissemos anteriormente, a definição da área periférica tem relação com o ponto focal. Ao trazer à existência a área periférica com o consentimento da mente, e pela própria mente, segue-se um movimento entre as áreas focal e periférica, completamente livre de todas as contaminações de ressentimento e resistência. A margem, sem dúvida, é uma distração do ponto focal, mas é uma distração sem perturbação. O estado de *dhyāna* é o percebimento deste movimento da distração, do movimento suave entre as áreas focal e periférica.

O que observamos neste movimento? A área focal ou o impulso da área periférica? É necessário compreender que a distração é a linguagem através da qual a mente conta sua própria história. Nunca escutamos a mente; na verdade, temos tratado a mente como algo alheio a nós. O fato de não escutarmos a história da mente torna a distração um problema tão grande em todas as abordagens da meditação. As distrações da mente surgem principalmente das áreas periféricas forçosamente estabelecidas pela mente. Este estabelecimento forçado produz um relacionamento de resistência e desconfiança entre as esferas focal e periférica da atividade. Entretanto, se um novo relacionamento pudesse surgir, como indicamos em nossa discussão sobre o tema de *dhāraṇa*, a mente poderia contar sua história na linguagem da distração, sem causar qualquer perturbação. A distração é a maneira que a mente encontra para chamar a atenção para si. É como a criança que deseja contar sua história. Ela quer distrair os adultos de seu trabalho para que escutem o que ela tem a dizer. A mente emprega o mesmo método. Se existe um relacionamento afetivo, a mente será capaz de contar sua história. E ela tem uma longa narrativa para contar. Não somente isso; a mente não quer ser interrompida enquanto está contando sua própria história. *Dhāraṇa* é a condição na qual se estabelece um novo relacionamento com nossa própria mente. *Dhyāna*, na verdade, é escutar a história da mente sem qualquer interrupção.

De hábito, criamos na meditação o falso problema da atenção. Temos que compreender que a atenção não é o problema; a desatenção é o problema. Se o problema da desatenção for resolvido, a atenção virá naturalmente e sem esforço. A desatenção torna-se um problema quando não escutamos a história da mente sem pausa. Ao ouvir a história sem qualquer interrupção, a mente é esvaziada de todo seu conteúdo. E a meditação é, de fato, o esvaziamento da mente de todos seus conteúdos. Todavia a mente não pode ser esvaziada; ela se esvazia, e este esvaziamento ocorre quando a história da mente é ouvida sem qualquer julgamento ou avaliação. Quando a distração não causa perturbação, então, certamente, escutar é fácil. É *dhāraṇa* que torna este escutar fácil, e em *dhyāna* ocorre o real escutar do que a mente tem a dizer. Patañjali utiliza a palavra *pratyaya* com referência a *dhyāna*. Esta palavra indica realmente o conteúdo da mente. Observar a mente não significa o mero olhar para a estrutura de seus movimentos; implica perceber seus conteúdos que são revelados em seu movimento. Patañjali afirma que ver o fluxo do conteúdo da mente sem qualquer interrupção é *dhyāna*. É esta definição de *dhyāna* que nos induziu a descrevê-la como atenção total ou ininterrupta. Tal atenção é possível apenas em um estado de percebimento extensivo e não em uma condição de percebimento excludente. Em virtude disso *dhāraṇa* é uma precondição para *dhyāna*.

Se é em *dhyāna* que o movimento da distração é observado sem qualquer interrupção, então qual o significado de dar atenção ao tema de interesse focal? Se olharmos para o fluxo do pensamento surgindo da periferia, o que quer dizer olhar para o ponto focal? Como afirmamos anteriormente, uma observação ininterrupta do fluxo do pensamento resulta no esvaziamento da mente. E quando a mente se esvazia, o processo do pensamento automaticamente se encerra. A cessação do processo do pensamento é um estado de silêncio. E é apenas no silêncio da mente que o ponto focal pode ser observado. Assim, surge a atenção ao ponto focal; ela não pode ser trazida por um esforço consciente ou pela vontade. Quando a mente tiver esvaziado a si mesma, o estado de desatenção é completamente negado. Ao negarmos a desatenção, chegamos à experiência da atenção sem esforço. Atenção que requer esforço é outra palavra para concentração. E vimos o que implica a concentração e o quão frustrante é. Quando o fluxo do pensamento periférico ativado pelo ponto focal é observado sem qualquer pausa, o problema da desatenção desaparece. A atenção aparece onde não há desatenção. *Dhyāna* é o estado da atenção sem esforço. Quando o movimento da distração não causa perturbação, este movimento, após haver relatado sua história, chega ao fim. E quando o movimento da mente cessa, onde está o problema da atenção?

Afirmamos reiteradamente que *Yoga* é a reta percepção. Mas, neste problema da percepção, há duas questões fundamentais envolvidas, quais sejam, a incapacidade de ver e a má vontade de ver. A incapacidade de ver surge das distrações sensoriais, e é com isso que se ocupa *pratyāhāra*. Todavia, permanece o problema mais difícil, que é a relutância em ver. Este é um problema psicológico e está relacionado com as distrações mentais. Estas são as reações e respostas da mente com relação ao ponto de interesse focal. Ao nos apercebermos destas reações sem qualquer interrupção, cessam aquelas reações. A mente que é livre dos processos reativos é uma mente silenciosa, capaz de ver qualquer coisa que esteja a sua frente. Há atenção sem qualquer estímulo ou provocação. A atenção que precisa de estímulo externo ou exterior é apenas absorção e exibe uma psicologia que não é séria; e a mente que precisa fazer esforço para ter atenção apenas entrou em um processo frustrante de concentração induzida por estímulo interno. A atenção é completamente sem esforço, não necessitando de estímulos de dentro ou de fora. É esta plena atenção que verdadeiramente representa o estado de *dhyāna*. E esta atenção surge quando o movimento de distração da desatenção é observado sem qualquer interrupção, quando o fluxo do conteúdo da mente é observado sem comparação, julgamento, avaliação. Patañjali diz: "observar o fluxo do pensamento sem qualquer interrupção é *dhyāna* ou atenção".

O que descobrimos neste estado de atenção? Do percebimento extensivo de *dhāraṇa* avançamos para o estado de plena atenção indicado por *dhyāna*. Mas, como podemos ter certeza de que nesta plena atenção realmente chegamos à reta percepção, que é o objetivo do *Yoga*? Vimos que na atenção a mente fica completamente livre das resistências envolvidas na concentração e das fugas indicadas pela absorção. É apenas quando há negação desses dois processos que surge a atenção, o que indica que o processo do pensamento deve chegar a um fim com relação ao ponto de interesse focal, porque com a intervenção do pensamento o movimento entre o focal e o periférico começaria novamente. Ele pode cessar tão somente quando o pensamento esvazia-se. Neste esvaziamento a tagarelice da área periférica chega a um fim e desce sobre a mente um profundo silêncio. Se em *dhyāna* não chegamos a este silêncio, todo o processo de *dhyāna* errou o alvo. Com frequência, a tagarelice da mente é um balbucio sem sentido. É *dhāraṇa* que torna a tagarelice audível e significativa. Apenas então a história da mente pode ser ouvida. Tentamos ouvir o balbucio incoerente da mente e, no entanto, não podemos extrair sentido dele. Desgostosos pedimos à mente para parar de falar. Ela obviamente não para e continua seu balbucio. Quando, em *dhāraṇa*, há certa coerência na tagarelice incoerente, é possível escutarmos a história. Quando escutamos a mente sem qualquer interrupção, ela se esvazia, resultando em silêncio sério e profundo. Neste silêncio ocorre uma totalidade de atenção, de modo que podemos olhar para o ponto de interesse focal sem absolutamente qualquer distração. Mas a pergunta é: o que percebemos neste estado de *dhyāna*? A resposta para esta pergunta surge quando Patañjali refere-se à *samādhi* no próximo *sūtra*.

CAPÍTULO XIX

O ESTADO DE COMUNHÃO

Tanto na abordagem da religião tradicional quanto na da moralidade convencional, há sempre uma grande ênfase na adoção e cultivo da reta atitude com relação à vida. Nesta abordagem a transformação do indivíduo é julgada em função das atitudes mentais. Diante de uma situação desagradável, pede-se ao aspirante para desenvolver uma atitude mental nobre e elevada. Ao invés de olhar para as más tendências na pessoa, pede-se olhar para as coisas boas. Este "olhar" obviamente refere-se a uma mudança de atitude mental. O significado no dicionário para a palavra "atitude" é "modo de pensar determinado". Dessa forma, desenvolver uma atitude é primeiro determinar nosso modo de pensar e, então, através dele, olhar para as situações da vida. Não é preciso dizer que em tal olhar vemos apenas aquilo que é projetado através do que se determinou pensar. Assim, o que vemos é o que queremos ver. Não olhamos para a coisa como ela é, mas como a vemos através do crivo de nosso modo de pensar. O modo de pensar é apenas outra palavra para a conclusão da mente. Portanto, em todos os esforços para desenvolver atitudes, precisamos primeiro determinar nossa conclusão e, depois, fazendo dela nossa base, olhamos para a vida. Se um modo particular de pensar não é aceitável para uma certa religião ou estrutura moral, temos que mudar para outro modo de pensar. Logo, em toda esta abordagem da atitude, tudo o que se requer é a mudança de nossa escala de observação. Mas uma atitude fundada em uma mera mudança na escala de observação é aproximar-se das situações da vida a partir de uma base de continuidade modificada. Todas as religiões e abordagens morais estão, na verdade, preocupadas apenas com a continuidade modificada; não se dedicam a mudanças fundamentais e qualitativas. Qualquer mudança de atitudes tem por natureza apenas uma modificação nos padrões e modos de comportamento. Ao desenvolver uma atitude, conquanto nobre possa ser, jamais podemos chegar a mudanças fundamentais. Podemos ocasionar variações, mas nunca chegar a uma experiência de mutação.

O *Yoga* ocupa-se de modo fundamental com a mutação ou transformação total. O *Yoga* real não faz permuta com a continuidade modificada. É a este respeito que esse difere completamente do meio de vida religioso ou moral. Por consequência, na disciplina do *Yoga,* o que está indicado não é a reta atitude, mas a reta percepção. Como afirmamos em nossas discussões nos capítulos precedentes, a reta percepção denota uma observação que é direta, sem nenhum anteparo obstruindo o ato de percepção. Uma percepção direta não surge através da mera mudança da escala de observação. Podemos mudar o ângulo de percepção, porém isso não nos traz a percepção direta dos homens e das coisas. Enquanto uma atitude diz respeito a uma mudança na escala da observação, na reta percepção, é o próprio observador que precisa ser eliminado, pois é ele que lança véu após véu na própria ação de percepção. Uma atitude denota um processo de pensamento, talvez um processo de pensamento modificado, mas, na reta percepção, é o próprio processo do pensamento que chega ao fim. Entre uma atitude e uma ação há sempre um abismo, uma distância a ser percorrida; mas na reta percepção, a ação e a percepção não estão separadas uma da outra; na verdade, a percepção em si é ação. Ou seja, a percepção e a ação são dois lados da mesma moeda. Na reta percepção há observação sem observador. Tal percepção exige um estado profundo de percebimento. E é por este profundo percebimento que o *Yoga* se interessa fundamentalmente.

É interessante destacar que nos oito instrumentos do *Yoga*, começando com *yama* e terminando com *samādhi*, Patañjali indicou, na verdade, os estados profundos de percebimento, que se movem das chamadas camadas externas para as camadas internas da consciência. Em *yama* e *niyama* há um percebimento dos padrões e modos de nossos hábitos; em *āsana*, das tensões e dos relaxamentos da postura e modo de andar do corpo; em *prāṇāyāma,* da inspiração e da expiração; em *pratyāhāra,* das digressões sensoriais e das inferências perceptivas; em *dhāraṇa,* da divagação do pensamento e da ação da mente para definir sua própria extensão de observação; e em *dhyāna,* das distrações da mente e da desatenção. Isso nos leva à *samādhi*, que constitui o último dos instrumentos do *Yoga* exposto por Patañjali. Obviamente refere-se às camadas mais profundas da consciência. Qual é de fato a natureza do percebimento indicado por *samādhi*?

Quando abordamos *dhāraṇa* e *dhyāna* nos últimos dois capítulos, afirmamos que representam, respectivamente, os estados de percebimento extensivo e de atenção plena ou não distração. Em *dhyāna*, quando olhamos este movimento da desatenção sem qualquer interrupção, surge, naturalmente e sem esforço, um estado de plena atenção. Neste estado de atenção, podemos olhar para o tema do interesse focal com total relaxamento e absolutamente sem qualquer distração. Somos livres para olhar para o tema de nosso interesse focal sem absolutamente qualquer perturbação. Não há tensão neste olhar e não importa qual seja o tema da observação. Mas a questão é: o que percebemos neste estado de *dhyāna*? O que descobrimos nesta condição de plena atenção? Qual é este estado ainda mais profundo de percebimento para o qual a condição de plena atenção nos leva? É aqui que temos que mencionar *samādhi*, o último dos instrumentos do *Yoga* descritos por Patañjali.

tad evārthamātra-nirbhāsaṃ svarūpaśūnyam
iva samādhiḥ

3. Isso é verdadeiramente *samādhi* ou comunhão, onde apenas o objeto é visto, negando-se completamente a presença do observador.

A palavra usada por Patañjali aqui é *artha* e não *vastu*. Embora ambas as palavras signifiquem um objeto, em *vastu* a indicação diz mais respeito à estrutura de uma coisa, enquanto que em *artha* é mais uma referência ao significado ou sentido de uma coisa. Patañjali diz que *samādhi* é a percepção do objeto apenas. Isso significa que em *samādhi* podemos ver o significado intrínseco do objeto. Em nossa observação habitual vemos o significado projetado das coisas e situações. O observador, pelo seu modo estabelecido de pensar, ou por suas próprias conclusões, atribui, às coisas e às situações, um significado que essencialmente não pertence a elas. Vivemos em um mundo de significados projetados, de sentidos sobrepostos pelo o observador.

Em *samādhi* vemos apenas *artha*, designando o significado intrínseco das coisas e dos acontecimentos. Por que é assim? Quando abordamos as implicações de *dhyāna,* dissemos que é um estado de plena atenção. Mas a questão que surgiu em nossas mentes era: o que descobrimos ou vemos neste estado de plena atenção? Já discutimos que esta surge apenas quando o processo do pensamento cessa. *Dhyāna* é uma experiência de silêncio, quando a tagarelice da mente chega a um fim. A cessação do pensamento é obviamente um momento de descontinuidade, pois é o pensamento que confere um fator de continuidade. A vida pode ser experimentada apenas em um momento, pois ela existe de momento a momento. Tal como a água fresca que chega em um rio de momento a momento, a vida também se move, revelando frescor a cada instante.

Podemos experimentar a vida constantemente, mas nunca continuamente. Aquilo que é visto continuamente é a imagem da vida formada pela mente. A imagem vive na continuidade do processo do pensamento e, desde que a mente nos permite ver apenas as imagens, consideramos a continuidade como a própria natureza da vida. Esta é a ilusão lançada pela mente sobre nossas percepções. Esta, de fato, é a tela através da qual percebemos, nunca de maneira direta, mas sempre através da vidraça, obscuramente. O processo do pensamento e a continuidade são termos intercambiáveis. Em *dhyāna* observamos a corrente da continuidade sem qualquer interrupção. É a continuidade que se constitui em um fator de distrações ou de desatenção. Pedir para a distração ir embora e manter a corrente da continuidade é algo que não tem qualquer sentido. Lutar contra a desatenção e, ainda assim, agarrar-se à continuidade do pensamento é envolver-se em uma atividade infrutífera. A continuidade é o campo de onde surgem a distração e a desatenção. É esta mesma continuidade de pensamento que deve cessar, e *dhyāna* é o estado onde a corrente da continuidade tem fim. Podemos dar fim à força, ao processo do pensamento, por um tempo, através do exercício da vontade. Nesta condição, a mente fica em um pseudovazio[13]. Mas este espaço vazio está impregnado de tensão e, por conseguinte, é terrivelmente opressivo. Isso acontece porque na cessação forçada do processo de pensamento o pensador está presente. E é a presença do pensador, quase invisível, que dá uma sensação de opressão durante a cessação do pensamento. Esta é a condição de estar "em branco" da qual desejamos fugir. Através de drogas e processos repetitivos podemos chegar a este estado onde o pensamento tenha cessado, mas o pensador está presente. O pensador se aborrece e se enfurece neste pseudovazio e inquieta-se com o início de um novo processo de pensamento a fim de manter sua continuidade de movimento. Em *dhyāna* não apenas o processo do pensamento chega ao fim, mas há também a eliminação do pensador. É com respeito a esta eliminação que Patañjali pede-nos para observar o movimento do pensamento sem qualquer interrupção. Quando o processo do pensamento é visto sem qualquer interrupção, então o pensador desaparece. E nesta condição o que surge não é um pseudovazio, mas um intenso e profundo silêncio da mente. Este silêncio tem quietude em si, diferentemente da opressão que surge quando a mente está em pseudovazio. Podemos verificar que enquanto a mente estiver neste pseudovazio, não poderá tornar-se silenciosa. O silêncio vem no exato instante da observação do processo do pensamento sem qualquer interrupção.

Após haver formulado de maneira tão vívida e clara quanto possível o tema de interesse focal, podemos observar o movimento do pensamento que advém do próprio ponto focal. Não há necessidade de nos preocuparmos com o ponto focal, pois se olharmos para o movimento do pensamento sem qualquer interrupção, o processo do pensamento esvazia-se. Neste esvaziamento natural cessam tanto o pensamento quanto o pensador. O pensador é quem interrompe através de sua interpretação. Começa nomeando e prossegue comparando, avaliando, julgando, explicando, justificando, condenando etc. Assim, quando há uma observação do processo do pensamento advinda do ponto focal sem qualquer interrupção, não apenas o pensamento cessa, mas também o pensador. É para esta cessação do pensamento e do pensador que *dhyāna* leva o aspirante espiritual. Como pode haver um estado de plena atenção a menos que ambos, o pensamento e o pensador, cessem. Assim, *dhyāna* leva-nos à experiência da

---

[13] No original em inglês: *blankness*. (N.E.)

descontinuidade. A atenção é uma chama sem bruxuleio. Em *dhyāna* a consciência chega a um estado onde a chama não bruxuleia. Cria a condição onde a consciência está, por assim dizer, em um estado sem vento, tranquilo.

Mas o que percebemos neste estado? Nesse estado de atenção vemos o ponto focal? Se assim for, o que é que vemos e descobrimos? A visão não é o estado de *dhyāna*, é o estado de *samādhi*. A reta percepção das coisas surge no estado de *samādhi*, que foi precedido por *dhāraṇa* e *dhyāna* onde as necessárias condições de percebimento extensivo e de totalidade da atenção foram trazidas à existência. *Dhāraṇa* ocupa-se com o campo ou *kṣetra*, assim como *dhyāna* trata do conhecedor do campo ou *kṣetrajña*. *Dhāraṇa* supre o campo para o movimento do pensamento e em *dhyāna* há a observação do conhecedor do campo à medida que se move no campo criado através de *dhāraṇa*. Observar o movimento da desatenção é observar a atividade do *conhecedor* do *campo*. Temos de entender que o pensador pode ser observado apenas no movimento do pensamento e não fora disso. Nessa observação o pensador relata sua própria história e, quando ela é ouvida sem qualquer interrupção, o pensador chega a um estado de quietude. Nessa quietude, que emana do ponto focal, surge um profundo silêncio que é, de fato, a condição de plena atenção. É apenas em tal estado de atenção que a visão é possível. Esta visão ou reta percepção é descrita por Patañjali como *samādhi* ou comunhão. No contexto do que até aqui discutimos, seria digno de exame a descrição de *samādhi* indicado neste *sūtra*.

Patañjali diz que *samādhi* é aquela condição onde apenas o objeto é visto, tendo sido completamente negada a presença do observador. Há duas expressões que precisam ser especialmente destacadas: *svarūpa śūnyam iva* e *artha-mātra-nirbhāsam*. A primeira expressão significa que em *samādhi* há, por assim dizer, a negação de nossa própria forma. É claro que não é a negação da forma física. Refere-se à negação da forma psicológica. Esta entidade psicológica é o observador ou pensador. Quando falamos da negação do observador, obviamente, não significa a eliminação da forma física deste. Isso não teria sentido. O que está inferido é a eliminação da entidade psicológica que é o observador, o intérprete, logo, o que interrompe. Patañjali utiliza propositalmente a palavra *iva*, "por assim dizer". Faz isso para mostrar que não é à forma física que *svarūpa* refere-se. Em *samādhi* a entidade psicológica do observador não existe. A expressão *svarūpa śūnya* denota uma completa negação desta entidade. Quando discutimos o tema da atenção, vimos que na negação da desatenção ou distração, surge naturalmente, sem esforço, a atenção. E, assim, *dhyāna*, ou plena atenção é, na verdade, o estado onde o observador ou o pensamento é negado. Quando isso ocorre, entramos no estado de *samādhi*, pois é tão somente ali que acontece a reta percepção. Discutimos que a negação do pensador e, por conseguinte, do processo do pensamento significa uma cessação da continuidade. E, assim, em *dhyāna,* a continuidade da corrente de pensamento cessa; não apenas isso, a continuidade do próprio pensador chega ao fim. Desta forma, em *dhyāna* atinge-se o estado de *svarūpa-śūnya*.

Neste estado a entidade psicológica do observador cessa e a reta percepção torna-se possível. *Samādhi* é, realmente, o estado de Reta Percepção. É um estado de comunhão. Não pode haver comunhão enquanto o observador ou o pensador estiver presente. Patañjali diz que em *samādhi* há *artha-mātra-nirbhāsaṃ*, o que significa "apenas o objeto é visto". Ele enfatiza o ponto utilizando a palavra *mātra*, indicativa de que apenas o objeto, nada mais, é visto. Enquanto o observador estiver presente, o que é visto não é o objeto, mas o observado, que é a projeção do observador. Ao desaparecer o observador, desaparece também o observado, uma vez que não tem existência independente. É como a sombra projetada por um corpo material. Quando este desaparece, a sombra automaticamente some. Não é preciso nenhum esforço para removê-la. Assim, em *samādhi*, onde não há observador, é visto apenas o objeto; não simplesmente o padrão do objeto, mas sua significação intrínseca, como indica a palavra *artha*. Na atenção ou *dhyāna*, ocorre a cessação da corrente de continuidade tanto do pensador quanto do pensamento. Deste modo, em *samādhi* ou comunhão, há o percebimento do intervalo da descontinuidade.

Quando o pensamento e o pensador cessam, há obviamente um momento de descontinuidade. Reta Percepção é, na verdade, o percebimento deste momento. Neste momento, vê-se a significação intrínseca da coisa, do objeto ou da situação. Este intervalo de descontinuidade é com certeza um momento atemporal. *Samādhi* é de fato uma experiência do momento atemporal, um momento no qual a corrente do tempo, constituída pelo processo do pensamento, chega a um fim. Em *dhyāna* chegamos ao momento atemporal, e em *samādhi* há o percebimento deste momento. Neste percebimento, e somente aí, comungamos com a significação intrínseca ou a qualidade das coisas ou pessoas. O momento atemporal é um lampejo.

Sabe-se que a percepção da Realidade surge apenas em um lampejo, momento atemporal. Em um lampejo vemos a qualidade ou a significação intrínseca das coisas. Vemos a Verdade, a Beleza ou a Bondade. O que se vê na continuidade do processo do pensamento é apenas a significação projetada, ou seja, o observado. O percebimento da descontinuidade surge quando a entidade psicológica do observador é inexistente. Assim, de súbito, há a percepção da Verdade, de Deus e do Belo. Há a percepção da beleza de uma face, de um movimento, de um objeto ou pode ser de uma ideia. Se a mente luta para captar a beleza, por causa da reentrada do observador, ela se vai. Esta experiência não pode ser recapturada nem armazenada na memória. Ela vem e vai, e, se não deixamos o observador entrar, pode haver lampejos após lampejo. Pedir a continuidade do lampejo é não compreender o significado dele. Sua experiência é sempre momentânea. Podemos ter tais lampejo de momento a momento, mas cada um terá apenas uma existência momentânea. Como pode um momento atemporal ser medido pelo tempo? Medir a duração do *samādhi* é demonstrar uma total ignorância com relação à natureza do *samādhi*.

A comunhão ou *samādhi* não é uma experiência dual, pois aqui não há o observador nem o observado. Há somente o objeto e, este, quando é destituído de todas as sobreposições da mente, é a própria Realidade. Ao chegar à reta percepção das coisas, atingimos a percepção da própria Realidade. A Realidade de qualquer coisa é sua "Seidade"[14]. A "Seidade" de todas as coisas e pessoas é o Imanifesto. O que vemos na manifestação é o processo do vir a ser. Pode surgir a pergunta: há algum relacionamento entre o Ser e o Vir a ser, entre o Imanifesto e o Manifesto?

Aquilo que faz o Vir a ser viver é o toque do Ser. No momento em que este toque cessar, o Vir a ser ou o Manifesto estará morto e sem vida. O significado da manifestação reside no Imanifesto; a significação do Vir a ser está contida no Ser. O Ser é a qualidade ou a significação intrínseca das coisas. Mas esta significação pode ser percebida apenas quando cessar o movimento da significação projetada. O Ser é o momento atemporal, enquanto que o Vir a ser é um movimento na sequência do tempo. É tão somente quando a corrente do tempo para que surge a comunhão com o momento atemporal. Comungar com o Ser de alguma coisa ou pessoa é comungar com o momento atemporal da descontinuidade. Tal comunhão realmente é *samādhi*. Muitas vezes as pessoas perguntam: este estado de *samādhi* irá durar? Ora, o *samādhi* que permanece torna-se uma parte da corrente contínua do tempo. Em tal continuidade, o contato com o momento atemporal é perdido. O *samādhi* pode ser constante, mas não contínuo. A percepção do Ser surge no momento atemporal e, portanto, em um lampejo, ou em um intervalo entre duas sequências de tempo. Neste intervalo surge a visão da Realidade.

Contudo, qual é a natureza desta visão? Neste intervalo é o Imanifesto que é visto? Se o Imanifesto é visto, certamente não é o Imanifesto. Neste ponto, experimentamos a presença intangível do Imanifesto ou Realidade. Há uma visão de "algo" que pode ser descrito apenas como intangível. O manifesto é tangível; com relação ao Imanifesto nada podemos dizer. Mas, podemos experimentar a presença intangível do Imanifesto no próprio manifesto.

A experiência deste intangível é subjacente a todas as experiências de amor. Qualquer esforço para prender o intangível na rede do tangível é degradar o amor em possessão. Amor e continuidade são relativamente contraditórios, pois a continuidade é a rede da mente na qual ela deseja possuir o amor. A experiência do amor pertence a momentos atemporais. A expressão do amor pode e deve acontecer na esfera do tempo. Mas o tempo que tiver perdido o contato do atemporal é uma duração

---

[14] No original em inglês: *Beingness*, significando a qualidade de Ser. (N.E.)

sem vida que causa tédio e frustração. É nesta condição que sentimos as grandes limitações do tempo. Quando o processo do Vir a ser perde contato com o Ser, é destituído de alegria. Quando o contato do Ser anima o processo do Vir a ser, o último torna-se um campo para a expressão do primeiro. O Ser é uma expressão plena, enquanto o Vir a ser é parcial. Qualquer expressão sempre será parcial, pois a plenitude da experiência nunca pode estar contida em qualquer forma de expressão, conquanto nobre e elevada seja.

No entanto, como chegar à comunhão com o Ser dos homens e das coisas? O Ser está distante do Vir a ser? Se o Vir a ser nunca pode conter a plenitude do Ser, como chegamos à visão do Ser? Se observamos a corrente do Vir a ser, em nós e nos outros, sem qualquer interrupção, ou seja, sem mesmo nomeá-la, surge um intervalo, um momento atemporal onde a corrente do Vir a ser para, e há um repouso momentâneo. No momento seguinte a corrente continuará. Mas, neste intervalo atemporal, podemos ter a fascinante visão da Realidade, o toque regenerativo do Intangível. Este é o momento do Amor, da comunhão, de *samādhi*. Amor e *samādhi* não são duas coisas diferentes.

A qualidade da vida ou a alma das coisas não pode ser vista na continuidade, mas no intervalo da descontinuidade. Normalmente vemos apenas o movimento da continuidade e, em consequência, portanto, vemos apenas as sobreposições da mente, ou na melhor das hipóteses, as modificações estruturais e quantitativas. Notamos apenas o processo do Vir a ser em toda parte. Não há percebimento do intervalo da descontinuidade onde tão somente a visão do Ser é concedida. Sem a visão do Ser, todo o processo do Vir a ser não tem sentido. Podemos projetar um significado nele, mas tal significação projetada não tem qualidade vívida. Além disso, a significação projetada é completamente destruída sob o menor impacto da vida. A significação intrínseca das coisas pode ser experimentada somente no momento atemporal ou no intervalo de descontinuidade. Em *dhyāna* ou o estado de plena atenção, devido à não existência do observador, surge o intervalo da descontinuidade. Em *samādhi* surge um percebimento deste intervalo, o momento atemporal. Como diz Patañjali, há *artha-mātra-nirbhāsaṃ*, a visão das coisas como são. Ver as coisas como elas são é chegar ao estado de *samādhi* ou comunhão, onde não há observador nem observado. Isso é percepção pura – a percepção da "Seidade" de todas as coisas. A comunhão com tudo e todas as coisas exige uma base de percebimento e atenção. Não pode haver atenção sem percebimento e, certamente, não pode haver comunhão onde não há atenção. Mas para haver atenção deve haver percebimento que é extensivo e não excludente. E para haver comunhão, deve haver atenção total, não distraída, não fragmentada em observador e observado. Onde existe divisão entre o que percebe e o que é percebido, não há atenção. E sem atenção como pode haver comunhão? Ao ver o movimento do observado, sem qualquer interrupção ou interpretação, o observador desaparece e, com isso, o observado também se torna inexistente. É neste terreno de atenção que *samādhi* nasce. Neste espaço de percebimento extensivo surge a plenitude da atenção e no espaço da plena atenção surge a experiência da comunhão. Assim, *dhāraṇa, dhyāna* e *samādhi* estão inter-relacionados. Patañjali refere-se a isso no próximo *sūtra*:

trayam ekatra saṃyamaḥ

4. Os três juntos constituem *saṃyama* ou meditação.

A meditação compreende este processo tríplice de percebimento, atenção e comunhão. Os três juntos constituem a totalidade da experiência espiritual. Formam um todo. Apenas para clareza de compreensão mental é que podemos examiná-los separadamente. Contudo, ao assim fazer, não devemos perder de vista o fato de que separadamente sua existência não possui validade.

Algumas vezes *samādhi* é descrito como um estado de êxtase. Ora, o real significado do êxtase é sair de si mesmo. E isso está indicado pela expressão *svarūpa-śūnya*. É a completa negação da entidade psicológica que é o pensador, o observador ou o que experimenta. Quando há percepção sem aquele que percebe, a visão da Realidade que surge é tão fascinante que ficamos plenos de alegria indescritível. É um estado de enlevo. Tal visão é espiritualmente excitante. A visão é de um momento, mas o momento contém a riqueza da Eternidade. Podemos de fato necessitar de toda a Eternidade para expressar a alegria do momento atemporal. Não importa se o processo do Vir a ser é interminável, pois não estamos, buscando realização através do tempo. Na verdade, o tempo é tão somente um campo de expressão para alguém que tenha visto a plenitude da vida no momento atemporal. Todo o processo do Vir a ser é repleto das alegrias da comunicação. E não há fim para a comunicação, pois como pode o êxtase da comunhão ser transmitido plenamente através de qualquer forma de expressão, conquanto perfeita possa ser? A experiência da Não forma, *svarūpa-śūnya*, não pode estar contida nem mesmo em uma miríade de formas.

Samādhi ou Comunhão é realmente a experiência da Não forma. Mas tal experiência surge apenas em um lampejo, no Momento Atemporal. Na visão da Não forma vemos a qualidade das coisas, a significação intrínseca subjacente a toda manifestação. Surge uma percepção do *que é*. Isso é reta percepção e somente este é o ponto de partida da reta ação ou reta comunicação.

Após haver tratado do problema do momento atemporal, no qual tão somente surge a experiência espiritual real, Patañjali ocupa-se, nos *sūtras* seguintes, com os problemas da comunicação. O *Yoga* não é uma fuga da vida. Nele o homem descobre, de momento a momento, o ponto correto de partida para a ação ou relacionamento. *Dhāraṇa, dhyāna* e *samādhi* trazem ao homem esta descoberta que não está na corrente do tempo, mas no momento atemporal. É esta descoberta do momento atemporal que confere ao homem uma alegria criativa com a qual viaja para a região do tempo sem fim. Levando o aspirante espiritual para regiões além do tempo, Patañjali habilita-o a viajar no tempo com alegria indescritível, que lhe era desconhecida anteriormente. No *sūtra* subsequente empreenderemos esta viagem no tempo, pois as alegrias do momento atemporal necessitam de amplos quadros de tempo nos quais podemos pintar o retrato da vida com as cores trazidas de regiões muito além do alcance do próprio tempo.

CAPÍTULO XX

O PROBLEMA DA COMUNICAÇÃO

O *Bhagavad-Gītā* diz, no terceiro capítulo, que o homem não pode ficar, mesmo que por um momento, sem agir. Viver é agir, e, portanto, a ação é parte da própria vida. Porém, a maioria de nossas supostas ações são meras respostas a estímulos exteriores ou interiores. Nossas ações provocadas por esses estímulos ou desafios da vida são mais da natureza de reações. Reagimos aos estímulos da vida. É o fenômeno da resposta ao desafio que conhecemos. Não conhecemos o desafio sem resposta, nem resposta sem desafio. Em nossa consciência foram construídos inúmeros centros de reação. Na verdade, nosso movimento na vida é motivado pelas tendências reativas. Patañjali, no início de seus *Yoga-Sūtras*, define o *Yoga* como uma condição em que tenham cessado todas as tendências reativas. Reação significa continuidade e, assim, tais tendências são todas provenientes de centros de continuidade. O pensamento obviamente é um centro de continuidade. O movimento do pensamento é, de fato, um movimento de continuidade. Se *Yoga* é liberdade das tendências reativas, decerto, indica que a consciência deve ser livre do processo contínuo do pensamento.

Vimos que o que mantém a corrente contínua do pensamento é o pensador. Uma simples mudança no processo do pensamento apenas substitui um centro reativo por outro. Somente quando o pensamento desaparece é que o próprio centro de reação é dissolvido. A ação pura exige a eliminação do pensador, do observador, ou daquele que experimenta. Quando isso acontece, há uma resposta sem um desafio, uma ação sem um estímulo. Se o amor precisa de estímulo para a ação, nesse caso não é absolutamente amor. O amor é uma resposta sem um estímulo. E, desse modo, unicamente o amor é ação pura – tudo o mais são meras reações. No *Kulārṇava Tantra* há um aforismo que diz:

dṛśyaṃ vinā sthirā dṛṣṭiḥ manaścālaṃbanaṃ vinā

"Estabilidade de percepção mesmo sem o observado, serenidade de mente equilibrada sem qualquer dependência."

O que está indicado nesse *sūtra* do texto *tāntrico* é resposta sem desafio, uma ação sem estímulo. O objetivo do *Yoga* é levar o aspirante à descoberta da reta ação. E, uma vez que a vida não é estática, a base da reta ação precisa ser descoberta de momento a momento. Isso requer um estado de continuidade que surge constantemente no percebimento do momento atemporal, o momento de descontinuidade. É tão somente nesse momento que não existe tendência reativa e, portanto, tudo que surgir neste instante, é livre de todas as nódoas e manchas da reação. Neste momento há reta percepção, significando, assim, uma percepção sem o que percebe ou o percebido.

Em geral, precisamos de um estímulo do observado para nossa ação. Qualquer ação realizada sob tal estímulo é manifestamente uma reação. O estímulo do observado pode ser externo ou interno; pode ser um ídolo ou uma imagem, agradável ou desagradável. Muitas vezes, a mente evoca imagens que constituem o observado. Estimulados por essas imagens, reagimos. Podemos ficar completamente absortos nessa assim chamada ação, mas é uma absorção devida a um estímulo. Qualquer ação dependente de tal estímulo é, com certeza, uma reação. Como ressalta o texto *tāntrico* acima, a verdadeira condição do *Yoga* é aquela em que a percepção é estável, embora sem o estímulo do observado, e a mente também é livre de toda dependência de uma imagem ou ideia. A estabilidade ou liberdade da inquietação, que precisa de um estímulo externo, bom ou mau, é uma condição de absorção que contém, como já mencionamos, uma psicologia que não é séria. A maturidade da vida espiritual exige que a estabilidade da mente não dependa de qualquer fator, externo ou interno. Onde a estabilidade é induzida por um estímulo, vemos o funcionamento da mente ocupada. É o estímulo que dá ocupação. No entanto, uma mente ocupada está acorrentada a um estímulo e, por conseguinte, não é de modo algum livre. De que forma uma mente que não é livre pode conhecer o que é silêncio? O *Yoga* indica uma mente completamente livre, pois somente uma mente livre pode agir.

Patañjali, tendo levado o aspirante às estupendas alturas da comunhão através de *dhāraṇa-dhyāna-samādhi*, coloca-o diante dos problemas da comunicação. Sem a experiência da comunhão, toda comunicação é um processo reativo. Observamos que a comunicação pode-se expressar de inúmeras maneiras: por palavra, gesto, pensamento ou mesmo pelo silêncio. Entretanto, uma comunicação reativa sempre falha em comunicar. Ela pode comunicar em nível verbal; mas a comunicação em níveis profundos, onde é verdadeira, precisa de um cenário de fundo de experiências passadas livre de todas as tendências reativas. Uma comunicação estimulada por um fator externo ou interno sempre falhará em comunicar. Uma comunicação deve ser pura, de outro modo, trará de volta uma resposta reativa. Apenas o aspirante espiritual que chega à experiência da comunhão no momento atemporal de *samādhi* conhece o que é comunicação pura ou ação pura. Tal comunicação pura dissolve, pelo menos por algum tempo, todos os centros reativos, habilitando-o, desse modo, a despertar do estupor de seus próprios modos de pensar.

Os *sūtras* do *Vibhūti Pāda* que se seguem levam o estudante à compreensão dos segredos da reta comunicação ou da reta ação. Ao tratar dos problemas da reta percepção, Patañjali inicia o aspirante espiritual nos mistérios da reta ação. Ele afirma que a reta ação advém da reta percepção. A reta ação é sem esforço e nasce no terreno da comunhão ou reta percepção. Essa ação sem esforço não é resultado de conhecimento acumulado. Ação com base no conhecimento é reação. Ela surge no campo da Sabedoria. Patañjali refere-se a isso no *sūtra* seguinte:

tajjayāt prajñālokaḥ

5. Através do estado da meditação, penetramos na Luz da Sabedoria.

Traduzimos *saṃyama* como meditação, pois meditação é realmente o estado de *dhāraṇa-dhyāna-samādhi*, existindo juntos em relação ao último *sūtra*. Patañjali menciona que a meditação nos traz a Luz da Sabedoria. Sabedoria não é algo a ser adquirido. Ela desponta na consciência, silenciosamente, no momento atemporal de *samādhi*. O conhecimento é produto dos opostos da mente, contudo, a Sabedoria nasce quando surge a experiência não dual de *samādhi*. Ela chega à consciência inocente e virgem da comunhão. Ilumina toda a existência do homem. Entretanto, ela vem apenas como um lampejo, em um momento está aqui, no próximo se vai. Não pode ser capturada pela mente. Surge unicamente quando tanto o pensador quanto o pensamento aquietaram-se. Não é produto do tempo, mas chega em passos silenciosos no momento em que o tempo não estiver presente. Todavia, sua expressão precisa da sequência do tempo. Precisa ser espaçada no tempo, pois como pode qualquer forma conter sua total majestade? Forma após forma precisa surgir para a expressão daquilo que não tem forma, porque está compreendida no momento atemporal. Patañjali afirma no próximo *sūtra*:

tasya bhūmiṣu viniyogaḥ

6. A experiência de *saṃyama* ou meditação precisa comunicar-se gradualmente em estágios ou graus.

A palavra utilizada para comunicação nesse *sūtra* é *viniyoga*, que significa distribuição. Como pode a experiência magnificente da meditação ser distribuída de uma só vez? Deve ser apropriadamente canalizada, de outro modo, pode nada significar para aquele a quem é comunicada. Há dois fatores envolvidos aqui: primeiramente, a experiência espiritual deve ser distribuída; uma vez que não podemos mantê-la para nós. Não há nenhuma libertação pessoal quando o homem liberto retira-se para um céu, distante do alarido e do barulho do mundo. Dos reinos transcendentais ele deve retornar para as regiões da Terra, a fim de distribuir o que possa ter recebido nas alturas de sua experiência espiritual. A comunhão não pode ser separada da comunicação. Estar em comunhão é comunicar. Se não há comunicação é porque não houve qualquer comunhão. Pode haver a comunicação verbal ou uma comunicação pela mente, mas tais comunicações não têm qualidade vital nelas. Elas precisam de deliberação empenhada e consciente. No entanto, a comunicação que advém da comunhão é espontânea e tem uma graça natural. Tentar transmitir a experiência da comunhão através do canal da comunicação é transigir com um esforço malogrado. Ela necessita de instrumentos refinados de expressão, e somente no espaço e no tempo podemos construir tais instrumentos. Comunicar tudo de uma vez tem algo de vulgar. Esta experiência gradual, na qual residem graça e charme, não indica qualquer intenção de ocultar ou de ser reservado na comunicação plena de nossa experiência. A forma gradual refere-se à comunicação de uma maneira compreensível. Isso é o que essencialmente indica *bhūmiṣu viniyoga.* Mostra uma cautela natural da parte daquele que chegou à experiência da comunhão. Mais uma vez, a cautela não é para ocultar, porém, para descobrir a maneira mais eficaz de transmitir tal experiência transcendental. Não há uma certa graduação advinda da cautela no amor transmitido? Unicamente através de formas muito sutis, a experiência do amor pode ser transmitida e, mesmo assim, toda comunicação é deficiente quanto à suprema experiência da comunhão. Patañjali torna esta ideia clara nos seguintes dois *sūtras*:

trayam antaraṇgaṃ pūrvebhyaḥ

7. Os três (*dhāraṇa-dhyāna-samādhi*) são internos, comparados com os cinco instrumentos externos.

Esse *sūtra* dispensa maiores comentários. Os três instrumentos de *dhāraṇa, dhyāna* e *samādhi* são com certeza mais internos se comparados a *yama, niyama, āsana, prāṇāyāma* e *pratyāhāra*. Estes cinco são mais externos, uma vez que tratam do movimento e dos hábitos do corpo, da regulação da respiração e da extensão das respostas sensoriais. Os últimos três, *dhāraṇa, dhyāna* e *samādhi* tratam da mente e de seus movimentos e, portanto, referem-se às regiões internas de nosso ser. Embora isso seja fácil de compreender, o que Patañjali menciona no próximo *sūtra* merece profunda reflexão.

tad api bahiraṅgaṃ nirbījasya

8. No entanto, mesmo os três são externos comparados ao "sem semente".

Neste caso, a palavra *nirbīja* não deve ser confundida com o *inrbīja samādhi*, que já discutimos na primeira seção do livro ao tratarmos do *Samādhi Pāda*. No contexto do presente *sūtra*, *nirbīja* significa exatamente "sem semente", o que quer dizer um estado imanifesto. O imanifesto não deve ser identificado com os reinos invisíveis que pertencem ao mundo da manifestação, mesmo que não possam ser conhecidas pelos cinco sentidos físicos. Uma semente é um núcleo de manifestação; podemos descrevê-la como o primeiro movimento da manifestação. Contudo, *nirbīja* ou sem semente é evidentemente um estado do imanifesto. Se neste *sūtra, nirbīja* for interpretado como se referindo ao *inrbīja samādhi*, então, a indicação seria de que o *samādhi,* que surge de *dhāraṇa* e *dhyāna,* é de natureza inferior. Isso implica que há condições superiores de *samādhi* quando comparado àquele *sāmadhi* que surge de *dhyāna*.

O termo *samādhi* é usado em dois sentidos diferentes, e, algumas vezes, os dois são considerados idênticos. Pode significar o psíquico ou o místico. No sentido psíquico, relaciona-se com a aquisição de poderes superfísicos. Nesse sentido, tem graduações, visto que a aquisição de poderes psíquicos não tem limite. Entretanto, quando é compreendido como a experiência mística da não dualidade, então graduações e estágios não têm sentido. É uma experiência direta, onde o observador e o observado foram eliminados. Nesse *sūtra,* estamos considerando que o termo "sem semente" não tem qualquer relação com *samādhi. Nirbīja* refere-se a um estado onde não há semente. O estado "sem semente" é o estado do imanifesto, porque todas as manifestações centram-se em torno de uma semente. Desse modo, *dhāraṇa-dhyāna-samādhi*, quando expressos e definidos, são externos comparados àquilo que é "sem semente" ou imanifesto. Todavia, são internos comparados aos cinco instrumentos externos do *Yoga*. A experiência da comunhão não é aquilo que está expresso em palavras. Temos de lembrar que a descrição não é o descrito. A palavra *samādhi* não é a experiência do *samādhi*. Um nome ou uma palavra é algo externo comparado à experiência real. É só um dedo apontando o caminho. O dedo não deve ser confundido com o caminho.

É interessante notar que Patañjali apresenta três descrições de *samādhi* em *Samādhi-Pāda*. Essas três são *asaṃprajñāta, nirvitarka* e *nirbīja*. Discutimos nos capítulos anteriores o que significam em termos de estados de consciência; tratam da eliminação dos centros do hábito-pensamento, da modificação-pensamento e da semente-pensamento. Esses centros têm relação com *dhāraṇa-dhyāna-samādhi*. Em *dhāraṇa* ocupamo-nos em nos afastar do centro do pensamento-hábito, onde a mente estabelece sua própria extensão de percepção, de modo a não cair em divagação sem rumo. Em *dhyāna* ocupamo-nos com os centros da modificação-pensamento, a fim de que o movimento entre os níveis focal e periférico chegue a um fim. Em *samādhi,* o próprio centro da semente-pensamento é eliminado para que a condição de *svarūpa-*

śūnya possa surgir onde não há nem pensamento nem pensador, só o objeto. Em um sentido místico, *samādhi* é, de fato, o estado de *Nirbīja* ou o estado "sem semente". Não pode haver nada superior ou inferior, pois é um estado não dual, que não possui graduações. Apenas quando é considerado em seu contexto psíquico é que podemos falar em graduações na aquisição dos poderes superfísicos. Porém, desde que abordamos, até aqui, a questão dos poderes psíquicos no estudo dos *Yoga-Sūtras*, o termo "sem semente" tem apenas um significado, e este é Imanifesto.

O grande filósofo chinês Lao Tsé disse: "O *Tao* que é expresso não é o *Tao* Eterno". Patañjali parece estar indicando o mesmo neste *sūtra*. A palavra não é a coisa. Aquilo que é expresso sempre é insuficiente no que diz respeito à experiência. Comparado à experiência, todas as expressões, mesmo as mais nobres e sutis, são meras crostas externas.

Uma questão pode surgir: se todas as expressões são insuficientes para exprimir a experiência, então como podemos transmitir nossas percepções espirituais? Quais são os instrumentos eficazes de comunicação? E quais são, de fato, as limitações da comunicação? Devemos também inquirir a qual propósito a comunicação serve. A experiência da comunhão é incomunicável? Se assim for, o *Yoga* não é um evangelho de fuga? É para estas questões da eficácia da comunicação e o propósito fundamental a que ela serve que nos ateremos, à medida que Patañjali prossegue em *Vibhūti Pāda*.

CAPÍTULO XXI

A TRANSFORMAÇÃO DA MENTE

A história do misticismo é repleta de exemplos onde o santo ou o místico é incapaz de comunicar sua experiência espiritual para os demais. Essa inaptidão resultou em um comportamento estranho, às vezes deturpado, por parte de tal santo ou místico. Há exemplos onde o místico, incapaz de comunicar, passou dias e noites chorando ou rolando desnorteado no chão, ou em condições de insanidade, ou até mesmo com comportamento imoral. Se a comunhão traz sua própria comunicação natural, então por que deveria haver tais exemplos na vida de santos e místicos? É verdade que a comunhão constrói seus próprios instrumentos e canais de comunicação. Tal construção, sem dúvida, ocorre na sequência do tempo com naturalidade. Se este é o caso, por que alguns santos e místicos são incapazes de comunicar suas percepções espirituais para os outros? Vimos que *samādhi* ou comunhão é um estado onde tanto o pensador quanto o pensamento são inexistentes. Em *dhāraṇa-dhyāna-samādhi,* há um profundo silêncio que desce sobre a consciência devido à eliminação do esforço e do que faz o esforço. O cessar do esforço é o cessar do processo do pensamento, enquanto que a interrupção do que faz o esforço é o fim do pensador. Somente quando isso acontece é que ocorre a experiência da comunhão, onde apenas o objeto é visto. Essa é a experiência da reta percepção. Daí advém a reta ação ou a reta comunicação.

Temos de salientar que o silêncio da mente é uma precondição para a comunhão, e esse silêncio surge por causa da cessação do pensador, assim como do pensamento. Entretanto, como já discutimos anteriormente, podemos fazer o processo do pensamento parar à força através do exercício da vontade, tomando drogas ou induzido por certos processos repetitivos. Nessas práticas, a mente torna-se, por completo, aparentemente vazia, não silenciosa, porque, mesmo que o processo do pensamento esteja suspenso, o pensador ainda está presente. O pensador pode ficar excessivamente surpreso por um momento, mas está pronto para voltar à ação a qualquer instante. Na verdade, ele tem imensa aversão ao fato de estar excessivamente estupefato através de drogas, encantamentos ou exercício da vontade. Por trás deste pseudovazio da mente, há uma condição de inquietude do pensador. O pseudovazio causado pela cessação do processo do pensamento é confundido com a experiência não dual da comunhão. As visões e experiências em tal estado são confundidas com a Realidade. Em tais visões, podemos ver a presença da deidade que reverenciamos e ficarmos muito intoxicados. Mas isso não deve ser confundido com a percepção da Realidade. A aparente experiência não dual neste estado de pseudovazio deve-se à identificação e não à comunhão. A suposta não dualidade deve-se à animação suspensa do pensador ou apreciador. O pensador está muito mais ativo e aguarda um momento propício para aparecer.

Muitos santos e místicos confundiram essas visões da mente pseudovazia com a percepção da Realidade. Sentem que passaram por uma experiência espiritual da mais elevada natureza. Então, retornam para a dita existência terrena, onde o pensador, que estava com a animação suspensa, subitamente se torna ativo. É esse pensador que estava agitado durante todo o período de pseudovazio em que se tornou o agente da comunicação. Não é de se admirar que haja tendências neuróticas em sua comunicação. O pensador foi, de repente, libertado da prisão do pseudovazio na qual era forçado a residir. É a antiga entidade com toda a experiência do passado. Quando liberto desta, ele recua com grande veemência, tendo sido fortificado pela residência temporária nos níveis subconscientes. Traz consigo as tendências subconscientes e dá expressão às mesmas. Não é de se admirar que aqueles que testemunham o comportamento desses santos e místicos fiquem completamente desconcertados.

É verdade que, na comunicação, o pensador e o pensamento são necessários. Todavia, o pensador que chega ao campo da comunicação deve ser uma nova entidade que está iniciando um novo processo de pensamento. Para isso acontecer, o pensador deve ter cessado o processo do pensamento nos momentos da comunhão.

A mente que opera na esfera da comunicação após a experiência da comunhão é uma mente nova. Isso ocorre, porque somente quando a mente antiga está morta é que há a experiência da comunhão. Nesta há a morte tanto do pensamento quanto do pensador. No estado de pseudovazio, induzido por drogas, encantamentos, etc, a mente antiga permanece, porque, neste caso, apenas o processo do pensamento foi forçado a parar, permanecendo o pensador intocado. E, portanto, é a mente antiga que tenta comunicar as supostas visões. Quando o processo do pensamento consciente tiver sido forçado a parar, o pensador revela-se nas correntes subconscientes dos pensamentos. É com isso que se torna ativo quando o suposto místico ou santo deseja se comunicar. Assim é que se explica o estranho comportamento desses santos e místicos. Quando a mente antiga interpreta essas visões psíquicas da mente no estado de pseudovazio, as antigas reações estão fadadas a se manifestar. As visões psíquicas inferiores, confundidas com a experiência espiritual, trazem certa excitação e até mesmo intoxicação. A mente antiga as usa para a comunicação, resultando em comportamento estranho e, algumas vezes, pervertido. O verdadeiro místico que teve uma experiência de comunhão jamais se comportaria dessa maneira. Realmente, o que vemos na vida desses supostos santos e místicos não é o resultado da comunhão, mas da mente forçada a ficar neste estado de pseudovazio. Nesta mente pseudovazia, o processo do pensamento foi parado à força e, igualmente à força, o pensador é mantido acorrentado. Na mente silenciosa, tanto o pensador quanto o processo do pensamento desapareceram. Para a comunicação necessitamos do pensador e do processo do pensamento. Contudo, o que surge após a comunhão é uma mente nova, e é esta nova mente que controla os instrumentos da comunicação.

Pode-se perguntar: o que é essa nova mente? Qual é, de fato, a natureza da transformação que ocasiona uma nova qualidade de mente? É a isso que Patañjali refere-se nos três *sūtras* que se seguem. Eles têm um significado profundo, pois nos descrevem, em termos claros, a transformação que acontece no funcionamento da mente.

vyutthāna-nirodha-saṃskārayor abhibhava-prādurbhāvau
nirodha-kṣaṇa-cittānvayo nirodha-pariṇāmaḥ

9. Há uma transformação na qual a mente está cônscia do intervalo entre a cessação e o reaparecimento do processo do pensamento. Essa transformação é chamada *nirodha-pariṇāma* ou percebimento do intervalo.

As duas palavras utilizadas nesse *sūtra* são *nirodha* e *vyutthāna*, significando cessação e reaparecimento. Neste processo, ocorrem *abhibhava* e *prādurbhava* dos *saṃskāras*. Isso se refere ao aparecimento e desaparecimento das tendências do pensamento, que é a condição da cessação e do reaparecimento. Todavia, o *sūtra* diz que um intervalo intervém momentaneamente entre os dois. Isso é mencionado por Patañjali através da expressão *nirodha-kṣaṇa*. É um intervalo entre *abhibhava* e *prādurbhava*, entre o desaparecimento e o reaparecimento das tendências do pensamento ou processo do pensamento ou seja, há um intervalo entre dois pensamentos. E a transformação que ocorre durante *saṃyama* ou meditação é daquela natureza em que na mente há um percebimento do intervalo entre dois processos do pensamento. Tal percebimento é descrito como *nirodha-pariṇāma*. Um intervalo entre dois pensamentos pode, de início, ser difícil de entender. Entretanto, sem dúvida, podemos estar cientes de um intervalo entre dois sons. Quando um sino toca, há um intervalo entre as duas batidas. Em geral, não percebemos esse intervalo entre estas duas expressões do som, porque a mente projeta uma continuidade com a qual ouvimos apenas a continuidade do som. O percebimento de um intervalo exige uma grande sensibilidade de mente. De costume, nossa mente é tão insensível que vê apenas uma continuidade sem intervalo, ou se percebe o intervalo, há uma imediata cobertura desse intervalo com uma continuidade do pensamento. Não estamos aqui interessados com a cobertura do intervalo. O que está indicado no *sūtra* acima é o percebimento do intervalo. A mente que pode perceber um intervalo, mesmo que por uma fração de segundo, passou por uma grande transformação na própria qualidade de seu funcionamento. É no intervalo que reside a plenitude da vida. Se pudéssemos estar cônscios de um intervalo entre dois pensamentos ou entre dois sons, viria uma compreensão das coisas e acontecimentos que revolucionaria nosso comportamento e ação. Neste caso, vemos a qualidade de uma nova mente emergindo da experiência da comunhão. Ela tem uma sensibilidade desconhecida para a mente antiga.

A maioria de nós nunca soube o que é silêncio. O silêncio é completamente estranho para a mente antiga, porque ela está tagarelando incessantemente. Mesmo quando o som externo aquieta-se, a mente continua fazendo seu próprio ruído, resultando que o silêncio é algo com o qual não temos qualquer familiaridade. A experiência do silêncio é, de fato, destruidora, porque, exige a morte da mente. A mente antiga, apegada à continuidade, é avessa a aproximar-se da experiência do silêncio. Ela não pode transformar a si mesma em uma mente nova por esforço consciente, do mesmo modo que o nascimento de uma mente nova não é um processo de continuidade. O novo nasce quando o velho morre. É no momento da comunhão que surge uma mente nova. Aquele que tem constantemente a experiência da comunhão conhece também o segredo da renovação da mente de momento a momento. A mente nova é uma dádiva de *dhāraṇa-dhyāna-samādhi*; é o instrumento da comunicação forjado pela própria comunhão. Neste processo da comunicação floresce a mente nova. É neste florescimento que estamos cônscios do intervalo entre dois pensamentos. Isso é o percebimento do silêncio que habita no intervalo entre duas expressões, seja de pensamento, som ou qualquer outra forma. Patañjali refere-se no seguinte *sūtra* ao florescimento da nova mente:

tasya praśānta-vāhitā saṃskārāt

10. Cresce firmemente em maior sensibilidade.

Uma das características da mente nova é sua sensibilidade. Enquanto a mente antiga era embotada devido ao fardo de seu próprio passado, a nova, não tendo fardo, é capaz de crescer em sensibilidade. Esta pode também tender a acumular seu próprio fardo se não tivermos sempre a experiência da comunhão. A comunhão "sopra a poeira" que, de outro modo, pode-se acumular em sua superfície, porque na comunhão há experiência sem acumulação. Devido às experiências constantes da comunhão, a mente nova cresce em sensibilidade. Do percebimento do silêncio habitando no intervalo, ele cresce para um maior percebimento da experiência do silêncio. Nos estágios iniciais, o silêncio que reside no intervalo é tudo o que a mente consegue perceber. Isso é o que Patañjali descreve como *nirodha pariṇāma*, significando aquela transformação da mente pela qual ela se torna ciente do intervalo entre o desaparecimento e o reaparecimento do pensamento, isso é o percebimento do silêncio entre dois sons. A mente nova tem uma sensibilidade desconhecida para a mente antiga.

Dissemos que esta mente cresce em sensibilidade. Isso significa que a sensibilidade tem gradações, de modo que possamos ser mais sensíveis e outros menos? Não pode haver meio termo com relação à sensibilidade. Não pode haver questão de crescimento com relação à qualidade da sensibilidade. Somos sensíveis ou não. No entanto, podemos crescer na extensão de nossa sensibilidade. E, portanto, o crescimento em sensibilidade da mente nova refere-se a este aumento da extensão. No início, a extensão é apenas um intervalo de silêncio. A duração do percebimento é extremamente limitado. Mas, com um aumento na extensão perceptiva, a duração desse percebimento aumenta. É isso que está indicado no próximo *sūtra*:

sarvārthataikāgratayoḥ kṣayodayau
cittasya samādhi-pariṇāmaḥ

11. Há uma transformação na qual a mente está ciente do silêncio que surge com a cessação das distrações. Essa transformação é conhecida como *samādhi pariṇāma* ou o percebimento da quietude.

Um dos significados, no dicionário, para *samādhi* é silêncio. E, uma vez que essa transformação da mente é descrita como *samādhi pariṇāma*, podemos defini-lo como percebimento. *Nirodha pariṇāma* é o percebimento do intervalo enquanto *samādhi pariṇāma* é o percebimento da quietude. A quietude surge com a cessação de todos os ruídos que distraem. Nas distrações, a mente tem uma característica polidirecional ou, como diz o *sūtra*, *sarvārthata*. Na quietude, o polidirecional desaparece e, consequentemente, há, por assim dizer, a unidireção, ou o que o *sūtra* chama de *ekāgrata*. Essa unidireção não existe por si mesma, pois a condição para seu surgimento é a cessação da polidireção. Evidentemente, refere-se a quietude que surge com a cessação do ruído. O silêncio que é parte do intervalo entre dois sons é diferente do silêncio que surge com a cessação do ruído. A diferença, manifestamente, é de duração, porque a extensão no último é maior do que no primeiro. Isso mostra que a mente é capaz de residir no silêncio por uma duração maior do que era o caso com relação ao intervalo. Em *nirodha pariṇāma*, a mente nova tem apenas uma experiência efêmera do silêncio que é experimentado momentaneamente no intervalo entre dois sons. Para uma comunicação efetiva é necessário que a mente cresça em sua capacidade de habitar no silêncio por uma duração maior. A qualidade do silêncio é a mesma em ambos os casos, mas a extensão e a duração diferem.

Manter o silêncio de um intervalo é muito difícil, porém, experimentar o silêncio que surge com a cessação do ruído é ainda mais difícil. É isso o que está indicado na transformação da mente conhecida como *samādhi pariṇāma*. *Samādhi* é um estado de silêncio, ampliado tanto na extensão quanto na duração. O *sūtra* menciona *kṣaya* e *udaya*, que significa a cessação das distrações ou da polidireção, e o surgimento do silêncio ou unidireção. Assim, na transformação da mente há percebimento do silêncio que vem com a cessação do ruído.

Em *nirodha pariṇāma* discutimos o silêncio entre dois sons. Neste caso, não nos referimos ao silêncio entre duas distrações, mas, ao contrário, à completa cessação das distrações e ao surgimento do silêncio. Falamos do silêncio que dura no sentido cronológico. O silêncio que dura no tempo psicológico não é absolutamente silêncio, visto que, nesta sequência de tempo, a mente está imersa na continuidade do pensamento. No campo da comunicação, interessamo-nos pelo tempo cronológico. Se o tempo psicológico persiste, não pode haver comunicação de modo algum. No estado de comunhão, todo movimento do tempo psicológico desaparece e daí para a frente existe apenas o tempo cronológico. Em *samādhi pariṇāma* referimo-nos ao percebimento da mente com relação ao silêncio que perdura no tempo cronológico. Em *nirodha pariṇāma,* o silêncio é cronologicamente de uma duração momentânea, enquanto no primeiro tem uma duração mais longa, pois o ruído cessa e, nessa interrupção, é experimentado o silêncio.

Como afirmamos antes, a transformação da mente não pode ser persuadida. Ela ocorre no momento da comunhão. Essa transformação ocorre para preparar a mente nova para a tarefa da comunicação efetiva. De novo, essa transformação ocorre quando a mente antiga está morta no momento de comunhão. A mente antiga não pode ser treinada para a comunicação efetiva, porquanto vive no passado e projeta este passado no *que é*. A mente nova é extraordinariamente sensível, mas sua sensibilidade deve crescer em extensão e alcance. Os três *sūtras* que tratam da transformação da mente ocupam-se com a extensão e o alcance da sensibilidade. Em *nirodha pariṇāma,* a extensão alcança apenas o intervalo, enquanto em *samādhi pariṇāma,* a sensibilidade funciona em uma área mais ampla. Esse alcance e extensão não são simplesmente horizontais, mas também verticais. Em outras palavras, não são apenas em termos de largura e amplitude, mas também em relação à profundidade. Deve haver tanto amplitude quanto profundidade na sensibilidade. Enquanto o primeiro destes *sūtras* refere-se à sensibilidade, no segundo encontramos uma indicação da amplitude na extensão e alcance da sensibilidade. No terceiro destes *sūtras* que se segue, nossa atenção é chamada para a sensibilidade em profundidade.

tataḥ punaḥ śantoditau tulya-pratyayau
cittasyaikāgratā-pariṇāmaḥ

12. Há uma transformação na qual o percebimento da mente não é submetido à mudança, quer haja ruído ou cessação do ruído. Essa transformação é conhecida como *ekāgrata pariṇāma* ou percepção do silêncio em meio ao ruído.

O *sūtra* acima aborda *sānta-uditau tulya-pratyayau.* Significa que *pratyaya* ou o conteúdo da mente permanece *tulya* ou inalterado, quer haja o apaziguamento ou o surgimento de distrações. A mente que não é distraída experimenta o silêncio no próprio ruído. O silêncio que surge da cessação do ruído é superficial; unicamente o silêncio que é revelado no meio do ruído tem profundidade – na verdade, este silêncio tem uma enorme profundidade. Patañjali refere-se aqui à sensibilidade da mente nova em termos de profundidade e não apenas de amplitude. Essa transformação é conhecida como *ekāgrata pariṇāma,* onde há percebimento do silêncio no meio do barulho. Para a experiência do silêncio tal mente não requer nem a cessação do ruído, nem o apaziguamento das distrações. A mente nova, se quiser comunicar com eficácia, deve ter tanto amplitude quanto profundidade. *Samādhi* e *ekāgrata pariṇāma* estão relacionados com a amplitude e a profundidade respectivamente.

Por transformação da mente entende-se o nascimento de uma mente nova. Apenas a Mente Nova pode empreender a estupenda tarefa de comunicar a refrescante experiência da comunhão. Nos três *sūtras* que tratam da transformação da mente, Patañjali refere-se à premência de comunicar que caracteriza a experiência da comunhão. Antes de entrar no campo da comunicação, a comunhão deve-se munir com os instrumentos apropriados. Na transformação da mente, este novo instrumento está sendo criado. A mente nova tem extraordinária sensibilidade, pois, de outro modo, como poderia comunicar com eficácia? Para comungar, precisamos de uma mente desprendida; no entanto, para a comunicação, precisamos de uma mente sensível. Ora, o desprendido ou negativo e o sensível são dois lados da mesma moeda. Uma mente positiva não pode jamais conhecer o que é sensibilidade e uma mente desprendida não pode jamais funcionar em uma condição de embotamento. Como dissemos anteriormente, comunicação é ação ou relacionamento. Como pode qualquer ação ser verdadeira ou como pode qualquer relacionamento ser correto, se não reflete a sensibilidade de nossa consciência? Unicamente o homem sensível pode agir de maneira correta. E, assim, a comunhão que surge em uma condição de negatividade emerge em um campo de comunicação com extraordinária sensibilidade de consciência. Não pode haver melhor descrição da sensibilidade do que a indicada na tripla transformação da mente mencionada por Patañjali nos quatro *sūtras* acima. Apenas a mente que conhece a amplitude e a profundidade do silêncio está em uma posição de comunicar, e comunicar com eficácia. Em seu trabalho de comunicação, pode usar palavras, gestos e pensamentos, entretanto, tudo isso surge da amplitude e da profundidade do silêncio. A comunicação a partir desta base de silêncio nunca falha. Nas três transformações sobre as quais refere-se Patañjali, esta base do silêncio está sendo criada; assim, esta comunicação pode ser mais eficaz. Tal transformação afeta toda a existência do homem, porque, com o nascimento da mente nova, surge um novo homem. A transformação em termos de *nirodha, samādhi* e *ekāgrata pariṇāma* é muito fundamental. Não é uma simples mudança de grau, mas, de fato, uma mudança de espécie. Está na natureza da mutação da mente. E a influência desta mente mutante permeia toda a existência do homem. É o que está indicado no *sūtra* seguinte:

etena bhūtendriyeṣu dharma-lakṣaṇāvasthā-
pariṇāmā vyākhyātāḥ

13. Essas transformações da mente são refletidas na qualidade, nas tendências e nos padrões de comportamento, tanto no nível estrutural quanto funcional da existência do homem.

A extensão da influência exercida por esta transformação está expressa no *sūtra* acima por *bhūta* e *indriya*. *Bhūta* representa a estrutura básica das coisas, pois os cinco elementos são a própria fundação do mundo material. De forma análoga, *indriya* ou os sentidos representam a base funcional de todas as atividades do homem. Desse modo, *bhūta* e *indriya* significam os níveis estrutural e funcional da existência do homem. Todavia, esses são tão poderosamente afetados pelo impacto da mente nova que sua qualidade, tendências e padrões de comportamento sofrem mudanças fundamentais. As palavras utilizadas são *dharma, lakṣaṇa* e *avasthā*. São extremamente significativas e apropriadas, pois cobrem toda a extensão da expressão. *Dharma* é qualidade, e Patañjali afirma que, através da transformação da mente, a própria qualidade das coisas é mudada, tanto no nível estrutural quanto funcional. Essa mudança qualitativa reflete-se em *lakṣaṇa* ou as tendências de comportamento e expressão. As próprias tendências da expressão sofrem uma mudança com o surgimento da mente nova. Ora, tendência é algo geral, mas *avasthā* ou padrão de comportamento é algo particular. Assim, as mudanças no nível estrutural e funcional são tão gerais quanto particulares. Em outras palavras, o impacto da nova mente é de tal modo que toda a existência do homem, em toda a gama de sua extensão da expressão, sofre uma mudança fundamental. Surge um novo homem, e é este homem novo que entra em um relacionamento renovado com a vida. Das alturas da experiência espiritual ou comunhão, Patañjali conduz o aspirante para os campos da expressão ou comunicação. No próximo *sūtra* ele esclarece:

śāntoditāvyapadeśya-dharmānupātī dharmī

14. O Imanifesto é a Base ou substrato no qual todas as expressões do passado, presente e futuro residem.

A palavra *dharmī* utilizada aqui significa Base ou substrato de toda manifestação. *Dharmī* significa também algo que sustenta ou algo que constitui uma base segura. Ora, esta Base é evidentemente o Imanifesto, pois toda a manifestação repousa sobre ela. O Imanifesto permeia toda a manifestação. Não há ponto algum da manifestação onde o Imanifesto não esteja, porquanto sem o Imanifesto, o manifesto cessaria. O *sūtra* acima considera que todas as expressões do passado, presente e futuro existem no Imanifesto ao mesmo tempo. As palavras utilizadas para passado, presente e futuro são *sānta, udita* e *avyapadeśya*, que significam realmente aquilo que cessou, aquilo que é e aquilo que será, ou o inativo, o ativo e o potencial. Todas estas expressões residem na Base do Imanifesto. O Imanifesto é de fato o Atemporal, e o Atemporal pode ser experimentado unicamente no momento da comunhão. Na comunhão, há o percebimento do momento de descontinuidade que é o Momento Atemporal. Portanto, na comunhão, vemos, por assim dizer, em um lampejo, a Base de toda a manifestação, o substrato de todas as expressões do passado, presente e futuro. Todavia, se o passado, o presente e o futuro existem todos ao mesmo tempo na Base do Manifesto, então por que vemos diferenças no reino da manifestação ou no campo da expressão? Patañjali, respondendo esta questão afirma:

kramānyatvaṃ pariṇāmanyatve hetuḥ

15. A causa das diferenças nas expressões deve-se ao fator da sucessão do tempo.

Aquilo que coexiste no Imanifesto é visto no reino da manifestação como se existisse separadamente. Patañjali esclarece que isso é *krama-anya*, que é a causa de *pariṇāma-anya*. Ora, *pariṇāma-anya* é a diversidade ou variação de expressão, e *krama-anya* é a sucessão do tempo. Aquilo que coexiste no estado atemporal é fragmentado na sucessão do tempo. E é isso que causa diversidade de expressão. Quando a sucessão do tempo é vista sem a compreensão do momento atemporal, o primeiro não tem qualquer sentido. Parece ser um processo frustrante que se move com aparente desnorteamento. Rabindranath Tagore afirma isso com imensa beleza em seu livro *Sadhana*.

“. . . . . . se não vemos o Repouso Infinito e vemos apenas o Movimento Infinito, então a existência nos parece um mal monstruoso, que se move impetuosamente para um desnorteamento infindável.”

O movimento no tempo, na verdade, parece-nos totalmente monstruoso, não aparentando qualquer sentido. Assim, todo o processo do vir a ser, que ocorre na sequência do tempo, também parece frustrante e totalmente fútil. É esta aparente desorientação da sequência do tempo que deu origem às seguintes palavras de Omar Khayam:

“É tudo um tabuleiro de Noites e Dias
Onde o Destino joga com homens em lugar de Peças;
Move para a frente e para trás, dá xeque-mate e mata,
E um por um, retorna à sua posição.”

Todo o processo do vir a ser é um movimento sem objetivo? A sequência do tempo não tem qualquer propósito? Tudo é uma questão de acaso? Há um propósito na natureza? Há um plano subjacente às atividades de expressão diversas que se observam no Universo? As religiões falaram do Plano Divino, a Ciência, também, fala hoje no Grande Projeto. Mas onde estão os planos e os projetos? Na vida ou na natureza? O homem quer descobrir o plano ou o projeto, dissecando e analisando o manifestado. Busca encontrar o significado do tempo na própria sequência do tempo. Fragmenta o manifesto e espera ver o Grande Projeto e o Plano Divino. Estuda história e mitologia, sonda a história do Gênese e os segredos da cronologia oculta. Não encontrando o projeto e o propósito, projeta seu próprio projeto e propósito e chama a isso divino. Não é dissecando o tempo que descobrimos o momento atemporal; não é analisando o manifestado que temos um vislumbre do Imanifesto. Apenas quando o manifestado desaparece é que o Imanifesto pode ser visto em toda sua glória. E o desaparecimento do manifestado é a cessação do pensador e do pensamento. Neste total silêncio da consciência, o momento atemporal transmite o segredo do tempo; é nesse momento atemporal que o significado da sequência do Tempo é compreendido. Podemos entender se há ou não um plano ou um propósito apenas quando surge, com a cessação do pensador e do pensamento, a experiência do momento atemporal. Unicamente através da comunhão com a vida podemos compreender o seu significado. Patañjali refere-se a isso no próximo *sūtra* onde afirma:

pariṇāma-traya-saṃyamād
atītānāgata-jñānam

16. A mente nova, caracterizada pela tripla transformação, pode compreender a natureza do Tempo.

Patañjali esclarece que *atītā-anāgata-jñānam* significa o conhecimento do passado e do futuro. Pode-se perguntar: e o presente? O passado e o futuro significam o fluxo do tempo. O movimento do tempo é, na verdade, do passado para o futuro. O momento do presente não pertence à corrente do tempo. O presente é o momento atemporal. A mente não pode descrever ou definir o presente. Qualquer descrição ou definição do mesmo pertence ao passado ou ao futuro. O presente que pode ser descrito não é presente. E, portanto, no *sūtra* acima, conhecimento do passado e do futuro significa o fluxo do tempo. Patañjali afirma que o segredo e o mistério do tempo podem ser conhecidos apenas pela mente nova, que é caracterizada pela tripla transformação.

Como já vimos, o ponto culminante da tripla transformação é um percebimento do silêncio em meio ao ruído. Este é o percebimento do Transcendente no Imanente ou do atemporal na sequência do tempo. Onde mais pode estar o atemporal? Se estiver distante do tempo, então pertence ao campo do tempo, pois precisaríamos do instrumento do tempo para alcançar o atemporal. Aquilo que está distante do tempo deve pertencer a algum espaço, talvez um espaço de uma categoria diferente; e aquilo que se encontra no espaço pode ser alcançado apenas no tempo, mesmo que possa ser uma categoria diferente de tempo. Desse modo, o atemporal está no próprio tempo. É o processo contínuo do pensamento e do pensador que nos impede de ver o atemporal no tempo. O atemporal no tempo é, de fato, o momento do presente. No percebimento do atemporal no tempo surge a compreensão de todo o movimento do tempo com seu projeto e propósito. O momento atemporal é o Repouso Infinito, ainda que o fluxo do tempo seja Movimento Infinito. O Movimento torna-se compreensível apenas no contexto do repouso. É o momento atemporal que dá significado ao tempo. A mente nova nascida no momento da comunhão conhece o segredo do processo do tempo porque compreende o mistério do momento atemporal.

Com certeza, só uma mente como essa pode estabelecer um reto relacionamento com a vida e pode comunicar com eficácia a experiência da comunhão. Todavia, como ela cumpre esta difícil tarefa? Como a nova mente forja canais eficazes de comunicação? Patañjali considera que isso é feito através de *saṃyama*, que traduzimos como meditação. Nos *sūtras* subsequentes Patañjali menciona *saṃyama* com referência à diversidade da ação. Neste sentido, *saṃyama* precisa ser compreendido como a ação da mente nova. Na meditação, há um movimento, mas é um movimento da mente nova. Do movimento da mente, chegamos ao estado onde há um movimento na mente. *Dhāraṇa-dhyāna-samādhi* nos levam a um estado onde o movimento *da* mente cessa, e um movimento *na* mente inicia. Esse movimento na mente é o movimento da própria vida, ou seja, é a Vida que age através dessa mente. Nos *sūtras* que se seguem, veremos o que *saṃyama* ou a ação da mente nova alcança e como é capaz de forjar canais eficazes de comunicação para transmitir o majestoso esplendor da comunhão.

CAPÍTULO XXII

A PERCEPÇÃO EXTRASSENSORIAL

Em nossos estudos dos *Yoga-Sūtras,* chegamos agora àquele aspecto do *Yoga* que muito encantou as mentes da maioria das pessoas e é, por isso, muito mal compreendido. Este é o tema das aquisições psíquicas ou superfísicas. O *Yoga* está comumente associado, nas mentes de grande parte das pessoas, com a realização de supostos milagres ou a exibição de poderes superfísicos. A maioria das pessoas considera os poderes superfísicos como a própria essência do *Yoga*. Esta moda cresceu muito em nossos dias. Isso se deve ao fato de que o fascínio da ciência e da tecnologia parece estar se esgotando muito rapidamente. Mais uma vez, isso ocorre em função de que os confortos proporcionados pela ciência e pela tecnologia não trouxeram ao homem o sentido da felicidade. Os assim chamados milagres da ciência e da tecnologia não mais são o foco de atração do homem moderno, pelo menos não na mesma extensão de alguns anos atrás. São os milagres do *Yoga* que se tornaram a nova mania e a nova moda. Isso criou um novo interesse entre as pessoas de nossa época por coisas psíquicas ou superfísicas. A parapsicologia e as percepções extrassensoriais receberam um *status* acadêmico, que lhes tinha sido negado no último século e no início deste. Um estudo científico da percepção extrassensorial e temas afins é uma coisa, enquanto a corrida crédula atrás de fenômenos psíquicos é outra bem diferente. É bom que o homem moderno esteja se voltando para uma investigação científica dos fenômenos superfísicos. Esses estudantes científicos encontrarão muito material de grande valor no *Vibhūti Pāda* dos *Yoga-Sūtras*. Não nos ocupamos, neste caso, com o esforço científico de estudar os vários aspectos dos fenômenos superfísicos, tais como a clarividência, a clariaudiência, a telepatia, o hipnotismo, a psicometria, a premonição, a retropremonição etc. Nossa preocupação, no que tange à presente discussão, é dar aos poderes psíquicos seu lugar legítimo a fim de que as noções exageradas, com as quais são vistos por muitas pessoas hoje, possam ser corrigidas.

Temos que ter em mente que os poderes psíquicos não são o âmago do *Yoga*, mas apenas incidentais. São uma ramificação do processo do *Yoga*. Sem dúvida, não pertencem à corrente principal do *Yoga*. Isso pode ser compreendido se fizermos uma clara distinção entre o espiritual e o psíquico. Nos capítulos anteriores esta questão foi discutida e, assim, não nos propomos a examiná-la outra vez. O espiritual e o psíquico são completamente diferentes, embora não necessariamente contraditórios. Temos de ressaltar que, enquanto um homem espiritual pode chegar a possuir poderes psíquicos, aquele que desenvolve conscientemente poderes psíquicos, em geral, permanece totalmente alheio à experiência espiritual. Não precisamos temer os poderes psíquicos. Em alguns lugares, as pessoas temem tanto esses poderes que nem mesmo se inclinam a examinar esses fenômenos de uma maneira científica e objetiva. Sentir fascinação pelos poderes psíquicos ou temê-los ao ponto de ter resistência ao estudo e exame dos mesmos são reações de uma compreensão imatura da espiritualidade e do psiquismo. Mais uma vez, a espiritualidade e o espiritismo são completamente diferentes. O espiritismo pertence à categoria do psiquismo, sendo seu principal tema de interesse estabelecer contatos com espíritos desencarnados e com aqueles que cruzaram o portal da morte. A espiritualidade é a reta percepção dos homens e das coisas, aquela percepção que surge em um estado de não dualidade, onde as fronteiras da mente não mais limitam nossa visão e compreensão.

Dissemos que há hoje um fascínio anormal com relação aos fenômenos superfísicos e ao desempenho de supostos milagres, conquanto insignificantes possam ser. Tal fato expressa-se na corrida atrás de *sanyasis* alaranjados, que mais frequentemente fornecem material espúrio àqueles que buscam experiências inusitadas. Atualmente há uma colossal safra de tais *sanyasis*, prontos para explorar essa fascinação com fins de expandir seus próprios impérios. Isso é visto também na grande procura por certos tipos de drogas – LSD e muitas outras – em particular, entre a geração jovem no Ocidente e, até certo ponto, no Oriente. *Japa* ou a repetição de *mantras* é outra forma pela qual esta fascinação parece se expressar. Há também um grande número de pessoas que estão fazendo do *Hatha Yoga* e das práticas *tāntricas* uma busca do superfísico. Por trás de todos esses esforços, há um elemento comum – e este é a fuga dos caminhos da mente e a busca de abrigo em algo que embote sua atividade. A mente e seus caminhos tornaram-se o anátema do homem moderno em busca de algo diferente do que a ciência e a tecnologia podem lhe oferecer. Todos os processos de mentalização são desaprovados por estes "buscadores das verdades espirituais". Qualquer filosofia ou abordagem que peça para examinar os caminhos da mente é considerada uma perda de tempo. O homem parece estar voltando para o "emocionalismo", onde se busca embotar a mente. O homem moderno, em busca de uma alma, parece estar deliberadamente movendo-se para o caminho de tornar a mente totalmente pseudovazia. Ao invés de chegar ao silêncio da mente, move-se para a criação de uma mente pseudovazia, que é considerado hoje ser o caminho do *Yoga*.

Através de drogas e encantamentos, da repetição de *mantras*, das práticas do *Haṭha Yoga*, do "emocionalismo" frenético ou ritualismo elaborado, o homem moderno deseja chegar a um pseudovazio mental, que ele considera como um prelúdio da experiência do *Yoga*. Os perigos de uma mente pseudovazia são imensos, pois, neste caso, a mente torna-se absolutamente passiva. E uma mente passiva é um terreno fértil no qual a hipnose, inclusive a auto-hipnose, cresce em abundância. Muito do que acontece hoje em nome do *Yoga* e da meditação é um exercício de hipnose, externa e interna. Uma mente que se torna passiva é muito impressionável, e a hipnose tem sucesso apenas em um estado de impressionabilidade. Uma mente impressionável não é uma mente sensível; é passiva e não desprendida. É uma mente embotada, não é uma mente alerta, dotada de reta percepção. Uma mente passiva e impressionável pode ser usada no processo de exploração religiosa. E é isso o que acontece hoje com grande intensidade. "Levar a mente a uma condição de pseudovazio", esta parece ser a tendência oculta, o grito consistente, articulado ou não, de todas as novas religiões e movimentos "neoyóguicos". São na maioria das vezes pseudorreligiosos e "pseudoyóguicos". O desejo de explorar as regiões do superfísico por meio do estímulo dos vários *chakrās* ou centros também funciona neste contexto de pseudovazio da mente. Como dissemos anteriormente, no estado de pseudovazio da mente, o processo do pensamento é suprimido à força, enquanto o pensador fica em liberdade. De fato, é o pensador, que é a mente antiga, que utiliza as condições criadas pelas práticas do *Yoga* e o estímulo dos diferentes centros. Sabe-se que a mente antiga ao utilizar estas forças superfísicas, tem uma tendência a reforçar sua própria base radicada na segurança e na continuidade psicológica.

Estamos testemunhando uma crise no campo psicoespiritual muito mais perigosa do que a crise ocasionada pela liberação da energia atômica. Há uma alucinação de temor pairando sobre toda a civilização humana, porque uma minoria, uma insignificante minoria, chegou à posse de gigantescos poderes nucleares. Embora estejamos cientes disso, parecemos ignorar por completo o fato de que a mente antiga e pesadamente condicionada está brincando, hoje, com forças superfísicas liberadas através da compreensão imatura do *Yoga* e de seus objetivos. É nesse contexto que uma nova compreensão do *Yoga* nos termos de um de seus maiores instrutores, Patañjali, tornou-se necessária. Patañjali não apenas faz uma séria advertência sobre o que está acontecendo, mas também nos oferece orientação de grande valor no sentido de evitarmos as armadilhas que jazem ao longo de nosso caminho. O homem moderno precisa prestar atenção a essa advertência se não quiser cair de cabeça num precipício em sua jornada para os reinos espirituais.

Devemos observar que Patañjali introduz o tema dos poderes psíquicos somente após ter discutido todos os aspectos da questão *dhāraṇa-dhyāna-samādhi*. Ele sugere que o aspirante espiritual deve-se voltar para estes assuntos dos poderes psíquicos só depois de ter-se estabelecido em um estado de comunhão. Além disso, ele se aproxima dos poderes psíquicos tão somente depois de ter discutido completamente a questão da tripla transformação da mente. Patañjali indica que a mente antiga não pode entrar no campo dos poderes psíquicos, e se fizer isso será perigoso e devastador para o peregrino espiritual. Segundo ele, apenas a mente nova pode avançar com segurança nessa questão dos poderes psíquicos. Patañjali agora nos leva para uma discussão detalhada dos poderes psíquicos. Entretanto, o tempo todo, *sūtra* após *sūtra*, ele utiliza a palavra *saṃyama*. *Saṃyama*, como vimos, é a ação da mente nova. Assim, Patañjali afirma que em todos os assuntos dos poderes psíquicos deve estar a atuação da mente nova, a mente que tenha sofrido uma transformação fundamental no momento da comunhão. Os poderes psíquicos são poderosos instrumentos de comunicação, mas precisam da mente nova, visto que, de outro modo, há um grande perigo para o estudante de *Yoga*. A mente nova surge do silêncio da comunhão e não do estado de pseudovazio mental. Uma mente pseudovazia, quando empreende uma viagem para os reinos psíquicos, está fadada a enfrentar perigo, porém, a mente nova pode empreender com segurança essa viagem, pois não está ocupada em realizar o passado não realizado. De fato, na experiência da transformação fundamental da mente, podemos olhar para aqueles *sūtras* em que Patañjali explora o tema dos poderes psíquicos. No seguinte *sūtra,* ele esclarece:

śabdārtha-pratyayānām itaretarādhyāsāt saṃkaras
tat pravibhāga-saṃyamāt sarva-bhūta-ruta-jñānam

17. Através da comunhão com o significado verbal, com a significação projetada e com o conteúdo real, a confusão entre eles é removida, o que nos permite compreender o real significado da palavra pronunciada seja por quem for.

Usualmente, quando escutamos alguém, há uma confusão entre o significado verbal projetado e o significado real das palavras pronunciadas por ele. Patañjali utiliza três palavras para indicar isso: *śabda, artha* e *pratyaya*. *Śadba* é o significado no nível verbal. *Artha* significa o sentido projetado pela mente daquele que escuta e *pratyaya* é o real significado ou o conteúdo que aquele que pronuncia deseja transmitir. Todos os três são confundidos uns com os outros. Patañjali utiliza uma expressão significativa para indicar essa confusão. Segundo ele é por causa de *itaretara-dhyāsāt*, que significa sobreposição um nos outros. A mente do que ouve sobrepõem seu próprio *artha* ou significado no *pratyaya* do outro. No nível verbal, há uma mera compreensão, que não é compreensão alguma, o que ocorre é a sobreposição de *artha* em *pratyaya*, do significado projetado sobre o significado real.

A fala é o meio mais poderoso de comunicação. Entretanto, muito mal-entendido é criado pela palavra falada, resultando em relacionamento infeliz. Se pudéssemos ir além do significado verbal e parar de projetar nossos próprios significados nas palavras que são ditas pelo outro, a vida seria muito mais simples e não causaria tensão no relacionamento. No entanto, como isso pode ser feito? Apenas através de uma ação de comunhão, o que significa observar o movimento de nossa própria mente quando escutamos as palavras pronunciadas pelos outros. Se pudéssemos ouvir a nós mesmos sem interrupção enquanto escutamos os outros, então o escutar seria feito em silêncio. Esse deve ser um processo simultâneo – escutar os outros sem qualquer interrupção ou resistência àquilo que a mente tem a dizer. Precisamos ouvir a nós mesmos enquanto escutamos aos demais – essa é a única maneira de saber o que nossa mente está dizendo. Somente aí as reações imediatas da mente podem ser vistas.

Contudo isso pode ser feito tão só pela mente nova; a mente velha com seu enorme fardo do passado não pode fazê-lo. A mente nova, em um estado de comunhão com a fala dos outros, pode chegar a um verdadeiro entendimento do que a outra pessoa diz ou deseja transmitir. A mente capaz de tal comunhão pode entender o que qualquer um diz. Tal mente jamais pode se equivocar. Ela está em comunhão e não permite que o pensamento e o pensador interfiram na ação de escutar. Escutar é, de fato, uma grande arte; aquele que sabe fazer isso se torna um centro de relacionamento feliz. É interessante notar que ao tratar do tema da comunicação, Patañjali começa com a fala ou a palavra falada, porque a fala é o canal de comunicação usado por todos os seres humanos. Antes de entregar-se ao desenvolvimento de intrincados poderes psíquicos, Patañjali sugere que o estudante de *Yoga* cresça na arte de escutar sem qualquer sobreposição ou interferência. Isso o tornaria capaz de estabelecer um feliz relacionamento com todos, mas, acima de tudo, consigo mesmo.

Patañjali considera que a natureza de nossas encarnações passadas pode ser conhecida facilmente sem correr atrás de *sanyasis* e ocultistas. Ele refere-se a isso no próximo *sūtra*:

saṃskāra-sākṣātkaraṇāt pūrvajāti-jñānam

18. Através da comunhão com nossas próprias tendências inerentes, podemos compreender a natureza de nossas encarnações anteriores.

As tendências são os *saṃskāras* – aquelas que nos são inerentes e surgem quando não há um mecanismo de defesa consciente. Por construirmos mecanismos de defesa, as tendências inerentes dificilmente são vistas. Se olharmos para elas, imediatamente são suprimidas ou removidas. Patañjali afirma: *saṃskāra-sākṣātkaraṇāt*: significa uma percepção direta das tendências inerentes sem qualquer cobertura da explicação, justificação, condenação ou avaliação. Em outras palavras, através da comunhão com as nossas tendências inerentes, podemos com facilidade conhecer a natureza de nosso próprio passado.

Temos um medo terrível de nosso passado e, por conseguinte, não o olhamos jamais de frente. É o que mantém o passado não resolvido. Através da comunhão com as tendências inerentes seremos capazes de olhar face a face para o passado. O passado mostrar-nos-á a natureza de nossas encarnações anteriores. O passado tem dois aspectos: os acontecimentos e as reações a esses acontecimentos. Ele contém, assim, tanto fatores objetivos quanto subjetivos. Objetivamente, ele representa eventos e acontecimentos. Subjetivamente, representa tendências e reações imersas na consciência. Conhecer o passado em termos de eventos e acontecimentos requer um especial *insight* psíquico e, mesmo assim, não podemos ter certeza absoluta do que vemos, porque aquilo que é visto está sendo interpretado pelo que vê. O que vê olha para os eventos e acontecimentos do passado e os vê através de sua própria escala de interpretação. Muitas vezes, o que vemos com os olhos físicos não corresponde ao que realmente aconteceu. Isso se deve ao fato de que o apreciador perturba o objeto de percepção na própria ação de perceber. Ver com os olhos ocultos não faz qualquer diferença neste relacionamento daquele que percebe com o que é percebido. Entretanto, a natureza operativa do passado não reside nos eventos e acontecimentos, mas nas tendências e reações imersas em nossa consciência. De fato, o passado em seu real sentido não está distante de nós, porém está lá na própria situação em que nos encontramos. O passado está no presente, e isso pode ser compreendido através da comunhão com o presente, o que significa ver nossas próprias tendências, hábitos e reações sem qualquer explicação ou interrupção. Então, elas por si mesmas nos mostram a natureza de nosso passado. Mais uma vez, unicamente a mente nova pode conhecer a real natureza de nosso passado.

Pode-se dizer que até aqui a abordagem de Patañjali à questão dos poderes psíquicos parece muito monótona, uma vez que não sugeriu nada excitante no que diz respeito à associação desses poderes com coisas inusitadas e anormais. O que Patañjali discutiu nos últimos dois *sūtras* parece ser muito razoável e longe do sensacional. Temos de observar que através de toda a discussão com relação a esses poderes, ele é muito cauteloso e não permite esquecermos que a ação, neste campo, deve ser realizada pela mente nova. Reiteradamente, ele nos apresenta esse ponto, pois, sem o fundamento da comunhão, qualquer movimento na direção dos poderes psíquicos é extremamente perigoso. Ele agora nos conduz aos domínios dos poderes psíquicos.

pratyayāsya para-citta-jñānam

19. Através da comunhão com as expressões do pensamento do outro, podemos compreender como sua mente funciona.

Por trás das expressões do pensamento estão as imagens-pensamento ou formas-pensamento. Todo o conteúdo das formas-pensamento não se encontram nas expressões do pensamento. Um pensamento expresso deve funcionar sob as limitações das palavras. Todavia, limitada como possa ser a linguagem, se entrarmos em comunhão com essas verbalizações, podemos entender como a mente da outra pessoa funciona. Esse é o caso da leitura dos pensamentos; do que é verbalizado podemos visualizar o que ainda virá. Isso nos leva ao tema da telepatia. Uma grande quantidade de experiências foi realizada sobre comunicação telepática, onde uma mente pode falar diretamente com outra mente. Podemos desenvolver essa capacidade entrando em comunhão com o que está sendo verbalizado. Tal comunhão implica escutar a outra pessoa sem julgamento ou interpretação. Se isso é feito, então podemos ter um *insight* sobre o funcionamento da mente da outra pessoa. Podemos quase dizer o que aquela pessoa falará no próximo momento, mesmo que a outra pessoa esteja ainda por verbalizar aquilo que deseja dizer. Esta é a forma de nos colocar em harmonia com a mente de outro. Neste ponto, Patañjali indicou, como em nenhum outro lugar foi feito por escritores antigos ou modernos, a limitação da telepatia. Podemos saber como a mente de outro funciona, mas não porque funciona daquela forma. O tema do "porquê" com relação ao funcionamento da mente do outro está inteiramente fora do escopo da telepatia. Isso está claro no *sūtra* que se segue:

na ca tat sālambanaṃ-tasyāviṣayī-bhūtatvāt

20. Isso, contudo, não nos habilita a conhecer os fatores motivadores que sustentam e suportam aquelas imagens-pensamento.

O "como" pode descrever tão só a estrutura das formas-pensamento. Apenas quando somos capazes de investigar o "porquê" das formas-pensamento é que podemos conhecer os motivos por trás de um processo particular de pensamento. A telepatia indica somente a estrutura do processo-pensamento, não sua motivação. Essa é a limitação da telepatia, e Patañjali expressa essa limitação usando a expressão: *tasya-aviṣayībhūtatvāt*, significando que não é um tema dentro de sua esfera de ação. Desse modo, uma investigação sobre as motivações do pensamento está fora do alcance e da esfera de ação da telepatia. Em parte alguma na vasta literatura da parapsicologia encontramos qualquer menção com relação às limitações das comunicações telepáticas.

Patañjali leva o aspirante, passo a passo, para as águas profundas do desenvolvimento psíquico. No próximo *sūtra* ele menciona algo que exige um raciocínio claro, caso contrário tornamo-nos vítima de confusão. Ele diz:

kāya-rūpa-saṃyamāt tad grāhya-śakti staṃbhe
cakṣuḥ-prakāśa-saṃprayoge 'ntardhānam

21. Através da meditação no corpo da forma, a consciência retira-se de seu foco físico e alcança um "estado interno.

A palavra *antardhānam* que aparece neste *sūtra* é traduzida, em geral, como fisicamente invisível. Considerar esse *sūtra* como indicador de um estado de invisibilidade física seria interpretá-lo em um sentido muito superficial.

O professor Ernest Wood, profundo estudante de *Yoga* e da Filosofia hindu, traduz a palavra como "um estado interno". Para nós, parece ser uma interpretação muito mais correta do que aquela que se refere à invisibilidade física. Patañjali afirma que, através da meditação no corpo da forma – não na forma do corpo –, podemos chegar a tal estado interno onde a consciência retira-se de seu foco físico. A expressão utilizada é *kāya-rūpa*, que indica o corpo da forma, significando a forma pura. Ao meditar na forma, não em qualquer expressão particular da mesma, ocorre um retirar-se da consciência de seu foco físico. Patañjali refere-se à conexão entre *grāhya-śakti-staṃbhe*, que significaria a suspensão das respostas sensoriais, a fim de que a luz que emana dos objetos físicos permaneça sem resposta do olho ou do órgão da percepção.

Uma meditação na forma pura ocasiona uma certa retirada da consciência na qual o corpo físico está lá e, entretanto, não está. Algumas vezes, acontece de uma pessoa estar fisicamente próxima e, contudo, muito distante. Uma pessoa pode estar no meio de uma multidão e, no entanto, tão retirada em seu interior que sua presença ali é apenas física, a contraparte psicológica moveu-se para algum outro lugar. Através dessa meditação, uma pessoa pode retirar-se à completa solidão, mesmo quando, fisicamente, em uma multidão. A invisibilidade, neste caso, não é física, mas psicoespiritual. Um verdadeiro *satsang*, ou o estar em companhia de um sábio ou de um santo, é possível apenas quando nos aproximamos dele com nosso foco físico retirado, para que haja comunhão no nível psicoespiritual. Todavia, pode-se perguntar: o que é esta meditação na forma pura? A forma pura não tem um contorno particular, na verdade, não tem qualquer forma particular. Assim, é idêntica à forma sem forma. Meditar na forma sem forma é penetrar no momento atemporal ou intervalo de descontinuidade. Com essa entrada, naturalmente há uma retirada do foco do tempo. Portanto, ficamos invisíveis psiquicamente ou em termos de consciência. Tal meditação é, na realidade, a ação da mente nova, pois apenas essa pode estabelecer um ritmo de continuidade e descontinuidade. Quando o ritmo é rompido, ela retorna ao antigo estado de insensibilidade. Unicamente com a manutenção deste ritmo a mente nova pode reter sua qualidade. Nesse ritmo, há um fenômeno de retiro e retorno. Neste *sūtra* Patañjali refere-se ao momento do retiro, porque apenas através de tais momentos surge a possibilidade de comunicação efetiva. O retiro e retorno devem existir como duas faces da mesma moeda. Onde está o ritmo, ali a consciência do homem permanece incorruptível. Esse retiro pode ser experimentado através de vários canais, como a meditação na forma sem forma, ou no som insonoro e ao longo de avenidas similares de cognição e percepção. No próximo *sūtra* há uma menção a isso:

etena śabdādyantardhānam uktam

22. Isso indica que atingiu um estado interno através da meditação no som etc.

A meditação no corpo do som é, na verdade, uma meditação no Som insonoro, é ouvir *anahata-nāda* ou a Voz do Silêncio. Aquele que ouve a Voz do Silêncio experimenta uma retirada do foco do som físico; e aquele que retorna do som insonoro para o reino do som tem maior sensibilidade para com as sutis nuanças do som do que tinha anteriormente. H.P. Blavatsky, em seu inestimável livro *A Voz do Silêncio,* diz:

> "Aquele que quiser ouvir a voz de *Nāda*, o "Som insonoro" e compreendê-la, terá de aprender a natureza de *Dhāraṇā*."[15]

Aqui *dhāraṇa* significa o estado de comunhão total compreendendo *dhāraṇa-dhyāna-samādhi.* Nesses dois *sūtras* Patañjali refere-se à comunhão com a Forma sem forma e o Som insonoro, ou sobre a meditação no corpo da forma, bem como no corpo do som. Expondo o tema da comunicação em *Vibhūti Pāda*, ele sugere que deva acontecer constantemente o fenômeno do retiro e do retorno. Somente aquele que se retira constantemente pode retornar novo e, portanto, empreender a tarefa da comunicação efetiva. Esse retiro é a ação de nos tornar psicologicamente invisíveis e inaudíveis. É o estado interno que surge da meditação no corpo da forma e no corpo do som.

Pode-se perguntar: é possível para qualquer um chegar a tal estado interno? Esse fenômeno de retiro-retorno é possível para todos? Nosso *karma* não serve de empecilho para chegarmos a esse estado? Se assim for, apenas muito poucos podem chegar a tais estados de meditação na Forma sem forma e no Som Insonoro. Patañjali

---

[15] *A Voz do Silêncio*, aforismo 2. Editora Teosófica, 2011. (N.E.)

interrompe sua discussão aqui, a fim de esclarecer essa dúvida sobre o *karma*. O homem considera o *karma* como o maior obstáculo no caminho da percepção espiritual. A menos que estejamos livres das influências restritivas do passado, como podemos avançar? No entanto, todo o mecanismo da causação está radicado no passado. Como podemos mudar o passado e, sem isso, como podemos conhecer as renovadoras experiências da comunhão e da comunicação? A respeito desse problema do *karma* no *sūtra* que se segue, ele afirma:

sopakramaṃ nirupakramaṃ ca karmaṉ tat
saṃyamād aparānta-jñānam ariṣṭebhyo vā

23. O *karma* pode ser maduro bem como imaturo – aquele que produziu um efeito, e o que não produziu. Ao entrarmos em comunhão com o efeito, podemos compreender, através de sinais e indícios, a maneira de dissolver a causa determinante.

Os dois tipos de *karma* são descritos pelas palavras *sopakramam* e *nirupakramam*, significando aquilo que se tornou operativo e o que ainda está inoperante. O significado da palavra *upakrama* é início, logo, os dois tipos de *karma* são aquele que iniciou e aquele que não começou. O *karma* inoperante não apresenta qualquer problema. O problema, obviamente, está centrado em torno daquilo que se tornou operativo, significando aquilo que resultou em efeito ou cujo efeito já iniciou. Patañjali fala aqui de *saṃyama* sobre o *karma*. Significa evidentemente comunhão com o *karma* que produziu efeito. Ele afirma que se podemos entrar em comunhão com o efeito, então em tal comunhão são descobertos os sinais e indícios que mostram uma maneira de dissolver-se a causa que determinou o efeito. A palavra *ariṣṭa* significa, na realidade, augúrio ou um presságio – um sinal indicando um fim. Não significa necessariamente morte, indica o fim de alguma coisa. Esse fim é explicado pela palavra *aparānta*, que significa o fim da outra. Ao entrar em comunhão com o efeito do *karma,* descobrimos sinais indicando o fim da outra. Nesse contexto, o fim da outra significa o fim da causa, pois, com relação ao efeito, a causa é que é a outra. Assim, através da comunhão com o efeito, podemos descobrir sinais indicando o fim da própria causa. Neste caso, Patañjali lança uma nova luz sobre o problema do *karma*, qual seja: no próprio efeito se encontra o fim da causa. Se podemos olhar para o efeito e suas várias expressões sem qualquer interrupção ou interpretação, então o efeito indica a maneira de dissolver a causa.

Entretanto, podemos perguntar: e o *karma* imaturo, aquele que não se tornou operativo? Decerto ele se tornará operativo algum dia e, quando isso acontecer, gerará um efeito. Se soubermos como descobrir no efeito a maneira de dissolver a causa, o *karma* inoperante não apresenta qualquer problema. Quando seu efeito vier à existência, também saberemos como dissolver sua causa. Que de *sañcita* ou *karma* acumulado surja efeito após efeito e cada efeito indicará sua maneira de dissolver a causa. Desse modo, o *karma* cessa de ser um empecilho para o peregrino espiritual. Se ele pode olhar para o que a vida lhe apresenta sem qualquer interrupção, nesse momento, saberá a maneira de ir além. Deixe o efeito contar como pode ser transcendido, mas a história do efeito pode ser ouvida apenas em um estado de comunhão.

Com frequência, falamos de falta de força interior quando enfrentamos situações que surgem das operações do *karma*. Em geral, sentimos que não temos força interior para olharmos para as dolorosas circunstâncias criadas por tais efeitos operativos. Patañjali refere-se a isso no seguinte *sūtra*:

maitry-ādiṣu balāni

24. Através da comunhão com a virtude, descobrimos a nascente da força interior.

Temos que ter em mente que comungar com a virtude é completamente diferente de pensar sobre a virtude. Dizem-nos para pensarmos em alguma virtude em nossas práticas meditativas usuais, mas pode a mente pensar sobre a virtude? Uma virtude tem o frescor de uma flor viva. Como pode o processo contínuo do pensamento conhecer aquilo que é novo, fresco? O frescor e a continuidade não podem andar juntos. Uma virtude que é colocada em uma estrutura de continuidade não é virtude alguma. O pensamento pode colocar novas roupagens naquilo que é conhecido como vício; pode vesti-lo, pode torná-lo mais apresentável e, assim, mais respeitável. Contudo um vício tornado respeitável não é uma virtude. Pensar em uma virtude nada pode fazer além disso. Podemos pensar sobre a virtude por milhares de anos e, ainda assim, não saber o que ela é. A virtude é algo intocado pelo pensamento. O pensamento polui e corrompe tudo que toca. A virtude surge quando a continuidade do pensamento chega ao fim.

O que significa, então, comungar com a virtude? Podemos tornar a virtude um ponto de interesse focal, ou seja, podemos fazer com que a palavra "virtude" ocupe a área focal da consciência e permitir que ela defina sua própria área periférica. Isso é *dhāraṇa*, sobre o qual discutimos extensivamente nos capítulos anteriores. Quando assim feito, a área periférica inicia seu movimento, que é o movimento daquilo que chamamos "vício". Se pudermos olhar para o movimento do suposto vício sem qualquer interrupção, ou seja, sem resistência ou indulgência, então surgirá um silêncio, uma descontinuidade devido à cessação do pensamento e do pensador. Isso é *dhyāna*. O percebimento desse momento de descontinuidade é *samādhi* ou comunhão. É nesse intervalo que descobrimos a inocente presença da virtude; é essa visão da virtude que evoca em nós a força interior. A força da virtude reside na inocência, em sua total incorruptibilidade. É o corrupto que tem medo e fala de falta de força interior. A visão da virtude incorruptível evoca uma força de dentro que nunca sentimos anteriormente, uma força interior sobre a qual os santos e místicos têm falado. É esta força evocada pela presença da inocente virtude que é realmente chamada de caráter. O caráter não é armazenado em nossos padrões comportamentais, atributo após atributo daquilo que a mente descreve como virtude. Ele não pode ser construído. Ele chega quando o esforço e o que faz o esforço cessam, a fim de que possa surgir uma visão da inocente e incorruptível virtude. A mente nova, impregnada pela influência desta visão é realmente virtuosa. De fato, Patañjali diz que quando entramos em comunhão com a virtude surge uma força interior que não é produto da Terra, mas uma dádiva do Céu. Essa dádiva está disponível para todos no intervalo descontínuo do momento atemporal, na experiência não dual da comunhão.

Discutimos esse *sūtra* no contexto da virtude, porque Patañjali refere-se a *maitrī adi* ou amabilidade etc. Não há dúvida de que Patañjali, ao utilizar essa palavra indica que apenas a virtude é a fundação do reto relacionamento. Tão só a mente virtuosa pode se comunicar eficazmente – apenas a mente virtuosa pode entrar em um reto relacionamento com a vida. No próximo *sūtra*, afirma:

baleṣu hasti-balādīni

25. Esta força interior libera em nós um manancial inexaurível de energia.

Patañjali utiliza a palavra "elefante" para indicar esse manancial de ilimitada energia, pois um elefante é considerado como o mais forte dos animais. Isso não significa que o homem entra em posse da força do animal ou que o aspirante espiritual adquire a força do elefante. Interpretar esse *sūtra* assim é não compreendê-lo em absoluto. Significa que descobrimos em nós uma tremenda fonte de energia. A própria presença da virtude, intocada pelo pensamento e o pensador, libera em nós essa inexaurível energia. O que o homem pode fazer sem energia? O que pode alcançar um indivíduo nervoso? O caminho da comunicação é bloqueado com muitas barreiras. Se o homem é destituído de energia, provavelmente será corrompido pelas forças que se abatem sobre ele. Somente a força interior e a energia derivada do momento atemporal da descontinuidade pode habilitar o homem espiritual a comunicar-se com o mundo e a não se corromper nesse processo da comunicação.

Sem dúvida, só o homem de força interior pode explorar os mundos físico bem como superfísico. Patañjali pede ao peregrino espiritual para conquistar energia com este fortalecimento interior, de modo que possa se mover no intrincado mundo do relacionamento sem acanhamento e sem excessivo senso de confiança. Um homem de virtude não é nem acanhado nem excede em confiança. Tal homem pode-se mover com passos suaves e pode-se aproximar da vida com cautela. Patañjali convida-nos a nos mover para o mundo complexo do superfísico com a cautela daquele que é dotado de força interior. Ele nos pede para viajar para estas regiões com uma mente verdadeiramente virtuosa, pois uma mente virtuosa não precisa temer aquilo que está diante dela.

CAPÍTULO XXIII

O DESENVOLVIMENTO PSÍQUICO

O tratamento do tema dos poderes psíquicos por Patañjali nos *Yoga-Sūtras* é notável. Por um lado, ele enfatiza continuamente a imperativa necessidade de manter as condições de comunhão, isso é *dhāraṇa-dhyāna-samādhi* ou *saṃyama*, para a exploração dos poderes psíquicos e, por outro, parece deliberadamente se valer de evasivas nos *sūtras* específicos que tratam dos *siddhis* ou poderes superfísicos. Alguns dos *sūtras* são muito sucintos, quase vagos. Não apenas isso, em *Vibhūti Pāda* tudo o que Patañjali faz é meramente descrever alguns poderes psíquicos sem oferecer seu *modus operandi*. Ele não revela o segredo de como estes poderes são desenvolvidos. Em outras palavras, não apresenta instruções com relação ao modo de estimular os vários centros, através de cujo despertar estes poderes podem ser obtidos. No decorrer do tempo, toda a ciência dos poderes psíquicos caiu em mãos de grupos de pessoas que nada tinham a ver com perspectivas espirituais. Na verdade, não estavam interessados no aspecto espiritual do *Yoga*; estavam preocupados apenas com o desenvolvimento de *siddhis*. Para isso recorreram a certas práticas de *Tāntra* e de *Haṭha Yoga* que incluem drogas e encantamentos. Embora reconhecendo que o tema dos *siddhis* não pode ser excluído de uma discussão detalhada do *Yoga*, Patañjali parece ter especialmente cuidado para que o estudante comum de *Yoga* não se precipitasse para os mesmos. O tema dos *siddhis*, na melhor das hipóteses, precisa de uma orientação pessoal de alguém que seja um adepto desta linha particular. Sem tal orientação, um esforço para estimular os *chakras* com o intuito de obter tais poderes é extremamente perigoso. Assim, muitos dos *sūtras* do *Vibhūti Pāda* contêm evasivas para cuja solução precisamos buscar a orientação de um especialista naquela linha particular.

Os poderes psíquicos não devem ser ridicularizados ou condenados. São parte do desenvolvimento oculto. E o Ocultismo é uma ciência que pode ser dominada como qualquer outra ciência. Mas, na maestria das ciências ocultas, é da maior importância que estejamos radicados nas experiências espirituais ou místicas. Sem uma base apropriada do Misticismo ou Espiritualidade, o Ocultismo pode ser muito perigoso. A história do *Tāntra*, tanto hindu quanto budista, contém amplos testemunhos deste infortunado fato. Além disso, o conhecimento oculto deve funcionar dentro das mesmas limitações que existem nas demais ciências. O conhecimento por meio da visão oculta é ainda conhecimento através de ideação. É conhecimento de imagens, pois o Ocultismo opera no plano da dualidade, seja o campo da investigação físico ou superfísico. A dualidade do que percebe e do percebido permanece, mesmo na investigação oculta mais elevada. E, portanto, seu conhecimento é apenas parcial, e não do todo. Não podemos conhecer o todo adicionando as partes. No conhecimento por ideação é a interpretação e a avaliação daquele que percebe que conta. Assim, o ocultista vê apenas o observado, ainda que no nível superfísico, mas o observado não é o real. A única diferença entre uma percepção comum e uma percepção oculta é que na última nos ocupamos com a modificação do observado. Mais uma vez, não chegamos à realidade através da modificação do observado. Nesta modificação há apenas uma mudança na escala da observação. E a investigação oculta nada é senão a investigação de uma escala modificada de observação, onde o observador permanece intocado. Enquanto o Ocultismo[16] é percepção a partir de uma escala modificada de observação, no Misticismo ocupamo-nos fundamentalmente com a eliminação do próprio observador. Patañjali afirma que quando a fundação da reta percepção é lançada, podemos explorar o campo do psiquismo sem absolutamente nenhum perigo. Ora, lançar a base da reta percepção é, na verdade, lançar a fundação da virtude. Neste caso, o desenvolvimento dos poderes psíquicos não envolve perigo, uma vez que neste estado de amor todos os motivos pessoais são eliminados. Podemos observar esta extraordinária advertência feita por Patañjali, pois ele não aborda o tema do psiquismo sem antes lançar a fundação apropriada da reta percepção.

Vejamos o que ele tem a dizer sobre este tema do psiquismo.

pravṛtty āloka-nyāsāt sūkṣma-vyavahita
-viprakṛiṣṭa-jñānam

26. Ao projetarmos os poderes ampliados da percepção dos sentidos, podemos conhecer o pequeno, o oculto e o distante.

Patañjali refere-se à clarividência através da qual podemos perceber aquilo que está distante e aquilo que não é cognoscível de outro modo, qual seja o pequeno e o oculto. As palavras utilizadas são *sūkṣma, vyavahita* e *viprakṛiṣṭa*, indica o pequeno, o oculto e o distante. Patañjali não menciona aqui, ou em qualquer outra parte

---

16 O autor parece referir-se aqui às ciências ocultas e não ao verdadeiro Ocultimo. Segundo H.P. Blavatsky, "O verdadeiro *Ocultismo* ou *Teosofia*, é 'A Grande Renúncia ao eu', incondicional e absolutamente, tanto em pensamento como em ação. É ALTRUÍSMO..." (BLAVATSKY, H.P., *Ocultismo Prático,* Ed. Teosófica, Brasília, 2011. (N.E.)

do livro, como estes poderes da percepção dos sentidos são ampliados. O que é uma evasiva a respeito do tema do desenvolvimento dos poderes da clarividência. Ele reconhece a possibilidade da clarividência, e, se pudermos ter este poder no plano de fundo místico da reta percepção, então podemos de fato aumentar muito nossa utilidade por termos adquirido facilidade adicional na esfera da comunicação. Os estudantes de parapsicologia moderna estão investigando os fenômenos da clarividência e da clariaudiência. Mas, mesmo aqui, eles meramente reconhecem a existência destes poderes. As maneiras e os meios pelos quais estes poderes podem ser desenvolvidos são ainda um segredo guardado. Tudo o que podemos dizer é que tais poderes existem e, portanto, não precisamos zombar deles com uma arrogância que caracteriza mais uma estrutura mental não científica do que científica. O *sūtra* menciona que é possível desenvolver os poderes da clarividência e da clariaudiência através da ampliação da percepção sensorial.

Agora seguem-se três *sūtras* que são extremamente místicos, e o mistério é maior devido à extrema concisão dos *sūtras*.

bhuvana-jñānam sūrye saṃyamāt
candre tārā-vyūha-jñānam
dhruve tad gati-jñānam

27. Ao refletirmos sobre as forças solares, podemos compreender a natureza do Sistema Solar.
28. Ao refletirmos sobre a Lua podemos compreender a configuração das estrelas.
29. Ao refletirmos sobre a Estrela Polar, podemos compreender o Grande Projeto subjacente ao movimento das estrelas.

Encontramos, neste ponto, uma menção à estrutura, configuração e movimento com relação ao Sistema Solar e ao Universo. Esta é uma indicação de Astronomia Oculta? Pode ser porque a Astronomia Oculta, em função da percepção ampliada, obtém mais dados e fatos com relação ao Sistema Solar e ao Universo do que obteria por meio da investigação através de telescópios. Em outras palavras, através dos poderes ampliados da percepção, podemos conhecer a contraparte do Universo, de outro modo invisível.

Algumas versões da Cosmografia Oculta descrevem que a estrutura do Universo tem quatorze camadas ou *lokas* como são conhecidas. Estes *lokas* devem ser compreendidos como diferentes estados da matéria. Entre estes estados encontram-se o físico denso e seis outros, segundo teorias ocultas. Da mesma forma, há estados da matéria abaixo do físico denso, que são descritos como *sutala, vitala, talātala, mahātala, rasātala, atala* e *pātāla*. Os acima do físico denso são muito bem-conhecidos para necessitarem de qualquer menção aqui. A ciência moderna hoje fala de matéria e antimatéria. Não pode ser que os *lokas* abaixo do físico denso sejam a antimatéria? Os quatorze *lokas*, sete acima e sete abaixo, mantêm a estrutura harmônica do Universo, e a ciência física nos diz hoje que a matéria e a antimatéria mantêm um equilíbrio de um modo que ainda não foi bem-compreendido pelos investigadores científicos de nossos dias.

Se o *campus* estrutural do Universo é tão amplo ao ponto de incluir os quatorze *lokas*, certamente a configuração das estrelas e outros corpos no Universo exibem um padrão que não é usualmente compreendido. Hoje a ciência moderna está descobrindo muitos objetos novos e seu misterioso funcionamento no vasto Universo. Existem os Pulsares, sobre os quais os cientistas estão muito intrigados. Ainda não surgiu um quadro final dos grupos de estrelas e as novas descobertas desconcertam as conclusões anteriores. Deve haver mais neste Universo que é invisível ao olho nu como também aos intrincados e precisos instrumentos científicos. Talvez a configuração do Universo possa ser completamente diferente, uma vez que há ainda muitos objetos não descobertos. Com a estrutura e a configuração presentes em um contexto mais amplo, o movimento das estrelas e dos corpos celestes também mostrariam tendências diferentes.

Um movimento tem como referência algo que é constante, e é a velocidade da luz que é considerada constante. Mas, mesmo aqui, novas teorias que surgem de novas observações chamam a atenção dos cientistas. "A velocidade da luz é algo universalmente constante?" É uma pergunta que está sendo feita nos círculos científicos. Se não for constante, e se existirem objetos no Universo movendo-se com velocidades superiores à da luz, decerto, nossas teorias e conceitos com relação ao movimento das estrelas e dos corpos celestes sofrerão uma mudança. Assim, aceitando-se um Universo mais vasto do que aquele que pode ser percebido por instrumentos físicos, temos que ser cautelosos em nossos pronunciamentos sobre a estrutura, a configuração e o movimento neste Universo.

Nos *sūtras* acima, Patañjali menciona certas faculdades psíquicas pelas quais a estrutura, a configuração e o movimento do Universo podem ser compreendidos. Afirma que, através da concentração nas forças solares, podemos conhecer a estrutura do Universo; através da concentração na Lua, podemos conhecer a configuração das estrelas e através da concentração na Estrela Polar, podemos conhecer o movimento das estrelas no Universo. É verdade que a configuração das estrelas pode ser vista apenas no contexto da Lua, pois, quando o Sol brilha, as estrelas não podem ser vistas. De forma semelhante, o movimento pode ser compreendido apenas com relação a algo que é constante, ou comparativamente fixo. E a Estrela Polar indica este ponto constante no Universo. Mas o Sol, a Lua e a Estrela Polar aqui são de natureza evasiva. O que se quer dizer com concentração nos mesmos e como podemos fazer isso? Somos solicitados a nos concentrar na forma física do Sol, da Lua e da Estrela Polar? Ou significam certos *chakras* e *nāḍis* no corpo? Algumas pessoas interpretam o Sol como significando o *sūrya-nāḍi*, que é apenas outro nome para *suṣumnā*, que corre no centro da coluna espinhal. Mas estas são conjecturas amplamente baseadas nas disciplinas do *Tāntra* e do *Haṭha Yoga*. Seja como for, Patañjali refere-se nestes três *sūtras* à contraparte invisível do Universo visível, e esta pode ser percebida tão somente pelas faculdades psíquicas. A compreensão desta contraparte invisível pode nos dar uma melhor perspectiva do Universo visível. Mais uma vez, ele não nos diz para nos concentrarmos no Sol, na Lua e na Estrela Polar. Ele apenas indica a possibilidade de descobrir um Universo muito mais vasto do que aquele que é visto pela ciência. No contexto de um Universo mais vasto, naturalmente, a configuração e o movimento das estrelas e dos corpos celestes também precisariam ser reexaminados.

Da estrutura e da constituição do Universo, Patañjali segue para a estrutura e constituição do corpo humano. É um movimento do macrocosmo para o microcosmo. Em relação a isso ele afirma:

nābhi-cakre kāya-vyūha-jñānam

30. Através da concentração no *chakra* do umbigo, podemos compreender o funcionamento apropriado do mecanismo do corpo.

A expressão utilizada por Patañjali aqui é *kāya-vyūha*. Pois bem, *vyūha* é um arranjo onde a cada unidade ou parte é dada sua atribuição apropriada. Com relação ao corpo humano significaria o funcionamento apropriado das partes do corpo. Deste *sūtra* em diante Patañjali fala dos *chakras* ou centros no corpo. Estes centros não são partes orgânicas da estrutura corporal. Eles são por natureza centros de funcionamento. Diz-se que há sete centros de funcionamento maiores e vários outros menores. O centro na região do umbigo do corpo é conhecido como *manipūra chakra*. A região do umbigo é considerada como o próprio núcleo do mecanismo do corpo. Assim, através da concentração neste *chakra* habilitamo-nos a compreender a natureza do funcionamento do corpo. Mais uma vez, Patañjali não nos diz como deve ser feita esta concentração. É algo que temos que descobrir com a ajuda de especialistas nestas linha de desenvolvimento do *Yoga*.

Podemos afirmar que a ciência médica moderna, que fez extraordinário progresso nos últimos tempos, está ainda tateando quanto ao funcionamento do mecanismo do corpo. Ela se pronuncia com autoridade sobre as doenças orgânicas do corpo, mas é incerta com relação a enfermidades funcionais. Tal fato ocorre porque no mecanismo funcional, os *chakras* ou centros têm muito a ver. É através do funcionamento apropriado dos *chakras* que as correntes de *prāṇa* ou alento vital podem ser reguladas. E o funcionamento do corpo depende muito do fluxo regulado das correntes do alento vital. *Āsana* e *prāṇāyāma* podem ajudar muito na regulação da respiração Todavia, quando chegamos à questão dos *chakras*, a função de *prāṇāyāma* difere daquela função discutida no capítulo sobre esse tema. Não é meramente uma questão de prender a respiração como em *kumbhaka*, mas, antes, de direcionar a respiração assim mantida dentro do corpo. É este direcionamento que faz parte das disciplinas do *Tāntra* e do *Haṭha Yoga*. Ao direcionar nossa respiração ao longo dos vários centros ou *chakras*, podemos desenvolver certos poderes psíquicos. Neste *sūtra* Patañjali fala em direcionar a respiração para o *manipūra chakra* ou o centro próximo à região do umbigo. Essa direção do alento envolve intrincadas práticas que são reveladas apenas pelo instrutor para seu pupilo. Talvez a ciência médica moderna fizesse bem em investigar estes segredos de modo que pudesse desenvolver uma terapia para o tratamento eficaz das doenças funcionais. A atividade do corpo também pode ser corrigida através de processos de *dhāraṇa-dhyāna-samādhi*, a técnica que forma parte do *Rāja Yoga*. Neste *sūtra* nossa atenção é atraída para a abordagem do psiquismo no que se refere a este problema. Não há dúvida de que este campo precisa ser explorado, tanto através de práticas do *Haṭha* quanto do *Rāja Yoga*, e se a ciência médica pudesse se voltar para o mesmo, poderia trazer grande benefício para a humanidade ao tratar com eficácia as doenças funcionais do homem.

Avançando neste campo Patañjali menciona no próximo *sūtra*:

kaṇṭha-kūpe kṣut-pipāsā-nirvṛttiḥ

31. Através da concentração na cavidade da garganta, podemos controlar os impulsos da fome e da sede.

Kaṇṭha-Kūpa é a cavidade da garganta. Este é um ponto onde há o encontro do movimento da respiração vital passando através dos canais do nariz e da boca. Supõem-se ser a sede do *viśuddha chakra*, um dos sete principais centros. Diz-se que este *chakra* governa a exteriorização da mente, ou, em outras palavras, controla as atividades de expressão da mente. Ora, fome e sede têm muito a ver com estas atividades de exteriorização. Se as atividades estão controladas, o impulso da fome e da sede também pode ser mantido sob controle. Isso não significa que o *yogi* não precisará qualquer alimento ou água para mitigar sua fome e sede. Significa apenas que podemos facilmente manter sob controle estes impulsos corporais. Há exemplos, cientificamente estudados, em que pessoas praticaram certas disciplinas do *Yoga*, permanecendo sem alimento e água por um considerável período de tempo. Talvez isso tenha muito a ver com a atividade do *viśuddha chakra*. Devemos observar que na nova esfera de *prāṇāyāma*, é a mente nova que deve mover-se. A esfera de *prāṇāyāma* a qual nos referimos é o direcionamento do controle da respiração. Vimos, quando abordamos este tema antes em *dhāraṇa-dhyāna-samādhi*, que é suficiente prender a respiração e, assim, realizar o que é conhecido por *sahita-kumbhaka*, que significa *kumbhaka* associado com *pūraka* e *recaka*. Mas, na esfera do desenvolvimento psíquico, a ênfase principal não é meramente na retenção da respiração, mas no direcionamento da mesma ao longo de certos *chakras* principais ou secundários. Este direcionamento não deve ser empreendido pela mente antiga, uma vez que não é seguro fazer isso. É um fato reconhecido que *prāṇa* ou o alento vital segue o movimento da mente. Portanto, no direcionamento da respiração, o movimento da mente é de fundamental importância. Mais uma vez, as motivações da mente são de grande importância nos seus movimentos. A mente antiga age a partir de várias motivações e, assim, seu direcionamento do alento tem o propósito de preencher seus próprios motivos. O estímulo dos vários *chakras* liberam energia vital e, se a mente antiga estiver direcionando a corrente da respiração, esta energia liberada será usada para o cumprimento de seus motivos. Isso pode criar situações perigosas tanto para o corpo quanto para a mente. Dessa forma, a mente nova, destituída de todos os motivos, é o instrumento mais seguro para o direcionamento do alento vital. Não importa qual seja o *chakra* sobre o qual buscamos concentrar o alento, pois todo *chakra* libera energia. O uso desta energia adicional tanto pode degradar o homem quanto elevá-lo, dependendo se a mente antiga ou a nova tenha sido o fator controlador. Podemos ver quão sábio é Patañjali em introduzir o tema dos poderes psíquicos apenas depois da tripla transformação da mente. Ele acrescenta ainda:

kūrma-nāḍyāṃ sthairyam

32. Através da concentração em *kūrma nāḍi*, o canal nervoso na região do peito, alcançamos a estabilidade do corpo.

Kūrma é um dos *prāṇas* e ele permite abrir e fechar a pálpebra. Passa através de um canal que é localizado na região peitoral. Através da concentração, obtemos a estabilidade do corpo. Tal estabilidade confere certa dignidade e força ao modo de andar. Mesmo superficialmente, podemos entender isso, pois o peito desempenha papel importante no modo de conduzir o corpo. Muitas vezes caminhamos com os ombros caídos. Este movimento desleixado tem muito a ver com a maneira pela qual os ombros são sustentados, estando relacionado com a corrente vital que passa através de *kūrma-nāḍi*. Mais uma vez, a mente antiga que estiver envolvida no controle de *kūrma-nāḍi* estará interessada em demonstrar sua força corporal. Para a mente nova este controle não tem propósito demonstrativo e, assim, vemos uma graça e charme naturais no seu modo de conduzir o corpo. Segundo este tema, Patañjali afirma no próximo *sūtra*:

mūrdha-jyotiṣi siddha-darśanam

33. Através da concentração na região da coroa da cabeça, obtemos uma perfeita clareza de percepção.

Este *sūtra* refere-se a *Brahmarandhra*, uma abertura na coroa da cabeça. Não é uma abertura no sentido físico, mas, sim, nas regiões vitais do funcionamento do corpo. Nesta abertura podemos contatar uma radiância, provavelmente a radiância da vitalidade pura. Especialistas dizem que esta radiância está relacionada com o funcionamento do *ājña chakra* e não com o *sahasrara e* que se encontra no topo da cabeça. Este *sūtra* fala de uma clareza de percepção, e supõe-se que o estímulo do *ājña chakra* traz uma clara percepção das coisas. Seu ponto operativo encontra-se entre as sobrancelhas, e muito da percepção clarividente está relacionada com estímulo deste *chakra*. Dissemos que uma concentração na luz na região da coroa da cabeça traz uma perfeita clareza de percepção. A palavra utilizada aqui é *siddha-darśanam*. Usualmente, é traduzida com o significado de que através desta concentração podemos perceber os seres humanos perfeitos. Ora, ver os seres humanos perfeitos não é um processo físico, pois o ser perfeito refere-se não apenas a um corpo físico, mas a um estado de consciência. Sem tal estado, o ser particular é apenas uma forma física. Portanto, a palavra *siddha-darśanam*, neste *sūtra*, mais apropriadamente significaria uma clareza de percepção ou percepção total. Nossas percepções, normalmente, são difusas e, portanto, vagas. Uma clara percepção é aquela em que somos capazes de ter uma visão total das coisas. Na luz desta radiância, referida neste *sūtra*, nossa percepção torna-se tão clara que somos capazes de ver a totalidade das coisas. Assim, uma clareza de percepção física é o que está indicado neste *sūtra.*

Nos *sūtras* considerados neste capítulo, Patañjali chamou nossa atenção para algumas das simples aquisições psíquicas às quais o homem pode chegar como resultado da concentração em certos *chakras* ou centros vitais. Estes *sūtras* ocupam-se principalmente com as esferas ampliadas da clarividência, do movimento e dos anseios corporais. Apenas no último, recém-considerado, Patañjali aprofunda-se e fala de uma clareza de percepção onde se vê a totalidade das coisas. Esta questão de uma totalidade de percepção é por ele abordada nos *sūtras* que se seguem.

CAPÍTULO XXIV

O "INSIGHT" *INTUITIVO*

Há uma diferença fundamental e qualitativa entre o total e o todo.[17] Aquilo que é total é constituído de partes; é pela adição de partes que se chega ao total. Mas o todo não contém partes e, portanto, jamais pode ser fragmentado. Mesmo quando partido em pedaços, o todo continua o todo, pois é indivisível. O todo é, na verdade, a qualidade das coisas e, como pode essa qualidade ser fragmentada? O *Bhagavad-Gītā* descreve-o como *avibhaktam vibhakteṣu*, significando que, apesar de dividido, permanece indivisível. Assim, enquanto o total é a soma das partes, o todo é maior do que a soma das partes. Há algo que escapa, até quando todas as partes são adicionadas para formar uma totalidade. Dessa forma, uma visão total das coisas é completamente diferente da percepção do todo. Em uma visão total todas as diferentes partes são vistas, e, então, são colocadas juntas para formar uma totalidade. Mas o todo é visto de uma só vez, como se não possuísse partes constituintes. Estas duas categorias de percepção precisam ser claramente compreendidas. No último capítulo, abordamos a clareza de percepção. Ora, a clareza de percepção tem gradações. A percepção através de instrumentos científicos é mais clara do que aquela a olho nu. De forma similar, a percepção oculta pode ser mais clara do que a percepção científica. Uma clareza de percepção requer mais fatos e mais dados. Em outras palavras, a percepção funciona em um nível quantitativo. Os instrumentos científicos trazem mais fatos, e, portanto, esta percepção tem uma maior clareza do que aquela alcançada pela atividade sensorial. Supõe-se que a faculdade psíquica, conhecida como Ocultismo[18], traz mais fatos, logo, tem ainda mais clareza. Mas há uma diferença entre a percepção clara e a reta percepção, ou seja, entre *siddha-darśana* e *samyak-darśana. Siddha-darśana* é a percepção através das faculdades psíquicas ou ocultas, citadas no último *sūtra* do capítulo anterior. Através da concentração em certos *chakras* é possível ter uma clara percepção. Todavia, como abordamos anteriormente, neste está presente a dualidade do observador e do observado. Esta dualidade persiste na visão oculta das coisas. Na clara

[17] No original em inglês: *totality* e *wholeness*, respectivamente (N.E.)

[18] Vide nota 16. (N.E.)

percepção, tornamo-nos habilitados a examinar uma coisa sob muitos pontos de vista. Isso não necessariamente confere reta percepção. O observador, olhando de diversas janelas, está presente em cada ponto de vista. Esta percepção de muitos pontos de vista, sem dúvida, trará mais fatos, mas é o observador, com sua experiência condicionada, que irá interpretar o que vê. Não apenas isso; também a seleção das janelas, através das quais vê, é uma ação do observador. A menos que a entidade que interpreta, o observador, desapareça do ato da percepção, não pode surgir *samyak-darśana*. Ao passo que uma percepção clara é baseada no princípio da totalidade, *samyak* ou reta percepção é governada pelo princípio do todo. A primeira é uma abordagem quantitativa, enquanto que a última é uma compreensão qualitativa. Ora, o Ocultismo[19] ou psiquismo, seja ele inferior ou superior, ocupa-se com a abordagem quantitativa da vida do mesmo modo que a ciência física. Suas conclusões e suposições são governadas por mensuração quantitativa. Mais uma vez, isso se baseia na dualidade do observador e do observado. A reta percepção é aquela em que o fenômeno observador-observado não mais existe e, portanto, as coisas são vistas como elas são, não como interpretadas pelo observador. Dessa forma, não há dúvida de que a reta percepção é mais segura do que a percepção clara. Se uma percepção clara existe no plano de fundo da reta percepção, temos a compreensão qualitativa, bem como quantitativa das coisas. Por isso, o psiquismo precisa ter um plano de fundo de misticismo, pois, sem isso, a qualidade das coisas será completamente falha. A segurança da visão espiritual ou mística das coisas é indicada por Patañjali no próximo *sūtra*:

prātibhād vā sarvam

34. Mas a intuição habilita-nos ao *insight* de todas as coisas.

A palavra utilizada neste *sūtra* é *prātibhād*, significando "através do *insight* intuitivo". Temos que realçar a palavra "mas" utilizada por Patañjali. Esta palavra refere-se ao *sūtra* anterior, onde ele fala de *siddha-darśana* ou clara percepção. A palavra "mas" denota que apesar de, através de certas faculdades psíquicas, podermos chegar a uma clareza de percepção, a intuição habilita-nos ao *insight* de todas as coisas. Ele menciona, neste ponto, a maior segurança da intuição do que da clarividência. Embora a clarividência possa conferir clara percepção, é a intuição que nos habilita a ter reta percepção. As pessoas parecem considerar a intuição como algo errático e, por conseguinte, não confiável. Algumas pessoas confundem-na com algum tipo de sentimento subjetivo, enquanto outras repelem-na como um mero "pressentimento" que não deve ser levado a sério. Há também um sentimento geral com relação à

[19] Vide nota 16. (N.E.)

intuição como algo não científico. Neste caso, a abordagem científica e a abordagem da intuição são colocadas em oposição uma à outra. Isso ocorre porque muitas vezes a impulsividade é confundida com a intuição. Agir por impulso não é agir sob a direção do *insight* intuitivo. Em uma abordagem impulsiva é a emoção que predomina. Contém uma reação emocional ao padrão habitual, pois o impulso surge do passado acumulado. É verdade que em qualquer abordagem impulsiva há uma negação da atitude científica. Mas intuição nada tem a ver com impulso. Nem é "emocionalismo", nem a lógica fria do intelecto. Ele surge quando toda mentalização cessa, em um estado onde não há o pensador nem o pensamento. Não é pensamento rápido nem pensamento abstrato. Sua chegada exige uma completa cessação do pensamento, assim como do pensador. Acredita-se que a intuição é errática e, portanto, não é segura. Ela, porém, não é errática, e aparece em lampejos, porque surge no intervalo descontínuo do momento atemporal. Não pode ser encomendada nem cultivada. Ela surge quando a mente é extremamente sensível, e a sensibilidade da mente pode existir apenas no intervalo onde o pensador e o pensamento não estiverem. A mente que espera ou antecipa não é uma mente sensível, pois tal mente está sobrecarregada com o passado, antecipando um futuro. Patañjali diz que a intuição oferece-nos um *insight* de todas as coisas, o que indica uma compreensão da qualidade das coisas. A ela vem uma compreensão do todo, que deve ser distinguido de um conhecimento do total. Tal compreensão é, realmente, a reta percepção. Através dos poderes ocultos da clarividência, podemos ter clareza de percepção, mas apenas um *insight* intuitivo proporciona a nós a reta percepção. Como chegamos a essa percepção intuitiva? No seguinte *sūtra,* Patañjali apresenta uma indicação de como a intuição é despertada.

hṛdaye citta-saṃvit

35. Através da meditação no coração, surge um percebimento do funcionamento de toda a extensão da consciência.

Citta-saṃvit significa um percebimento de nossa própria consciência. E o *sūtra* afirma que ela vem através da meditação *no* coração. Não é meditação *sobre* o coração, pois isso criaria pressão na atividade do coração. O que significa meditação *no* coração? Neste caso coração não deve ser entendido como um órgão físico. É o ponto intermediário entre intelecção e ação. Portanto, a meditação no coração denota realmente meditação naquele ponto intermediário que, em seu verdadeiro sentido, é um intervalo entre o pensamento e a ação. Com frequência, em nossa vida experimentamos um abismo entre o pensamento e a ação, que buscamos transpor por meio de mais atividade do pensamento. Mas tal ponte jamais pode ser construída pelo pensamento.

Apenas quando o pensamento aquieta-se, e, com isso, todos os esforços para traduzi-lo em ação, é que surge o intervalo. Este intervalo é o coração, e é a meditação neste intervalo que desperta a intuição. Em uma abordagem intuitiva, a ação precede o pensamento e, quando isso acontece, o problema de transpor o abismo absolutamente não existe.

No entanto, como o pensamento e o esforço para traduzi-lo em ação cessam? Tornando-nos cientes de toda a extensão da consciência. É por isso que Patañjali afirma que na meditação *no* coração surge um percebimento da completa extensão da consciência. Toda a extensão da consciência significa o esforço do pensamento para traduzir-se em ação. Estar ciente de como o pensamento tenta traduzir seus conceitos em ações é, de fato, saber o que é meditação no coração. Neste percebimento nasce a intuição, em cuja luz cessa todo o problema de vencer o abismo entre o pensamento e a ação. Surge uma ação inteiramente nova que não é produto do pensamento, mas que vem à existência sem a intervenção do pensamento. Podemos observar que a comunicação que surge do estado de comunhão é a ação que precede o pensamento. No campo da comunicação, o pensamento será necessário, todavia seu ponto de partida é a ação que precede o pensamento. Tal ação pode estar em qualquer forma de comunicação – um gesto, uma palavra ou até mesmo o silêncio. A começar de um ponto intocado pelo pensamento, pode haver extensões de comunicação onde o pensamento precisa funcionar. A ação precedente ao pensamento é, realmente, um estado de amor. Uma ação intuitiva é uma ação não poluída pelo toque do pensamento. E o *insight* intuitivo surge quando há um percebimento da completa extensão da consciência. Isso é meditação no coração, onde nasce a intuição. Patañjali, além disso, elabora esta questão do percebimento no próximo *sūtra*, um pouco difícil de entender quando examinado superficialmente. Ele diz:

sattva-puruṣayor atyantā-saṃkīrṇayoḥ pratyayāviśeṣo
bhogaḥ parārthāt svārtha-saṃyamāt puruṣa-jñānam

36. Nas experiências normais, o observador e o sujeito são indistinguíveis, mesmo que sejam absolutamente distintos um do outro. É através da compreensão da automotivação do observador que a distinção entre os dois é conhecida e, portanto, surge o conhecimento do sujeito.

Neste *sūtra, sattva* significa consciência modificada, enquanto *puruṣa* é o estado não modificado. Utilizamos para os mesmos as palavras observador e sujeito. O observador é, realmente, a consciência modificada, e é o que cria o observado. Como tratamos anteriormente, para o observador o observado é tudo o que existe. Ele não pode ver o objeto real. O fenômeno observador-observado oculta a realidade sujeito-objeto. O observador arroga-se o papel de sujeito. Ele é, na realidade, o pretendente[20], o que Patañjali chama de *asmitā*. É o eu-consciência. O *sūtra* aborda que o observador e o sujeito, *sattva* e *puruṣa* são absolutamente distintos. A expressão *atyanta-asaṃkirṇayaḥ* significa estar amplamente separado.

Mas, em nossas experiências normais, não há percebimento desta distinção; na verdade, o observador e o sujeito são considerados idênticos, pois não há "eu" separado de *asmitā* ou eu-consciência. Este *sūtra* diz que há uma clara distinção, embora em nossas experiências normais esta distinção não seja percebida.

Ora, *sattva* é a terceira e mais refinada condição dos *guṇas* ou fatores condicionantes da consciência. Em razão de ser a mais refinada, normalmente não nos apercebemos de seu fator condicionante. Consideramo-la quase um estado incondicionado de consciência. Seu papel principal é sintetizar, mas este esforço para sintetizar é motivado pelos fatores condicionantes com os quais a *guṇa sāttvica* está impregnada. É esta qualidade altamente refinada de *sattva* que nos impede de ver a distinção entre os estados condicionado e incondicionado. Patañjali afirma que tal fato é devido a *pratyaya-aviśeṣa*, que quer dizer não distinção de conteúdo-pensamento.

O conteúdo do pensamento projetado pela condição *sáttvica* de consciência parece tão nobre e puro que tendemos a considerá-lo livre de todos os condicionamentos. Mas isso é simplesmente a aparência de uma forma nobre que oculta os motivos de uma mente condicionada. É somente através de *parārthāt-svārtha-saṃyamāt* que podemos chegar a *puruṣa-jñānam*. Significa que ao invés de ver a motivação aparente do observado ou *parārtha*, se há um percebimento das motivações do observador ou *svārtha*, então, nesse percebimento chegará a compreensão da natureza condicionada de *sattva*. Nesse percebimento surge também o estado incondicionado ou *puruṣa*.

Parārtha é a motivação consciente com a qual o observador é revestido. No observado podemos ver sentimentos nobres tais como o serviço e o sacrifício, mas estas são apenas capas externas que ocultam as motivações egoístas do observador. Mais uma vez, Patañjali diz que não é o observado que é o problema, mas o observador, pois ele se constitui no fator real que oculta a Realidade de nossa visão. O observado não tem existência independente. Como afirmamos no início dos *Yoga-Sūtras, tadārtha-meva-draṣṭaya-ātmā*. De acordo com isso, *draśya* existe apenas para *draṣṭa* ou o observador. Os motivos vistos no observado são aqueles lançados pelo próprio observador. E, assim, ao invés de concentrarmo-nos nos motivos projetados do observado, deveríamos voltar nossa atenção para os motivos intrínsecos do observador.

---

[20] No original em inglês: *pretender*, significando aquele que tem a pretensão de ser o verdadeiro Eu. (N.E.)

A nobreza e pureza pode ser apenas uma bondade projetada existente como um verniz externo. Interiormente podemos estar pululando de egoísmo. Temos que estar cônscios desta entidade condicionada que é *sattva* ou o observador. A distinção que existe entre o estado condicionado e o incondicionado é, de fato, a distinção que separa *sattva* de *puruṣa*. Apenas estando cônscio das atividades e dos movimentos do observador é que surgirá o estado incondicionado de consciência ou *puruṣa*.

No último *sūtra* a respeito da meditação no coração, Patañjali refere-se ao percebimento da completa extensão da consciência. Aqui ele elabora esta ideia. Quando neste percebimento surge o estado incondicionado, este é realmente o campo onde aparece a intuição. A intuição é, na verdade, consorte de *puruṣa* ou consciência incondicionada. A consciência condicionada não sabe o que é intuição. No percebimento das atividades da consciência condicionada ocorre o nascimento da intuição e, quando isso acontece, a essência toda do homem é iluminada por sua luz. Está indicado no próximo *sūtra* onde ele afirma:

tataḥ prātibha-śrāvaṇa-vedanādarśāsvāda-vārttā jayante

37. Então se confere às experiências dos sentidos a qualidade dimensional da intuição.

Patañjali refere-se às várias respostas sensoriais. São elas: *śrāvaṇa* ou auditiva, *vedana* ou táctil, *ādarṣa* ou visual, *asvāda* ou gustativa e *vārttā* ou do olfato. Todas estas respostas sensoriais adquirem a qualidade de *pratibhā* ou intuição. O significado literal do *sūtra* transmite a ideia do surgimento da capacidade da audição intuicionante, da visão intuicionante, do toque intuicionante, do gosto intuicionante e do cheiro intuicionante. O que isso significa? O que significa conferir às respostas sensoriais a qualidade dimensional da intuição? Significa que os sentidos tornam-se intensamente sensíveis, capazes de responder até mesmo às vibrações mais sutis. Indica que são capazes de responder ao sutil e ao intangível em todo o campo de atividade. Isso mostra que ao nascer a intuição toda a existência é permeada com a nova qualidade de cognição e resposta.

Quando surge o toque da intuição há refinamento e sensibilidade em todos os aspectos de nossa vida. Uma abordagem intuitiva é uma abordagem mística; apenas ela é uma abordagem verdadeiramente espiritual. Sem a base do Misticismo ou Espiritualidade, todos os esforços de desenvolvimento de poderes psíquicos ou de aquisição de *siddhis* estão repletas de imenso perigo. Antes de passar para o segundo aspecto dos poderes psíquicos, Patañjali mais uma vez dá um conselho àqueles que desejam andar na caminho dos *siddhis*. Diz ele:

te samādhāv upasargā vyutthāne siddhayaḥ

38. Os poderes psíquicos são um grande obstáculo quando a consciência não está misticamente orientada.

Ele afirma que a consciência que é voltada para fora ou está em uma condição de *vyutthāna* não deve "brincar" com os *siddhis* ou poderes psíquicos. Estes *siddhis* são um obstáculo para aquele que anseia atingir o estado de comunhão. Isso demonstra que, antes da comunhão, todos os esforços para desenvolver poderes psíquicos são perigosos. A expressão utilizada por Patañjali é *samādhāv-upasargā*, significando obstáculos no caminho de *samādhi* ou comunhão. Torna-se muito claro que para um verdadeiro *yogi* a questão dos *siddhis* deve vir após a comunhão e não antes dela. Os *siddhis* podem ser úteis no caminho de comunicação, mas muito certamente são grandes obstáculos no caminho da comunhão. É a comunhão que traz uma nova orientação à consciência e, assim, com esta reorientação podemos explorar o campo dos *siddhis*, se quisermos, mas, certamente, não antes disso. Este *sūtra* coloca os poderes psíquicos em seu devido lugar, removendo todas as noções exageradas acerca dos mesmos, comumente encontradas entre muitos estudantes de *Yoga*. Com este pequeno interlúdio no qual Patañjali expôs a base e a potencialidade da abordagem intuitiva, ele, mais uma vez, leva o estudante de *Yoga* a novos campos do desenvolvimento psíquico. Os poderes psíquicos sobre os quais ele se refere nos *sūtras* que se seguem são de um grupo diferente daqueles discutidos anteriormente. Todavia, antes de nos atermos a eles é necessário ter em mente a advertência dada por Patañjali com relação a estes poderes. Esta advertência torna-se ainda mais necessária em virtude da nova categoria de *siddhis* à qual se refere nos *sūtras* que se seguem. Tal advertência foi necessária também com relação aos *siddhis* anteriores, mas para os *siddhis* seguintes, o plano de fundo da orientação mística é mais imperativa.

CAPÍTULO XXV

A AÇÃO DA MENTE SOBRE A MATÉRIA

A parapsicologia tornou-se em tempos recentes um tema de intenso estudo científico. Vasta literatura está disponível sobre seus vários aspectos ou o que é conhecido como percepção extrassensorial. No último século, este tema foi estudado de forma mais limitada e era chamado de psiquismo ou pesquisa psíquica. O interesse científico por este tema despertou recentemente devido à observação de certos fenômenos que não poderiam ser explicados em função da experiência sensorial. O estudo da parapsicologia está dividido amplamente em duas seções. A primeira é conhecida como fenômenos "Psi" e a segunda como fenômenos "Pki", ou o que é chamado de psicocinética. Os fenômenos "Psi" ocupam-se com a cognição extrassensorial, enquanto a psicocinética aborda o movimento extrassensorial. Na cognição ou percepção extrassensorial há uma referência à aquisição de informação ou dados sem o uso dos sentidos. Na psicocinética há uma referência ao movimento e à ação física sem o uso dos membros do corpo físico. A percepção extrassensorial estuda a clarividência, a clariaudiência, a psicometria etc., enquanto no campo da psicocinética são considerados fenômenos como a materialização e a desmaterialização e também o movimento dos objetos físicos sem a intervenção dos membros do corpo. Ser capaz de mover objetos físicos sem a intervenção do corpo parece inacreditável, mas há muitos exemplos, cientificamente observados, que provam a existência de tais fenômenos. Há também casos de objetos que são produzidos como se fosse do ar. Este milagre da psicocinética chamou a atenção de muitos que andam às cegas atrás de *siddhis* do *Yoga*. Este fenômeno, conhecido por PK na literatura da parapsicologia, indica que a mente pode operar sobre a matéria sem a intervenção do corpo. Assim, os fenômenos "psi e pki" formam dois ramos importantes da parapsicologia.

Ao considerar a abordagem de Patañjali, descobrimos que ele também classificou os poderes psíquicos nestas duas amplas divisões. Todos fazem parte dos *siddhis* adquiridos através da estimulação de certos *chakras* ou centros funcionais no organismo psicoetérico. Estes centros são depósitos de tremenda energia. Nos *siddhis* o homem toma posse desta energia que ele pode usar para objetivos bons ou maus. A fim de que não possam ser usados para maus propósitos, Patañjali indicou que *dhāraṇa-dhyāna-samādhi*, ou o estado de comunhão que surge do mesmo, é o único terreno seguro para o despertar e para a utilização desta energia. Podemos observar que enquanto ele fornece instruções detalhadas com relação ao despertar da intuição, não diz nem mesmo uma palavra sobre como os *chakras* podem ser estimulados. Ele apenas menciona o que acontecerá se certos *chakras* forem estimulados e qual seria a natureza do *siddhi* que adquiriríamos. Além disso ele nada diz. Mas há uma ampla literatura no *Hatha Yoga* e na literatura do *Tāntra* em que podemos encontrar instruções detalhadas com relação a estes desenvolvimentos psíquicos. Contudo, desde que este não é o tema do *Rāja Yoga*, Patañjali apenas cita esses poderes, permanecendo em silêncio sobre suas técnicas. Isso se deve aos perigos envolvidos no despertar dos *chakras* e da *kundalinī*, sem uma experiência apropriada de comunhão ou *samādhi*. Nos *sūtras* que se seguem, ele descreve certos *siddhis* que estão na categoria da psicocinética.

bandha-kāraṇa śaithilyātpracāra-samvedanācca
cittasya para śarīrāveśaḥ

39. Quando somos capazes de dissociarmo-nos dos efeitos do *karma* de nosso passado e quando conhecemos a requerida técnica, podemos entrar na consciência e no corpo de outro.

Este é o fenômeno conhecido como *parakāya-praveśa* ou *para-śarīra āveśa* como mencionado neste *sūtra*. A palavra *āveśa* pode significar entrada ou influência. Assim, isso sugere que pode haver uma entrada no corpo de outro ou pode haver influência sobre o corpo de outra pessoa. Todavia, para realizar este fenômeno, Patañjali estabelece duas condições. Uma é o conhecimento da requerida técnica e a outra, é a libertação dos efeitos do *karma* de nosso passado. Podemos entender a primeira condição relativa à técnica; não obstante, para conhecer as passagens exatas por onde a mente se move e entra no corpo de outro e, também, para saber como deixar o corpo do outro e reentrar em nosso próprio corpo, é necessária a maestria de uma técnica complicada. Patañjali não diz qual é essa técnica. Ele apenas diz que a pessoa que deseja praticar este *siddhi* deve conhecer bem a técnica daqueles que são especialistas nesta linha.

Contudo, ele menciona outra condição, que é a libertação dos efeitos do *karma* do passado. A expressão utilizada é *bandha-kāarana-śaithilyāt*, que significa o afrouxamento dos laços que nos prendem à cadeia de causa e efeito. Por que Patañjali mencionou isso como uma das condições a serem preenchidas antes de buscarmos adquirir este *siddhi* de entrar no corpo de outro? Pode-se perguntar: por que deveríamos entrar no corpo de outro? Obviamente deve ser para influenciá-lo. Pode-se perguntar: não bastaria influenciar a mente de outra pessoa? Por que deveríamos pensar em termos de entrar no corpo de outra pessoa? Há aparentemente duas razões pelas quais considerar a proposição de entrar no corpo de outro. Uma razão pode ser que a outra pessoa tenha um corpo que tem dificuldades e é incapaz de dominá-lo para o propósito que tem em vista. A outra razão, pode ser que a pessoa que entra no corpo do outro queira fazê-lo com propósitos de autoindulgência. Se é a segunda razão que motiva a pessoa a adquirir este *siddhi*, então, com certeza, é extremamente perigoso. Através do uso dos poderes conferidos por este *siddhi*, tal pessoa tornar-se-ia completamente degenerada.

Pode-se perguntar: afinal o que se pretende dizer com o *parakāya-āveśa*, ou entrar no corpo do outro? Certamente não é o corpo de alguém que entra no corpo do outro. A consciência daquele que entra no corpo do outro deve retirar-se de seu próprio corpo, mas não sem manter uma ligação. Se a ligação com o corpo não é mantida, então seria impossível para a pessoa reentrar em seu próprio corpo. Assim, o corpo de tal indivíduo está em um estado de animação suspensa. É nesta condição que sua consciência retira-se a fim de entrar no corpo do outro. Mas como pode a consciência ou a mente entrar no corpo de outra pessoa? Certamente, através da mente da pessoa. Apenas quando a mente da pessoa estiver sob nossa influência é que podemos entrar em seu corpo. Isso significa que a outra pessoa deve se tornar tão passiva como se ficasse de lado, e permitisse que sua própria mente fosse possuída pela outra pessoa. Portanto, ao possuir a mente da outra pessoa é possível entrar em seu corpo. Entrar no corpo quer dizer realmente controlar as atividades sensoriais, nervosas e musculares do corpo do outro. O corpo funciona normalmente sob o comando da mente e, assim, através da posse da mente da outra pessoa suas atividades corporais podem ser controladas.

Qual é na verdade o propósito de tal *siddhi*? Ele pode ser praticado tanto para extrair prazer ou divertimento, isso é autoindulgência, ou para auxiliar outras pessoas que não conseguem corrigir certas tendências do corpo. Isso também pode ser feito por uma experiência vicária. Se este *siddhi* é usado para autoindulgência, certamente não há nada mais degradante. Se é por uma experiência vicária, temos que ser extremamente cuidadosos para não nos demorar, pois isso resultaria mais uma vez em autoindulgência. Diz-se que *Ādi Śaṃkarācārya* usou este *siddhi* para certas experiências vicárias. Contudo, ele cuidou para não ultrapassar os limites. Deixando de lado estas duas razões, a da experiência vicária e a da autoindulgência, pode-se perguntar: qual é a natureza da ajuda que podemos dar a outra pessoa através deste *siddhi*?

Como dissemos, pode haver casos, embora muito raros, em que uma pessoa descobre ser seu corpo muito obstrutivo em virtude de certas tendências reunidas pelo mesmo ou conferidas pela hereditariedade dos pais. A mente dessa pessoa pode ser muito fraca para manejar com eficácia as situações criadas pelo corpo. E, assim, para submeter seu próprio corpo ele pode invocar a ajuda de um *yogi* bem versado no *siddhi* de *para-kāya-praveśa*. Tais casos provavelmente são muito raros. Mesmo então o curso normal seria ajudar a pessoa a fortalecer os poderes da mente. Se não puder fazer isso, um *yogi* pode entrar no corpo do outro possuindo sua mente. Ora, neste caso, há, também, o perigo de que o *yogi* em posse deste *siddhi* possa não querer perder a posse da mente do outro. Em tal caso, a outra pessoa permanecerá escravizada pelo suposto *yogi*. Este pode estabelecer-se, de forma perene na mente da outra pessoa. Se isso ocorrer, o remédio será pior do que a doença. Portanto, considerando todos os aspectos associados com este *siddhi*, é melhor ficar longe disso. Se precisarmos usá-lo, então a condição prescrita por Patañjali deveria ser estritamente seguida, qual seja, a libertação dos efeitos do *karma* de nosso passado. Esta libertação surge em momentos de comunhão, onde há um completo cessar do passado psicológico. Se pudermos chegar constantemente a momentos de comunhão, onde os efeitos dos *karmas* do passado são obliterados, podemos usar os poderes deste *siddhi* para ajudar uma pessoa que estiver em real dificuldade. Sem tais experiências constantes da comunhão ou *samādhi*, seria sábio manter-nos longe da aquisição e do uso desse *siddhi*.

No próximo *sūtra*, Patañjali discute outro caso de psicocinética.

udāna-jayājjala-paṃka-kaṇṭakādiṣuasaṃga utkrāntiś ca

40. Através do controle sobre *udāna* ou o *prāṇa* ascendente, podemos adquirir os poderes da levitação.

A levitação é uma faculdade psíquica comparativamente comum. A palavra utilizada para ela neste *sūtra* é *utkrānti*. Patañjali descreve este *utkrānti* com a expressão *jala-paṃka-kaṇṭaka-adisu-asaṃga*, que significa não contato com água, lama, espinhos etc. Este é o poder de caminhar sem tocar tanto a água como a terra. E, portanto, indica caminhar no ar. Caminhar no ar é agir contra todas as leis da gravidade. No movimento dos aeroplanos, há uma ação contrária à força gravitacional. Os pássaros fazem isso por instinto. Mas como o homem, sem o auxílio de máquinas, pode fazer isso? Patañjali afirma que, através do controle da respiração vital conhecida como *udāna*, podemos alcançar este *siddhi* da levitação. A literatura do *Yoga* fala da natureza quíntupla da respiração vital. Não significa que há cinco respirações vitais diferentes, mas que, segundo a região do corpo na qual ela funciona, recebe um nome. Há muitas subdivisões da respiração vital única, mas há apenas cinco divisões principais. São elas *prāṇa, apāna, vyāna, udāna* e *samāna*. A respiração vital que cobre a área entre o nariz e o coração é conhecida como *prāṇa*. A que cobre a área entre as regiões do coração e do umbigo é *samāna*, a que se move entre a região do umbigo e os pés é *apāna*, a que se move na área entre o nariz e a cabeça é *udāna*. E aquela que a tudo permeia é conhecida por *vyāna*. Ora, o controle de *prāṇa* não significa meramente prender a respiração, mas direcioná-la nas regiões acima referidas. O presente *sūtra* diz que se a respiração vital é controlada e dirigida ao longo da área de funcionamento de *udāna-vāyu*, podemos desenvolver os poderes da levitação. Patañjali não diz como isso pode ser feito. Ele apenas menciona que se isso for feito, entramos em posse deste *siddhi* da levitação. O controle de *udāna-vāyu* deve ser capaz de contrapor-se à força da gravidade, de modo que o homem possa permanecer no ar sem auxílio e sem cair sob a atração da gravidade.

No próximo *sūtra*, Patañjali diz:

samāna-jayāj jvalanam

41. Através do controle sobre *samāna*, o alento vital que cobre a região entre o coração e a área do umbigo, o corpo torna-se flamejante e fulgente.

O efeito flamejante produzido através do controle sobre este *samāna-prāṇa* pode também indicar o despertar de *vaiśvānara*, o qual ajuda no processo digestivo. Quando *samāna* é posto sob controle, o corpo torna-se sobrecarregado de energia. Há muitos *yogis* cujos corpos parecem muito fulgentes e não mostram sinais da idade. Isso pode ser causado pelo controle sobre o alento vital nesta região particular. Por este fulgor não estamos nos referindo àquilo que é descrito por auréola, vista em torno das cabeças das pessoas. A palavra *jvalanam* significa brilho. Aquele que controla *samāna* pode descobrir que seu corpo brilha com um novo fulgor. No próximo *sūtra*, Patañjali diz:

śrotrākāśayoḥ saṃbandha-saṃyamād divyaṃ śrotram

42. Ao estabelecer um relacionamento entre o órgão da audição e *ākaśa* ou Espaço, podemos desenvolver os poderes da audição divina.

Ākaśa é o substrato de todos os sons. Se pudéssemos comungar com o Espaço, estaríamos em uma posição de ouvir sons de variadas intensidades. Ora, há um espaço com um objeto e um espaço sem um objeto. O primeiro é o espaço criado pelos objetos. Neste, o intervalo ou vácuo aparente existente entre dois objetos é considerado como espaço. É espaço circunscrito por um objeto ou objetos ou relativo a um objeto. Mas há um espaço sem um objeto, o qual pode ser chamado de Espaço Absoluto. O que normalmente chamamos de "espaço" é apenas relativo. Ele está em volta do observado e pode ser conhecido pela mente do homem. Está circunscrito pelo pensamento, e neste espaço o que ouvimos é a voz do observador ou pensador. Este *sūtra* aborda *divyam-śrotram*, que significa "audição divina". No espaço em torno de um objeto ou pensamento, o que é ouvido é o som projetado por nós mesmos. Ouvimos o que queremos ouvir. Contudo, é apenas no Espaço Absoluto – espaço sem um objeto ou pensamento – que podemos ouvir algo mais do que nosso próprio som. Podemos ouvir a música das esferas. O que é a música das esferas? Cada objeto no Universo possui sua própria nota, e ser capaz de ouvir a nota de cada objeto ou indivíduo é ouvir a música das esferas. É necessária a sintonização do ouvido com o Espaço que é absoluto, o que o *sūtra* chama de *ākaśa*. Podemos ouvir a canção da vida tão somente quando a canção da mente aquieta-se. Podemos dizer que este é um significado místico de *divya-śrotram* ou audição divina. Mas o que significa o poder desta audição em relação aos *siddhis*? É a isso que Patañjali se atém no próximo *sūtra*:

kāyākāśayoḥ saṃbandha-saṃyamāl laghu-tūla
samāpatteś cākāśa-gamanam

43. Ao estabelecermos um relacionamento com o espaço relativo ao corpo e ao tornarmos a mente tão leve como algodão, podemos nos mover no espaço exterior.

Nossa época desenvolveu uma tecnologia de viagem espacial. Um dos fatores essenciais nisso é ter alcançado um estado de ausência de peso do corpo. Neste *sūtra* Patañjali fala sobre o corpo tornar-se sem peso comparando-o a *laghu-tūla*, que significa tão leve quanto o algodão. Ele fala de alcançar-se ausência de peso do corpo através do *siddhi*. É muito interessante observar que Patañjali refere-se a este estado de ausência de peso do corpo para viajar no espaço, indicado pela palavra *ākaśa-gamanam*. O homem pode viajar no espaço através do poder das aquisições psíquicas? Se a levitação é possível, certamente *ākaśa-gamanam* é apenas uma extensão disso. Casos de levitação têm sido observados e estudados sob condições científicas. *Ākaśa-gamanam* apresenta o problema da atração gravitacional. Se isso pudesse ser contra-posto, então viajar no espaço seria possível através do desenvolvimento psíquico.

Todavia o ponto essencial não é se tal viagem pode ser feita, mas qual é o propósito de tal viagem espacial. É para satisfazer a investigação científica? Se assim for, pode não ser muito perigoso. Mas viajar hoje não é apenas uma expressão da investigação científica; ela acumulou em torno de si muitas motivações políticas e militares. É isso que representa perigo para a humanidade. Técnicas adicionais de viagem espacial podem lançar a humanidade em alinhamentos políticos e militares que podem ser muito destrutivos para a vida humana. Qual é o propósito da viagem espacial através de meios psíquicos? É uma mostra de poder ou tem algum outro propósito? Se o elemento do egoísmo e a demonstração de poder não são eliminados, não podemos ver a viagem espacial, através de *siddhis,* resultar na elevação do homem. Que o homem vá ao espaço exterior através de tecnologia científica ou através de tecnologia do *Yoga*, mas não antes de ter conquistado os domínios do Espaço Interior. Se não tiver investigado os segredos do Espaço Absoluto, suas viagens no espaço relativo serão arriscadas tanto para o indivíduo quanto para a vida coletiva.

Aqui vemos uma ligação entre o presente *sūtra* e o que consideramos antes dele. No anterior Patañjali referiu-se ao Espaço Absoluto onde tão somente *divya-śrotram* é possível. Embora o presente *sūtra* mencione a viagem no espaço relativo, Patañjali indica que a menos que tenhamos o *insight* espiritual para ouvir *divya-śrotram*, pode não ser apropriado empreender a viagem espacial. Este ouvir é uma condição de comunhão espiritual, onde a voz da mente não é ouvida, de modo que estamos em condição de ouvir a música das esferas. Sem a conquista do Espaço Interior, todas as tentativas de conquistar o espaço exterior podem revelar-se perigosas. Isso se aplica igualmente aos métodos adotados quer pela tecnologia quer pelo *Yoga*.

Enquanto o *sūtra* anterior aborda o Espaço Interno, onde tão somente *divya-śrotram* é possível, o seguinte refere-se ao espaço externo onde a relevância de *ākaśa-gamanam* pode ser vista. Um trata do Espaço na Consciência, o outro, do Espaço no Cosmo. Os dois devem andar juntos se o indivíduo e a sociedade quiserem se beneficiar da tecnologia, seja da Ciência ou do *Yoga*. A viagem no Espaço Interior é possível apenas quando a mente torna-se sem peso, assim como a viagem no espaço exterior só é possível quando o corpo torna-se sem peso. Sem tornar a mente leve, tornar o corpo sem peso com o objetivo de viajar no espaço exterior é muito perigoso. Na mitologia hindu temos o exemplo de dois indivíduos que dominavam a levitação e a viagem espacial. Em *Hanumān* vemos a maestria do segredo da levitação, mas em *Nārada* encontramos um adepto da técnica de *ākāśa-gamanam* ou viagem no espaço exterior. A *Hanumān* faltou discernimento ao carregar toda a montanha, quando apenas uma pequena porção seria suficiente. E temos todos muita familiaridade com o papel de *Nārada* como embaixador do espaço exterior. Suas viagens geraram tensões e pressões no relacionamento humano!

A viagem espacial, seja através do *Yoga* ou de técnicas científicas, precisa de uma experiência de espiritualidade. Devemos conquistar primeiro o espaço interior da mente antes de empreendermos a exploração do espaço exterior. Quando formos capazes de ouvir *divya-śrotram*, então, podemos ir com segurança para *ākāśa-gamanam.*

bahir akalpitā vṛttir mahā-videhaṉ tataḥ
prakāśā-varaṇa-kṣayaḥ

44. O estado em que a Mente não está presente, inconcebível por todos os processos de mentalização, é conhecido como *mahā-videha*. Ele remove todas as cortinas que impedem a entrada da Luz.

O estado de *videha* é liberdade do cerco do corpo. Patañjali refere-se *mahāvideha*, que pode ser chamada a Grande Morte. Não é a morte do corpo, mas da mente. *Mahāvideha*, consequentemente, refere-se a uma condição em que a mente não está presente. Quando a mente está ausente, todo o passado é negado. Esta condição está, é claro, fora de toda atividade conceitual da mente. É inconcebível pela mente. A palavra utilizada é *akalpita*, indicando inimaginada pela mente. Como pode a ausência da mente ser conhecida pela mente? O *sūtra* afirma que neste estado de ausência da mente, ou condição de *mahāvideha*, todas as obstruções ao brilho da luz são removidas. O véu que impede a luz de entrar é a acumulação do passado. Em *mahāvideha* ocorre a morte da mente de modo que o passado e o futuro que emanam dela são completamente negados, tornando-nos habilitados a experienciar o momento do presente que é, na verdade, o momento atemporal ou o eterno agora. O homem pode, realmente, colocar-se em contato com a Mente Universal e, assim, atrair a inexaurível fonte de todo o Conhecimento. Contudo o que o impede de estabelecer este contato é a mente individual. Quando a mente individual morre, não há véu que esconda a Luz Universal. O Budismo dá a esta Mente Universal o nome de *ālaya*. Em *A Voz do Silêncio*, de H.P. Blavatsky, há uma passagem significativa que diz:

> "Dói saber que embora todos os homens possuam *ālaya*, sejam unos com a grande Alma, e mesmo assim, possuindo-a, *Ālaya* tão pouco lhes sirva!
> Repara como, qual a Lua se reflete nas ondas tranquilas, *Ālaya* é refletida pelos pequenos e pelos grandes, espelhada nos átomos ínfimos, e contudo não consegue chegar ao coração de todos. Pena que tão poucos sejam os homens que se aproveitem do dom, sem preço a bênção de aprender a verdade, a percepção das coisas existentes, o Conhecimento do não existente".[21]

Na passagem acima nos é dito que a reta percepção das coisas existentes aflora apenas quando há o conhecimento do não existente. Este conhecimento, o conhecimento do Imanifesto, não pode surgir através de nenhum processo de atividade mental. É apenas no estado de ausência da mente, a condição de *mahāvideha*, que surge este supremo conhecimento. Mas o que tem tudo isso a ver com o desenvolvimento dos poderes psíquicos com os quais este capítulo ocupa-se principalmente? Este *sūtra* é como um prelúdio místico à questão dos poderes psíquicos, aos quais o próximo refere-se. Patañjali parece colocar em tal prelúdio místico todas as discussões dos poderes psíquicos, particularmente quando estão envolvidas expressões principais dos *siddhis*. Ele diz:

sthūla-svarūpa-sūkśmānvayārthavattva
saṃyamābhūta-jayaḥ

45. Através da concentração nas expressões densas e sutis dos elementos em suas características essenciais em que tudo penetram e no funcionamento de seus atributos, adquire-se maestria sobre os cinco elementos.

De *ākāśagamanam* do *sūtra* anterior, onde a vastidão do Universo é citada, Patañjali volta-se para as minúcias do mesmo Universo. Do Universo ao átomo

---

[21] BLAVATSKY, H. P., A Voz do Silêncio, Ed. Teosófica. Brasília, 2011. (N.E.)

– esta é a extensão representada pelos dois *sūtras*. Os cinco elementos mencionados são a Terra, a Água, o Fogo, o Ar e o Éter – *prithivī, āpa, teja, vāyu* e *ākaśa*. Constituem a estrutura básica do Universo material. O *sūtra* afirma que através da concentração nas expressões densas e sutis desses elementos, através do conhecimento de suas características e também através da compreensão das atividades funcionais de seus atributos, podemos alcançar a maestria dos elementos – o que significa, realmente, domínio sobre a matéria física. A natureza desta maestria está elaborada no próximo *sūtra*. Mas, antes de entrarmos nesta campo do desenvolvimento psíquico onde o domínio sobre a matéria física é adquirido, precisamos lembrar o plano de fundo de *mahāvideha* sobre o qual Patañjali referiu-se no último *sūtra*. Antes de alcançarmos maestria sobre a mente, o domínio sobre a matéria pode ser muito perigoso. Em *mahāvideha* ele se refere ao domínio sobre a mente como um prelúdio para adquiri-lo sobre a matéria. O presente *sūtra* apenas descreve o campo desta maestria sobre a matéria. Ele indica que isso envolve a compreensão das expressões densas e sutis dos elementos, assim como um conhecimento de suas características que a tudo permeiam e dos atributos funcionais daqueles próprios elementos ou *pānca-bhūtas*. É neste campo de matéria e suas expressões que os *siddhis* pertinentes à maestria sobre a matéria devem ser compreendidos. O que são realmente estes *siddhis*? Patañjali descreve-os no próximo *sūtra*:

tato'ṇimādi-prādurbhāvaḥ
kāya-saṃpattad-dharmānabhi ghātaśca

46. Através disso, desenvolvemos poderes psíquicos tais como *aṇima* etc., alcançamos uma excelência do corpo e seu funcionamento desobstruído.

O significado da palavra *tataḥ* ou "através disso" deve ser buscado no *sūtra* anterior. Em outras palavras, este *sūtra* explica as implicações da maestria sobre a matéria mencionadas no último *sūtra*. Patañjali diz que antes de tudo significa um desenvolvimento de *siddhis* como *aṇimā* etc. O grupo de *siddhis* associado com *aṇimā* é *mahimā, laghimā, garimā, prāpti, prākāmya, iṣitā* e *vaṣitā*. São oito ao todo. O sentido literal destes *siddhis* é: *aṇimā* ou tornar-nos tão diminutos quanto um átomo; *mahimā*, tornar-nos muito grandes; *laghimā*, tornar-nos muito leves; *garimā*, tornar-nos muito pesados; *prāpti*, capacidade de chegar a todos os lugares; *prākāmya*, ter todos os desejos cumpridos; *iṣitā*, o poder de criar e *vaṣitā*, o poder de trazer tudo sob controle. As palavras designadas por estes *siddhis* explicam o propósito e o objetivo dos poderes psíquicos e, portanto, dificilmente precisam de qualquer comentário. Significam uma completa maestria sobre a matéria, pois os *siddhis* parecem manipular a matéria de uma maneira extraordinária.

É claro que isso deve envolver a fragmentação da matéria e seu reordenamento para cumprir diferentes propósitos. Isso não deve parecer fantástico para a ciência moderna que fala em transferência de memória de um cérebro para outro. Experimentos estão sendo feitos em animais com este propósito. No contexto acima *siddhis* como *iṣitā* e *vaṣitā* não parecem inacreditáveis. Os *siddhis* do *Yoga* aqui enumerados referem-se, portanto, à manipulação da matéria, fragmentando-a e transformando-a em diferentes expressões materiais.

Patañjali diz que juntamente com os poderes psíquicos surge uma excelência do corpo físico e também seu funcionamento livre e desimpedido. Estes são explicados nos próximos dois *sūtras*. Mas precisamos ter em mente o fato de que o domínio sobre a matéria deve seguir àquele sobre a mente, descrito como *mahāvideha*. Sem este domínio, poderes como *aṇimā* dariam ao homem tal controle sobre as forças materiais que ele facilmente poderia desviar-se do caminho e partir para sua própria degradação moral. Apenas a mente nova pode usar tais poderes de forma sábia, e essa mente nasce na experiência de *mahāvideha*. Quando a mente nova exerce tais poderes, surge uma excelência no corpo físico. O próximo *sūtra* refere-se a isso:

rūpa-lāvaṇya-bala-vajra-saṃhananatvāni
kāya-saṃpat

47. A excelência do corpo consiste em beleza de forma, graça de movimento, força da dignidade e agilidade dos membros.

Aqui está uma descrição da excelência do corpo que até mesmo os modernos especialistas em corpo fariam bem em considerar seriamente. Encontramos nesta época um súbito ressurgimento do culto ao corpo. Mesmo o *Yoga* está sendo explorado para a propagação deste culto. Todavia, os especialistas esquecem que a beleza de nosso corpo físico depende de vários fatores. Apenas cosméticos não podem conferir beleza ao corpo e, contudo, na indústria cosmética somas enormes estão sendo investidas para que o culto ao corpo possa florescer. Patañjali apresenta quatro qualidades essenciais para a excelência do corpo. São elas *rūpa, lāvaṇya, bala* e *vajrasaṃhananatva*, significando forma, graça, dignidade e agilidade devido à coesão. Esta agilidade representa celeridade ou elasticidade. Deve haver beleza de forma, mas apenas isso não confere excelência ao corpo, como entende-se hoje na atual preocupação por beleza física. Junto com a forma deve haver graça no movimento, bem como a força que se expressa na dignidade. Além disso deve haver agilidade e elasticidade dos membros. *Vajra* é uma arma de grande elasticidade, pois, se não for elástica, quebrará. Dessa forma, a excelência do corpo consiste na beleza de forma, graça de movimento, força da dignidade e agilidade dos membros. Quando se é capaz de estabelecer maestria sobre a matéria, esta excelência é possível. Temos, contudo, que cuidar para que a excelência do corpo não se torne um culto de exibicionismo, como ocorre nos dias de hoje. Isso resultará apenas em envolvimento sexual perverso. Este é o motivo pelo qual Patañjali diz que a maestria da mente deve preceder a maestria do corpo. Quando assim ocorre, não tememos a idade avançada, uma vez que seremos capazes de reter a excelência do corpo. Ora, esta excelência do corpo confere aos sentidos uma nova extensão de atividade. A maestria sobre a matéria estende-se também aos campos funcionais do corpo. Patañjali diz no próximo *sūtra*:

grahaṇa-svarūpāsmitānvayārthavattva-
saṁyamādindriya-jayaḥ

48. Surge uma maestria sobre os sentidos, que envolve sua receptividade, sua natureza, sua nitidez, seus atributos e propósitos funcionais.

Com o controle sobre os cinco Elementos, não apenas se confere excelência ao corpo físico, mas há também uma maior eficiência nas atividades funcionais dos sentidos. Estas atividades funcionais foram detalhadas neste *sūtra*. São de natureza quíntupla: *grahaṇa* ou receptividade, *svarūpa* ou natureza, *asmitā* ou nitidez, *anvaya* ou atributos e *arthavattva* ou propósito. Este é um quadro completo da atividade eficiente dos sentidos. Cada sentido deve crescer em receptividade de modo que seja capaz de trazer mais e mais dados do mundo exterior. Cada sentido deve manter-se fiel a sua própria natureza para que fique livre das distrações sensoriais. Devem desenvolver nitidez, o que significa realmente que devem funcionar com seu pleno potencial, tornando manifesto tudo o que é latente em seu poder e capacidade. A maestria sobre os sentidos deve significar que os atributos funcionais dos três *guṇas* ajam suavemente. E, por último, mas não menos importante, as energias dos sentidos não devem ser desperdiçadas em atividades sem propósito como ocorre durante as tensões nervosas. Quando há maestria sobre a matéria, conferindo à atividade funcional dos sentidos esta notável eficiência, conhece-se o segredo da percepção extrassensorial. Patañjali diz no próximo *sūtra*:

tato manojavitvam vikaraṇa-bhāvaḥ
pradhāna-jāyaś ca

49. Surge então no campo dos sentidos uma velocidade comparável à da mente, que resulta na não dependência de instrumentos ou órgãos dos sentidos, indicando maestria sobre as forças da natureza.

A palavra utilizada é *vikaraṇa-bhāva* para não dependência de instrumentos ou órgãos dos sentidos. Certamente esta é a base da percepção extrassensorial. Em tal percepção não dependemos dos órgãos dos sentidos. Seja um fenômeno "Psi" ou "Pki", o fator relevante é que ambos, cognição e ação, não dependem de instrumentos sensoriais. O *sūtra* afirma que surge nos sentidos uma velocidade como a da mente. Aqui os sentidos praticamente se fundiram com a mente. No fenômeno extrassensorial, a linha de demarcação entre a mente e os sentidos é eliminada. Isso pode acontecer apenas se houver uma qualidade de extraordinária eficiência na esfera de atividade dos sentidos. Se os sentidos são embotados, sua fusão com a mente nunca resultará em percepção extrassensorial. Afinal, o que é conhecido através do psiquismo deve ser transmitido aos sentidos, e estes devem ser capazes de absorver o que é transmitido. Comumente os sentidos crescem em sensibilidade aos estímulos externos. O *sūtra* refere-se aqui à sensibilidade aos estímulos da mente. O que a mente percebe sem a intervenção dos sentidos deve ser passado adiante para o campo sensorial para que a ação aconteça. A psicocinética é possível apenas quando os sentidos são extremamente sensíveis aos estímulos e impactos da mente. Mais uma vez, chegamos ao problema da mente antiga e nova. A psicocinética com a mente antiga resultará em demonstração de nossos poderes superfísicos e no impulso de mostrar milagres. Será usada para nossas tendências egoístas. Se a mente nova empreendesse atividades da natureza da psicocinética, então não haveria perigo de impulsos egoístas serem realizados.

Vimos que, através de toda a exposição sobre poderes psíquicos, Patañjali enfatiza a necessidade dos *siddhis* operarem no campo de *samādhi*. Nos *siddhis*, forjamos novos instrumentos de expressão, mas qual a utilidade da expressão sem a base da experiência? Neste ponto reside a diferença entre o *Rāja Yoga* e o *Haṭha Yoga*. Em *Haṭha Yoga* busca-se controlar a mente através da matéria, enquanto em *Rāja Yoga* a matéria é trazida sob o controle da mente. Quando a mente controla a matéria, o campo do psiquismo torna-se seguro para o homem espiritual e os *siddhis* tornam-se caminhos adicionais de expressão e comunicação. Aqui não ansiamos pelos *siddhis*; eles surgem naturalmente no caminho aberto pelo controle da mente sobre a matéria. Não há elemento de exibicionismo de poderes psíquicos nem um esforço de maravilhar os outros através dos impactos dos supostos milagres. Quando a mente controla a matéria, os poderes psíquicos funcionam silenciosamente, sem qualquer ostentação. O homem verdadeiramente espiritual não é nem mesmo consciente de que possui tais poderes. Nos próximos sete *sūtras* que encerram *Vibhūti Pāda*, mais uma vez são enfatizadas as perspectivas espirituais, o que nos dá uma adicional confirmação do fato de que em *Rāja Yoga* o psiquismo é incidental. É a experiência espiritual do Misticismo que é, na verdade, fundamental.

CAPÍTULO XXVI

O FENÔMENO SUJEITO-OBJETO

Comunhão e comunicação constituem o ritmo da vida espiritual. Invariavelmente estão juntas. Sem comunhão a comunicação é destituída de vida. Da mesma forma, a comunhão que não fluir de modo natural em comunicação é totalmente árida e estéril. Quando há real comunhão, esta deve fluir de uma forma espontânea em comunicação. Não pode haver intervalo de tempo entre ambas. Quando há um intervalo, a comunicação não tem uma qualidade natural. Torna-se rotulada e calculada. Dissemos anteriormente que na comunicação a mente funciona, mas, quando a comunicação emana naturalmente da experiência da comunhão, é a nova mente que opera. Embora na comunhão haja a experiência de descontinuidade, o campo da comunicação exige o terreno da continuidade para sua atuação. Sem tal continuidade a experiência da comunhão não é compreensível. Embora possa haver uma continuidade de padrão, em tal comunicação há sempre uma descontinuidade de conteúdo. Às vezes, até mesmo o padrão pode ser novo; mas ele será novo apenas no sentido de uma continuidade modificada. Entretanto, uma mera modificação nos padrões da continuidade não lhes confere uma qualidade de vivacidade. Pode ser um padrão modificado com igualdade de conteúdo, ocasionado pelo pensador e pelo pensamento. Todavia, quando surge a experiência da comunhão, esta pode alterar os antigos padrões, pode mantê-los como são, ou pode até mesmo destruí-los completamente. Tudo isso acontece sob o impacto da própria comunhão.

É a comunhão que direciona o padrão da comunicação. Uma vez que a direção é recebida, a mente pode construir os canais e instrumentos requeridos da comunicação. É a direção que importa. Construir uma estrada ao longo da direção indicada é o trabalho da mente. Em outras palavras, isso é feito através das faculdades da mente tais como raciocínio e imaginação. Ambas, razão e imaginação, têm um lugar no campo do relacionamento humano, mas devem funcionar ao longo das linhas indicadas pela comunhão. Se isso não ocorrer, a razão torna-se um mera atividade formal e estrutural da mente, e a imaginação uma mera fantasia e um sonho acordado. Na direção indicada pela comunhão jaz a nova qualidade, e é função da comunicação prover expressão a esta qualidade, particularmente, através da razão e da imaginação. É como a música de um grande músico. Toda a qualidade de sua música está contida na primeira nota que é tocada. Esta primeira nota surge de sua experiência de comunhão. Se não for assim, aquela nota não tem uma qualidade renovadora. É apenas uma reprodução de memória. Um músico que canta ou toca só de memória não pode trazer criatividade em sua música. A nova qualidade que sua primeira nota traz determina a direção da música. Ele, então, expande-a usando todos os poderes da razão, imaginação e memória. As últimas três conferem um padrão de continuidade, mas o conteúdo do padrão é dado pela experiência da comunhão. A música de tal músico mostrará uma descontinuidade na continuidade. Deve ser assim em todos os padrões do relacionamento humano. Deve haver continuidade no plano do relacionamento, mas ela deve conter a qualidade da comunhão. Com esta qualidade, podemos expandir nossa música tanto quanto quisermos, usando todos os poderes da mente. Apenas isso conferirá criatividade as nossas expressões. De forma semelhante, no relacionamento humano podemos desenvolver padrão após padrão, mas todos eles, se não estiverem baseados na qualidade da comunhão, serão destituídos de vida. As águas frescas do amor jamais fluirão através de tais canais. Assim, a comunhão e a comunicação devem constituir o ritmo da vida espiritual. Desta forma, seja o que for que fizermos na esfera do relacionamento humano, terá uma nova qualidade de momento a momento. Haverá, então, uma continuidade sem uniformidade. Quando há comunhão, temos o poder e o conhecimento para iniciar padrões de reta ação. Quando a comunicação emerge do terreno da comunhão, sabemos como agir corretamente em qualquer situação; fazemos a coisa certa, da maneira certa e no momento certo. Patañjali refere-se a isso no *sūtra* seguinte:

sattva-puruṣānyatā-khyāti-mātrasya
sarva-bhāvādhi-ṣṭhātṛtvam sarvajñātṛtvam ca

50. No percebimento de uma clara distinção entre *sattva* ou o observador e *puruṣa* ou o sujeito, somos dotados de conhecimento e poder para tratar com todas as situações da vida.

Abordamos anteriormente o relacionamento observador-observado como distinto do relacionamento sujeito-objeto. Ver a diferença entre os dois é efetuar a eliminação do observador ou estado condicionado de consciência. Quando o observador é eliminado, a consciência é libertada dos fatores condicionantes. Dessa forma, o que age é *puruṣa* ou estado incondicionado de consciência. Há ação sem ator. Este é realmente o estado de comunhão. À consciência incondicionada ou *puruṣa* são concedidas a visão e a compreensão do Todo. O *sūtra* menciona *sarvjñātṛtvam*, ou um estado que pode ser comparado à onisciência. Na visão e na compreensão do Todo, encontra-se, de fato, o conhecimento supremo do objeto ou do indivíduo. E é esse conhecimento que gera seu próprio poder de modo a sermos capazes de agir da maneira correta com referência àquele objeto. O *sūtra* refere-se a isso como *sarvabhāva-adhiṣṭhātṛtvam*, significando um poder para tratar com todas as situações. Isso é algo comparável à onipotência. Aquele que age da base da comunhão leva ao campo da comunicação estes dois fatores de conhecimento e poder. Contudo, para chegarmos a este estado de comunhão, precisamos entender claramente o fenômeno observador-observado. Este fenômeno em sua expressão superior é conhecido como *sattva*. Nesta há uma camada muito fina de condicionamento, algo parecido com *hiraṇmayena-pātrena* sobre o qual fala o *Īśāvasya Upaniṣad*. O véu lançado por *sattva* é, realmente, um véu de ouro. Tendemos a não considerá-lo um véu, pois é muito fino e translúcido. A transparência com referência ao véu não altera o fato de que há uma percepção velada. No fenômeno observador-observado há sempre uma percepção velada, pois o objeto é visto através do véu lançado pelo observador. E, assim, o que vemos não é o objeto, mas o observado. E o observado é a sombra lançada pelo observador sobre a substância. Quando o véu é removido surge um relacionamento entre o sujeito e o objeto. Então *puruṣa* vê *o que é*, e ver as coisas como elas são é ter o conhecimento e o poder de agir corretamente em relação a elas.

A expressão utilizada é muito significativa. *Sattva-puruṣa-anyatā-khyati-mātrasya* indica que simplesmente ao nos apercebermos da distinção entre *sattva* e *puruṣa*, o observador e o sujeito, surge o necessário conhecimento e poder para tratar com as situações da vida. Como podemos ver a distinção entre *sattva* e *puruṣa*, entre a consciência condicionada e a incondicionada? À medida que nos apercebemos do movimento da consciência condicionada, chegamos à percepção da consciência incondicionada. A consciência incondicionada não pode ser conhecida através de qualquer esforço da consciência condicionada. A última deve desaparecer para que a primeira possa surgir. E a consciência condicionada some na própria ação de ver como a consciência está sendo condicionada. Observar isso sem qualquer interrupção ou interferência é chegar à percepção da consciência incondicionada. O que *puruṣa* vê é o *que é*. Esta reta percepção que fornece à consciência incondicionada tanto o conhecimento como o poder para agir retamente com relação ao *que é*. Assim, um relacionamento sujeito-objeto é estabelecido no lugar do relacionamento observador-observado.

O condicionamento da mente é um processo tão sutil que se não estivermos constantemente cônscios do movimento da mente, podemos nos mover, quase imperceptivelmente, para formas mais sutis de condicionamento. É a isso que Patañjali refere-se no próximo *sūtra*:

tad vairāgyād api doṣa-bīja-kṣaye kaivalyam

51. Quando estamos desapegados até mesmo do percebimento do estado incondicionado, então, devido à destruição da própria semente da corrupção, chegamos à experiência da liberdade absoluta.

Estar desapegado do percebimento de nosso estado incondicionado é ter não percebimento no percebimento. A psicologia hindu, quando discute vários estados de consciência menciona as condições de *jāgṛt* ou vigília, *svapna* ou sonho e *suṣupti* ou sono profundo. Ora, no estado desperto há um percebimento com escolha; no estado de sonho, há um percebimento sem escolha e, no sono profundo, há não percebimento no percebimento. Isso significa que nem mesmo somos conscientes que tomamos consciência. No sono profundo nem mesmo somos conscientes que estamos dormindo. Se tomamos consciência que estamos dormindo, então não haveria mais sono. Em outras palavras, apenas quando o que dorme não está operativo é que o sono profundo vem. O sono não pode vir por esforço; ele surge apenas quando o esforço e o que faz o esforço aquietam-se. Neste *sūtra,* Patañjali parece referir-se a esse estado. Se estivermos cônscios de que estamos em um estado incondicionado, este próprio pensamento traz de volta todo o condicionamento da mente. Se a mente descreve até mesmo para si própria que há um estado incondicionado, esta própria verbalização da mente remete-nos para a prisão do condicionado. Esta verbalização da mente é a semente da corrupção. Se somos conscientes que somos virtuosos, então neste estado de consciência encontra-se a semente da corrupção que arrasta a virtude para a condição do vício. De fato, não há vício maior do que a virtude autoconsciente. Qualquer autoconsciência com relação ao nosso não condicionamento serve como uma semente que traz à existência todo o processo do condicionamento. Portanto, deve haver um percebimento não apenas de nosso condicionamento, mas também sobre a entidade que se torna cônscia de seu próprio condicionamento. Estar cônscio do processo condicionante é não apenas estar consciente Do observado, mas também da entidade que descreve para si mesma este condicionamento através da nomeação. O observador é a semente da corrupção. Deve haver desapego não apenas em relação ao observado, mas mais fundamentalmente, em relação ao observador. Somente então é que a semente da corrupção é destruída, e chegamos à experiência da liberdade absoluta ou *kaivalya*. Uma vigilância constante é o preço que a liberdade exige, e Patañjali aborda isso no próximo *sūtra*:

sthāny upanimantraṇe saṃga-smayā-karaṇam
punar aniṣṭa-prasaṃgāt

52. Se surgir um sentimento de prazer ou de orgulho ao recebermos reconhecimento dos outros, poderá haver uma recorrência às tendências antigas.

Podemos não buscar reconhecimento, todavia até mesmo o fato de estarmos cônscios de que estamos sendo reconhecidos é suficiente para despertar novamente as antigas tendências. É o mesmo que sermos conscientes, de uma maneira sutil, de que somos virtuosos. Sentir um deleite inconsciente e, portanto, ter uma sensação de orgulho sutil de que estamos recebendo reconhecimento dos demais, é entrar em um plano inclinado ao longo do qual deslizaremos para baixo antes mesmo de percebermos o que aconteceu. A expressão utilizada é *sthāni-upanimantraṇe*. A palavra *sthāna* significa *status* e *upanimantraṇa* significa convite. A expressão *status* portanto, significaria "ser convidado a um *status*". É claro que isso se refere ao reconhecimento por nossas aquisições ou ao convite para ocupar uma posição de *status*. Sob tais circunstâncias ter *saṃga-smaya-akaraṇam* significa evitar um senso de prazer ou orgulho. O fato de conferir *status*, às vezes, se torna um processo muito sutil. Portanto, ser livre do prazer ou orgulho quando um *status* nos está sendo conferido, exige uma mente extraordinariamente alerta. Desempenhar uma função e, entretanto, não se envolver no *status* associado a ela, requer um estado de percebimento constante. Apenas em uma condição de tal percebimento é que podemos conhecer o que é a verdadeira liberdade. Patañjali menciona este estado constante de percebimento no *sūtra* seguinte:

kṣaṇa-tat-kramayoḥ saṃyamād vivekajaṃ jñānam

53. Quando há um percebimento do momento e também da ocorrência da sucessão do tempo, daquele momento, então, nasce a Sabedoria.

Patañjali introduz duas palavras muito significativas, quais sejam *kṣaṇa* e *krama*. *Kṣaṇa* é o momento e *krama* é a sucessão de momentos. O primeiro é manifestamente o momento atemporal, enquanto o outro é a sucessão do tempo. Patañjali diz que temos de estar cônscios do momento e também da sucessão de momentos. A sabedoria nasce neste percebimento tanto do tempo quanto do momento atemporal, do Manifesto assim como do Imanifesto. Observar o momento expressando-se na sucessão do tempo é observar o Imanifesto estabelecendo contato intangível com o manifesto. Patañjali afirma que a Sabedoria nasce neste estado de percebimento. Estar cônscio ao mesmo tempo do momento e da sucessão de momentos é, na verdade, ter uma mente extraordinariamente alerta e sensível. A sabedoria cresce apenas no campo de tal sensibilidade.

Na sucessão do tempo existe uma diversidade de manifestação. A partir dessa diversidade a mente desenvolve uma unidade na qual seleciona as semelhanças e rejeita as dessemelhanças. É claro que se chega a este conhecimento apenas através de um "processo de comparação". Todo conhecimento reunido pela mente é o resultado de um processo de comparação e contraste. Não há outro processo pelo qual a mente possa estabelecer sua base de conhecimento. Mas, com certeza, na comparação e no contraste, olhamos tão somente para as semelhanças e dessemelhanças e, portanto, nunca olhamos para as coisas como elas são. Unicamente a sabedoria habilita-nos a ver as coisas como elas são, pois nela há percebimento do momento atemporal e da sucessão do tempo. No momento atemporal não pode haver comparação, uma vez que sem uma extensão de tempo, como pode ser feita a comparação? A coisa como ela é pode ser compreendida apenas no momento atemporal, onde a comparação e o contraste não têm absolutamente qualquer validade. Esta visão do momento atemporal concedida à Sabedoria é indicada no próximo *sūtra:*

jāti-lakṣaṇa-deśair anyatānavacchedāt
tulyayos tataḥ pratipattiḥ

54. Na Sabedoria surge uma percepção da diferenciação das coisas que, de outro modo, não podem ser diferenciadas seja por classe, característica ou posição.

Descobrir uma diferenciação das coisas mesmo quando não existe diferença parece estranho. Quando são idênticas, mesmo assim ver uma diferenciação parece algo sem sentido. Como pode haver diferenciação onde não existe diferença? O *sūtra* menciona que a Sabedoria é capaz de fazer isso mesmo quando as coisas são iguais em termos de *jāti* ou classe, *lakṣaṇa* ou características e *deśa* ou localização. *Anyata-anavacchedāt* significa ausência de definição com relação à separação. Em termos simples, indica uma completa ausência de diferenças. Esta ausência de diferenças é tão completa que nem em função de classe ou espécie, nem em função de traços e características, nem em função de localização ou posição, podemos distinguir uma da outra. Em outras palavras, a uniformidade é tão completa que não podemos discernir qualquer diferença entre elas. Entretanto, a Sabedoria habilita-nos a perceber de modo claro a distinção. *Tulyayos-tataḥ-pratipattiḥ* significa ver claramente uma distinção entre as mesmas no meio da total uniformidade – esta é a sensibilidade conferida pela Sabedoria. Pode-se perguntar: qual é esta diferenciação no meio da ausência de todas as diferenças? O significado do *sūtra* é que em virtude da Sabedoria somos capazes de perceber o único e incomparável, que não pode ser adequado a qualquer estrutura de classificação ou agrupamento. Classe, características e localização são os fatores a partir dos quais uma estrutura de classificação é geralmente criada. Contudo, o único e o incomparável não pode ser colocado em qualquer agrupamento. E o único existe no meio da aparente uniformidade. Podemos desenvolver a unidade da diversidade e, assim, eliminar todas as diferenças. As diversidades podem ser agrupadas sob diferentes classificações e, através deste processo, uma uniformidade pode ser conferida àquilo que era diferente. Quando tal uniformidade é conferida, a mente é incapaz de ver absolutamente qualquer diferença. A uniformidade criada pela mente é sua síntese. A mente que sintetiza é incapaz de ver a diferenciação das coisas. Criar unidade da diversidade é um processo mental. É feito através de um estudo comparativo das coisas e através da aquisição de conhecimento. A mente lança um véu de generalização sobre tudo e, através dele, cria uma unicidade artificial. Neste processo, as semelhanças são levadas em conta e as dessemelhanças são deixadas de lado. A unidade baseada em semelhanças oferece-nos um quadro de uniformidade. Mas as dessemelhanças são tão importantes para a compreensão das coisas quanto as semelhanças. Na verdade, são até mais importantes, pois contêm os fatores distintivos pertencentes aos homens e às coisas. Estes fatores distintivos são a singularidade de uma coisa. Cada objeto, cada indivíduo no Universo tem uma singularidade que não é compartilhada por qualquer outro objeto ou indivíduo. Esta singularidade é a qualidade incomparável das coisas e dos indivíduos e existe no meio da aparente uniformidade. Mesmo quando as coisas não podem ser distinguidas por classe, características ou posição, há uma singularidade que lhes confere uma distinção que a mente, acostumada a ver tudo na estrutura de classificação, não pode perceber. A singularidade é incomparável e, entretanto, resiste a todas tentativas de classificação. Unicamente a Sabedoria habilita-nos a perceber a singularidade de todas as coisas e esta é, de fato, a qualidade das coisas. A mente move-se apenas no plano da quantidade e da mensuração. É a Sabedoria que vê a qualidade das coisas. No próximo *sūtra* Patañjali expõe ainda mais a respeito deste tema da Sabedoria:

tārakam sarva-viṣayam sarvathā-viṣayam
akramaṃ ceti vivekajaṃ jñānam

55. A Sabedoria que transcende todos os processos do conhecimento conhece a natureza total das coisas de uma só vez e não na sucessão do tempo.

A Sabedoria é descrita aqui como *tārakam*, significando transcendental. O *sūtra* afirma que a cognição que chega à Sabedoria é atemporal. *Akramam* designa uma ausência de sucessão temporal. Conhecimento é o produto do tempo, mas a Sabedoria transcende as limitações do tempo e, assim, conhece tudo de uma só vez. Isso mostra que sua percepção é Total. Embora a totalidade possa ser compreendida tão somente na sucessão do tempo, o todo pode ser compreendido apenas em um momento. O *sūtra* menciona que a Sabedoria chega à compreensão de uma só vez, de *sarva-viṣayam e sarvathā-viṣayam*. Estas duas palavras significam objetos no espaço e no tempo, ou seja, para a Sabedoria não há barreiras de espaço e de tempo. Ela conhece ao mesmo tempo a forma, e o conteúdo, das coisas. O espaço contém a forma, e o tempo, o conteúdo das coisas. Esta percepção simultânea ou *akramam* é a qualidade essencial da Sabedoria. Devemos ressaltar que Sabedoria é essencialmente um estado de absoluta liberdade. Que maior liberdade podemos conceber do que uma condição onde as barreiras do tempo e do espaço não mais existem nesta liberdade? Tão somente nesta liberdade é que a Sabedoria aparece. Esta condição foi descrita no seguinte *sūtra*, o último deste *Pāda*.

sattva-puruṣayoḥ śuddhi-sāmye kaivalyam

56. Quando a experiência e a expressão atuam no mesmo nível e com a mesma intensidade, nasce o estado de liberdade absoluta.

O *sūtra* mais uma vez menciona *sattva* e *puruṣa* que, neste caso, devem significar expressão e experiência. *Puruṣa* é o estado da experiência assim como *sattva* é o campo da expressão. Um é o autor do movimento no campo ou *kṣetrajña* e o outro é o campo ou *kṣetra*. Somente quando há perfeita harmonia entre os dois pode haver completa liberdade. O que significa harmonia entre os dois? A palavra utilizada é *śuddhi-sāmye*, indicando que, quando a experiência e a expressão atuam no mesmo nível e com a mesma intensidade, é conhecida a liberdade absoluta. Quando há comunicação que surge da comunhão, observa-se esta perfeita harmonia. A experiência do amor e sua expressão não funcionam com a mesma intensidade e no mesmo nível? A intensidade de expressão deve-se à intensidade da experiência do amor. Funcionam no mesmo nível, pois não pode haver sensibilidade na experiência do amor e falta de tal sensibilidade em sua expressão. Deve haver *śuddhi-sāmya* entre os dois, pois uma experiência refinada não pode ser expressa rudemente. Tal *śuddhi-sāmya* pode surgir apenas quando o observador desaparece do campo de *sattva*. Quando *sattva* torna-se um campo, não poluído pelo contato do observador, ele pode prover as condições necessárias para *puruṣa* expressar-se. Quando *sattva* e *puruṣa* vibram juntos, então *śuddhi-sāmya* é estabelecido. *Sattva* deve-se tornar um instrumento musical perfeitamente afinado, mas não utilizado pelo apreciador. Então *puruṣa* pode tocar neste instrumento a divina melodia suprema. Tal instrumento responderia ao mais leve toque de *puruṣa*. H.P. Blavatsky em *A Voz do Silêncio* escreve:

> "Os discípulos podem ser comparados às cordas da *vīnā*, eco da alma; a humanidade, à sua caixa de ressonância; a mão que as toca, à harmoniosa

respiração suave da Grande Alma do Mundo. A corda que falha em responder ao toque do Mestre, em harmonia com todas as outras, rompe-se e é jogada fora".[22]

No contexto de nossa explanação com relação a este *sūtra, sattva* pode ser comparado à vina perfeitamente afinada. É tão magnificamente afinada que suas cordas são capazes de responder ao mais tênue toque de *puruṣa*, resultando em *śuddhi-sāmya*. Há a mesma intensidade no funcionamento de *puruṣa* e *sattva*. Quando *sattva* é destituído de todo seu conteúdo, quando seu condicionamento, mesmo o mais sutil, é abandonado, ele se torna um instrumento perfeito. Esta é de fato a condição de absoluta liberdade. É verdade que uma experiência de amor ou de percepção espiritual não pode ser completamente expressa, pois a linguagem da expressão é diferente daquela da experiência. Mesmo assim, é da maior importância que o meio de expressão não cause qualquer distorção ao que está sendo transmitido. Quando o elemento que distorce o meio, mesmo o mais sutil e refinado, é eliminado, a experiência espiritual pode transmitir seu significado através do instrumento purificado. Quando *sattva* vibra harmoniosamente com *puruṣa*, o instrumento de expressão está livre de todas as impurezas. Sem isso, a comunicação nunca poderá ser eficaz.

Patañjali ocupou-se neste *Vibhūti Pāda* com o tema da comunicação. Embora reconhecendo o valor dos poderes psíquicos, ele chamou o tempo todo a atenção do estudante para considerar o desenvolvimento dos poderes psíquicos no plano de fundo do *insight* intuitivo. Sem Sabedoria, o desenvolvimento dos poderes psíquicos é repleto de imenso perigo. A Sabedoria surge no percebimento da distinção entre *sattva* e *puruṣa*, o observador e o sujeito. A Sabedoria nasce unicamente quando o relacionamento observador-observado termina e surge o relacionamento sujeito-objeto. Neste percebimento devido à eliminação do observador, o instrumento de expressão torna-se extremamente rarefeito e, portanto, capaz de responder ao mais tênue toque de *puruṣa* ou sujeito. Seu toque tem uma qualidade de intangibilidade. Mesmo o instrumento mais purificado, pode transmitir a experiência interior apenas de forma intangível. Uma expressão torna-se viva tão somente quando há o toque intangível do Imanifesto ou *puruṣa*. É em *puruṣa* que o ritmo da comunhão e da comunicação é mantido, e em tal ritmo encontra-se a liberdade e a alegria da verdadeira vida espiritual. Todavia, a liberdade é um tema vasto, intrinsecamente relacionado a nossa vida espiritual. No *Yoga* somos capacitados a descobrir o segredo da verdadeira liberdade. Apenas a mente livre pode mostrar criatividade em tudo o que faz e expressa. O estado do *Yoga* é, verdadeiramente, o estado de liberdade absoluta. Mas o homem, vivendo no mundo da relatividade, pode conhecer o que é liberdade absoluta? É este tema que Patañjali desenvolve na última seção dos *Yoga-Sūtras*, chamada *Kaivalya Pāda*.

---

[22] BLAVATSKY, H. P., *A Voz do Silêncio*, Ed. Teosófica, Brasília, 2011. (N.E.)

QUARTA SEÇÃO

A REALIZAÇÃO DO *YOGA* OU *KAIVALYA PĀDA*

CAPÍTULO XXVII

A MUTAÇÃO DA MENTE

A última seção dos *Yoga-Sūtras* de Patañjali é intitulada *Kaivalya Pāda*. A palavra *kaivalya* comumente é traduzida como Libertação. Embora este significado não seja incorreto, a real conotação da palavra é o estado Absoluto ou Solitário. O grande místico europeu Plotino, descrevendo a jornada espiritual em uma expressão muito significativa, disse que é "o vôo do solitário para o Solitário". A Realidade, seja qual for o nome que se lhe dê, é, de fato, incomparável. Os místicos hindus chamavam-no *ekamevādvitīyam*, significando o Uno sem segundo. A Realidade, a Verdade, Deus, de fato, não tem segundo, e é o que o/a torna incomparável. Aquilo que não pode ser comparado com nada mais, aquilo que não tem segundo, é certamente o Solitário ou o Absoluto. O Absoluto permanece solitário; apenas o relativo pode ser comparado e contrastado. O Absoluto é o oposto do relativo. Se assim fosse, poderia ser com ele comparado. Aquilo que pode ser comparado não é Absoluto. O Absoluto e o Solitário são termos intercambiáveis.

Entretanto, pode-se perguntar: a realização do *Yoga* encontra-se em conduzir-nos para a experiência do Solitário? Se no final destas práticas, tudo que acontece ao aspirante é esse estado Solitário, então a perspectiva não parece valer a pena. Mas assim parece porque tendemos a igualar o estado Solitário com a solidão. Os dois são polos à parte. Enquanto a solidão é uma condição exterior, o estado Solitário é um estado interior. Na solidão não temos a companhia dos outros, logo, ficamos entregues à companhia de nossos próprios pensamentos. Quando nos encontramos sem nenhuma companhia, a pressão de nossos próprios pensamentos aumenta e somos compelidos a ouvir a história da mente. Se há algo que o homem teme é ficar só e enfrentar o ataque furioso de sua própria mente. Na companhia dos outros podemos nos evadir deste encontro face a face com nossos próprios pensamentos. Não precisa necessariamente ser companhia física – pode ser referente a livros, entretenimento, ocupação ou muitas coisas assim, que ajudam o indivíduo a manter-se distante desse encontro direto com seus próprios pensamentos. Temeroso de encarar sua própria mente, o homem apavora-se de ser deixado sem a companhia de parceria externa. Não é de se admirar que deteste esta condição de solidão.

A realização do *Yoga* não se encontra na solidão, mas no estado Solitário. Para este não são necessárias condições particulares físicas ou superfísicas. Podemos estar Solitários mesmo na companhia de milhares de pessoas, pois, como dissemos antes, é um estado interior, onde somos completamente livres da companhia do pensador e do pensamento. Contudo, não podemos ser livres apenas nos afastando disso. Quando o pensador e o pensamento aquietam-se, surge o momento da comunhão. Esse é o estado Solitário, pois, na comunhão, não há lugar para o outro. É um estado não dual, no qual o observador não tem qualquer lugar. É o observador que é o "outro" em qualquer ação de percepção espiritual. O estado onde não há outro surge quando o observador não mais está presente.

O que nos dá uma sensação de solidão? É a ausência do observado que nos faz sentir sós. Temos vivido sempre com ele; na verdade, o observado é o único mundo que conhecemos e, portanto, quando isso é perturbado, surge o sentimento de solidão. Ora, o observado é a imagem lançada pelo conhecimento "inferencial". A inferência funciona, por um lado, com a cognição sensorial e, por outro, com a autoridade da experiência passada. A partir desses dois fatores construímos nossas inferências, que são o conteúdo da imagem. Essa imagem é o observado e é mantida pelo observador ou o pensador. Porém, a imagem é de uma entidade viva e, por conseguinte, a ação desta entidade naturalmente a perturba construindo novos dados sensoriais. Estes precisam ser processados pela autoridade da experiência passada, de modo que possamos chegar a uma nova conclusão "inferencial" ou a uma modificação da imagem antiga.

Ora, entre a imagem antiga perturbada e a criação de uma imagem modificada há um intervalo, que não é do tempo cronológico, mas psicológico. É um intervalo entre a imagem fragmentada e a restabelecida. Nesse intervalo que surge um sentimento de solidão. Não queremos olhar ou ouvir a imagem fragmentada e, portanto, buscamos fuga após fuga. Não é meramente a agonia de uma imagem externa fragmentada, mas é a agonia da imagem fragmentada de nós próprios. Quando o observado é danificado, neste mesmo processo, o observador também o é. Ele precisa consertar primeiro a imagem fragmentada de si mesmo antes que possa criar uma imagem modificada do observado. É isso que é o mais maçante. Neste intervalo em que as imagens fragmentadas do observador e do observado estão sendo consertadas, surge o intenso sentimento de solidão. Leva tempo para consertar essas imagens, e o intervalo psicológico entre o danificado e o reparado parece muito longo. Buscamos alguma fuga onde possamos descansar antes de voltar para a árdua tarefa de consertar as imagens destruídas. O descanso pode ser na forma de um livro, entretenimento ou qualquer coisa que esteja disponível, para que não tenhamos que encarar a situação causada pelo sentimento de solidão.

Se somente ouvíssemos a história da imagem destruída, saberíamos como o observador, para sua própria segurança e continuidade, tentou manter aquela imagem, contra todas as adversidades, ignorando as demandas do real. A história contará tudo acerca dos motivos ulteriores por trás dos esforços do observador de defender o observado. Para não termos que ouvi-la, procuramos fugas. Ao ouvirmos a história da imagem fragmentada, não apenas podemos nos libertar dela, mas transformar o intervalo de solidão em um momento Solitário criativo. Em *Kaivalya Pāda*, Patañjali refere-se a este segredo, em que o desespero da solidão dá lugar às alegrias do estado Solitário. Como afirmamos anteriormente, o próprio significado da palavra *kaivalya* é o estado Absoluto ou Solitário. Aquele que chega à experiência do Solitário conhece o que é Libertação, pois se move no êxtase da Absoluta Liberdade. Todavia, antes de se ater a este tema profundo do estado Solitário e Absoluto, Patañjali recapitula no *sūtra* de abertura de *Kaivalya Pāda* a discussão com relação ao desenvolvimento dos poderes psíquicos:

janmauṣadhi-mantra-tapaḥ-samādhijāḥ
siddayaḥ

1. Os poderes psíquicos podem ser devidos à hereditariedade, drogas, encantamentos, austeridades ou *samādhi*.

Há indivíduos ou mesmo grupos raciais que possuem faculdades psíquicas inerentes de uma ordem elementar. Tornam-se médiuns naturais e falam de visões nas quais contatam espíritos, fadas, gnomos etc. Estes são exemplos de baixo psiquismo. Após falar dos poderes psíquicos que surgem de *janma* ou hereditariedade, Patañjali refere-se a *auṣadhi* ou drogas, como um meio para despertar essas faculdades. Na Índia, por um longo período de tempo, *sannyāsins* tomavam certos tipos de drogas a fim de produzir visões psíquicas. Aldous Huxley provou mescalina com o intuito de abrir as portas da percepção psíquica. Hoje em dia existem várias drogas que estão sendo usadas com o mesmo propósito. LSD, maconha, haxixe, heroína são algumas das drogas modernas usadas por seus dependentes e também por aqueles que desejam chegar rapidamente a certos tipos de visões psíquicas.

O próximo meio empregado para o desenvolvimento psíquico referido por Patañjali neste *sūtra* é *mantra* ou encantamentos. Esse instrumento é muito utilizado nas disciplinas *tāntricas*. De acordo com o *Tāntra*, os vários *chakras* ou centros psíquicos podem ser despertados através da repetição do *bīja-mantra* associado a cada *chakra*. É distinto para diferentes centros, e há uma técnica pela qual devem ser repetidos. O efeito vibratório dos *mantras* é reconhecido e cada um tem uma velocidade e um alcance vibratórios específicos. Isso pode ser estudado na literatura *tântrica*. Do *mantra* Patañjali passa para *tapas* ou austeridades. Isso refere-se a certos tipos de disciplinas do *Haṭha Yoga*, das quais *prāṇāyāma* e *āsana* são os fatores predominantes.

Em seguida, Patañjali menciona os poderes psíquicos ou *siddhis* no plano de fundo de *samādhi* ou comunhão. Ao indicar esta ordem particular no desenvolvimento psíquico, qual seja, hereditário, drogas, encantamentos, austeridades e *samādhi*, Patañjali, mais uma vez, enfatiza a conveniência de considerar a questão dos *siddhis* somente depois da experiência de *samādhi* ou comunhão e não antes disso. O psiquismo sem uma base espiritual é perigoso. É o que está indicado reiteradamente em *Vibhūti Pāda*. No *sūtra* de abertura de *Kaivalya Pāda*, ele sumaria todo o argumento com relação ao Psiquismo e à Espiritualidade ou ao Ocultismo[23] e ao Misticismo. Está apresentado desta maneira porque o *Yoga* ocupa-se fundamentalmente em chegar a uma experiência de uma nova ordem de vida e não a uma modificação dos caminhos antigos. É uma experiência que transcende o reino da dualidade onde a mente atua. O Psiquismo ou Ocultismo[21] é apenas uma extensão da abordagem da dualidade; não se preocupa com a natureza não dual da experiência da vida. Preocupa-se com uma extensão da consciência, não com uma expansão. A expansão da consciência refere-se a uma nova dimensão de vida, e é para a exploração dessa nova dimensão de vida que Patañjali volta-se no *sūtra* seguinte:

jāty-antara-pariṇāmaḥ prakṛti āpūrāt

2. A causa de todas as mutações reside no transbordamento da natureza.

A expressão *jāti-antara-pariṇāma* utilizada neste *sūtra* é muito significativa. Refere-se a uma mudança, não de grau, mas de espécie. Indica uma mudança de espécie, não uma mera modificação, mas uma transformação fundamental. Em termos biológicos, revela não uma mera variação, mas uma mutação. Neste caso, Patañjali dá uma clara indicação de qual é a realização do *Yoga*. Na biologia, a variação é uma mudança estrutural, enquanto a mutação, que afeta os fatores hereditários de um organismo, apresenta uma mudança de conteúdo. Na mutação vem à existência uma nova espécie de evolução biológica. É preciso notar que a mutação é um fenômeno individual; não existe o fenômeno de mutação coletiva na natureza. Portanto, mesmo no nível biológico, observamos na mutação o florescimento de um organismo

[23] Vide nota 16. (N.E.)

individual. Na realidade, a mutação representa uma expressão da individualidade biológica.

No entanto, aqui em nossa explanação, não estamos preocupados com as mutações no nível biológico. Nossa preocupação é com as transformações psicoespirituais, que se encontram dentro do alcance e do escopo do *Yoga*. Patañjali, ao introduzir a expressão *jāti-antara-pariṇāma*, chama a atenção de todos os estudantes de *Yoga* para as mutações psicoespirituais. A abordagem da tradição moral e religiosa tradicionais é de uma variação ou de continuidade modificada. *Yoga* implica mutação no fator evolucionário conhecido como descontinuidade. São descritas como saltos na natureza. O *Yoga* também constitui-se em um salto no âmbito da consciência e, por conseguinte, ocupa-se com uma expansão desta e não com uma mera extensão, como é o caso do Ocultismo[24] e das diferentes formas de psiquismo. Neste *sūtra,* Patañjali não fala somente de mutação, mas indica como ocorrem as mutações. Foi empregada para essa definição a expressão *prakṛti-āpūrāt*, ou seja, através do transbordamento da natureza.

Um transbordamento é um fenômeno onde as barreiras do fluxo tradicional são rompidas. Quando um rio transborda, não permanece dentro dos limites estabelecidos pelas duas margens. Assim, isso é algo que não pode ser colocado na estrutura de regras ou limites da lei. Na biologia, as mutações são chamadas, às vezes, de esporte da natureza. Um esporte torna-se prazeroso por causa do elemento de transbordamento. Onde isso não ocorre, a vida move-se nos sulcos da tradição. Com certeza, o amor é um transbordamento da consciência; não é o produto de algo construído por regras e regulamentos. A natureza também, com uma disposição esportiva, sai dos sulcos das regras e, quando isso acontece, traz à existência aquilo que é chamado de mutações.

Todavia, um transbordamento não é uma quebra deliberada das regras. Qualquer coisa deliberada é uma negação do transbordamento. Um transbordamento com respeito à consciência é aquele em que nem o pensador nem o pensamento existem. É uma expressão de alegria onde o apreciador não está presente. Tais momentos de alegria são de fato muito criativos – na verdade, são os únicos momentos criativos. Um transbordamento não tem outro propósito a realizar a não ser o próprio transbordamento. Em tal fenômeno, alguém que não é o ator ou o apreciador opera, e, dessa forma, surge um fator inteiramente novo de evolução.

Juliam Huxley, o grande biólogo, disse em um de seus livros, ao expor o tema da Evolução, que:

---

[24] Vide nota 16. (N.E).

". . . mudança espontânea ou mutação de fatores simples tem sido, e provavelmente ainda é, a fonte mais importante de novos processos sem os quais a evolução não poderia acontecer."

Assim, é através de mutações que se torna possível o início de novos processos evolutivos. Ele descreve as mutações como mudanças espontâneas, que é o significado exato de *prakṛti-āpūrāt*. É no transbordamento espontâneo da natureza que surgem as mutações. Um Buda, um Cristo ou um *Krīshna* é realmente o resultado disso. Tais indivíduos não são produtos do movimento normal da evolução. Um fenômeno como esse não pode ser explicado em relação às leis da evolução. Uma mudança espontânea surge, não pode ser ocasionada. A realização do *Yoga* reside neste transbordamento da consciência, que surge naquele momento atemporal, onde não há nem pensador nem pensamento. A função de um transbordamento é dar uma nova direção, assim como uma mutação biológica é uma nova partida sob outros aspectos, no curso contínuo da evolução.

O *Yoga* representa o ponto singular de individualidade espiritual, que tem uma qualidade de unicidade, portanto não pode ser comparado com nada que tenha sido ou que possa ser. A experiência da verdadeira individualidade é uma experiência do estado Sólitário. Com efeito, é deste que surge a mutação. Nesse estado Solitário floresce a verdadeira individualidade que aponta uma nova direção ao curso evolucionário. É essa realmente a experiência do *Yoga*. Somente aquele que tenha descoberto sua individualidade pode saber o que é liberdade absoluta ou *kaivalya*. Todas mudanças fundamentais são espontâneas, porque um esforço consciente, conquanto sublime, tem suas próprias limitações. Ele se movimenta em círculos e não tem meios de romper esse círculo contínuo. Patañjali, nos *sūtras* subsequentes, faz referência às limitações do esforço consciente. No terceiro *sūtra* deste *Pāda* ele afirma:

nimittam aprayojakam prakṛtīnāṃ
varanabhedas tu tataḥ kṣetrikavat

3. A causa instrumental não pode alterar os componentes hereditários; pode apenas remover obstáculos, da mesma maneira que um agricultor irriga seu campo.

Há duas categorias de causação conhecidas e descritas na psicologia hindu. Uma é *nimitta* ou instrumental, e a outra é *upādāna* ou material. Ao fazer um pote de barro, o ceramista é a causa instrumental ou *nimitta*, enquanto que o barro é a causa material ou *upādāna*. Na causa instrumental, encontra-se o esforço da mente humana. Patañjali afirma nesse *sūtra* que mudanças fundamentais não podem ser ocasionadas através de nenhum esforço da mente humana. A expressão utilizada por ele é *prakṛtīnāṃ-varaṇa-bhedam*, que significa a remoção dos obstáculos das tendências naturais inerentes. *Bhedam* indica a ação de penetrar; assim, o *sūtra* menciona que não se pode penetrar nas tendências inerentes através da causa instrumental. A seguir, é explicado o que pode ser feito através da causa instrumental. Tudo que pode ser feito através disso é análogo ao que pode ser feito pelo agricultor enquanto irriga seu campo. O agricultor não pode mudar a tendência inerente da água, qual seja, encontrar seu próprio nível. A tendência natural da água de fluir do nível superior para o inferior não pode ser mudada. Entretanto, o que faz o agricultor para irrigar seus campos? Remove os obstáculos externos para que a água possa fluir. Ele não pode remover as tendências inerentes, mas, com certeza, pode remover os obstáculos da superfície, tais como pedras etc., que se encontram no caminho do fluxo natural.

Patañjali sugere que a causa instrumental pode desempenhar apenas um papel negativo. Este é exatamente o papel do esforço consciente da mente. Podemos remover os obstáculos externos ou superficiais através do esforço consciente, mas não podemos mudar os fatores inerentes ou hereditários. Na mutação é o componente hereditário que é mudado. Enquanto o hereditário permanecer inalterado, pode haver apenas variações. Se mantivermos as tendências hereditárias intactas, não podemos ocasionar qualquer mudança fundamental. O esforço consciente da mente obviamente se dá dentro do *campus* de seu próprio passado ou sua própria herança psicológica. Portanto, através de seu próprio esforço, ela pode produzir tão somente variações psicológicas. Não pode ir além do escopo da continuidade modificada. Contudo, as mutações surgem apenas quando o plano de fundo do passado contínuo da hereditariedade é mudado. É uma mudança que não representa uma continuidade modificada, mas uma descontinuidade com relação ao conteúdo dado pela hereditariedade.

Qualquer esforço consciente da mente surge do passado; portanto, seja o que for que fizer, automaticamente reforça o passado. É o passado que dá continuidade ao pensamento. Como pode o pensamento, que vive na continuidade conferida pelo passado, criar conscientemente condições onde a continuidade do passado é negada? Desde que as mutações surjam em um momento de descontinuidade, elas representarão um fator onde a continuidade do passado torna-se inoperante. Este é o motivo pelo qual o fator hereditário é afetado em todas as mutações. A mutação surge com a mudança da hereditariedade. Porém, como a hereditariedade pode ser mudada através de um esforço consciente? Patañjali afirma que só no transbordamento da natureza é que as mutações podem vir à existência. Ele esclarece o que o esforço consciente pode e o que não pode fazer. Pode fazer o trabalho negativo de remover obstáculos, mas não pode ordenar o transbordamento. Quando os obstáculos são removidos, o transbordamento da natureza pode surgir a sua própria vontade. A remoção dos obstáculos no sentido psicológico significa tornar a mente completamente negativa ou totalmente incondicionada. Isso, mais uma vez, ocorre no banimento do processo condicionante sem interrupção. Quando a mente é completamente aberta, o transbordamento da natureza, quando ocorrer, terá uma passagem suave. No entanto, novamente, precisamos compreender que a abertura da mente não é uma atitude cultivada. Manter uma atitude de mente aberta é negar completamente o estado de abertura. Patañjali refere-se a isso no próximo *sūtra*:

nirmāṇa-cittāny asmitā-mātrāt

4. Todas atitudes mentais cultivadas conscientemente surgem de um senso de eu.[25]

A expressão utilizada para uma atitude mental cultivada conscientemente é *nirmāṇa-citta*. Interpretar isso como significando a criação de diversas mentes artificiais através dos poderes do *Yoga* não parece muito pertinente. Isso se torna claro no sexto *sūtra* de *Kaivalya Pāda*. *Nirmāṇa-citta* é a mente cultivada ou, mais apropriadamente, a atitude mental cultivada. Todas essas atitudes cultivadas são resultado de esforços conscientes da mente, por trás dos quais se encontram vários fatores motivadores. É a isso que Patañjali refere-se quando diz que há *asmitā* ou senso do eu por trás de todas as atividades de *nirmāṇa-citta*. Na verdade, ele diz que há *asmitā-mātra*, significando nada mais do que o senso de eu.

Podemos adotar qualquer atitude mental que quisermos e dar a ela a mais nobre aparência, mas ainda assim ela não é livre dos motivos de autoproteção e continuidade. Podemos sustentar sinceramente uma atitude particular, mas desde que seja construída e cultivada com consciência pela mente, sua força de sustentação é o motivo subjacente. Isso é afirmado com ênfase pela expressão *asmitā-mātra*. Atrás de toda suposta atitude nobre e espiritual, jaz a preservação e a propagação do senso do "eu". Isso se torna ainda mais claro no seguinte *sūtra*:

pravṛtti-bhede prayojakam
cittam ekam anekeṣām

5. Há na realidade apenas uma mente atrás da multiplicidade aparente de suas expressões.

Cittam Ekam Anekeṣām significa que há tão só uma mente em meio a aparente multiplicidade. E é esta única mente que é *prayojakam*, o agente direcional subjacente a *pravṛtti-bheda*, ou a diversidade de atividades ou expressões. Neste caso,

---

[25] No original em inglês: *i-ness*. (N.E.)

Patañjali enuncia um profundo princípio da psicologia humana, que é a inadmissibilidade de uma fragmentação da mente. A mente não pode ser fragmentada em diferentes compartimentos. Por causa disso, não pode haver tendências conflitantes na mesma mente, de modo que em um compartimento haja amor e em outro ódio, em um mundanalidade e em outro idealismo espiritual. Ele diz que mesmo que possa haver diferenças aparentes de expressão e de buscas mentais, atrás de tudo, há apenas uma mente, aquela na qual há *asmitā-mātra* ou o senso do eu. Não podemos ser parcialmente espirituais e parcialmente dados ao mundano. Mesmo que se busque fragmentar a mente em vários compartimentos, há apenas um espírito que cria esses compartimentos – e este é o senso do egoísmo.

O presente *sūtra* esclarece a atividade de *nirmāṇa-citta*, a que se fez referência em um *sūtra* anterior. Podemos cultivar centenas de atitudes diferentes e andar com uma face solene para mostrar nossa seriedade, mas, por trás de tudo isso, está o único fator motivador de *asmitā* ou o senso do eu. Os ideais e as aspirações de uma tal mente são totalmente ocos, pois são sustentados pelo fator motivador do "eu". As virtudes e os ideais da mente são como flores artificiais que não têm fragrância. Podem parecer atraentes, porém, para usar a expressão de H.P. Blavatsky, "debaixo de cada flor há uma serpente enrolada"[26] . Esta serpente enrolada é o senso do eu. Tal mente não conhece *jāti-antara-pariṇāma* ou mutação espiritual. Ela pode decorar as paredes da prisão, mas é inteiramente estranha à renovadora experiência da liberdade.

Não é *nirmāṇa-citta* que pode compreender o segredo das mudanças fundamentais, muito menos iniciá-las. Para isso uma nova qualidade de mente se faz necessária: uma mente que seja totalmente "sem mente". Patañjali refere-se a isso no próximo *sūtra*:

tatra dhyānajam anāśayam

6. Apenas o estado nascido da meditação é completamente livre de todos os motivos.

A palavra empregada aqui é *anāśayam* – o estado no qual não há *āśaya*, que significa motivações ou intenções. A mente livre de todas as intenções nasce da meditação. A palavra "meditação" é um termo composto que implica *dhāraṇa-dhyāna-samādhi* ou percebimento, atenção e comunhão. Esta é a condição na qual a mente torna-se "sem mente", pois nela não há lugar para o pensamento nem para o pensador. Unicamente neste estado é que é possível o transbordamento da natureza. O pensador e

[26] BLAVATSKY, H. P. *A Voz do Silêncio,* fragmento 1, verso 26. Editora Teosófica, 2011. (N.E.)

o pensamento são os maiores impedimentos. Temos que experimentar as alegrias de um transbordamento de momento a momento, se quisermos ser livres da presença do pensamento e do pensador. Na meditação – e somente aí – é criado o terreno para o surgimento das mutações.

De fato, nesses seis *sūtras* preliminares, Patañjali lançou as bases da filosofia do *Yoga*. Ele deu um novo significado ao estado do *Yoga*, pois, de acordo com ele, o *Yoga* é uma condição na qual ocorrem mutações espirituais. Assim, o *Yoga* indica uma expansão de consciência onde são exploradas novas dimensões de vida. Todavia, tais mutações não são o resultado de atitudes conscientemente cultivadas da mente. Elas surgem quando todas essas atitudes aquietam-se – e este é, na realidade, o estado de meditação. Nesta verdadeira base da filosofia do *Yoga*, Patañjali ergue uma magnífica superestrutura nos *sūtras* de *Kaivalya Pāda* que se seguem. Apenas o organismo mutante conhece o que é a liberdade absoluta, visto que ele é livre de todos os empecilhos do passado. Patañjali menciona neste *Kaivalya Pāda* como cada homem pode erguer uma bela superestrutura de vida na forte e duradoura fundação da liberdade absoluta e como ele pode, ao chegar à experiência da mutação, tornar-se um centro de um novo processo no curso evolucionário da humanidade.

CAPÍTULO XXVIII

UMA ABORDAGEM FRAGMENTADA

Duas perguntas surgem com frequência nas mentes do estudantes sérios de *Yoga*: se uma mente condicionada pode compreender o estado incondicionado de consciência e se uma mente condicionada pode se tornar absolutamente incondicionada. Essas não são duas questões separadas, mas inter-relacionadas e, portanto, uma surge da outra. Nos dois *sūtras* que consideramos no último capítulo, Patañjali respondeu a essas duas perguntas ao apresentar *nirmāṇa-cittāni-asmitāmātrāt* e *dhyānajam-anāśayam*. O esforço consciente da mente surge do senso do eu. Ele indica, por conseguinte, que, através do esforço consciente da mente, não podemos compreender o estado incondicionado da consciência.

A atitude mental cultivada tem suas raízes no senso do eu consciente que é o fator oniabarcante do condicionamento. Com certeza, é o senso do eu que condiciona a mente; de fato, qualquer atividade de tal mente está dentro dos limites condicionantes deste senso do eu. Portanto, a mente não pode compreender o que é o estado incondicionado de consciência através de seus próprios esforços, conquanto sublimes possam ser. É evidente que um processo contínuo não pode nos levar a compreender o descontínuo. E o estado incondicionado de consciência é realmente um estado de descontinuidade.

Se a mente condicionada não pode compreender o estado incondicionado, então, tal mente condicionada nunca poderá ser absolutamente incondicionada? Nas mentes da maioria das pessoas há uma concepção falsa com relação ao caráter do estado incondicionado da consciência. É evidente que antes de chegarmos à realização direta de tal estado, temos que ter uma clara compreensão intelectual sobre o mesmo. Percebe-se que até mesmo essa compreensão intelectual é amplamente ausente. Existe uma ideia geral de que um estado incondicionado é aquele que não é condicionado por fatores perversos ou não desejados. Isso significa que uma mente incondicionada por fatores bons e nobres deve ser considerada incondicionada. Estritamente falando, uma mente incondicionada é uma mente desocupada. No entanto, isso não significa que a mente é livre apenas das assim chamadas ocupações indesejáveis. Em todas as religiões e abordagens morais, em geral, o aspirante é solicitado a manter a mente ocupada com aquilo que é considerado como pensamentos bons e que elevam. Todavia, uma mente ocupada com bons pensamentos, conquanto nobres possam ser, não é uma mente desocupada. De igual forma, uma mente incondicionada, que é moldada por supostos fatores bons, não é uma mente incondicionada. O descondicionamento deve ser absoluto, assim como a condição desocupada da mente deve ser livre de todas as ocupações, sejam elas boas ou más.

No *Bhagavad-Gītā*, Sri Krishna pede a Arjuna para ir até Ele com uma mente completamente desocupada. Ele diz: *sarva-dharman-parityajye*, que significa deixarmos todas as ocupações da mente para trás. Esse estado de ser desocupado ou incondicionado é deixado claro no *Gītā* em outro lugar. No décimo segundo discurso, encontramos Sri Krishna dizendo a Arjuna que para Ele o único devoto querido é aquele que abandonou tanto as tendências boas quanto as más. A expressão utilizada é *śubhā śubha-parityāgi*, significando renúncia ao bem tanto quanto ao mal. Patañjali, no *sūtra* considerado no último capítulo, afirma que no estado de *dhyāna* a mente é libertada de todos os motivos ou intenções. Ela se torna *anāśaya* ou liberta de todos os motivos e, portanto, absolutamente incondicionada. Quando examinamos estes dois *sūtras* juntos – um sobre *nirmāṇa-citta* e o outro sobre *dhyāna* –, obtemos resposta para as duas perguntas formuladas no início desse capítulo. A mente condicionada não pode conhecer o estado incondicionado, e o estado de descondicionamento absoluto pode surgir tão só nos momentos de meditação ou comunhão. Descondicionamento absoluto não é um condicionamento modificado. Deve ser *śubhā śubha-parityāgi*, renúncia ao mal tanto quanto ao bem. Temos que renunciar também ao bem? Se isso for feito, a própria base do comportamento moral não será negada? Patañjali discute esta questão nos *sūtras* que se seguem:

karmāśuklākṛṣṇam yoginas
tri-vidham itareṣām

7. O *karma* de um *yogi* não é bom nem mau; no caso dos demais, o *karma* é de natureza tríplice.

Pode-se perguntar: por que Patañjali subitamente aborda o tema do *karma*? Nesta seção, ele está preocupado com *kaivalya* ou liberdade absoluta. Um dos fatores que parece impedir o aspirante de chegar à experiência desta liberdade é o processo operante de seu próprio *karma*. Sabemos que o *karma* é considerado pela maioria dos aspirantes como um dos maiores empecilhos no caminho do *Yoga*. Ora, a palavra *karma* deve ser entendida em dois sentidos: primeiro, a ação realizada por um indivíduo e, segundo, os frutos colhidos por alguém como resultado das ações realizadas no passado. Em qualquer caso, a palavra *karma* está associada com a colheita de frutos – não importa se os frutos são colhidos agora ou no futuro. A colheita, no momento, deve-se a ações realizadas no passado e a colheita no futuro depende das ações realizadas no presente. Neste *sūtra*, Patañjali afirma que o *karma* de um *yogi* não é bom nem mau. As palavras utilizadas são *a-kṛṣṇa* e *a-śukla* que significam nem má, nem boa. Isso pode significar que as ações do *yogi* não são nem boas nem más, ou pode significar que os frutos colhidos pelo *yogi* de suas ações do passado não são nem bons nem maus, ou ambas as coisas. Sugerimos que, nesse *sūtra,* a palavra *karma* deva ser entendida em ambos os sentidos, quais sejam, a ação e os frutos da ação. Isso porque se uma ação é boa ou má, então seus frutos estão fadados a serem bons ou maus. Se o que o *yogi* colhe não é nem bom nem mau, é óbvio que suas ações são também livres dos atributos do bem e do mal.

Patañjali aqui utiliza, deliberadamente, os termos negativos de *a-kṛṣṇa* e *a-śukla*, pois a mente não tem conhecimento positivo de nada. Seu conhecimento é sempre indireto, mas, para conhecer positivamente alguma coisa, precisamos ter uma percepção direta da mesma. A mente conhece apenas através de um processo de comparação ou contraste. De fato, o que ela chama de "bem" é não-mal, e o que ela chama de "mal" é não-bem. Bem e mal como opostos um ao outro são o produto ou a construção da mente. Entretanto, desde que o *yogi* seja alguém que conheça o segredo de transcender as limitações da mente, ele é livre desses opostos. Suas ações e, portanto, os frutos de suas ações, não contêm o elemento do bem oposto ao mal e vice-versa. Isso é assim para indicar que todas as ações do *yogi* emanam do estado de comunhão, no qual não há dualidade. As ações que surgem do campo não dual da comunhão são livres das contradições dos opostos. O *yogi*, sem dúvida, atua no reino da dualidade, pois uma ação precisa, para sua realização, de um mundo de relacionamento, e relacionamento implica dualidade. Contudo, quando uma ação realizada no mundo da dualidade surge do campo da não dualidade, então, a dualidade torna-se uma polaridade sem oposição. É na coexistência da luz e da sombra que a beleza da paisagem torna-se muito pronunciada. Da mesma forma, a experiência não dual da comunhão confere ao mundo da dualidade um novo sentido e uma nova significação. Uma vez que as ações de um *yogi* surgem do campo da comunhão, são completamente livres do conflito dos opostos. Por causa disso, Patañjali afirma que o *karma* de um *yogi* não é nem bom nem mau. Isso não significa que suas ações sejam descoloridas; ao contrário, são as mais coloridas, exibindo a beleza intrínseca da cor e não uma beleza em contraste com seu oposto.

Patañjali também menciona neste *sūtra* que o *karma* dos demais é de natureza tríplice. Qual é esta natureza tríplice? É o bem, o mal e uma mistura de ambos. No *karma trividham* ou tríplice, o terceiro não é algo que transcende o bem e o mal, mas algo em que o bem e o mal estejam misturados. O *karma* da maioria das pessoas é desta natureza. Este *karma* tríplice surge do campo da reação, enquanto o *karma* de um *yogi* surge da inação. O *karma* que surge dos centros de reação é em si uma reação que prende, a ação pura nunca prende. E, portanto, na ação pura, o *yogi* experimenta a liberdade completa ou *kaivalya*. Mas a questão é: como nos libertar da escravidão do *karma*? Como podemos nos libertar do *karma* tríplice que nos prende a uma cadeia de reações? Isso é discutido nos quatro *sūtras* subsequentes:

tatas tad-vipākānuguṇānām
evābhi-vyaktir vāsanānām

8. O *karma* tríplice dá origem a certas tendências que se tornam ativas em condições que lhe são favoráveis.

A palavra *vipāka* significa amadurecimento ou ativação. Esse amadurecimento refere-se a *vāsanās* ou tendências. Temos que nos lembrar de que todo o passado psicológico ou todo o *karma* individual está presente a todo momento na forma de tendências. Não apenas nosso *prārabdha* está presente a qualquer momento, mas também todo o *sañcita* ou *karma* acumulado. *Prārabdha* está presente na forma de circunstâncias, enquanto que *sañcita* está presente na forma de tendências. Porém, as tendências não se tornam ativas todas de uma vez. Elas precisam de um clima apropriado para sua manifestação. Em outras palavras, precisam ser estimuladas por certos acontecimentos externos. Esse estímulo pode ser causado por uma palavra, um gesto, uma percepção ou uma ação. O que faz esse fator externo é apenas evocar, de modo que as tendências latentes tenham condições apropriadas para sua expressão e manifestação. Se uma ação precisar de um estímulo externo para sua manifestação, certamente ela funcionará através de processos reativos. A natureza do tríplice *karma* é, na verdade, reativa. Para aquele no qual não há centros de reação, não existe escravidão causada por processos reativos. O homem de ação pura não precisa de estímulos externos ou internos. Ele vive no mesmo mundo em que vive a pessoa presa pelo tríplice *karma*. Para o primeiro, não há estímulo das tendências latentes, visto que ele não tem centros de reação em sua consciência. Ele responde às condições externas, mas não é estimulado por elas. Responder sem um estímulo é realmente ação pura. É uma ação total. Apenas o homem de ação total é completamente livre e apenas ele conhece o estado de *kaivalya*. No entanto, a questão é: como chegamos a este estado de total liberdade? Para isso, temos que explorar ainda mais a natureza das tendências reativas. Isso é o que Patañjali faz no próximo *sūtra,* onde diz:

jāti-deśa-kāla-vyavahitānām apy ānantaryaṃ
smṛti-saṃskārayor ekarūpatvāt

9. Embora separadas por tempo, espaço e diversidade de características, há uma continuidade que é conferida a estas tendências pelo hábito e pela memória.

No sentido cronológico, o passado e o presente estão separados pelo tempo e pelo espaço e também por condições e circunstâncias externas. Contudo, de acordo com o *sūtra* acima, há uma continuidade entre o passado e o presente, não uma continuidade cronológica, mas psicológica. Patañjali afirma que essa continuidade é conferida pelo hábito e pela memória. As palavras utilizadas são *saṃskāra e smṛti.*

Saṃskāra é impressão ou aquilo que faz parte de nosso hábito psicológico. *Smṛti*, naturalmente, é memória, mais uma vez a psicológica e não a cronológica. O *sūtra* considera que, a despeito das diferenças causadas pelo tempo, espaço e condições externas, há *ānantarya*, ou seja, não interrupção ou continuidade. Patañjali assevera que essa continuidade existe por causa de *smṛti-samṣkārayor-ekarūpatvat*, que significa a natureza igual ou idêntica do hábito e da memória. Ele indica que, se as tendências latentes são ativadas, é por causa da continuidade do hábito e da memória; se os centros do hábito e da memória pudessem ser postos em inatividade, então estas tendências não seriam evocadas. Elas desapareceriam por falta de estímulo. Poderíamos passar pelas circunstâncias da vida e, apesar disso, não experimentar os estímulos às tendências latentes. E, em razão de as tendências latentes não aparecerem com seu ruído e distração, seremos capazes de responder aos impactos da vida total adequadamente. É o estímulo que causa distração psicológica. Quando essa distração não ocorre, podemos olhar para a vida de uma maneira total e não distraída. Resposta sem desafio é uma condição de *kaivalya*, pois não somos dependentes de condições externas ou disposições internas com relação a nossas ações. Todavia, para compreendermos isso, temos que explorar todo o campo do desejo e de como os desejos se transformam em anseios, criando, assim, todo o problema das tendências e sua continuidade. Patañjali discute essa questão no *sūtra* seguinte:

tāsām anāditvaṃ cāśiṣo nityatvāt

10. Estas tendências parecem não ter começo, porque o desejo de viver parece absolutamente não ter fim.

Sabe-se que todas as tendências são desejos em sua forma latente. É a tendência ativada que é reconhecida como um desejo. Neste *sūtra,* Patañjali vê a causa destas tendências no desejo de viver. *Āśiṣa nityatvāt* significa o desejo de viver sendo infinito. Neste caso, o desejo de viver não tem significação biológica. Com a entrada da humanidade na cena evolucionária, a ênfase da evolução mudou do plano biológico para o psicológico. Assim, o desejo de viver indica um desejo de continuidade da entidade psicológica ou *asmitā*, o senso do eu. O homem busca a continuidade infinita dessa entidade, pois, de acordo com ele, sua segurança estaria em perigo se esta entidade desaparecesse. Deste desejo de continuidade com relação ao "eu", surgem todas as tendências latentes e manifestas. Desde que o senso de "eu" seja coextensivo com a mente, será quase impossível remontar ao início de *asmitā*. Logo, ao início dessas tendências também. Uma vez que *asmitā* é o campo no qual essas tendências nascem, elas parecem ter uma continuidade ininterrupta. Não há momento ou evento particular no qual possamos localizar nossas tendências. Entretanto, podemos perguntar: se este é o caso, jamais poderemos nos libertar dessas tendências, e portanto, das operações do tríplice *karma*? Patañjali discute essa questão no próximo *sūtra*:

hetu-phalāśrayālambanaiḥ saṃgṛhītatvād
eṣāṃ abhāve tad abhāvaḥ

11. Sendo dependentes e sustentados pelos motivos e sua realização, eles desaparecem quando os fatores motivadores esmorecerem.

Vimos que as tendências da mente são a base de operação do tríplice *karma*, que é a causa da escravidão do homem. Patañjali afirma aqui que essas tendências são dependentes e sustentadas por motivos. Em outras palavras, é por causa de motivos que são ativadas. A expressão utilizada é *hetu-phala-āśraya-ālambanaiḥ* ou dependente dos motivos e de sua realização. Além disso, ele diz que essas tendências não apenas são dependentes dos motivos, mas são sustentadas pelos mesmos. A expressão *Saṃgṛhītatvāt* significa "ser mantido junto". Uma vez que são os motivos que alimentam essas tendências, neles se encontra a causa da escravidão do *karma*. Se quisermos nos libertar do *karma*, então nossa consciência deve ser destituída de todos motivos. Se os motivos não existem, como as tendências podem receber sua sustentação? Patañjali observa: *eṣāṃ abhāve tad abhāvaḥ*, que significa que na ausência de um, automaticamente há ausência do outro. É na condição sem motivo da mente que *kaivalya* ou a liberdade absoluta pode ser experimentada.

Abordamos a questão no início deste capítulo: pode algum dia a mente condicionada chegar ao descondicionamento absoluto? Pode, se a mente for libertada de todos os motivos. Não tem utilidade lutar com padrões de condicionamento, pois a causa não se encontra nos padrões, mas nos motivos. Às vezes, um aspirante espiritual tenta fechar sua mente a certos fatores externos de condicionamento, mas isso não terá valor enquanto os motivos persistirem. Porém, a pergunta é: como lidar com o problema dos motivos? Se não existirem motivos, o homem terá algum incentivo para seguir adiante? Sem eles, ele não regressará para uma condição de indolência e autossatisfação? Pode haver incentivo sem motivo? Se não, é possível para um homem agir sem qualquer incentivo? Ação sem um incentivo é resposta sem desafio. Patañjali, nesse *Kaivalya Pāda,* está colocando diante dos estudantes de *Yoga* uma filosofia cujo princípio subjacente é ação sem incentivo. É unicamente plena ação – uma ação que não deixa resíduo, uma vez que é livre dos opostos do bem e do mal. Quando há ação sem incentivo, quando há resposta sem desafio, então, há liberdade das operações do tríplice *karma*. Patañjali atém-se à implicação desta filosofia do *Yoga* nos *sūtras* subsequentes.

CAPÍTULO XXIX

O PROCESSO DE ASSOCIAÇÃO PSICOLÓGICA

Um dos princípios fundamentais da evolução é que podemos nos tornar apenas aquilo que somos. "Torne-se o que você é" constitui-se o cerne dos ensinamentos místicos de todas as religiões do mundo. Esta ideia de "tornar-se o que se é" não oferece dificuldade na evolução física ou biológica. Podemos facilmente entender que uma mangueira deve produzir mangas e uma macieira, maçãs. Não esperamos que nada mais aconteça. Se algo mais acontecer, consideramos como extremamente anormal, declarando que é uma anomalia da natureza. No entanto, no campo dos fenômenos psicológicos, o problema do vir a ser assume grande complexidade. Assim ocorre porque, neste campo, o vir a ser é perseguido sem compreendermos a natureza do ser. Dizer que podemos nos tornar apenas aquilo que somos parece perfeitamente razoável. E, contudo, é esta razoabilidade que é lançada aos ares quando passamos para a esfera psicológica do vir a ser. O Budismo pede ao pupilo para "olhar para dentro e compreender que é Buda". Um Mestre Zen diz a seu discípulo: "Se você não é Buda, não pode se tornar Buda".

Com frequência, dizemos que uma vez que sabemos o que somos, gostaríamos de ser outra pessoa. Nesta afirmação há duas concepções errôneas. Primeiro, não sabemos o que somos e, segundo, não podemos ser outra pessoa. Quando afirmamos que nos conhecemos, estamos indicando que temos uma imagem de nós mesmos. Esta imagem é produto do tempo. Foi construída com o que gostamos e o que desgostamos, com as resistências e indulgências, com as esperanças e os desesperos. Esta imagem é tudo que conhecemos, e lutamos constantemente para nos tornarmos como ela ou, se necessário, modificar esta imagem e nos tornarmos como ela. Se descobrimos que a imagem construída por nós não é suficientemente atrativa, nós a modificamos e a tornamos mais parecida com a de outra pessoa. Este outro também é conhecido por nós apenas enquanto uma imagem. Todo nosso processo de vir a ser psicológico desenvolve-se, portanto, em conformidade com nossa própria imagem ou com uma imagem modificada que nos é mais atrativa. No entanto, a imagem não é o ser. É uma construção da mente que contém vários fatores de nosso passado psicológico. Portanto, aquilo que mantém a imagem viva é o passado não realizado.

Todo nosso processo de vir a ser psicológico advém desse passado não realizado. E, assim, a jornada do vir a ser psicológico é uma jornada em busca de um futuro no qual o passado não realizado possa se realizar. É isso que está na raiz de todas as frustrações que surgem do processo psicológico do vir a ser. Neste processo o movimento é para vir a ser o que não somos ou para vir a ser o que a imagem deseja. Há um contínuo conflito entre os ditames do ser e as demandas da imagem. Este conflito é experimentado na forma dos obstáculos que encontrarmos no caminho da realização das exigências da imagem. A imagem não é o ser e, realmente, no vir a ser que advém da imagem há de observar o seguimento de *para-dharma*, significando o *dharma* ou a qualidade do outro. O vir a ser que surge da essência do ser é natural e espontâneo e, assim, livre de frustrações e conflitos. Assim ocorre porque o ser contém, tal como a semente de uma árvore, o curso completo do vir a ser.

Neste sentido o vir a ser torna-se um movimento de expressão e não um movimento para a realização do passado não realizado. Em tal vir a ser que advém do ponto do ser o movimento é no sentido de dar uma expressão à plenitude interior. Com certeza, a semente contém a plenitude da árvore, não meramente de uma árvore, mas de todas as árvores do passado, do presente e do futuro. Todo o círculo do vir a ser está contido no ponto do ser. Este ponto não tem magnitude ou extensão no tempo. É, portanto, atemporal; mas o círculo que surge deste ponto é o movimento do Atemporal expressando-se no Tempo. O significado do processo do tempo pode ser encontrado apenas no movimento atemporal. Este relacionamento do atemporal e do tempo é muito apropriado para compreendermos todo o processo do vir a ser ou da evolução.

atītānāgataṃ svarūpato 'sty adhvabhedād dharmāṇām

12. O Passado e o Futuro existem no momento do Agora; parecem diferentes por causa da sucessão do tempo.

A palavra utilizada é *adhva-bhedāt*. *Adhva* significa o ato de atravessar o espaço, o que indica obviamente um movimento de tempo. Com efeito, *adhva-bheda* sugere um movimento marcado pela sucessão do tempo. Patañjali afirma que o passado e o futuro existem em todos os momentos do agora. Temos que ter em mente que o momento do agora é o momento atemporal ou o Eterno Agora. Neste, o passado e o futuro existem simultaneamente. Toda a sucessão do tempo está contida no Momento Atemporal. É como a luz do Sol dispersa no espectro das cores. A sucessão do tempo é o espectro onde as cores são vistas. O ser contém todas as expressões do vir a ser.

Uma questão pode surgir: se o passado e o futuro se encontram no Eterno Agora, isso não significa que o futuro é determinado e, se assim for, onde está a liberdade do indivíduo? O futuro é determinado? A resposta para esta pergunta pode ser "sim" e também "não". É determinado, mas não por um agente externo. Nenhum fator externo ocasiona esta determinação do futuro. É o ser que determina o movimento da sucessão do tempo no qual há futuro. Este futuro é a atividade de expressão do próprio ser e, portanto, ocorre ao longo da linha de *svadharma*. Neste sentido, as implicações desagradáveis de um futuro determinado já não existem. A determinação do seu curso do movimento no tempo é deixada completamente ao ser. Este determinismo pelo ser é sua completa liberdade. Dessa forma, a questão da liberdade e do determinismo é totalmente falsa. O ser em completa liberdade determina seu curso. O determinismo parece desagradável e irritante porque vemos apenas o movimento infinito do vir a ser e somos inconscientes do repouso infinito do ser. Patañjali acrescenta:

te vyaktasūkṣmā guṇātmānaḥ

13. Os fatores do Vir a ser, tangíveis ou sutis, são governados pela atividade dos *guṇas* ou os Três Atributos.

O princípio governante no campo da expressão é a natureza e a atividade dos três *guṇas*, quais sejam, *tamas, rajas* e *sattva*. Enquanto a experiência é sem atributos, a expressão, tangível ou sutil, é sempre com atributos. Na verdade, a natureza da expressão é determinada pelo relacionamento que subsiste entre *tamas*, *rajas* e *sattva*. Por relacionamento quer-se referir que um dos *guṇas* é dominante, e outro é recessivo. Onde *tamas* é dominante, a natureza da expressão é comparativamente densa, mas onde *sattva* é dominante, é *sūkṣma* ou sutil. A sucessão do tempo é o campo de expressão no qual se alternam os fatores dominantes e recessivos dos *guṇas*. É esta corrente alternada dos *guṇas* que acarreta mudança ou flutuação no movimento do vir a ser. Se não houver interferência da mente neste movimento dos *guṇas*, então o processo do vir a ser flui suavemente; contudo, se o vir a ser é iniciado pela mente, então observamos conflitos no movimento alternado dos *guṇas*. Se a mente interpõe-se entre o ser e o vir a ser, são causadas distorções no próprio funcionamento dos *guṇas*. Se assim não for, elas agem de acordo com sua natureza, provendo um campo para as atividades de expressão do vir a ser que emana do próprio ponto do ser. Patañjali menciona no próximo *sūtra*:

pariṇāmaikatvād vastu-tattvam

14. Por causa da uniformidade no movimento oscilante dos *guṇas*, não há distorção na qualidade do ser.

A palavra *vastu-tattvam* indica a essência ou a qualidade da coisa. O *sūtra* refere que quando os *guṇas* funcionam de uma maneira uniforme, sem a interferência da mente, conserva-se a qualidade do ser no campo de expressão. Mas, se a mente interfere, perturbando assim o fluxo regular dos *guṇas*, o movimento do vir a ser perde o toque intangível do ser. Quando isso ocorre o processo do vir a ser é despojado de todo significado e propósito. Mas quando a mente interfere no funcionamento dos *guṇas*? Isso ocorre quando ela deseja que o movimento do vir a ser siga a sua direção ao invés da direção do ser. Com isso surge o conflito das duas vontades – a vontade da mente e a vontade do ser. Todo o ensinamento do *Bhagavad-Gītā* centra-se em torno deste conflito, e ele é resolvido apenas quando Arjuna descobre a identidade da vontade individual e a Vontade Divina. Não há conflito entre a vontade do indivíduo e a da natureza. O conflito surge quando a mente se interpõe e cria uma divisão. Patañjali torna isso muito claro no *sūtra* seguinte:

vastu-sāmye citta-bhedāt tayor vibhaktaḥ panthāḥ

15. É a mente fragmentada que não vê as coisas como elas são.

Patañjali utiliza neste *sūtra* uma palavra muito significativa que é *citta-bheda*, ou seja, uma mente dividida ou fragmentada. A palavra *vastu-sāmye* indica uniformidade. O *sūtra* salienta que, mesmo quando a coisa é a mesma, a mente fragmentada não é capaz de vê-la como ela é. Isso se deve ao fato de que a coisa e a mente parecem perseguir caminhos diferentes. *Tayoḥ vibhaktaḥ panthāḥ* significa que os dois, a coisa e a mente, estão andando por caminhos diferentes. A reta percepção pode surgir tão somente quando a coisa e a mente tenham um movimento sincronizado. Se as duas movem-se tangencialmente uma à outra, como pode haver clara percepção? *Vastu-sāmye* indica a natureza qualitativa ou a essência da coisa. A qualidade é imutável no meio de todas as mudanças quantitativas.

O *sūtra* menciona que ainda que a qualidade ou a essência das coisas seja a mesma, a mente, por causa de sua natureza fragmentada ou dividida, é incapaz de perceber isso. É apenas quando a mente está alinhada com a coisa é que esta pode ser vista em sua perspectiva correta. A coisa e a mente devem convergir em um ponto e isso é alinhamento correto. A falta desta condição é descrita como *vibhaktaḥ panthāḥ*. O alinhamento correto da mente é possível tão somente quando cessam suas atividades de projeção. A mente segue o caminho de suas próprias projeções e, por isso, ao invés de ver as coisas como são, vê suas próprias projeções. No próximo *sūtra* Patañjali explana ainda a relação da mente e da coisa como ela é.

na caikacittatantram vastu tad
apramāṇakam tadā kiṃ syāt

16. A existência de uma coisa não depende da mente percebê-la; pois o que seria dela se a mente não a reconhecesse?

Patañjali destrói aqui o conceito de solipsismo ou subjetivismo. Na forma extrema de *Māyāvāda*, a existência da coisa em si é negada. Dizer que a coisa não existe é voar em fantasia subjetiva. O que se quer dizer com *māyā* é o fato de confundir o projetado com o real, a sombra com a substância ou o reflexo com a realidade. Quando o observado é considerado como um objeto em si, caímos em *māyā* ou ilusão. A coisa existe por si mesma, embora a mente que projeta não a veja. Patañjali afirma que a coisa existe em si, quer a mente o perceba, quer não. Ele argumenta que se a existência da coisa fosse depender do seu reconhecimento pela mente, o que ocorreria a ela quando a mente fosse incapaz de percebê-la? A coisa tornar-se-ia inexistente? O outro indivíduo deixaria de existir porque a mente não o reconhece? Há uma coisa por si mesma e há uma coisa projetada pela mente. A existência da última depende de sua percepção pela mente, mas a coisa em si existe, quer a mente a reconheça ou não. A coisa em si é o objeto; enquanto que a coisa projetada pela mente é o observado. O observado é dependente da mente, mas o objeto não é.

tad uparāgāpekṣitvāc cittasya vastu jñātājñātam

17. De acordo com a coloração da mente o objeto é reconhecido ou não.

Patañjali afirma neste *sūtra* que o fato de a mente reconhecer ou não uma coisa depende de seu condicionamento. A palavra utilizada para condicionamento é *uparāga apekṣit*, significando que o reconhecimento será em função do *uparāga* da mente. Ora, *uparāga* significa cor ou também pode significar um eclipse. Assim, o reconhecimento pela mente depende de estar ela eclipsada ou não. Em outras palavras, como é a coloração da mente assim é sua percepção. Uma mente condicionada jamais pode ter uma reta percepção das coisas. Tal mente vê apenas aquilo que foi projetado em função de sua própria coloração. Se colocou óculos vermelhos, tudo o que vir será vermelho. Decerto que o avermelhado é o fator projetado pela mente e não pertence à coisa em si. Patañjali acrescenta ainda:

sadā jñātāś citta-vṛttayas tat prabhoḥ puruṣasyā-pariṇāmitvāt

18. A mente tem uma possibilidade de observar seu próprio condicionamento.

Pergunta-se: é possível à mente observar seu próprio condicionamento? Certamente, mas apenas quando a mente cessa de ser o observador. Enquanto ela for o observador, a observação de seu próprio condicionamento não é possível. A mente como um observador é a entidade condicionada. Tal entidade confere sempre sua própria coloração a tudo que vê. Quando o observador cessa, o sujeito começa a funcionar. Este, o sujeito, é *puruṣa*. Já abordamos nas páginas anteriores a diferença entre o fenômeno observador-observado e o fenômeno sujeito-objeto. Enquanto o primeiro opera é impossível para a mente observar seu próprio condicionamento. *Puruṣa* ou o sujeito é o estado incondicionado de consciência. Pode-se questionar: *Puruṣa* ou o estado incondicionado observa seu próprio condicionamento? Esta afirmação não é contraditória? Se há um estado incondicionado, como surge a observação do processo condicionante? Temos que ter em mente que o estado incondicionado não é algo contínuo. Se assim fosse, ele em si seria um estado condicionado. Quando o estado incondicionado torna-se estático, é tão somente outra forma de estado condicionado. Apenas quando o estado incondicionado observa como vários fatores condicionantes o estão influenciando é que pode estar em um verdadeiro estado de não condicionamento. Em outras palavras, a existência do estado incondicionado é possível apenas no percebimento constante de como os fatores condicionantes estão influenciando o incondicionado. No momento em que o percebimento cessa, o estado incondicionado degenera em um estado condicionado.

O *sūtra* acima diz que a mente condicionada não pode observar isso; esta observação é possível apenas no momento do não condicionamento. A mente que atua como observador não pode observá-lo. Apenas *puruṣa* pode olhar o movimento do condicionamento. Quando o observador age na mente, é um movimento da mente – um movimento iniciado pelo próprio processo de pensamento da mente. Mas, quando a mente é livre do movimento e das atividades do observador, então *puruṣa* age através da mente. Este movimento não é *da* mente, mas *na* mente. O observador está sujeito às oscilações da mudança, mas *puruṣa* ou o sujeito, estando em um estado incondicionado, não é afetado pelas mudanças que causam condicionamento. O que acontece quando a mente, enquanto observador, cessa? Patañjali diz no próximo *sūtra*:

na tat svābhāsaṃ dṛiśyatvāt

19. A mente não é autorresplandecente, pois ela é o campo, não o Conhecedor do campo.

A mente tem o fator de *dṛiśyatvāt*, o que significa que é observável. É isso que faz dela o campo. Portanto, ela não pode conhecer a si mesma. Contudo, este campo é um organismo vivo, não algo inerte. Possui vitalidade própria e constrói seu próprio mecanismo de reflexo para autoproteção, assim como faz o corpo físico para sua própria sobrevivência. Em uma noite fria o mecanismo de reflexo do corpo puxa o lençol para proteger-se contra o impacto da baixa temperatura. A mente também constrói seus reflexos psicológicos, relativos às experiências passadas no campo do relacionamento psicológico. Estes, com o passar do tempo, tornam-se uma entidade artificial capaz de suas próprias ações e respostas automáticas. Assim como o mecanismo de reflexo do corpo funciona com o intento de manter a continuidade biológica contra perigos reais ou imaginários, do mesmo modo o mecanismo de reflexo da mente ocupa-se com a manutenção de sua continuidade psicológica. Possui sua própria automação que constitui seu hábito. Na verdade, é o hábito que a mantém e lhe dá a necessária nutrição.

O mecanismo do reflexo funciona como um censor ou um mentor que controla as atividades do corpo e da mente. Este mecanismo, construído pela própria mente, funciona com sua própria vitalidade ou seu ímpeto próprio. Arroga-se o papel de proteger a mente contra todos os riscos e perigos, reais ou imaginários. Considera-se como o guia controlador dos movimentos e das atividades no campo. Lentamente surge um conflito entre o mecanismo de reflexo e aquele que busca controlar. Ele não quer que a mente responda a nada que pareça colocar em perigo sua estrutura de hábito. Assumindo para si o papel do observador ou censor, vê tudo no que tange à manutenção de sua estrutura de reflexos e hábitos. Este é o "eu" ou *asmitā* que veio à existência e exige sua continuidade e segurança. Ele vê apenas o observado, pois na manutenção do observado está garantida sua própria segurança.

A admissão do papel de observador ou censor traz à existência o conflito entre o controlador e aquilo que ele quer controlar, o conflito entre o observador e o observado. O observador é o mecanismo de reflexo, um feixe de hábitos e respostas automáticas. Este conflito termina apenas quando cessa o fenômeno observador-observado. Mas como pode cessar? Ele acontece tão somente à medida que o observador olha o movimento do observado e, tendo feito isso, olha para suas próprias respostas e reações. Se este olhar é feito sem interrupção ou interpretação, cessa o fenômeno observador-observado. Já discutimos isso nos capítulos que trataram de *dhāraṇa-dhyāna-samādhi*. Neste olhar há uma dificuldade para a qual Patañjali chama nossa atenção no próximo *sūtra*:

eka-samaye cobhayānavadhāraṇam

20. O percebimento daquele que percebe e do percebido não pode acontecer ao mesmo tempo.

Patañjali oferece um grande *insight* em todo o problema do percebimento. Ele diz que este deve passar dos domínios externos para os internos. Deve haver primeiro o percebimento do percebido ou observado e daí ele pode passar para o interior onde o percebimento é daquele que percebe ou do observador. A menos que vejamos o movimento do observado em suas várias expressões, não podemos estar cientes de nossas próprias reações ou respostas ao mesmo. O percebimento do observador é o de nossas respostas ao movimento do observado. Vimos quando abordamos *pratyāhāra* que este instrumento particular tenciona conferir aos sentidos e ao cérebro seu pleno funcionamento potencial. É isso que nos habilita a ver claramente os vários movimentos e expressões do observado. Quando surge esta clareza de percepção, então, através de *dhāraṇa* e *dhyāna,* chegamos a uma reta percepção das coisas. Na clareza de percepção ocupamo-nos com o percebimento da coisa ou do objeto em seu aspecto de observado. Na reta percepção há percebimento das respostas e reações do observador ao observado. Patañjali diz que este duplo percebimento não pode ser feito ao mesmo tempo. É o percebimento do percebido que leva ao percebimento do que percebe. *Ubhaya-anavadhāraṇam* significa que não pode haver um percebimento de ambos ao mesmo tempo. Qualquer tentativa de fazer isso anularia o próprio objetivo do percebimento. Esse estado deve surgir suave e naturalmente. Isso ocorrerá somente quando lhe for permitido fluir do exterior para o interior. Patañjali diz no próximo *sūtra*:

cittāntara-dṛśye buddhi-buddher
atiprasaṇgaḥ smṛti-saṃkaraś ca

21. Se postularmos que uma segunda mente reconhece a atividade de uma primeira, então, a proposição lançar-nos-á à postulação de uma infinidade de mentes, uma superior a outra.

Muito frequentemente, ao tratarmos com problemas da vida espiritual, tendemos a introduzir duas mentes, a superior e a inferior. Acredita-se comumente que a superior conheceria o que está acontecendo nos domínios da mente inferior. A implicação disso é que a mente superior, por causa de sua cognição estaria em uma posição de controlar a inferior. A inferior é chamada de mente concreta, significando, portanto, que ela pode reconhecer coisas concretas. Em outras palavras, ela pode perceber o observado. A mente superior é conhecida como a mente abstrata. A consequência disso é que ela pode conhecer o conhecedor das coisas ou o observador. Mas como saberíamos a validade da cognição da mente superior? Certamente, teríamos que postular uma terceira mente que observasse as atividades da segunda. Isso iria requerer o surgimento de uma quarta, uma quinta e um número infinito de mentes.

Na verdade, não há mente superior e inferior. A mente é apenas uma e não pode ser fragmentada em inferior e superior. O que chamamos de "superior" é apenas produto da "inferior". Nossas mentes estão em um estado de conflito e contradição, e é este conflito que divide em superior e inferior. Supõe-se que a superior seja o bem, e que a inferior represente o mal. Esta divisão é um esperto estratagema da própria mente, pois a ajuda a manter sua continuidade. A mente superior e a inferior tornam-se os dois opostos da mente e ela se sente confortável quando os dois opostos são formulados. Ela pode dar continuidade a suas atividades entre estes dois opostos. A atividade interminável da mente é, na verdade, seu jogo dos opostos. Esta divisão em superior e inferior desvia a questão do percebimento, uma vez que não está interessada no surgimento desse estado. Ao criar a divisão, busca-se manter uma dualidade onde a superior é o observador e a inferior, o observado.

Mas, como Patañjali diz, a postulação de uma segunda mente necessitará da postulação de uma terceira mente e assim por diante *ad infinitum*, com a superior tornando-se inferior em relação à mente, ainda mais superior. Com esta infinita série de superior e inferior, a dualidade do observador e do observado permanecerá não perturbada. No entanto, esta própria dualidade é falsa, pois o observador e o observado não são duas entidades diferentes. A falsidade desta dualidade pode ser negada apenas quando o percebimento passa do externo para o interno, do observado para o observador.

Patañjali, na última seção de seus *Yoga-Sūtras,* que trata da realização do *Yoga*, coloca diante do estudante uma abrangente filosofia do *Yoga*. Esta filosofia, em termos mais simples, é a filosofia do percebimento. Estar estabelecido no *Yoga* é estar ciente da Realidade que está presente aqui e agora. A Realidade não está em algum lugar remoto. Postulá-la como em algum lugar distante é colocá-la na estrutura do tempo e do espaço. Aquilo que é atemporal está presente no eterno agora. Temos apenas que estar cientes Dela. Todos os instrumentos do *Yoga* descritos por Patañjali objetivam levar o estudante ao estado de percebimento. Neste jaz a realização do *Yoga*. No estado de percebimento compreendemos a falsidade da dualidade entre o observador e o observado. Começando no observado, passa natural e suavemente para o percebimento do observador.

Uma vez que este é o ponto crucial de toda a filosofia do *Yoga*, Patañjali explana ainda mais esta questão do percebimento nos *sūtras* que se seguem. Se no percebimento desaparece a dualidade do observador e do observado, então do que nos tornamos cientes? E há alguma entidade que se torna ciente de algo? Ou é apenas o Nada que se torna ciente do Nada, *śūnya* tornando-se ciente de *śūnya*? Estas questões filosóficas são consideradas no próximo capítulo.

CAPÍTULO XXX

OS INTERVALOS DE NÃO PERCEBIMENTO

Os *Yoga-Sūtras* de Patañjali, que contêm cento e noventa e seis *sūtras*, podem ser divididos, de modo geral, em duas seções. As primeiras duas partes intituladas *Samādhi Pāda* e *Sādhana Pāda* ocupam-se com os problemas da Ascensão ou os problemas da comunhão. As últimas duas partes intituladas *Vibhūti Pāda* e *Kaivalya Pāda* tratam dos problemas da Descensão ou os problemas da comunicação. Há, portanto, o *Yoga* da Ascensão e o *Yoga* da Descensão. O *Yoga* da Ascensão funde-se com o da Descensão através da transformação da mente, como já foi abordado em capítulos anteriores. A tríplice transformação da mente abre caminho para a comunicação. Em *Kaivalya Pāda* Patañjali oferece um indício de como o *Yoga* da Descensão funde-se no *Yoga* da Ascensão. Ascensão e Descensão constituem o ritmo do *Yoga*.

Patañjali indica que o *Yoga* da Descensão funde-se no da Ascensão através de um estado de percebimento total. Esta transformação tríplice da mente e o percebimento total da consciência parecem ser os instrumentos que mantêm este ritmo da Ascensão para a Descensão e da Descensão para a Ascensão. No *Yoga* da Descensão, que emana da tríplice transformação da mente, há duas fases que podem ser claramente observadas. Isso é discutido em *Vibhūti Pāda* e *Kaivalya Pāda* respectivamente. No primeiro há uma exposição da Ciência Oculta e seus poderes; em *Kaivalya Pāda* há uma exposição da filosofia mística e da experiência unitiva que surge da mesma. No campo da comunicação, somos habilitados a agir eficientemente através dos poderes da Ciência Oculta e através da compreensão outorgada pela filosofia do Misticismo. O percebimento que se constitui no âmago desta filosofia torna-se o ponto crucial do *Yoga* da Descensão e do *Yoga* da Ascensão. Quando o *Yoga* da Descensão alcança seu ápice, inicia a jornada da Ascensão. É a este ponto culminante da Descensão que Patañjali refere-se nos *sūtras* que se seguem.

citer apratisaṃkramāyās tad ākārāpattau
sva-buddhi-saṃvedanaṃ

22. Quando a consciência é serena, vem a ela o percebimento de sua verdadeira e original natureza.

Patañjali emprega a palavra *aprati-saṃkramāyāḥ*, que significa uma condição que não é mutável, indicando um estado onde a mente não mais está sujeita à inquietação, movendo-se para a frente e para trás. É uma condição de profundo silêncio. Neste estado a consciência conhece sua verdadeira e original natureza. A expressão *tad ākārāpattau* significa conhecer sua verdadeira natureza. Bem no início dos *Yoga-Sūtras,* Patañjali, ao dar uma definição de *Yoga*, diz que é um retorno da consciência à sua natureza original não modificada. É a cessação das modificações da mente. Por consequência, um retorno a uma condição de consciência não modificada ou original é o propósito e o objetivo do *Yoga*. Aqui a consciência chega ao percebimento de si mesma. A mente é como o filho Pródigo, e seu retorno é indicado na Senda do *Yoga*. Ter a percepção de si mesmo é um grande acontecimento revolucionário, pois é o campo para a comunicação eficaz.

Mas este percebimento de si mesmo, ou *sva-buddhi-saṃvedanaṃ*, exige uma total serenidade da mente. Mesmo que haja uma mínima agitação, certamente a visão de nós mesmos não pode ser obtida com clareza. A antiga máxima espiritual diz: "Conheça a ti mesmo", mas este conhecimento de si mesmo pode surgir unicamente em um momento de total tranquilidade. É em tal estado que podemos olhar para dentro a fim de descobrir que somos Buda. Esta serenidade é obviamente a condição de puro percebimento, pois não há nem o que percebe nem o percebido. Nesse percebimento total ocorre a percepção pura e a condição para tal percepção é a total negação do observador e do observado. Patañjali menciona no próximo *sūtra*:

draṣṭṛi-dṛiśyoparaktam cittam sarvārtham

23. Este percebimento surge unicamente quando vemos a natureza que tudo permeia do observador e do observado.

Cittam sarvārtham uparaktam significa que toda a consciência é permeada pela presença do observador e do observado. A menos que compreendamos a natureza que tudo permeia do fenômeno observador-observado não há possibilidade de chegar ao estado de total percebimento. A palavra *uparaktam* é muito significativa e quer dizer que toda a consciência é colorida pela influência do fenômeno observador-observado. Patañjali enfatiza esta ideia da natureza que a tudo permeia do fenômeno observador-observado no *sūtra* seguinte:

tad asamkhyeya-vāsanābhiś citram api
parārtham saṃhatya-kāritvāt

24. Embora contendo inúmeros desejos e anelos, a mente move-se apenas com um fator motivador, qual seja, de salvaguardar o observador através de um processo associativo.

Aqui Patañjali descreve a mente como um composto. A expressão utilizada é *saṃhatya-kāritvāt*. Um composto é uma combinação de diferentes elementos. É uma entidade construída através de associações. É a memória associativa que determina a natureza e a qualidade da mente. O *sūtra* acima afirma que mesmo que possa haver inúmeros desejos e anelos na mente, todos eles agem através de um processo de associação para a preservação do observador. A segurança da mente reside em manter o observador ileso, pois é isso que dá continuidade à mente. Os desejos e anelos da mente podem ser de uma natureza diversa, mas, por trás desta aparente diversidade, há a atividade associativa da mente que liga todos eles às necessidades do observador. O observador é o mestre que deve ser mantido de bom humor. Os inúmeros *vāsanās* ou desejos são como pequenos córregos que correm para o mar, que é o observador. O estratagema associativo da mente é extraordinariamente esperto. Não importa onde um pensamento ou desejo particular tenha início; com o tempo ele é levado a um ponto onde pode encontrar sua conexão com o observador.

A mente luta incessantemente para manter esta dualidade do observador e do observado. E, assim, nas atividades do observador, há um motivo subjacente de servir *parārtha*, ou seja, o outro, que é o observador. É este "outro" que oculta o motivo real de todos os anelos e desejos. Não há realmente outro, pois o observador e o observado são idênticos. Portanto, *parārtha* que é visto externamente, nas atividades do observado, serve apenas para a preservação do observador. O observador é de fato o "eu" ou *asmitā*, e tudo que a mente faz é para reforçar este senso do eu. Nossos desejos e anelos podem ter externamente as roupagens de serviço e sacrifício, mas, na verdade, servem para ampliar o império do "eu".

Patañjali afirma no próximo *sūtra* que:

viśeṣa-darśina ātmā-bhāva-bhāvanā-vinivrittih

25. No homem de reta percepção, o sentimento de "eu sou eu" cessou completamente.

Neste *sūtra* o termo empregado para homem de reta percepção é *viśeṣa-darśina*, ou seja, aquele cuja percepção possui discernimento, ou aquele que tem um *insight* perceptivo especial. Mas o *sūtra* destaca que em tal *insight* perceptivo pode-se notar uma completa cessação do senso do "eu sou eu" ou o senso de "meu"[27]. Comumente nosso relacionamento com os homens e as coisas é baseado em um senso de "meu". Não estamos interessados em uma coisa ou pessoa a menos que sejamos capazes de estabelecer um relacionamento de "ser meu". Este senso de "meu" indica um senso de possessão e uma identificação que surge deste senso de posse.

---

[27] No original em inglês: *my-ness*. (N.E.)

Às vezes confundimos identificação com comunhão, mas são dois polos opostos. Na identificação há uma extensão de nós mesmos, enquanto que na comunhão há uma extinção de nós mesmos. A identificação baseia-se no senso de "meu", que está fadado a continuar enquanto houver autoidentificação, ou "eu sou eu". Como reconhecemos a nós mesmos? Com certeza, através do fator da continuidade e, portanto, no sentimento de "eu sou eu", o reconhecimento do "eu" está na base do fator da continuidade. Aquilo que chamamos de "eu" é a entidade que continua. Assim, no sentimento de "eu sou eu", o "eu" não é a entidade que vive no presente, mas aquela que possui suas raízes no passado. Quando reconhecemos a nós mesmos, reconhecemos o que fomos e não o que somos agora. O presente é um momento atemporal, livre da memória do passado e da antecipação do futuro. Portanto, é irreconhecível. O "eu", sendo sempre novo, está fora da possibilidade de reconhecimento. A percepção onde há reconhecimento do "eu" está amarrada e restrita pelo processo do tempo. O "eu" irreconhecível é percebido apenas no momento atemporal.

O *sūtra* aborda este especial *insight* perceptivo. Para este *insight* deve haver uma completa cessação do sentimento de "meu". Na expressão *ātmā-bhāva-bhāvanā-vinivṛtti, ātmā-bhāva* é o "meu" e *ātmā-bhāva-bhāvanā* é o senso de meu. Alguns comentadores interpretaram isso como indicando abandono do desejo de viver no plano *átmico*. Esse entendimento não faz sentido no contexto dos *sūtras* anteriores. Patañjali, ao discutir os profundos problemas do percebimento, menciona *viśeṣa-darśinaḥ* ou aquele que tem um *insight* perceptivo especial. Isso nada mais é que uma extraordinária qualidade de percebimento. Ele diz que neste percebimento não há lugar para um senso de "meu" ou de "eu". No próximo *sūtra,* ele discute esta mesma questão do *insight* perceptivo.

tadā hi viveka-nimnaṃ kaivalya-prāgbhāram cittam

26. Então a mente está orientada pela sabedoria, indicando o estado de liberdade absoluta.

A palavra *tadā* faz uma referência ao *sūtra* anterior e significa que, ao ocorrer a completa cessação do senso de "meu", a mente é, então, orientada pela sabedoria. Esta sábia orientação anuncia a chegada do estado de *kaivalya* ou liberdade absoluta, indicando que a liberdade pode habitar apenas em uma mente orientada pela sabedoria. Não se encontra a liberdade através do conhecimento, pois este liga-nos ao passado. A sabedoria surge tão somente quando cessa a acumulação do conhecimento e, com isso, a escravidão do passado também chega ao fim. A palavra *viveka-nimnam* significa inclinado para a sabedoria ou orientado para a sabedoria. Não pode haver posse de sabedoria. Pode haver uma orientação para a mesma. Aquilo que pode ser possuído é conhecimento, ou *aparā-vidyā*, para utilizar a expressão do *Muṇḍaka Upaniṣad.* A sabedoria surge em *lampejos*, uma vez que não possui base de continuidade. Nesta condição há *kaivalya-prāgbhāram*, significando uma indicação de absoluta liberdade. Quando a mente tende à sabedoria obtemos uma indicação de absoluta liberdade. Mas nem a Sabedoria nem a Liberdade podem ser colocadas na estrutura da continuidade. Patañjali discute isso no plano de fundo do percebimento.

Ora, o percebimento não é uma experiência contínua, ele surge de momento a momento. Pode haver percebimento em um momento e no próximo ele se ir. Dessa forma, devemos tentar obter o percebimento momento a momento. Ele não resulta da prática, de modo que após algum tempo possamos sentar em uma cadeira e ficarmos satisfeitos por estarmos de posse do mesmo. Temos que ter em mente que o percebimento não é uma realização a qual chegamos após estrênua prática. Ele surge de momento a momento, de modo que pode haver momentos de percebimento alternados com momentos de não percebimento. Patañjali refere-se a isso no próximo *sūtra* onde diz:

tac-chidreṣu pratyayāntarāṇi saṃskārebhyaḥ

27. Nos momentos de não percebimento, as tendências antigas aparecem novamente.

Patañjali utiliza a expressão *tat-chidreṣu*, ou seja, quando há brechas ou intervalos no estado orientado pela sabedoria. Durante estes intervalos, um conteúdo diferente da mente surge na superfície, devido à recorrência das tendências do passado. Ele diz que haveria *pratyaya-antārani*, indicando que um conteúdo mental completamente diferente será visível. Quando surge o intervalo de não percebimento pode aparecer o conteúdo da mente em total desarmonia com a Sabedoria. E isso se deve a *saṃskāras* ou as tendências antigas; por conseguinte, não podemos nos permitir ser autocomplacentes na vida espiritual. Se quisermos chegar a um estado de *kaivalya* ou liberdade absoluta, temos que pagar o preço necessário por esta liberdade. E o preço é a vigilância constante. Mas temos de compreender que estão fadados a surgir intervalos de não percepção, nos quais poderá haver a recorrência das tendências antigas. Porém, isso não poderá desencorajar o estudante de *Yoga*. Tais intervalos estão fadados a surgir, pois não podemos permanecer o tempo todo na atmosfera rarefeita do percebimento. Requereria muita energia. Temos que retornar ao mundo das atividades do dia a dia.

É experiência comum a todos os estudantes de *Yoga* existirem momentos em que as tendências antigas aparecem, especialmente quando estamos deprimidos ou fisicamente debilitados. Às vezes aparecem de forma suave, outras, muito vigorosamente. Em geral, quando esta recorrência das antigas tendências acontece, o peregrino espiritual fica desanimado e sente que todo seu trabalho de *sādhanā* foi exterminado e que terá que começar toda a jornada outra vez. Quanto mais nos entregarmos a este sentimento, tanto mais reforçamos as tendências antigas. Sua recorrência deve ser tomada como nosso passo normal. No próximo *sūtra* Patañjali faz um comentário afetuoso e alentador para o benefício do estudante de *Yoga*:

hānaṃ eṣāṃ kleśavad uktam

28. A eliminação destas tendências pode ser feita da mesma maneira que se obtém a libertação dos *kleśas* ou aflições, conforme abordado anteriormente.

Não precisamos temer a recorrência destas tendências antigas, pois podem ser tratadas da mesma maneira que os *kleśas*. Isso foi debatido nos capítulos anteriores. No décimo primeiro *sūtra* de *Sādhana Pāda*, Patañjali afirma que apenas na condição de meditação é que podemos nos livrar das aflições ou *kleśas*. Como vimos anteriormente, a meditação é um processo múltiplo que compreende *dhāraṇa-dhyāna-samādhi*. Se mantivermos o ritmo da comunhão e da comunicação, não precisaremos temer a recorrência das tendências antigas. Provavelmente afastar-nos-emos do estado de percebimento no campo da comunicação e experimentaremos condições de não percebimento, quando as antigas tendências aparecerem. Mas, se nos movermos constantemente da comunicação para a comunhão e vice-versa, a recorrência destas tendências não criará um problema. É a não manutenção deste ritmo que estabelece o campo de continuidade para a recorrência.

Deve-se notar que a comunhão é uma experiência do Momento atemporal. Não podemos, entretanto, permanecer o tempo todo neste momento. Devemos voltar para o campo de sucessão temporal. É na esfera do relacionamento que, às vezes, a visão do momento atemporal torna-se tênue ou desaparece completamente. Quando isso acontece, a vida das antigas tendências dos *kleśas* ou aflições recomeça outra vez. A causa-raiz dos *kleśas* é *abhiniveśa* ou o desejo de continuidade, que surge tão somente quando, na sucessão do tempo, o toque do atemporal desaparece. Sabemos que continuidade é a característica da sucessão temporal. É este desejo por continuidade que cria os problemas de *rāga* e *dveṣa* ou apego e repulsão, trazendo à existência *asmitā* ou falsa identificação. E *asmitā* não é a própria base de *avidyā* ou ignorância? Pois bem, os problemas da continuidade estão fadados a surgir onde desaparecer o toque do momento descontínuo. Portanto, a solução para este problema da recorrência das tendências antigas é cuidar para que a experiência da comunhão seja trazida constantemente ao campo da comunicação ou ao campo do relacionamento. Se o ritmo da comunhão e comunicação é mantido, não necessitaremos temer os intervalos de não percebimento. Nestes intervalos, podem surgir problemas, mas seremos capazes de tratá-los instantaneamente de modo a não se criar um campo para que cresçam e estabeleçam suas raízes.

Problemas estão fadados a surgir na vida, indicando a necessidade de constantes reajustes. Pedir por liberdade dos reajustes é pedir por condições de não existência. Para aquele que está vivo este problema surge reiteradamente. É para quem está morto que tais problemas não surgem. Temos que nos lembrar de que os reajustes biológicos não ocorrem com muita frequência quanto os reajustes psicológicos. Viver é enfrentar este problema constantemente. Contudo, isso não significa que temos que dar abrigo a este problema. Se não dermos abrigo, o problema será dissolvido no mesmo instante em que surgiu. Apenas a experiência da comunhão, que surge no campo da comunicação, é que nos habilita a enfrentar o problema sem dar-lhe abrigo. E, assim, é preservando o ritmo entre comunhão e comunicação que podemos nos libertar da recorrência das antigas tendências durante os intervalos de não percebimento. Encarar os problemas e dissolvê-los no mesmo instante de seu surgimento é viver uma vida livre de pressões e tensões. É conhecer a liberdade absoluta nas condições aparentemente restritivas da vida diária.

Uma questão pode surgir: é possível experimentar tal liberdade absoluta na vida da rotina diária que praticamente beira o enfado? Se não for possível, qual é a utilidade do *Yoga*? Se o *Yoga* não nos capacita a trazer uma nova dimensão de vida ao mundo do dia a dia, ele se torna um evangelho de fuga. Mas *Yoga* não é isso. Pode o toque do atemporal ser mantido constantemente durante nossa jornada na esfera do tempo? Tal toque do atemporal conduzir-nos-á a uma nova dimensão de vida? É a isso que Patañjali se atém no último grupo de *sūtras* deste *Pāda*.

CAPÍTULO XXXI

O MOMENTO ATEMPORAL

Nossos estudos dos *Yoga-Sūtras* indicaram claramente que o tema central do *Yoga* é o *samādhi*. Este é o ponto culminante da comunhão, bem como o ponto de partida da comunicação. Patañjali introduz este tema do *samādhi* na primeira seção de seu livro e finaliza toda a discussão sobre *Yoga* mais uma vez referindo-se a ele. O tema foi interrompido em um ponto específico da primeira seção do livro e é trazido ao seu apogeu no *Kaivalya Pāda*. Na primeira seção ele falou sobre *āsamprajñāta samādhi, nirvitarka* e *nirbīja samādhi*. Vimos, enquanto abordávamos esta tríplice natureza do *samādhi*, que se relacionam essencialmente com o funcionamento dos três *guṇas*, ou seja, com *tamas, rajas* e *sattva*. Precisamos entender claramente que a manifestação depende das combinações funcionais destes *guṇas*. Sem estas e seus atributos funcionais a manifestação não é possível. Nos reinos subumanos, particularmente nos animais, o funcionamento destes *guṇas* é livre de todas as distorções. É verdade que a extensão de funcionamento dos *guṇas* nos animais é muito limitada; contudo, dentro deste alcance limitado, seu funcionamento é claro e não distorcido. Vemos neles a estabilidade de *tamas*, de modo que sua capacidade de permanecer sem se mover é notável. Seu organismo físico não apresenta qualquer elemento de instabilidade. Vemos também a atividade de *rajas*, mas esta não possui elemento de inquietação. Os animais não admitem atividades inúteis. Tornam-se ativos para um propósito e, após o terem alcançado, não se estendem sobre o mesmo em sua atividade. Mais uma vez, é verdade que a extensão de sua atividade é muito limitada; todavia, dentro desta extensão não há atividade sem objetivo ou propósito. Também há uma bela expressão de *sattva* no comportamento animal, embora sua extensão, mais uma vez, seja extremamente limitada. Temos apenas que observar um animal em estado de relaxamento. Possui uma serena graça nunca encontrada nos seres humanos. Esta tranquilidade do animal é sua expressão *sáttvica*. Vemos nisso os três *guṇas* agindo em uma extensão limitada, mas com perfeita suavidade, expressando estabilidade, atividade e harmonia. *Tamas, rajas* e *sattva* da psicologia hindu podem ser comparadas, até certo ponto, à tese, à antítese e à síntese da filosofia europeia. Mas a última não tem a mesma significação e significado que a primeira.

Enquanto na vida animal vemos os três *guṇas* atuando quase sem esforço, nos seres humanos notamos distorções em seu funcionamento. Isso se deve à mente que, para seus próprios objetivos, interfere no funcionamento dos *guṇas*. Assim, esta estabilidade degenera em indolência; a atividade, em inquietação e a harmonia, em farisaísmo. Precisamos de estabilidade na vida, porém ela não precisa expressar-se como indolência. Precisamos também de atividade na vida, mas, novamente, ela não precisa se tornar um processo inquieto de vir a ser, resultando em frustração. Analogamente, o necessário elemento da harmonia não deve mostrar-se como farisaísmo. A harmonia do indivíduo virtuoso ao seu próprio juízo é a semente do mais grave vício. Não há nada tão viciado como o homem virtuoso ao seu próprio juízo, que é consciente de sua suposta virtude e faz disso um motivo de exibicionismo.

Com a atividade da mente, os três *guṇas* operam em um campo muito mais amplo, com uma extensão ilimitada. Mas por que deveria haver distorção justamente em virtude de ser a extensão ampliada? Esta distorção não pode terminar a fim de que os *guṇas* ajam sem esforço em uma extensão e uma área sem limites? O funcionamento dos *guṇas*, como explicado anteriormente, é distorcido quando certos centros são estabelecidos na mente de modo a serem forçados a operar no contexto daqueles centros. Estes centros são hábitos-pensamentos, modificações-pensamentos e semente-pensamento. Discutimos isso muito detalhadamente na primeira seção, quando tratamos do tríplice *samādhi*. A estabilidade no campo psicológico torna-se inércia quando os centros de hábito-pensamento são formados na consciência. De forma similar, a atividade transforma-se em inquietação, quando são formados os centros de modificação-pensamento, a harmonia ou síntese em farisaísmo, quando são formados na consciência os centros da semente-pensamento. O tríplice *samādhi* busca romper essas distorções no funcionamento dos *guṇas* e purificar suas operações funcionais. Purificar a atividade dos *guṇas* é um fato, transcendê-las é algo inteiramente diferente. Este ato de purificação é essencialmente negativo[28] em sua natureza, pois acontece quando cessa a interferência da mente. Permitir aos *guṇas* funcionarem sem a interferência da mente é a base fundamental da purificação, indicada no tríplice *samādhi*. É, portanto, negativo em sua natureza, pois remove os obstáculos da mente na esfera de suas atividades funcionais. O *Bhagavad-Gītā, n*o segundo discurso (v. 45) diz:

traiguṇyaviṣayā vedā nistraiguṇyo bhavārjuna

"O tema dos *Vedas* é os três *guṇas* ou Atributos, mas, Oh, Arjuna, eleve-se acima desses três atributos."

---

[28] No original em inglês: *negative*, no sentido de "passivo", quando "cessa a interferência da mente". (N.E.)

O *Veda* é o mundo falado ou manifestado. Tudo o que é manifestado é governado pelas atividades dos três *guṇas*. Na verdade, não pode haver manifestação exceto baseada nelas. É sua combinação, com fatores dominantes e recessivos, que causa a imensa diversidade no campo da manifestação. Transcender os atributos é comungar com o Imanifesto. Arjuna é solicitado não meramente a purificar a atividade dos *guṇas*, mas a transcendê-las. O tríplice *samādhi,* referido na primeira seção, não se ocupa com sua transcendência, mas com o estabelecimento de um devido equilíbrio em seu funcionamento. Patañjali no *Kaivalya Pāda* leva-nos a uma experiência de *samādhi* que se constitui na transcendência dos três *guṇas*. Neste *samādhi* não há o papel negativo de remover os obstáculos da mente, mas algo intensamente positivo. É verdade que o positivo pode nascer apenas no campo do negativo. No seguinte *sūtra,* ele dá uma indicação desta natureza positiva do *samādhi*.

prasaṃkhyāne 'py akusīdasya sarvathā
viveka-khyāter dharma-meghaḥ samādhiḥ

29. Quando o estado de meditação é um fim em si mesmo e não um meio para a realização de algum outro fim, surge aquele percebimento puro e total no qual nasce *dharma-megha samādhi*, significando uma experiência espiritual comparável a uma Nuvem de Bênção.

Há várias palavras neste *sūtra* que precisam ser examinadas. A palavra *prasaṃkhyāne* significa "em um estado de profunda meditação". O significado de *prasaṃkhyāna* no dicionário é meditação. Segue-se, então, uma palavra muito interessante – *akusīda. Kusīda* é um agiota que empresta a pesados juros. *Akusīda* deveria significar o oposto, ou seja, aquele que não incorre em agiotagem, e, neste caso, não surgiria a questão de cobrança de juros. O que tem isso a ver com o *sūtra* que aborda o estado de profunda meditação? A palavra tem grande pertinência no contexto do tema discutido. Há muitas pessoas para as quais a vida espiritual é um bom investimento que gera consideráveis dividendos. Isso confere uma visão de negócio ao campo espiritual e sobre o controle dos juros e dividendos que resultariam de tal investimento espiritual. Em outras palavras, para tais pessoas a vida espiritual não é um fim em si mesmo, mas um meio de adquirir alguma coisa. No mundo moderno muitas pessoas aproximam-se do tema da meditação com a mesma mentalidade que teriam para com um investimento ou dividendo. Portanto, a expressão *prasaṃkhyāne api-akusīdasya* significa que aquele que considera a meditação profunda não como um meio, mas como um fim em si mesmo, não como um investimento que proverá um benefício atrativo, mas como uma realização em si mesma, tal pessoa, livre de todos os motivos, é dotada de grande sensibilidade.

Sarvathā viveka-khyāteḥ significa, na realidade, um estado de percebimento total que surge da sensibilidade. *Viveka* comumente significa discernimento, implicando uma capacidade de separar o verdadeiro do falso, o real do irreal. No entanto, como pode ser feita tal separação a menos que haja um percebimento do que é? A menos que vejamos o que é, não podemos mostrar esta qualidade de discernimento.

Ora, o percebimento e a sensibilidade sempre caminham juntos. Na verdade, são dois lados da mesma moeda. Portanto, *viveka-hhyāte* significa um percebimento nascido da sensibilidade. Mas o *sūtra* introduz a palavra *sarvathā*, que significa total ou que a tudo permeia. O *sūtra* relata-nos que aquele que considera a meditação não como um meio, mas como um fim em si mesmo, é dotado de percebimento total nascido de grande sensibilidade. Tal homem chegou realmente ao estado de *dharma-megha-samādhi*, significando um estado espiritual abençoado com a "Nuvem de Bênção".

O que significa "Nuvem de Bênção"? O termo *dharma-megha-samādhi* tem sido interpretado de várias maneiras. Nós o traduzimos como "Nuvem de Bênção" porque explica melhor a natureza da experiência espiritual indicada por este *samādhi*. Nela o aspirante experimenta uma chuva de bênção do alto. O tríplice *samādhi* da primeira seção serve a um propósito negativo e permanece confinado à esfera das atividades de purificação dos três *guṇas*. Quando esta tarefa negativa é completada, surge a experiência positiva da vida espiritual. Mas isso não pode ser ocasionado por um esforço; desce quando o campo da negatividade está pronto. A este campo chega a "chuva de bênção", irrigando os caminhos de nossa vida diária. Da "Nuvem de Bênção" vem esta chuva refrescante que transforma a terra seca e ressequida em um jardim de folhagem verdejante. A bênção é a descida positiva ao campo negativo. Este foi feito com o esforço humano, porém a chuva vem quando o esforço humano cessa. Este é, de fato, o segredo da Graça divina.

Conhecer as possibilidades do esforço humano e também suas limitações é realmente o grande segredo da vida. Aquele que o conhece permanece para sempre em um estado de alegria, pois está pronto para receber a Graça quando ela vem. No *dharma-megha-samādhi* há realmente o recebimento desta Graça que desce do alto. Contudo, para isso acontecer a vida espiritual deve ser destituída de todos os motivos e expectativas. Esperar que alguma coisa aconteça no momento de profunda meditação é torná-la um meio de alcançar algo. Quando a meditação é um fim em si mesmo e, portanto, intocada por qualquer expectativa, seja ela grosseira ou nobre, então estamos prontos para receber a bênção do alto. A nuvem jorrará ao seu bel prazer, mas quando jorrar, o campo estará pronto para receber a chuva. A chuva da bênção vem dos domínios transcendentes dos *guṇas* para irrigar os campos negativos. O *dharma-*

megha-samādhi é o ponto mais elevado de Ascensão. Assim como o ponto de "ascenção" se torna o ponto de descensão, de forma similar, o ponto de suprema descensão é também o ponto de "reascenção". A ascensão e a descensão devem seguir em frente uma vez que este é o ritmo da vida espiritual. No entanto, o processo de ascensão alcança sua culminância no *dharma-megha-samādhi* onde há uma chuva de bênção do alto. Que maior comunicação pode haver do que a comunicação do Superior com o Inferior, o Céu comunicando-se com a Terra? Nesta comunicação não há obstrução do "eu". Ela representa a perfeição em ação onde o ator não mais está presente. Enquanto o ator estiver presente, não pode haver *dharma-megha-samādhi*. A Graça Divina desce quando nada há para obstruir seu caminho – nem mesmo o que recebe a Graça. É então que o Divino age, e tal ação é como a chuva do céu irrigando os campos ressequidos da vida. Quando é mantido o ritmo de comunhão e comunicação, então há perfeita liberdade de ação. Tal ação nunca prende, pois não há o toque do ator. Patañjali indica no próximo *sūtra* o que ocorre quando chegamos a esta experiência do *dharma-megha-samādhi*.

tataḥ kleśa-karma-nivṛttiḥ

30. Então há completa libertação do *karma* e das aflições que surgem dele.

Karma e *kleśa* seguem juntos. Os *kleśas* surgem do *karma* e este, novamente, surge do funcionamento dos *kleśas*. Vimos na segunda seção do livro que os *kleśas* têm uma natureza quíntupla, quais sejam *avidyā, asmitā, rāga, dveṣa* e *abhiniveśa* ou ignorância, falsa identificação, apego, repulsão e desejo de continuidade. Tornamo-nos cientes do *karma* apenas através da operação dos *kleśas* e é através da operação desses que ocorre a acumulação do primeiro. É algo totalmente sem sentido pensar em *kaivalya* ou liberdade absoluta enquanto o *karma* e os *kleśas* continuam a operar. Mas como o *karma* pode ser removido através de esforço consciente? Tal esforço gerará mais *karma*, uma vez que, por trás de todos os esforços conscientes, existem motivos. O *karma* e os *kleśas* são removidos quando a chuva de bênção cai como Graça no momento do *dharma-megha-samādhi*. Há um estado de "ausência" de *karma* que surge quando a vida se torna seu próprio fim e cessa de ser um meio para adquirir alguma coisa. Naturalmente que a Graça Divina não pode ser encomendada. Ela vem. A expressão usada é *kleśa-karma-nivṛttiḥ*, que significa que o *kleśa* e o *karma* simplesmente desaparecem. No próprio jorrar da chuva as árvores e as plantas são lavadas e toda a poeira acumulada é limpa. Aquele que pode chegar constantemente à experiência de *dharma-megha-samādhi* não permite a qualquer poeira acumular-se. Ele se move na vida totalmente renovado e revitalizado de momento a momento. Patañjali refere-se a essa purificação no seguinte *sūtra* onde diz:

tadā sarvāvaraṇa-malāpetasya
jñānasyānantyāj jñeyam alpam

31. Livre de todos os véus que ocultam a Realidade, compreendemos que todo o conhecimento reunido pela mente é totalmente insignificante comparado com a iluminação nascida da Sabedoria.

Em todos os processos de conhecimento há a dualidade do conhecedor e do conhecido, *jñāta* e *jñeya*. Neste caso, o conhecedor está ansioso para reunir tanto conhecimento quanto possível com relação ao conhecido. A expressão *jñeyam-alpam* significa que o conhecido torna-se totalmente insignificante. Na verdade, em todos os processos de conhecimento, a significação do conhecido é algo que o próprio conhecedor projetou. Compreender que o conhecido é *alpam* ou insignificante é destruir todo a estrutura do conhecedor. A inutilidade do conhecido é percebida quando olhamos para o conteúdo daquilo que a mente acumulou. A mente acumula apenas nomes e imagens. Não há vida em nada que tenha sido acumulado. Ao observar esta inutilidade, percebemos os motivos do conhecedor. Quando o conhecedor e o conhecido cessam, surge a infinidade de conhecimento descrito como *jñānasya ānantyāt*. É o conhecedor que constrói fronteiras de conhecimento ao criar o conhecido. Mas o conhecimento, em seu verdadeiro sentido, não pode ter fronteiras. É o conhecimento sem fronteiras que é verdadeiramente Sabedoria. Esta surge apenas quando os véus que ocultam a Realidade são removidos. É como a poeira acumulada na superfície do espelho, de onde surge a visão distorcida. O *sūtra* utiliza a expressão *sarvāvaraṇa-malāpetasya*, significando a consciência livre de todo o toque poluente dos véus. É um estado onde a consciência é livre de todas as distorções da percepção velada. É em tal percepção desvelada que surge a infinidade do conhecimento; mas esta infinidade de conhecimento não é a extensão do conhecimento adquirido pela mente. Não há aqui nem o conhecedor nem o conhecido. Se o conhecido torna-se insignificante, *jñeyam alpam*, como pode haver uma infinidade de conhecimento? Se a infinidade fosse meramente uma extensão do conhecimento da mente, então o conhecido tornar-se-ia ilimitado. É uma infinidade onde o conhecido não tem significância e, em consequência, o conhecedor também não tem significação. É um conhecimento sem conhecedor e conhecido. É verdadeiramente sabedoria, pois sabedoria é um estado que surge quando o pensador e o pensamento estão ausentes, quando o conhecedor e o conhecido não mais existem. Liberto do *kleśa* e do *karma*, o peregrino espiritual no momento de *dharma-megha-samādhi* está completamente livre do fardo do conhecimento, uma vez que alcança a infinidade da Sabedoria. Patañjali diz no próximo *sūtra*:

tataḥ kṛtārthānām pariṇāma-krama-
samāptir guṇānāṃ

32. Em tal Infinidade de Sabedoria, chega ao fim o processo do vir a ser psicológico através das atividades funcionais dos três *guṇas*.

O homem de sabedoria é aquele que possui uma reta percepção das coisas. Ele não vê através de uma vidraça obscura e tem uma percepção desvelada dos homens e das coisas. Possuí-la é conhecer a real natureza das coisas. É uma percepção sem imagem. E em nossa percepção normal vemos a imagem das coisas. Isso se aplica igualmente à percepção interna e externa. Em outras palavras, nossa percepção de nós mesmos também ocorre em função de uma imagem. Temos uma imagem de nós, e isso é tudo que conhecemos a nosso respeito. É a percepção desvelada que nos habilita a ver-nos sem uma imagem. Todos nossos processos de vir a ser psicológico estão baseados neste conhecimento a nosso respeito enquanto uma imagem. Ele não emana do Ser. Na luz da Sabedoria surge a percepção de nós mesmos enquanto ser. Quando isso ocorre, todas as atividades frustrantes do vir a ser psicológico chegam ao fim. Onde o vir a ser psicológico emana da imagem, encontramos o funcionamento distorcido dos três *guṇas*, bem como neste momento a mente procura impor suas próprias motivações nas atividades dos *guṇas*. Quando o vir a ser emana do ser, então os *guṇas* funcionam normalmente, sem qualquer interferência da mente. Quando o processo do vir a ser é deixado aos *guṇas*, sem a intervenção da mente, ele é suave e sem esforço. Neste caso, o vir a ser não é para a busca de realização psicológica, mas para a expressão da plenitude do ser. A expressão *pariṇāma-krama-samāpti* significa o fim do processo do vir a ser que espera por *pariṇāma* ou realização. O vir a ser emana do ser e, portanto, não há dúvida de chegar a parte alguma. É a chegada que confere a todos os processos do vir a ser um fator de frustração e depressão. *Pariṇāma-krama* é, na verdade, o ponto de chegada. O *sūtra* afirma que há um fim deste processo de chegada através do vir a ser. A mente deseja usar os *guṇas* para os propósitos de chegar em algum lugar, emprestando assim distorções à atividade das mesmas. O *Bhagavad-Gītā* menciona os "*guṇas* agindo entre os *guṇas*". Isso significa que no funcionamento dos *guṇas* não é projetado nenhum motivo da mente. Neste caso, o tempo psicológico cessa e permanece apenas o tempo cronológico. Onde o vir a ser não emana do ser, há o tempo psicológico que se constitui no campo. E o tempo psicológico é, realmente, a causa da frustração. Mas, quando o vir a ser acontece unicamente no tempo cronológico, é despojado de todos os fatores frustrantes. É para este elemento do tempo que Patañjali chama nossa atenção no próximo *sūtra*:

kṣaṇa-pratiyogī pariṇāmāparānta-nirgrāhyaḥ kramaḥ

33. Mudanças ocorrem apenas nos momentos, mas tornam-se apreensíveis na sucessão do tempo.

Normalmente, nossa consciência encontra-se em uma nuvem tal de insensibilidade que nunca somos cientes dos momentos; apreendemos apenas a sucessão do tempo. Todavia as mudanças ocorrem apenas nos momentos. Aquele que é ciente dos momentos compreenderá a tendência do movimento indicado pelo ser. Quando isso ocorre, o processo do vir a ser segue adiante no contexto natural. Aquele que conhece apenas a sucessão do tempo e é inconsciente do momento apreende o movimento sem um senso de direção. É o momento que contém a direção. Portanto, sem um senso de direção, um mero movimento é sem sentido. É o que fica perceptível nos esforços do homem no nível do vir a ser psicológico. Há movimento, mas não há direção.

Patañjali emprega duas palavras muito significativas neste *sūtra*, quais sejam, *kṣaṇa* e *krama*, ou momento e sucessão do tempo. A vida existe tão somente em um momento, mas a mente do homem, agindo na esfera do passado e do futuro, é incapaz de ver a vida como ela é. *Krama* é o movimento da mente do passado para o futuro, que é o tempo psicológico. A mente é inconsciente, não se apercebe do presente que é o momento atemporal. Ela vê tudo no contexto da sucessão do tempo. Ela acredita que todas as mudanças ocorrem neste curso do tempo. Mas o fato é que a vida está em um estado de constante fluxo. Nunca é a mesma em dois momentos sucessivos. Tem apenas uma existência momentânea. Contudo a mente deseja prender este momento na sucessão do tempo. A sucessão do tempo é uma continuidade, e a existência momentânea da vida indica o fator de descontinuidade. Unicamente no momento de descontinuidade é que a vida pode ser experimentada. O que existe na sucessão do tempo é tão só a memória do momento. Aquiescer com a memória sem a percepção do momento é exibir elementos de falsa existência. É esta falsa memória a procriadora do tempo psicológico. Quando a percepção não está ali, como pode haver memória? Sem a experiência do fato, a memória não tem base na qual funcionar. Uma base artificial de projeção é criada pela mente e isso se torna o campo para a operação da memória, criando as frustrações do tempo psicológico. Aquele cuja consciência tem a sensibilidade do percebimento de um momento não teme a morte. Na verdade, a vida assim como a morte podem ser compreendidas apenas no momento do presente. Tentar encontrar o segredo da vida e da morte na continuidade do processo tempo é embarcar em um exercício de futilidade. A Realidade habita no Eterno Agora, no momento atemporal do presente. Aperceber-se disso é conhecer a liberdade absoluta. Patañjali afirma no próximo *sūtra*, o último dos *Yoga-Sūtras*, que ao estabelecermo-nos neste estado de liberdade sabemos o que é viver espontaneamente e sem esforço.

puruṣārtha-śūnyānāṃ guṇānāṁ pratiprasavaḥ
kaivalyam svarūpapratiṣṭḥā vā citi-śakter iti

34. *Kaivalya* ou liberdade absoluta é um estado de não esforço onde os três *guṇas*, desagrilhoados pela mente, retornam a seu movimento e onde a consciência retoma sua condição original não modificada.

Neste último *sūtra* Patañjali parece ter sumariado toda a filosofia e a prática do *Yoga*. Ele iniciou seus *Yoga-Sūtras* definindo o estado do *Yoga* como uma condição onde cessam todas as modificações da mente. Neste *sūtra* ele indica que essa condição é realmente um estado de *kaivalya* ou liberdade absoluta. Em *kaivalya* a consciência retoma sua condição original não modificada. Ela retoma sua inocência, somente naquele estado em que a liberdade é possível. O estado de inocência é intocado pelo pensamento e, assim, os *guṇas* retornam ao seu movimento próprio, desagrilhoados da mente. A mente não os utiliza para seu vir a ser psicológico. Na verdade, em *kaivalya* todos os processos do vir a ser psicológico chegaram ao fim. Patañjali introduz aqui uma expressão que é muito interessante. Ele menciona *guṇānam-pratiprasava*, que significa o retorno dos *guṇas* ao estado anterior à intervenção da mente. O *sūtra* refere-se também *citi sakteḥ*, que significa o poder da consciência pura. Esta pureza de consciência surge por causa de *svarūpa-pratiṣṭha*, o estabelecimento em nossa natureza original. A consciência naturalmente é purificada quando não tem falsa identificação. Quando está estabelecida em sua real natureza, é livre de todos os acréscimos ou de todos os fatores associados com uma natureza adquirida.

Yoga significa união, mas por estranho que pareça, é união com nós mesmos. É uma reintegração de nós mesmos. Estarmos unidos a nós mesmos é certamente uma experiência de total liberdade, uma vez que não estamos preocupados em defender alguma coisa. É ao aplicarmos o mecanismo de defesa que perdemos nossa liberdade. Quando nada há a defender, somos livres de vestígios de temor. E a liberdade habita onde não há temor. É a natureza adquirida que precisa ser defendida; a natureza original não necessita de defesa, pois ela existe por si mesma e não é produto do tempo. Aquilo que é formado pelo tempo pode ser destruído pelo tempo.

Em *kaivalya* somos livres de todo o movimento do tempo psicológico. E, assim, no sentido psicológico vivemos de momento a momento. Cada momento é novo, uma vez que não há o fardo psicológico para ser carregado durante a passagem do tempo. Viver de momento a momento é realmente viver sem esforço, ou, como diz Patañjali neste *sūtra*, *puruṣārtha-śūnyānām*, significando onde todo o esforço tenha terminado. Quando os três *guṇas* agem sem esforço, sem a intervenção da mente, somos livres de todas as resistências psicológicas. A liberdade absoluta é verdadeiramente aquela condição onde não existem resistências e, portanto, não existem condescendências. Quando não há luta pelo vir a ser psicológico, podemos agir com absoluta liberdade, e, dessa forma, a vida torna-se um fim em si mesmo, não um meio para alcançar alguma coisa ou algum objetivo. A vida tem seu próprio objetivo – tal é realmente a vida do *Yoga*, a vida de absoluta liberdade. Apenas a mente livre pode agir livremente, sem qualquer compulsão, interior ou exterior.

Este é, de fato, o estado de Amor, pois o Amor não age sob compulsão. É uma ação sem incentivo, uma resposta sem um desafio. Unicamente isso é ação total. Da comunhão total para a comunicação total – esta é a jornada do *Yoga*. O *Yoga* é um evangelho de verdadeira ação, não um evangelho de fuga. É uma vida onde o vir a ser é o campo no qual há uma livre expressão do Ser. Onde a comunhão e a comunicação coexistem, e a vida torna-se uma alegria indescritível – uma alegria que jamais pode ser corrompida pelo tempo. E no *Yoga* jaz o segredo da coexistência da comunhão e da comunicação, da experiência e da expressão, do Transcendente e do Imanente, do Atemporal e do tempo. Apenas aquele que conhece o segredo da coexistência de ambos pode, sozinho, conhecer a plenitude da vida. E o que é o *Yoga* senão uma experiência de plenitude da vida? Esta experiência exige uma ação de morrer de momento a momento, pois é na morte que a vida encontra sua realização. Saber como viver e, portanto, saber como morrer – esta é a suprema mensagem do *Yoga,* e é o verdadeiro elixir da vida.

Maiores informações sobre Teosofia e o Caminho Espiritual podem ser obtidas escrevendo para a **Sociedade Teosófica no Brasil** no seguinte endereço: SGAS - Quadra 603, Conj. E, s/nº, CEP 70.200-630 Brasília, DF. O telefone é (61) 3322-7843. Também podem ser feitos contatos pelo fax (61) 3226-3703 ou e-mail: st@sociedadeteosofica.org.br.